舶来文明：东南亚的印度文明烙印

[法] G. 赛代斯 著
袁 野 译

中国科学技术出版社
华 语 教 学 出 版 社
·北 京·

图书在版编目（CIP）数据

舶来文明：东南亚的印度文明烙印 /（法）G. 赛代斯著；袁野译 . -- 北京：中国科学技术出版社：华语教学出版社，2024.4

ISBN 978-7-5236-0399-4

Ⅰ. ①舶… Ⅱ. ① G… ②袁… Ⅲ. ①文化史 – 研究 – 东南亚 Ⅳ. ① K330.03

中国国家版本馆 CIP 数据核字（2023）第 241264 号

总 策 划	秦德继
策划编辑	张敬一　林镇南
责任编辑	张锡鹏
特约编审	刘丽刚
封面设计	锋尚设计
正文设计	中文天地
责任校对	焦　宁
责任印制	马宇晨

出　　版	中国科学技术出版社　华语教学出版社
发　　行	中国科学技术出版社有限公司发行部　华语教学出版社发行部
地　　址	北京市海淀区中关村南大街 16 号
邮　　编	100081
发行电话	010–62173865
传　　真	010–62173081
网　　址	http://www.cspbooks.com.cn

开　　本	880mm × 1230mm　1/32
字　　数	297 千字
印　　张	13.75
版　　次	2024 年 4 月第 1 版
印　　次	2024 年 4 月第 1 次印刷
印　　刷	河北鑫兆源印刷有限公司
书　　号	ISBN 978-7-5236-0399-4 / K · 382
定　　价	89.00 元

译者序

乔治·赛代斯（George Coedès）原本的职业规划是当一名德语老师。他于 1886 年 8 月 10 日出生在巴黎，父亲是一名银行经理。赛代斯 1903 年中学毕业，1905 年获得学士学位（在当时的法国，中学毕业考试及格即可获学士学位），1906 年获得德语高等教育文凭。从 1908 年开始，他在孔多塞中学担任德语老师。因为在博物馆里对一块柬埔寨石碑“一见钟情”，他的人生轨迹彻底改变了。

在高中时代，赛代斯就掌握了梵文和高棉文，能够解读和翻译碑铭的内容。1904 年，也就是赛代斯高中毕业一年后，《法国远东学院学报》（*BEFEO*，该刊物在本书中的出现频次非常高）刊登了他的第一篇碑铭学论文——《柬埔寨国王拔婆跋摩一世的铭文（塞迦历 561 年）》，这是他学术生涯的起点。

此后，赛代斯忙于备战大学入学考试和服兵役，而他的研究工作也从未间断。1906 年，他发表了《达勃珑石碑》一文，该文研究了 145 篇梵文铭文，它们的书写都遵循了最复杂的印度诗学规则。1908 年，他发表了《占婆和柬埔寨铭文清单》，同年又在《亚洲学报》上发表了另一篇重要的碑铭学论文——《提琶南石碑》。1909 年，他发表了《巴克赛－占克龙碑铭》和《关于柬埔寨和占婆考古的文献综述》。1910 年，赛代斯出版了他的第一本书——《希腊和拉丁作家关于远东的著作，公元前 4 世纪至 14 世纪》。此后，他发表的作品列表每年都在增加，直到1969年离世。

赛代斯在法国高等实践研究学院（École pratique des hautes études, EPHE）继续学习梵文和高棉文，导师是阿尔弗雷德·富歇。在服完兵役后，1911年11月18日，EPHE授予了赛代斯宗教科学部的学位，法国远东学院于12月9日聘请他担任“领薪讲师”，接替著名埃及学家加斯东·马伯乐（Gaston Maspero）的儿子亨利·马伯乐。当年年底，他前往柬埔寨，亲自探索这个他已经研究多年的国家。

西方学者对外印度历史的了解，起步于柬埔寨。1873年，埃内斯特·杜达尔·德·拉格雷（Doudart de Lagrée）在他的《探索印度支那[①]之旅》中引用了一些柬埔寨铭文，何罗芒（Francois Jules Harmand）的《印度支那旅行笔记》和《远东纪事》中也提到了柬埔寨铭文。最早对这些铭文进行学术研究的是爱德华·洛尔杰（Édouard Lorgeou），他的论文于1882年发表在《印度支那学会学报》上。1885—1893年，在奥古斯特·巴特和亚伯·贝加尼的主持下，法国学术界对柬埔寨的梵文碑铭进行了系统性的解读和整理；而在外印度地区，艾蒂安·艾莫尼尔开始与柬埔寨和占婆的学者进行合作研究。

继承巴特、贝加尼和艾莫尼尔衣钵的是西尔万·莱维、阿尔弗雷德·富歇和路易斯·斐诺这一代学者。1900年，法国远东学院创立，斐诺成为首任院长，富歇继之，之后又由斐诺接任。富歇主要负责西方部分的研究，即印度和阿富汗；而斐诺作为学院任期最长的院长，则致力于研究印度支那半岛，继续巴特和贝加

① 印度支那：指东南亚的一个地理区域，也曾是一个法国殖民地。这个地区包括越南、老挝、柬埔寨、泰国东北部和缅甸西南部等国家。

尼关于梵文碑铭的研究，同时还研究高棉铭文，以及柬埔寨国内众多古建筑的历史。这就是20世纪初欧洲对印度支那研究的概况。这些学问以铭文研究为先导，赛代斯很快就在这一领域脱颖而出，最终成为名副其实的大师。

第一次世界大战的爆发，影响了乔治·赛代斯的职业生涯。由于院长斐诺的干预，他得以避免被征召入伍（斐诺不希望失去这位优秀的研究员）。但1917年，暹罗对德国宣战，曼谷瓦吉拉那纳（Vajirañāṇa）国家图书馆的德籍馆长奥斯卡·弗兰克福特（Oscar Frankfurter）被驱逐，于是丹隆亲王邀请了赛代斯接替他的职位。1917年12月，经法属印度支那总督阿尔贝特·萨罗（Albert Sarraut）批准，31岁的赛代斯开始为暹罗朝廷效力。

来到曼谷后，赛代斯着手对国家图书馆的工作方法进行现代化改造，并推进暹罗全境碑文的清点工作。1924年，赛代斯出版了《暹罗碑铭集》。同年，暹罗成立了专司古迹保护的考古局，由国家图书馆主管，这使得赛代斯有机会亲自前往考古现场进行实地考察。很快，他就成为曼谷家喻户晓的人物——兰台寺大夫、学院教授、在报纸开有专栏的学报主编、暹罗的法语联盟（Alliance françcaise）的秘书、法国战争救济协会委员、皇家曼谷体育俱乐部成员，还担任着暹罗皇家学会的秘书长。

这期间，赛代斯主要忙于破译古代铭文，同时也致力于对艺术史、语言史和一般历史的研究，甚至在1918年发表了一篇开创性的论文，使南洋古国室利佛逝重新进入了人们的视线。

1929年，赛代斯结束了在暹罗13年的旅居生活（他说这是他一生中最快乐的时光），前往河内接任法国远东学院院长，一直到1947年退休。

在河内，赛代斯创建了学院图书馆、照相实验室和博物馆。他通过讲座、学报和不时发表在大众媒体上的通俗文章，巩固了在学界的地位。他回法国休假时，保罗·穆斯会临时接替他的工作。

第二次世界大战爆发，1940 年 6 月 22 日法国投降，维希政府任命法国远东舰队司令让·德库（Jean Decoux）将军为新任法属印度支那总督。在这位忠于贝当的总督手下，赛代斯努力保持顺从的形象：他的两个儿子均在法军中服役，他的副手穆斯作为戴高乐将军的特使回到印度支那，指挥当地的抵抗力量。1945 年 9 月 2 日，穆斯在“密苏里号”战列舰上见证了日本投降。

正是因为这段特殊经历，加之对外印度研究的熟稔，赛代斯于 1944 年在河内出版了《印度支那和印度尼西亚的印度化国家》（这是首部关于整个东南亚历史的先驱性著作）。第二次世界大战后，该书以《舶来文明：东南亚的印度化国家》（本次出版将其译为《舶来文明：东南亚的印度文明烙印》）为书名发表，在世界范围内取得了巨大的成功，当时对东南亚的研究正在全球的大学中兴起。

第二次世界大战结束后，赛代斯回到法国，于 1947 年卸任法国远东学院院长。之后，他成为巴黎埃纳里博物馆（Muséed’Ennery）的馆长，直到去世。1947—1948 年，赛代斯担任法国人类生物学高等学院的民族学教授，1947—1951 年，他在法国国立现代东方语言学院任教，荣获了许多法国和其他国家授予的勋章。1948 年 10 月 1 日，赛代斯成为法国科学院（Académiedes sciences）院士，1958 年当选文学院（Académiedes inscriptions et belles-lettres）院士，1959 年获得学术院的院士宝剑

（科学院、文学院和学术院均为法兰西学会的下属学院，其中以学术院的历史最为悠久、名气最大），1964 年当选法国亚洲学会主席。1969 年 10 月，赛代斯在塞纳河畔诺伊去世，享年 83 岁。

乔治·赛代斯著作等身，其作品清单中有 300 多个条目，许多都是大部头论著和重量级论文，其中包括两部综合性著作，总结了法国乃至整个西方学界关于东南亚历史的研究成果，分别是《印度支那和印度尼西亚的印度化国家》（即本书）和《印度支那半岛诸民族》。本书于 1944 年在河内首次出版后，于 1947 年在巴黎进行了增补再版，又于 1964 年发行了第三版。勒内·格鲁塞认为，这是“我们时代最伟大的历史著作之一”。

本书虽然出版于半个多世纪之前，但仍旧值得研读，它构成了如今研究东南亚的基础。在世界历史研究中，这是第一部把东南亚地区作为一个整体进行综合性研究的论著，尽管赛代斯本人并没有使用“东南亚”这个术语。从第二次世界大战中以及战后，也就是本书出版的时期起，“东南亚”开始取代“外印度”，成为这片广袤山海的统一规范名称。

也正是从这一时期起，东南亚文化主要以“印度化”为特征的观点开始受到了强有力的挑战，强调东南亚地区内在动力、而非外力作用的“自主历史观”（autonomous historiography）应运而生。对此内容感兴趣的读者，可以参考澳大利亚学者 J. D. 莱格（J. D. Lcggc）为《剑桥东南亚史》（英国剑桥，1993 年）所撰写的《东南亚历史的撰写》（*The Writing of Southeast Asian History*）一章。

世人对东南亚历史的了解早已今非昔比，赛代斯著作中的不少观点已被扬弃，甚至一些“史实”都已被新的考古发现所颠覆，但这都不能减损本书的价值：对于专业学者而言，它是文献综述中绕不开的经典，是新研究的出发点；对于普通读者来说，这部著作是东南亚历史非常好的入门读物之一，就像吴哥城和婆罗浮屠一样，将继续在东南亚历史研究的殿堂中熠熠生辉。

袁　野

2023 年 7 月于北京

序　言

1935 年，路易斯·德·拉瓦莱－普桑（Louis de La Vallée-Poussin）为《世界史》丛书撰写了《从迦腻色伽到穆斯林入侵的印度诸王朝及其历史》一书（作为该系列第六卷的第二部分），本书是对它的补充。他在那部著作中已经谈到了本书，而且该书的大量注释和参考文献（附录 2:《航海与拓殖》）在一定程度上为本书的写作开辟了道路。也许我应该仿效拉瓦莱－普桑的方法，为读者提供一个提纲挈领的概述，并附上评注和（如果可能的话）摘要，便于读者大致了解整部作品。但对东南亚历史的研究远不及印度历史研究那么深入，试图在残缺的信息的基础上给出一份完整而连贯的叙述，可能还为时过早。[①] 然而我还是进行了这样的尝试，因为我的目的不是要写出一部事无巨细的历史，而是通过综合性的论述，来说明历史上的各类要素是如何交织在一起的。

这片被称为“外印度”（Farther India）的地理区域包括印度尼西亚（或者说，除菲律宾以外的东南亚岛国）以及印度支那半

① 本书的主要参考书目有：亨利·科尔迪埃（Henri Cordier）的《印度尼西亚文献目录》，EFEO 出版，第 15—18 辑，第 4 卷和索引（巴黎，1912—1932 年）；约翰·F. 恩布里（John F. Embree）和莉莲·O. 多森（Lillian O. Dotson）的《关于东南亚大陆诸民族与文化的书目》（纽黑文，1950 年）；塞西尔 C. 霍布斯（Cecil C. Hobbs）的《东南亚：精选参考文献书目选注》（华盛顿，1952 年）；美国太平洋关系研究所,《东南亚：书目选编》（纽约，1955 年）。

岛（或者说，恒河以外的印度），包括马来半岛。但这片区域不包括只是印度和孟加拉的延伸的阿萨姆，也不包括历史发展处于印度的影响之外的越南北部。

该地区的自然资源和地理位置使其具有至关重要的地位。大约在公元初年，东南亚是印度航海者们纷纷扬帆而往的“黄金之地”；几个世纪后，它（尤其是印度尼西亚）成为阿拉伯人和欧洲人的香料、樟脑与香木之乡；近年来，该地区已成为世界上最重要的橡胶、锡和石油的产地之一。此外，马来半岛和巽他群岛的位置，使它们成为往返于西方或印度和中国之间的航海者必经的停靠港，它们在海上贸易中的重要性由此可见一斑。

从文化方面看，今天的外印度地区都或多或少地，带有很久以前发生在那里的印度化过程的深刻烙印。这体现在：梵语元素在当地语言词汇中的占比，这些语言曾经或仍在使用的书写字母都来源于印度；印度法律和行政组织产生的影响；在改信伊斯兰教和僧伽罗佛教的国家中，仍然存在婆罗门教的某些①传统；还有那些古代遗迹，它们在建筑和雕塑方面均与印度艺术关系密切，往往还带有梵文的铭文。

印度文明“向东方那些地区和岛屿传播，而中国文明，带着惊人相似的抱负，似乎已经走在了印度文明的前面”②，这是世界历史上最重大的事件之一，决定了相当一部分人类的命运。西尔万·莱维（Sylvain Lévi）写道：“作为智慧之母，印度将她的神话

① 起源于古印度的宗教，是现在印度国教印度教的古代形式，以《吠陀经》为主要经典，以种姓制度为核心教义，崇拜梵天、毗湿奴和湿婆三大主神。——译者注

② 西尔万·莱维：《文明的印度：历史概述》（巴黎，1938 年），第 136 页。

传授给了她的邻邦，后者又把它教给了全世界。作为法律与哲学之母，她给亚洲四分之三的地区带来了一位神祇，一种宗教，一套教义，一门艺术。她把她的神圣语言、文学和制度带到了印度尼西亚，带到了当时已知世界的边界，又从那里传播到了马达加斯加，也许还传播到了非洲海岸，如今那里的印度移民潮似乎就是在追寻那些过去的微茫足迹。”①

印度文明传播的重要意义，可以通过一个简单的事实来衡量。就人体学或者身体特征而言，柬埔寨农民与普农人（Pnong）或桑雷人（Samré）几乎没有什么不同。但普农人和越南的摩伊人（Mois）一样，仍停留在部落组织的阶段；他们依靠口口相传的传统来解决纠纷；他们没有宗教，只有一种相当粗浅的万物有灵论，其内容也因部落而异；他们对宇宙的认识还非常原始；他们没有记录自己语言的文字。然而，即使是最底层的柬埔寨人，也处在一个等级森严的国家组织之中；他服从于根据成文法典进行审判的法庭；他极为虔诚地信奉拥有教义、圣书和神职人员的宗教，同时，这种宗教使他对现世和来生有着连贯一致的看法，这种看法是为很大一部分亚洲人所共有的；最后，他拥有一套书写系统，使他们能够接触到大量的文字材料，并能够与远方的同胞交流沟通。这一切都要归功于印度。将这些事实简化为一个相当粗略的公式，我们可以说，柬埔寨人就是印度化了的普农人。变化一下其中的字眼，这个公式就可以适用于缅甸人、南泰人、古代占人（Chams）、马来人②，以及伊斯兰教传

① 西尔万·莱维:《文明的印度：历史概述》(巴黎，1938年)。

② 参阅理查德·O.温斯泰德:《印度在马来世界的影响》，IRAS（1944年），第195页。

人之前的爪哇人。

在这个印度化的过程中诞生了一系列王国，它们最初都是纯正的印度式国家：柬埔寨、占婆、马来半岛上的诸多小国、苏门答腊、爪哇、巴厘诸王国，以及缅人和泰人的王国。它们从孟人（Mons）和高棉人那里接受了印度文化。然而，经过与土著文化的相互作用，这些国家都各自按照自身特性走上了不同的发展道路，但它们的文化从未失去因共同起源而产生的家族相似性。

奇怪的是，印度很快就忘记了她的文化曾经向东和东南方向传播到了一片如此广阔的地域之上，印度学者最近才意识到这一事实。直到他们中的一小群人在掌握了法语与荷兰语之后，跟随巴黎大学和莱顿大学的教授学习，才从我们的著作，以及我们在荷兰和爪哇的同行的著作中，发现了他们现在可以自豪地称之为“大印度”（Greater India）的历史。[①]

本书的第一章简要介绍了这片区域的地理概况，以及我们对于外印度史前史和民族学的现有了解。[②]了解印度文明传播的基础是相当重要的。第二章探讨了第一章中定义的地区逐步印度化的原因、时代、方式，以及最初的结果。以后的十二章叙述了外印度古代史中的重要事件，直至欧洲人的到来。

要将这样一个庞大而复杂的主题划分为若干章节，最简单的方法似乎是把它纵向切开，或者按地理划分，就像勒内·格

---

① 乌彭德拉·N. 戈沙尔（Upendra N. Ghoshal）的《大印度研究的进展》（加尔各答，1943 年）。

② 关于这些问题，更详细的内容可以参阅赛代斯的《印度支那半岛诸民族》（巴黎，1962 年）一书的第一部分（第 8—40 页）：“印度支那的定居者”。

鲁塞（René Grousset）在他的作品中所做的那样，[1] 并概述最新的研究成果，例如艾蒂安·艾莫尼尔（Etienne Aymonier）[2]、伯希和（Paul Pelliot）[3]、乔治·马伯乐（Georges Maspero）[4]、比詹·拉吉·查特吉（Bijan Raj Chatterjee）[5]、拉梅什·钱德拉·玛兹穆德（Ramesch C. Majumdar）[6] 和劳伦斯·P. 布里格斯（Lawrence P. Briggs）[7] 等人关于扶南和柬埔寨的著作；乔治·马伯乐 [8] 和拉梅什·钱德拉·玛兹穆德 [9] 关于占婆的著作；阿瑟·珀夫斯·菲尔（Arthur P. Phayre）[10] 和戈弗雷·E. 哈维（Godfrey E. Harvey）[11] 关于缅甸的著作；威廉 A. R. 伍德（William A. R. Wood）[12] 和帕宁德拉·N. 博斯（Phanindra N. Bose）[13] 关于暹罗的著作；保罗·勒布朗热（Paul Le Boulanger）[14] 关于老挝的著作；费琅（Gabriel Ferrand）[15]、拉梅什·钱德拉·玛兹穆德 [16]、K.A. 尼拉坎塔·萨斯

---

① 《亚洲史》（巴黎，1922 年）;《远东史》（巴黎，1929 年）;《东方诸文明》（巴黎，1929—1930 年）;《15 世纪之前的东亚地区》（巴黎，1941 年）。

② 《柬埔寨史》（巴黎，1900—1904 年），第 3 卷:《吴哥建筑群及其历史》（巴黎，1904 年）。

③ 《扶南考》，BEFEO，第 3 期，第 248—303 页。

④ 《高棉帝国，历史和文献》(金边，1904 年)。

⑤ 《印度文化对柬埔寨的影响》（加尔各答，1928 年）。

⑥ 《坎布加村，柬埔寨的一个古代印度殖民地》（马德拉斯，1944 年）。

⑦ 《古代高棉帝国》（费城，1951 年）。

⑧ 《占婆史》（巴黎，1928 年）。

⑨ 《古代印度在远东的殖民地，第一部分：占婆》（拉合尔，1927 年）。

⑩ 《缅甸史》（伦敦，1883 年）。

⑪ 《缅甸史》（伦敦，1925 年）。

⑫ 《暹罗史》（伦敦，1926 年）。

⑬ 《暹罗的印度殖民地》，旁遮普东方（梵文）丛书，第 8 卷（拉合尔，1927 年）。

⑭ 《法属老挝史》（巴黎，1930 年）。

⑮ 《苏门答腊的室利佛逝帝国》，JA，1922 年。

⑯ 《古代印度在远东的殖民地，第二部分：金洲》（达卡，1937—1938 年）。

特里（K. A. Nilakanta Sastri）[①]、理查德 · O. 温斯泰德（Richard O. Winstedt）[②]、罗兰 · 布拉德尔（Roland Braddell）[③]、劳伦斯 · P. 布里格斯[④]和保罗 · 惠特利[⑤]等人关于马来西亚的著述，以及尼古拉斯 · J. 克罗姆（Nicholaas J. Krom）[⑥]、弗雷德里克 · W. 斯塔佩尔（Frederik W. Stapel）[⑦]、伯纳德 · H. M. 弗莱凯（Bernard H. M. Vlekke）[⑧]和赫尔曼斯 · J. 德格拉夫（Hermanns J. de Graaf）[⑨]等人关于印度尼西亚的著作。

如果使用这种方法，在讨论国家间关系，或是涉及多国的历史事件时，就不得不再三地进行重复叙述。因此我更倾向于将外印度作为一个整体来处理，并将这个主题横向，或者说按年代顺序加以划分。

这样的划分方法比人们想象的要简单，因为被印度文化影响的东南亚各国也因其地理位置，而被纳入了中国的政治轨道。其中的大多数国家，也都受到了那些曾撼动印度半岛或中原王朝的重大事件的影响。公元 4 世纪，沙摩陀罗笈多（Samudragupta）征服了恒河流域和印度南部，以及 11 世纪坦贾武尔（Tanjore）

① 《室利佛逝》，BEFEO，第 40 期，第 239—313 页；《室利佛逝史》（马德拉斯，1949 年）。
② 《马来亚的历史》，JRASMB，第 8 期（1935 年），第 1—210 页（第二版，新加坡，1962 年）；《马来亚及其历史》（伦敦，1948 年）。
③ 《马来半岛和马六甲海峡的古代研究简介》，JRASMB，第 8—19 期（1935—1941 年）；《马来亚古代史笔记》，JRASMB，第 20—24 期（1947—1951 年）。
④ 《高棉帝国和马来半岛》，FEQ，第 9 期（1950 年），第 254—305 页。
⑤ 《黄金半岛》（吉隆坡，1961 年）。
⑥ 《印度化爪哇史》（海牙，1926 年；第二版，1931 年）。
⑦ 《荷属东印度史》，第二版（阿姆斯特丹，1943 年）。
⑧ 《努山达拉：东印度群岛史》（马萨诸塞州坎布里奇，1943 年）；《东印度群岛史》（鲁尔蒙德，1947 年）；《努山达拉：印度尼西亚史》（芝加哥，1960 年）。
⑨ 《印度尼西亚的历史》（海牙，1949 年）。

的注辇王朝（Chola）诸帝的扩张主义政策，都对孟加拉湾的另一侧产生了影响。此外，中国的大事件也非常明显地影响了外印度的历史。再者，外印度诸国因地理和经济联系而紧密相连，任何一国的内部发生变动，都会对其他国家产生影响。扶南帝国的瓦解，苏门答腊室利佛逝王国的诞生，阿奴律陀（Anôratha）在蒲甘（Pagan）的登基或苏利耶跋摩二世（Süryavarman Ⅱ）在吴哥的继位，还有素可泰泰族王国的建立，这些事件的影响都远远超出了本国的边界。因此，在外印度的历史上的一些关键的日期，构成了真正的“转折点”，使我们可以划定为若干个时代，每一个时代都各有特征，都以英雄人物的印记，或强大国家的政治霸权为标志。

最后一章是结论，试图对印度在那些一千多年来受益于其文明影响的国家所留下的遗产，进行一个简要评价。

本书读起来像是一部王朝编年史，常常给人一种有骨无肉、味同嚼蜡的印象，这实非我的本意。这与所使用的资料（中国编年史和铭文）的性质有关，也是由对东南亚研究的相对落后所致。起初，研究者们面临的当务之急是考证古代地名，并确定各朝代的年代，换言之就是勾勒出一个地理和年代框架。现在对于大部分国家来说，这项工作已大致完成，而且对于其中不少国家来说，已经圆满完成。对这些国家的宗教和艺术已经有了相当的研究，但在其政治制度史和物质文化史方面仍有许多工作要做。当对当地文字的释读取得更大进展时，碑铭可以为这些研究提供很多的信息。然而释读工作向来不易，只有少数学者愿意投身其中。①

① 关于这个主题，见赛代斯的《高棉研究的未来》，1960 年 11 月 26 日在铭文和文学研究院报告会上宣读的论文。

本书另一个必将使读者感到不快的缺陷是，同一章节各个段落的笔调不一致，可以说，连文风都颇为不同。所以，当缅甸的蒲甘王国在11世纪登场时，我们就会觉得，它的历史比柬埔寨的历史要生动得多；不止于此，柬埔寨历史上的某些时期似乎也不如占婆的历史那么丰富多彩，至少记有确切日期的政治事件远不如占婆那么多。这种叙述中各部分风格不统一的情况，是因为所使用的资料来源性质不同。目前，柬埔寨史研究主要是建立在金石学的成果之上，而占婆史则受益于中国和越南编年史中的大量史料，缅甸史也有若干编年史可依。如果柬埔寨也有缅甸的那种理想化的系统的编年史，那么耶输跋摩（Yaśovarman）或者苏利耶跋摩二世的模糊形象很可能就会变得更加清晰，并像蒲甘的各位君王一样生动地呈现于世人面前。阇耶跋摩七世（Jayavarman Ⅶ）的例子就是证明：他的铭文摈弃了惯常的、神话般的夸张渲染，而是叙述了他生平的确切史实，使得这个人物立即变得鲜活起来，后人才得以描绘出一幅跃然于纸上的肖像。

研究东南亚印度化国家的历史所依据的文献——铭文、当地编年史、外国人（中国人、阿拉伯人和欧洲人）的记载，在前面提及的一般性著作中都已列举过。两个主要的信息来源，是中国的编年史和碑铭。这些资料的主要价值在于年代的准确性，但也有许多不足之处。它们只记录了某几类史实，比如宗教捐赠、中国与南方各国的外交或商贸关系。这些资料对某一时期的记载很丰富，对另一时期的记载却很匮乏，这往往会给人一种错误的印象，而在缺乏资料的情况下，诉诸沉默就更为危险。例如，802年至850年在位的柬埔寨国王阇耶跋摩二世（Jayavarman Ⅱ）没有留下任何铭文，但如果由此推断他的统治是无关紧要的，那就大谬不然了。此外，如果中国史料中没有对某个国家的记载，并不一定意味着这个国家消亡了，而往往只是中国的外交暂时衰弱的结果。

自从欧洲人开始对外印度诸国感兴趣（主要是出于殖民目的）以来，他们一直在对该地区进行考古学和历史学研究，但这些研究在各地的进展并不平衡。

那些在柬埔寨、占婆和爪哇进行考古发掘的人固然值得称赞，但这项工作依然任重而道远，每年都会有新的碑铭从吴哥出土。发掘工作在苏门答腊岛草创未就，在暹罗和马来半岛也才刚刚开始。碑铭研究在各地都已取得了相当令人满意的进展，除了缅甸，那里的铭文译本还寥寥无几。[①] 有关扶南、占婆和印度尼西亚某些地区的中国史料已经整理完毕，但有关柬埔寨、缅甸和泰族国家的整理尚远未完成。

研究和文献利用方面的不平衡，是外印度被划分为若干个国家或殖民地的必然结果，这些国家或殖民地受制于不同的制度，发展水平也参差不齐。这种不平衡，再加上上文已述资料的来源不同，使得对外印度诸国的历史进行综合性研究——本书就是这方面的初试啼声——的尝试变得困难重重，而且可能还为时过早。

关于柬埔寨，我总体上作了更详细的叙述，并引用了更多的原始资料，对此我希望能够得到读者们的谅解。我这样做并非是想通过某种专业性的歪曲，夸大高棉人历史的重要性，而是

① 然而，值得注意的是，近年来，在戈登·H. 卢斯（Gordon H. Luce）和彭茂田（Pe Maung Tin）的主持下，仰光大学出版了五部宏伟的碑铭影印本，名为《缅甸铭文集》（东方研究出版物，第 2—6 辑）（仰光，1933—1939 年），涵盖了 1131—1364 年这一时期。

因为其他地区，例如占婆和爪哇，已经有乔治·马伯乐和尼古拉斯·J. 克罗姆撰写的历史论文，对目前的研究成果进行了全面的介绍，而柬埔寨却没有类似的内容。① 我认为在一定程度上填补这一空白是可取的，所以本书各章节中都分布着柬埔寨古代史的概述，并反映了最新的研究成果。

由于本书并非专为普通读者而写，也要供那些对这一地区的历史背景缺乏认识的历史学家、语言学家和民族学家阅读，所以当时机合适时，我就毫不犹豫地对某些争议性问题的各方观点作简要介绍。因此叙述就会被打断，但是如若对某些观点只字不提，或者反过来草率地给予肯定，都可能会使人对这方面的研究现状产生错误的认识。如果本书有助于读者了解迄今我们已经取得的成果②，以及尚待开拓的领域，那么我希望它的不足之处能够得到原谅。

① 值得一提的是，仅有序言第 5 页提到的劳伦斯·P. 布里格斯的作品（注释 7），以及两本通俗读物：玛德琳·吉托（Madeleine Giteau）的《柬埔寨史》（巴黎，1958 年），以及阿奇里·道芬·穆尼耶（Achille Dauphin-Meunier）的《柬埔寨史》，收于《我知道什么？》，第 916 辑（巴黎，1961 年）。

② 本书注释中所提供的参考书目并非巨细无遗。它只引用了那些基本的著作，读者在那些著作中可以找到更完整的书目。

目录

▸▸ CONTENTS

第一章

土地及其居民

1. 地理概况

印度文明从次大陆[①]东岸扬帆启航，传播到了一片广袤而复杂的地区，本节不打算对此详加描述。关于这片大地，朱尔斯·西翁（Jules Sion）在《季风区的亚洲》（*L'Asie des moussons*）一书中已经进行了出色的描绘，可见该书第二卷的《第四部分：印度支那和印度尼西亚》一节[②]。这里我们只陈述一些该地区共有的某种统一性特征，以便读者理解发生在那里的历史事件。

印度支那半岛和印度尼西亚群岛同属受季风影响的热带地区。气候大体上分为旱季和雨季，为当地居民的生活提供了条件，主导风向的交替则决定着航海的方向。不过，干湿交替的具

① 在16至19世纪，欧洲人认为今天的东南亚地区和南亚地区都属于同一个"印度"。在19世纪，他们才意识到这些地区的内在差异。于是他们把"印度"分为三个部分：印度次大陆、印度支那半岛和印度尼西亚，20世纪初，欧洲人把次大陆界定为"印度本土"，后两者为则为"印度化地区"。——译者注

② 巴黎，1929年。参见皮埃尔·库鲁（Pierre Courou）的《热带国家》（巴黎，1947年）;《亚洲，第四部分》（巴黎，1953年），第17至第19章。关于东印度支那，参见查尔斯·罗伯奎恩（Charles Robequain）的《法属印度支那》（巴黎，1935年）；关于马来半岛和印度尼西亚，见查尔斯·罗伯奎恩的《马来世界》（巴黎，1946年）。

体月份每年都不同，这对水稻种植来说可能是灾难性的，而水稻又是保证粮食供应充足的唯一方法。

从缅甸、马来半岛到苏门答腊岛，外印度地区的西部紧临印度洋，正如西尔万·莱维所说："长期以来，支配着航海的洋流模式和季风模式已经培育出了一个贸易体系，在这个体系中，非洲海岸、阿拉伯半岛、波斯湾、印度、印度支那和中国不断地互通有无。"①

马来半岛以及由其延伸出来的岛屿构成了一道天然屏障，在屏障的另一侧，有一个名副其实的地中海，由中国海、暹罗湾和爪哇海组成。尽管有台风和暗礁，但对沿岸居民来说，这片封闭的海域更像是一条纽带，而非障碍。早在其他地方的航海者到来之前，这些民族就有了自己的水手，尽管渊源不尽相同，但通过不断的贸易，这些民族的文化已经发展出了某种相似性，后文对此会作进一步的讨论。这种前印度化时期的文化，是在近海地区发展起来的，例如，湄公河、湄南河、伊洛瓦底江和萨尔温江等大河的河谷和三角洲，在爪哇的低地平原，以及越南、马来半岛和苏门答腊岛的沿海河流流域。这些河流虽然不适合通航，但非常利于灌溉。"该地区已经开化的人，"朱尔斯·西翁写道，"基本上都是平原人，他们把高地留给了土著，这些高地倒并不一定很贫穷，因为土著们早就能够对其善加利用，这要归功于粟米（millet）、某些种类的稻谷和畜群。"② 土著和"不完全开化的人"退居山区，这无疑是一种非常古老的现象。这一过程持续了几个世纪，在印度化时期尤其明显。这在很大程度上解释了外印度

① 《关于罗摩衍那的历史》，JA，1918年1—2月号，第147页。
② 《季风区的亚洲》（巴黎，1928—1929年），第2卷，第513页。

国家的民族分层现象。这些国家的山区至今仍是半游牧民族的领地，他们从事狩猎、采集和刀耕火种的农业，直到 20 世纪中叶，似乎还停留在新石器时代。

2. 史前史

尽管亨利·芒苏（Henri Mansuy）①、玛德琳·柯拉尼（Madeleine Colani）②、艾蒂安·帕特（Etienne Patte）③、雅克·弗罗马热（Jacques Fromaget）、埃德蒙·索林（Edmond Saurin）④ 和保罗·莱维（Paul Lévy）⑤ 对印度支那进行了研究；艾佛·休·诺曼·埃文斯（Ivor H. N. Evans）⑥、H. D. 科林斯（H. D. Collings）⑦、迈克尔·特威迪（M.

① 法国国际殖民陈列馆：法属印度支那，自然科学部分，《印度支那史前史》（巴黎，1931 年），其中包含他的作品的参考书目；《史前史和原始史》，载于《法国殖民帝国：印度支那》，乔治·马伯乐编（巴黎，1929 年），第 1 卷，第 83—92 页。

② 除在芒苏的《史前史和原始史》中引用过的研究外，请参阅《印度支那史前史研究》，BEFEO，第 30 期，第 299—422 页；《上寮的巨石构造》，Publ. EFEO，第 25—26 期（巴黎，1935 年）；《远古时代的石器使用》，《古老顺化之友会刊》（河内，1940 年）。

③ 《印度支那史前时代简论》，载于《印度支那地质调查局公报》（1923—1932 年）；《史前印度支那》，载于《人类学评论》（1936 年），第 277—314 页。

④ 《安南山脉北部和上寮的新生代和更近期地层初探（地层学、史前史、人类学）》，载于《印度支那地质调查局公报》，第 22 期，3（1936 年）。对于自那之后的发现，请参阅被收于《第三次远东史前史大会论文集》（新加坡，1938 年）中的两位作者的作品，第 51—90 页。

⑤ 《姆鲁普赖地区的史前史研究（附考古比较）》，Publ. EFEO，第 30 期（河内，1943 年）。

⑥ 《马来半岛民族学和考古学论文集》（英国剑桥，1927 年）；《马来联邦博物馆杂志》第 7、9、12、15 期中载有他的许多文章。

⑦ 《马来半岛的更新世遗址》，载于《自然》，142（1938 年 9 月 24 日），第 575 页（见 BRM，丛书 B，新加坡）。

W. F. Tweedie）[①]、P.V. 范·斯坦因·卡伦费尔斯（Pieter V. van Stein Callenfels）[②]、约翰·范德霍普（A. N. J. Thomassen à Thuessink van der Hoop）[③]、古斯塔夫·海因里希·拉尔夫·冯·科尼格斯瓦尔德（G. H. Ralph von Koenigswald）[④]和亨德里克·罗伯特·凡·海克伦（H. R. van Heekeren）[⑤]对马来亚和印度尼西亚研精覃思；弗里茨·萨拉辛（Fritz Sarasin）[⑥]、德日进（Pierre Teilhard de Chardin）[⑦]和亨德里克·罗伯特·凡·海克伦[⑧]对暹罗颇有研究；J. 科金·布朗

① 《马来亚的史前史》，JRAS（1942 年），第 1—13 页，以及《马来亚的石器时代》，JRASMB，第 26 期，第 2 号（1953 年），其中包含一个很好的书目。

② 《霹雳州洞穴发掘报告》，载于《考古报告》（1926 年），第 184—193 页；《霹雳州洞穴发掘报告》，JFMSM，第 12 期（1928 年）；《桑蓬洞穴发掘初探》（巴达维亚，1932 年）；《对东南亚新石器时代年代学的贡献》，载于《考古报告》（1926 年），第 174—180 页；《史前收藏品简明指南》，载于《巴达维亚皇家艺术与科学协会年鉴》，第 2 期（1934 年），第 69—106 页，以及他在 BRM，新加坡，丛书 B 上发表的文章。

③ 《南苏门答腊的巨石遗迹》（聚特芬，1932 年），以及弗雷德里克·W. 斯塔佩尔编辑的《荷属东印度史》（阿姆斯特丹，1938—1940 年）中关于史前史的章节（第 1 卷，第 8—111 页）。

④ 《爪哇的早期旧石器时代文物》，TKNAC（1936 年），第 41—44 页；《新石器时代的万隆地区》，TBC，第 75 期（1935 年），第 324—419 页；《更新世时期的爪哇》，《第四纪》（柏林，1939 年），第 28—53 页。

⑤ 《印度尼西亚的石器时代》，VKI，第 21 期（海牙，1957 年）；《印度尼西亚的青铜时代》，VKI，第 22 期（海牙，1958 年）。

⑥ 《暹罗史前史研究》，JSS，第 26 期（1933 年），第 171—202 页；《对史前暹罗的研究》，载于《人类学》，第 43 期（1933 年），第 1—40 页。威廉·G. 索尔海姆二世（Wilhelm G. Solheim，Ⅱ）：《泰国和史前史》，Silapakara，第 8 期，第 3 辑（1966 年 9 月），第 42—77 页。

⑦ 《暹罗的旧石器时代》，载于《人类学》，第 54 期，第 547 页。

⑧ 《在暹罗发现的史前时期文物》，载于《史前史学会论文集》，第 14 辑（1948 年），2，第 24 页；《赛育岩洞发掘简论》，JSS，第 49 期（1961 年），第 99 页；《赛育考古的简要调查，1961—1962 年》，JSS，第 50 期（1962 年），第 15 页。

（J. Coggin Brown）[①]、T.O. 莫里斯[②]和小哈勒姆·L. 莫维斯（Hallam L. Movius，Jr.）[③]深耕缅甸，但对外印度史前史的研究仍处于探索阶段，罗伯特·冯·海涅·格尔登（Robert von Heine-Geldern）[④]和让·纳杜（Jean Naudou）[⑤]在集萃百家方面的杰出尝试，也只能被视为研究工作中的假说。在这里，我们只能依据史实，勾勒出各种文化和受印度文明影响的民族的古代分布的大致轮廓，印度文明对这些民族的影响过程将在下一章讨论。

自远古时代起，外印度的人口构成就非常复杂：一些人与尼格利陀人（Negritos）和维达人（Veddas）有关，另一些人与澳大利亚人（Australoids）和巴布亚－美拉尼西亚人（Papuan-Melanesians）有关，还有一些人与印度尼西亚人有关。[⑥]根据这些事实可以得出一个明确的结论：外印度最早的居民，与那些今天居住在太平洋岛屿上的居民有着亲缘关系，而蒙古人种的到来已

---

① 《缅甸的石器时代遗迹》，JBRS，第 21 期（1931 年），第 33—51 页。

② 《缅甸的史前时期石器》，JBRS，第 25 期（1935 年），第 1—39 页；《缅甸的铜和青铜古物》，JBRS，第 28 期（1938 年），第 95—99 页。

③ 《缅甸的石器时代》，载《美国哲学学会会刊》，第 32 期（1943 年），第 341—393 页；《南亚和东亚的旧石器时代早期文化》，载《美国哲学学会会刊》，第 38 期（1948 年）；《南亚和东亚的旧石器时代考古》，见《世界史手册》，第 2 卷（巴黎，1954 年）。

④ 《澳斯特罗尼西亚人的起源及其早期迁徙》，载《人类学》，第 27 期（1932 年）；《论东南亚新石器时代的年代学》，载《纪念文集》，威廉·施密特（维也纳，1928 年）；《印度尼西亚的史前史研究》，《印度考古学年鉴》，第 9 期（1934 年），第 26—38 页；《印度殖民地艺术的史前基础》，《维也纳对亚洲艺术和文化史的贡献》，第 8 期（1934 年）；《荷属东印度群岛史前史研究》（纽约，1945 年）；《印度尼西亚艺术入门》，亚洲研究所（纽约，1948 年）。

⑤ 见安德烈·瓦拉尼亚克（André Varagnac）主编的《有文字之前的人类》（巴黎，1959 年），第 153 和 315 页。

⑥ 皮埃尔·华德（Pierre Huard）和埃德蒙·索林的《印度支那颅骨学现状》，载《印度支那地质调查局公报》，第 25 期，第 1 卷，1938 年。

经是非常晚近的事情了。不过本书的重点不是种族，而是文化的类型。

这些古人留下了石器、骨器、金属器具、陶器碎片和玻璃饰品，在某些地区还留下了一些巨石构造（megaliths）。这些遗存的年代尚未得到令人满意的确定。不仅准确的年代难以考定，甚至连各种工具的出现顺序都还没有确定。磨制石器经常与铁器一同被发现，这表明这里的史前时期比欧洲持续得长久得多。可以毫不夸张地说，直到公元前的最后一个世纪，外印度人民才在邻邦的影响下开始广泛使用金属器具。这也是中国和雅利安印度的古文明开始对外产生深远影响的时期。

在爪哇发现的更新世遗迹［特里尼尔的直立猿人（Pithecanthropus）、索罗的尼安德特人（Neanderthaloid），以及瓦贾克的原始澳大利亚人（Proto-Australoid）］因为过于古老，超出了本书的范围，我们在这里暂不讨论，只讨论东南亚史前的主要时期。

旧石器时代的工艺，按照这个术语在欧洲史前史中的意义，在缅甸以“古安雅辛（ancient Anyathian）”文化为代表，其特征是用砾石制成的斧头，这种石斧在暹罗的芬诺（Fing Noi）文化和上寮的富来（Ph’u Loi）文化中也有发现，大概是出自原始澳大利亚人之手，他们在爪哇也留下了“舍利”（Chellean）时期的痕迹。

下一个时期的遗迹，以打制石器为特征（但却几乎完全没有陶器），在多地均有发现，如：东京（Tongking，和平省）和越南北部，老挝（琅勃拉邦），暹罗（清莱、华富里、叻武里）和马来亚［霹雳州的瓜克巴（Gua Kerbau）］。在苏门答腊岛东海岸发现的单边磨利石斧，似乎也是这一时期的产物。这一文明通常被称为“和平文化”（Hoabinhian），有些作者将其归类为中石器时代。

在一些文化层中，打制石器与磨过刃口的工具混杂在一起，这些工具具有典型的北山文化（Bacsonian，发现于东京的北山山区）工艺特征，一同发现的还有一些带绳纹的陶器和一些骨器。

一些在和平与北山文化遗址中发现的人类遗骸，有些具有与澳大利亚人种和巴布亚–美拉尼西亚人种相似的特征；[①]另一些则属于印度尼西亚类型，并已表现出一些蒙古人种的特征，这些特征后来愈发显著。

然而，在苏门答腊、爪哇、婆罗洲和西里伯斯[②]均有发现的一种人类遗骸，又似乎来自尼格利陀人和维达人。这种人的工艺以大量的陶器碎片和细石器为标志。

最后，还有一种旧石器时代后期或中石器时代的文化，以骨制品为特征，见于印度支那、暹罗和马来亚，而且从苏门答腊，经由爪哇、西里伯斯、婆罗洲、菲律宾、中国台湾和琉球群岛，一直传到了日本，这或许是尚待考证的某个种族的迁徙或扩张的结果。

新石器时代的工艺，其遗迹在远东各地都有发现，部分可能是由新来者引入的，毫无疑问是印度尼西亚人，他们构成了现在外印度人口的大多数。这些新石器时代的文明拥有丰富的陶器，其图案有时会让人联想到古代中国[③]和西方的陶器。这些文明并

① P.V. 范・斯坦因・卡伦费尔斯：《东亚的美拉尼西亚文明》，见BRM，丛书B，第1卷（1936年），第41—51页。

② 今称苏拉威西。——译者注

③ 皮尔・索伦森（Per Sorensen）：《史前移民进入泰国的南北迹象》，《东方与西方》，自然科学版，第14期，第3—4期（1963年9—12月），第211页。

没有因为金属器的引入而消失，我们几乎可以说，它的特点今天仍然存在于山区和内陆的某些落后群落之中。

关于新石器时代，我们注意到在本节研究的地理区域内出现了南北分裂，这可能是由第一批蒙古人种，或者蒙古化了的民族的迁徙所引起的。东南亚的大陆部分、中国南部和印度东北部都属于使用带柄有肩石斧的地区，这是讲澳斯特罗 - 亚细亚语系（Austro-Asiatic）语言的民族所特有的工具，[①] 而位于南部的印度尼西亚语言区域，则只有截面为半圆形或三角形的凿形石斧。

从与之相关的工具上可以明显看出，分布在整个外印度的巨石构造早在金属时代，也就是原史时代（proto-historic epoch）就已经出现了。这些巨石中最古老的，是爪哇岛东部的石棚墓（dolmens，人们在其中只发现了青铜器，没有铁器），巴厘岛的石棺就是由此发展而来的。所有的这些遗迹，不论是石棚墓，还是爪哇中部、苏门答腊南部和霹雳州的地下墓穴，[②] 上寮的独石瓮，还是上寮、马来亚、苏门答腊和爪哇的巨石柱，都是殡葬建筑，与对祖先和已故首领的崇拜有关。这一事实引出了一些非常大胆的理论。[③]

外印度是否有过“青铜时代”？这个问题尚存在争议。石器

---

① 路易斯·斐诺（Louis Finot）:《史前的印度支那》，载《法属亚洲》（1919 年 2—7 月）。“工具”指本书提到的“磨制石器”。

② 理查德·O. 温斯泰德:《石棚与铁器》，JRASMB，第 19 期，第 1 卷（1941 年），第 93—100 页。J. 洛文斯坦（J. Lowenstein）和 G. 希夫金（G. Sieveking）:《论马来亚的金属器时代》，JRASMB，第 29 期，第 2 卷（1956 年）。

③ 威廉·J. 佩里（William J. Perry）:《印度尼西亚的巨石文化》（曼彻斯特，1918 年）;《太阳的子孙》，第二版（伦敦，1927 年）。霍勒斯·杰弗里·夸里奇·韦尔斯（H. G. Quaritch Wales）:《大印度的形成》（伦敦，1951 年，1961 年）;《前印度化时期高棉文化的基础》，JRAS（1952 年），第 117—123 页;《神山》（伦敦，1953 年）;《东南亚的史前史和宗教》（伦敦，1957 年）。

的使用在那里持续到了很晚的时候，而铁器和青铜器几乎是同时出现的。值得一提的是，直到公元前最后两个世纪，中国的汉代时期，武器仍然是用青铜制成的，铁器当时还是刚刚舶来的东西。[①] 东京和越南北部（当地可能是青铜鼓的扩散中心）在青铜时代的代表是东山（Dongson）文化[②]，它没有留下任何足够古老的遗存，来证明自己的出现早于公元前的最后几个世纪。彼得·V. 范·斯坦因·卡伦费尔斯曾建议，将青铜器来到印度支那的时间定在公元前 600 年左右，来到群岛的时间定在公元前 300 年。[③]

在大多数情况下，我们都是从新石器时代晚期直接跳到了第一批印度化遗存，中间没有过渡期。在越南海岸和柬埔寨，沙莹（Sa–huynh）[④] 与三隆森（Samrong Sèn）[⑤] 的新石器时代文化层直接

---

① C. B. 塞利格曼（C. B. Seligman）和 H. C. 贝克（H. C. Beck）:《远东的玻璃：一些西方的起源》，BMFEA，第 10 期（1938 年），第 49—50 页。

② 维克多·戈卢布（Victor Goloubew）:《东京和北安南的青铜时代》，BEFEO，第 29 期，第 1—46 页。奥洛夫·詹斯（Olov Janse）:《印度支那的考古研究》（马萨诸塞州坎布里奇，1947 年，1951 年，布鲁日，1958 年），第 3 卷。

③ 《青铜鼓时代》，BRM，丛书 B，第 1 卷，No. 3，第 150 页。在维克多·戈卢布看来，这两个年份似乎定得太早了，见他的《弘化的金属鼓》，BEFEO，第 40 期，No. 1，第 396 页，但这两个年份与伯纳德·卡尔格伦（Bernard Karlgren）的研究结果非常吻合，他倾向于将东山文化的上限放在公元前 4 世纪或公元前 3 世纪。见伯纳德·卡尔格伦的《早期东山文化的年代》，BMFEA，第 14 期（1942 年），第 128 页。另见巴西尔·格雷（Basil Gray）的《中国或东山》，载《东方艺术》，第 2 期（1949—1950 年），第 99—104 页。

④ 亨利·帕芒蒂埃（Henri Parmentier）:《沙莹（广义，安南）的瓮棺葬》，BEFEO，第 24 期，第 321—343 页。玛德琳·柯拉尼:《上寮的巨石建筑》，第 2 卷，第 237 页及其后文。

⑤ 亨利·芒苏:《三隆森和隆布劳（柬埔寨）的史前时期遗址》（河内，1902 年）;《对三隆森（柬埔寨）史前时期文化层研究的新成果》，载《印度支那地质局文集》，第 10 辑，第 1 册。

与春禄（Xuân Lộc）的巨石构造相接；①占婆和柬埔寨的早期遗迹之间也是全无过渡。从印度化的喔吠文化（Óc Eo，在交趾支那）和瓜拉·塞林辛（Kuala Selinsing，在马来亚的霹雳州）②遗迹中，出土了用公元 2 世纪至 4 世纪的梵文字体雕刻的人名印章，还出土了一些磨制石器；在西里伯斯的桑帕加（Sempaga），在新石器时代的文化层上发现了一尊阿马拉瓦蒂风格（Amarāvatī school）的青铜佛像。③因此，我们可以毫不夸张地说，当外印度人民与印度的婆罗门教——佛教文化接触时，他们仍处于新石器时代的晚期。

3. 澳斯特罗 – 亚细亚文化

新石器时代晚期的这次接触已经不是双方的第一次接触了。上文列举的各类文化的广泛传播，特别是在外印度的新石器时代文化层中发现的大量源自印度的玻璃珠，都可以证明从史前时代起，在外印度各地之间，以及外印度和印度本土之间便已存在着海上交通了。

---

① 亨利·帕芒蒂埃:《春禄的巨石建筑遗迹》，BEFEO，第 28 期，第 479—485 页。埃米尔·加斯帕多内（Emile Gaspardone）:《春禄的墓葬》，JGIS，第 4 期（1937 年），第 26—35 页。

② 艾佛·休·诺曼·埃文斯在 JFMSM 的第 12 期和第 15 期上，发表了多篇关于这个遗址的报告。阿拉斯泰尔·兰姆（Alastair Lamb）:《其他考古学发现》，JRASMB，第 37 期，第 1 卷（1962 年 7 月），第 166 页。

③ 弗雷德里克·D. K. 博世（Frederik D. K. Bosch）:《西里伯斯西海岸的青铜佛像》，TBG，第 73 期（1933 年），第 495—513 页。亦见博世的《1933 年荷属东印度的考古工作总结》，ABIA，第 8 期（1933 年），第 35 页。

亚瑟·M.霍卡特（Arthur M. Hocart）[①]和保罗·穆斯（Paul Mus）[②]认为，在整个季风区亚洲，一些基本信仰和某些重要仪式都存在相似性，这也为上面的结论提供了佐证。从工具和词汇[③]中同样可以看出，前雅利安印度[④]和外印度之间存在着一个文化共同体。

根据一些学者的说法[⑤]，在雅利安人入侵之前，可能已经有一次或者多次起源于印度支那半岛或诸岛屿的民族迁徙浪潮蔓延到整个印度了。另一些学者的意见则相反[⑥]，他们认为，是来自西北

---

① 《王权》（伦敦，1927年）；《印度与太平洋》，载《锡兰科学杂志》，第1期，第2册，第61—84页。

② 《从东方看印度：占婆的印度式祭礼和土著祭礼》，BEFEO，第33期，第367—410页。

③ 威廉·施密特：《孟-高棉民族：中亚和南岛人民之间的纽带》，BEFEO，第7期，第213—263页；第8期，第35页。针对纪尧姆·德·赫维西（Guillaume de Hevesy）的《印度人中的芬兰-乌戈尔人》（维也纳，1932年）一书（以及他在语言学杂志上发表的大量文章）的批评，无法解释孟-高棉语族和印度的蒙达（Munda）语族之间不可否认的词汇学关系。[参阅劳伦斯·P.布里格斯的《狄克逊教授和佩特·施密特的理论是多么地过时》，JAOS，第65期（1945年），第56页及其后文。]

④ 西尔万·莱维、让·普日卢斯基和J·布洛赫（J. Bloch）关于前雅利安和前达罗毗荼印度文明的著述，已由普拉博德·C.巴吉（Prabodh C. Bagchi）汇集到《前雅利安和前达罗毗荼的印度》（加尔各答，1929年）。另见康斯坦丁·雷加梅（C. Regamey）的《关于印度文明和印度的雅利安因素的作品的分析书目》，BEFEO，第34期，第429—566页。

⑤ 詹姆斯·霍内尔（James Hornell）：《印度船只设计的起源及其人种学意义》，载《孟加拉亚洲学会集刊》，第7期（1920年）。见上面引用过的斯坦因·卡伦费尔斯和海涅-格尔登的论文。尼古拉斯·J.克罗姆：《印度化爪哇史》（海牙，1931年），第38页及其后文。

⑥ 西尔万·莱维：《印度的前雅利安人和前达罗毗荼人》，JA（1923年7—9月号），第55—57页。亨利·克恩（Hendrik Kern）：《散论》（海牙，1913—1929年），第15卷，第180页。让·普日卢斯基：《乌敦巴拉》人，JA（1926年1—3月号），第1—59页；《萨尔瓦人》，JA（1929年4—6月号），第311—354页。霍卡特：《王权》；R. C.玛兹穆德，《马来人》，JGIS，第3期（1936年），第86—96页。

的达罗毗荼人（Dravidians）或雅利安人将土著居民驱赶到了印度东部和南部，这些人迁徙至东南亚，带来了一次前雅利安时代的印度化，而原来的印度尼西亚人则被驱离大陆，移居海岛。[①]关于这点目前不宜太过言之凿凿，让·普日卢斯基（Jean Przyluski）的谨慎说法显然更为可取[②]："在第二青铜时代（指欧洲的），印度支那半岛进入了一个海洋文明的轨道，这个文明包括东南亚的大陆和群岛部分。"

无论起源如何，这种文明都是由印度尼西亚人一路带到马达加斯加的，无论是在他们印度化之前[③]还是之后[④]。这种文明可能也曾传播到了日本，史前工具[⑤]、语言[⑥]和民间传说[⑦]等许多方面都显示了日本与外印度南部诸国之间的关系。

一位学者建议[⑧]将这种澳斯特罗－亚细亚文化复合体同"南

---

① 克恩：《确定马来－波利尼西亚语言起源的语言学资料》，《散论》，第6卷，第105页。

② 见西尔万·莱维编的《印度支那》（巴黎，1931年），第1卷，第54页。

③ 这是克罗姆的论点，见《印度化爪哇史》。

④ 费琅将这一事件的时间确定为公元2至4世纪。见他的《昆仑人与古代的跨洋航行》，JA，1919年，3—4月号，第239—333页；5—6月号，第431—492页；7—8月号，第5—68页；9—10月号，第201—241页。詹姆斯·霍内尔认为此事要更晚近一些，见他的《印度对东非文化的影响》，JRAI（1934年），第315页。另见塞斯·诺特博姆（C. Nooteboom）的《马达加斯加和印度尼西亚的关系》，载《扎伊尔》，第3期（1949年），第881—894页。

⑤ P.V. 范·斯坦因·卡伦费尔斯：《日本史前史研究在国际研究背景下的任务》，《自然科学杂志》，第4期（1932年），第6页。

⑥ 松本信广（Nobuhiro Matsumoto），《日本语和南亚语系》，《南亚语系》，第1卷（巴黎，1928年）。奥洛夫·杰德曼（Olof Gjerdman）：《阿伊努语和其他语言的相似之处》，载《东方世界》，第20期（1926年），第29页。

⑦ 松本信广：《试论日本神话》，《南亚语系》，第2卷（巴黎，1928年）。

⑧ 乔治·亚历克西斯·蒙坦顿（G. Montandon）：《文化民族学论》（巴黎，1934年）。

岛文明”（Austronesoid cycle）联系起来，后者的特点是使用弓箭、实行母系统治以及图腾崇拜。我们必须提防将丰富多彩的现实强行纳入过于死板的类别的危险。① 不过，我们还是可以对这种前雅利安文明的特征概括一二：在物质文化方面，他们种植灌溉水稻，驯化了黄牛和水牛，粗通金属的使用，掌握了一定的航海知识；在社会制度方面，女性和母系关系占据重要地位，一系列基于灌溉农业需要的组织也应运而生；在宗教方面，他们信仰万物有灵论，崇拜祖先和土地之神，在高处建造神坛，用石瓮或石棚埋葬死者；在神话方面，他们持有“一种宇宙二元论，其中高山对大海，飞禽对水族，山民则与沿海居民相对应”；② 在语言学方面，他们使用自成一派的语言，这些语言因有前缀、后缀和中缀，所以派生能力很强。③

在很大程度上，正是文化的这种统一性，使中国人将外

① 试图明确描述一种文明的构成是不严谨的，因为关于这种文明的古代文献是零星的，关于它的概念构建只能基于民间传说和民族学。在 N.J. 克罗姆的《印度化爪哇史》（第 47 页及其后文）中，克罗姆勾勒了一幅印度人到来之前爪哇岛的印度尼西亚文明图景，并在其特征中提到了哇扬，或曰影戏。但是影戏（chāyānaṭaka）是印度戏剧理论家们从梵文中挖掘出来的。[理查德 · 皮谢尔（R. Pischel）:《古代印度的影戏》，载《普鲁士皇家科学院报告集》（柏林），第 23 辑（1906 年），第 482—502 页；G. 雅各布（G. Jacob）:《影戏史》（1925 年）。] 并参阅阿南达 · 肯蒂什 · 穆图 · 库马拉斯瓦米（Ananda K. Coomaraswamy）的《锡兰的影戏》，JRAS（1930 年），第 627 页，以及《印度和印度尼西亚艺术史》（纽约，1927 年），第 89 页。哇扬是由印度人传入爪哇的，还是属于他们共同的文化基层？安克尔 · 伦塞（Anker Rentse）的《哇扬之由来》（JRASMB，第 20 期，1947 年，第 12—15 页）否定了它起源于印度。对于文化方面其他许多元素，我们都可以提出同样的疑问。

② 见普日卢斯基的《印度支那》，第 54 页。

③ 赛代斯:《印度支那诸语言》，载《巴黎大学语言学研究院报告集》，第 8 辑（1940—1948 年），第 63—81 页。

印度地区迥然不同的各民族统称为“昆仑”。[①] 而这个名称是在印度化之后才出现的，可以想见，它所表达的正是印度化文化的统一性。这一观点可以从中国人谈及“昆仑文字”（K'un-lun writing）这一事实中得到论证，而文字正是印度文化带来的基本贡献之一。但当他们谈论“昆仑语”和“昆仑商人和海盗”时，他们似乎又将这个名称应用于一个民族 – 语言实体。[②]“昆仑”这个词的含义有多种解释。费琅的研究表明，这个词应该是被用来转录许多不同的土著名称的，这些名称在汉语中已经被混为一谈了。西尔万 · 莱维认为这个词就相当于梵语中的德威潘塔拉（dvīpāntara），意思是“岛上的人民”。[③] 尼古拉斯 · J. 克罗姆指出，“昆仑”可能就意指“马来亚”，[④] 而拉梅什 · 钱德拉 · 玛兹穆德最近提出了新的假设[⑤]，他认为“马来”人，也就是在与蒙古人种的外来民族接触过程中逐步演变的印度尼西亚人，是澳斯特罗 – 亚细亚文化的主导性载体。纵然我们认为他的比较略显肤浅，但仍能使这种观点显得更为可靠。

因此，东来的印度人发现自己遇到的并非未开化的野蛮人，

---

① 费琅：《昆仑人与古代的跨洋航行》。

② 关于这个问题，见 R. 斯坦因（R.Stein）的《林邑考》，载《汉学》，第 2 期（1947 年），第 211 页及其后文。A.H. 克里斯蒂（A. H. Christie）：《作为民族学专有名词的昆仑》，见《第二十三届国际东方学家大会论文集》（剑桥，1954 年），第 297 页。戈登 · H. 卢斯：《缅甸历史上的早期暹罗人》，JSS，第 46 期（1958 年），第 191 页。

③ 《昆仑与德威潘塔拉》，BKI，第 88 期（1931 年），第 621—627 页。

④ 《印度化爪哇史》，第 110 页。

⑤ 《马来人》，JGIS，第 3 期（1936 年），第 86 页。K · A · 尼拉坎塔 · 萨斯特里也提出过类似的观点，见《德威潘塔拉》，JCIS，第 9 期（1942 年），第 1—4 页。

而是拥有各自文明（特别是东山文化）① 的有组织的社会，这些文明与他们自己的文明颇具共性。对于这些文明的状况，我们可以从今日印度支那和马来亚山区及偏远地区的一些居民身上略知一二。

尽管有威廉·施密特（Wilhelm Schmidt）神父根据人体测量得出的结论支持，但我们所知的各文化的表面统一（其中语言是最重要的），肯定掩盖了种族的多样性。

澳斯特罗－亚细亚文化借鉴或吸收了一些民族的物质和精神文化，并将这些民族的存在掩盖掉了，尽管这些民族历史悠久，而且至今仍零星存在于各个角落。本章所研究的地区内各个民族之间的共同之处，往往是其中一个民族的贡献，或一个现已消失的共同基层的贡献。保罗·里韦（P. Rivet）对他称为“大洋洲语”（oceanic）② 的共同特征的评论，似乎不仅适用于语言，而且也适用于澳斯特罗－亚细亚文化复合体的其他各个方面。

① 我们知道，类型古老的青铜鼓和类似的青铜器是在印度支那南部、马来半岛和印度尼西亚群岛发现的。主要见 L. 马勒雷（L. Malleret）的《柬埔寨、马来西亚和印度尼西亚的共同特征的青铜器》，AA，第 19 期（1956 年），第 308 页；W. 琳恩涵（W. Linehan）：《马来亚巴生和登贝林地区与铁器时代相关的青铜时代文化的痕迹》，JRASMB，第 24 期，第 3 册（1951 年）；H. 代迪埃（H. Deydier）：《巴达维亚博物馆馆藏铜鼓的考释》，BSEI，第 24 期（1949 年），第 53 页；亨德里克·罗伯特·凡·海克伦：《铜鼓》，载《阿默塔》，第 2 期（1954 年），第 37 页［已由 L.C. 达迈斯（L. C. Damais）收入《印度尼西亚书目提要》，BEFEO，第 51 期（1963 年），第 544 页］。关于最近在交趾支那发现的一个新石器时代晚期的遗迹，见埃德蒙·索林。《春禄附近的贡洞史前人类栖居地》，BEFEO，第 51 期（1963 年），第 433 页。

② 《大洋洲语族》，载《巴黎语言学会会报》，第 27 期（1927 年），第 152 页：“很明显，如此不同的民族（如澳大利亚人和美拉尼西亚人，印度尼西亚人和波利尼西亚人）的语言的相似性是一种次要现象，主要的是，其中一个民族的语言，一定是在我们现在尚不了解的原因和情况下强加给所有人的。”

4. 民族学概述

现在让我们来看一看这片区域的这些民族，他们都或多或少地受到了这种文化的浸染，同时也受到了雅利安印度文明的影响。①

当东南亚的印度化开始的时候，也就是公元初年前后，美拉尼西亚人、印度尼西亚人和澳斯特罗-亚细亚人的史前大迁徙已经结束；在印度支那半岛南部和诸群岛上，各主要民族大体上已经占据了他们如今生活的地域。事实上，第一批用当地文字撰写的铭文一出现，我们就发现在柬埔寨使用的是高棉文；在越南的占族省份，使用的是占文；在苏门答腊，是马来文；在爪哇，则是爪哇文。然而，在半岛中部和北部，我们在有历史记载的时期看到的，则是越南中部的占族人在越族人面前步步后撤，以及湄南河与伊洛瓦底江的孟族人在泰族和缅族面前退避三舍。

这种由三角洲和海洋的吸引力而引起的"向南推进"②，是一种很古老的现象，它可以解释今天印度支那半岛上各民族的分布状况，在一定程度上也可以解释各岛屿上的民族分布，因为正如上文所说，各岛屿上的人口和文化混合体都来自大陆。

即使这种迁徙真的只是通过发源于中国西藏的狭窄河谷渗透到了东南亚，但将这种人口流动视为一连串的民族大迁徙、

① 有必要说明的是，下文中使用的民族学专有名词，都是指语言或民族-语言群体，而不是体质意义上的"种族"。在缺乏精确的人类学数据的情况下，我们只能根据一个族群的习俗、信仰以及他们所使用的语言来暂时定义该民族。

② 这种说法出自西翁，见《季风区的亚洲》，第2卷，第403页。

从而导致了那些表面上很接近的民族的形成，这种看法也是错误的。我认为这是一种误解，不幸的是，记录当前人口模式的民族分布图的出现，促成了这种看法。当这些移民抵达大陆上的平原或岛屿时，他们就会扩散开来，并将原住民覆盖掉。

此外，在某些情况下，应当将这一过程视为某种文化或语言的传播过程，而不是一个真正的移民过程。

显然，实际的迁移通常并不是新来者彻底消灭或完全驱逐土地上的旧有居民，而是使后者接受了征服者或新统治阶级的语言和习俗。例如，泰族人的扩张，特别是在半岛的南部，并不一定是大量人口置换的结果，而是归功于一个崇尚武力的贵族集团在其他种族群体中强制推行了他们的语言。

此外，相继而来的民族－语言浪潮并非是一波完全覆盖了另一波。在某些情况下，后来的浪潮在某个方向上超越了先驱者，但在另一个方向上则没能走得那么远，而且还跳过了一些山峰、角落和边缘地带。孟－高棉族就是这样，他们没有彻底撵走印度尼西亚人，也没有被泰族人完全逐出；越族是沿着海岸与河流逐渐深入的，只在三角洲地区定居；与尼格利陀人、维达人或达罗毗荼人有血缘关系的原住民，今天仍然在各岛屿和马来半岛的山区腹地游荡。

移民到达已经有人定居的地区，就会发生通婚，最古老族群的身体和文化特征因而得以保存下来。

以上论述足以解释东南亚民族学材料的巨大价值和多样性。本书专门讨论外印度，因为它在文化上依赖于印度本土。本书不会讨论那些退入深山老林、因而没有被印度化所触及的落后部族。由于只研究那些受到过印度文明浸染的族群，我们可以系统地描述他们在公元初年的分布状况和地理位置。

鉴于“向南推进”的方向，位于最南边的民族最有可能在他们今天的居住地生活得最久。事实上，构成各岛屿人口基础的印度尼西亚人[①]，大概从新石器时代起就生活在那里了。“印度尼西亚人，”朱尔斯·西翁写道，“就是原始马来人（proto-Malays），他们深居大岛的内陆，从而更好地保持种族的纯粹性，尽管与土著人［例如苏门答腊的巴塔克人（Bataks）、婆罗洲的达雅克人（Dyaks）、西里伯斯和摩鹿加群岛的阿尔弗尔人（Alfurs）］混杂在了一起。马来人其实就是沿海地区的印度尼西亚人，只是由于通婚太过多样化，因而影响了他们种族的纯粹性……；这是一个混合的种族，分布广泛，成分繁多。”[②]我们已经看到，中国和印度航海者们口中的“昆仑”和“德威潘塔拉”，显然就是指这些沿海的马来人。具体而言，这些人包括苏门答腊的马来人，爪哇的巽他人、爪哇人和马都拉人（Madurese），以及巴厘人，他们都是印度文化在群岛上被接受和传播的主要代理人。尼古拉斯·J. 克罗姆[③]在他的《印度化爪哇史》中描绘了一幅印度化之前的马来文明，特别是爪哇文明的图景，这幅图景主要是由假说构成的，因为它主要是基于目前对未被印度化的印度尼西亚人的民族学研究。因此，对于那些代表他们物质文化的元素，他列举了以下几项：稻田的灌溉，用蜡染（batik）工艺

---

① J. P. 克莱维格·德兹万（J. P. Kleiweg de Zwaan）:《东印度群岛的种族》（阿姆斯特丹，1925 年）;《东印度群岛及其邻近地区的体质人类学》（阿姆斯特丹，1923 年）。J. H. 奈森（J. H. Nyessen）:《爪哇的种族》（维尔特瑞登，1929 年）。雅普·孔斯特（Jaap Kunst）:《东印度群岛诸民族》（莱登，1946 年）。

② 《季风区的亚洲》，第 2 卷，第 483 页。

③ 《印度化爪哇史》，第二章。

染布，被称为“甘美兰”（gamelan）的合奏音乐，以及“哇扬”（wayang）影戏的发展。对于研究印度尼西亚社会组织的学者们来说，荷兰人在群岛上悉心收集的习惯法汇编具有不可估量的价值。①

在半岛上，在那些现在以马来人为主（这要归功于那些在相对晚近时期，从苏门答腊和爪哇来的移民）的地区，印度人在海岸上大概遇到了原始马来人，也就是已经高度蒙古化了的印度尼西亚人，其后裔今天被称作雅贡人（Jakun）。②

在印度支那半岛上，印度人发现：在越南中部和南部的沿海地区，是属于马来－波利尼西亚（Malayo-Polynesian）语系的占族人，他们的后代至今仍然占据着越南南部的一些地区［潘郎（Phan-rang），潘切（Phan Thiết）］；在交趾支那三角洲（即今天的柬埔寨）和湄公河中游流域，是高棉人，他们后来被越族人从交趾支那的部分地区排挤出去，并被泰族人驱逐出了北部；③在湄南河谷与下缅甸，是孟族人，也称作勃固人（Peguans）或得楞人（Talaings）④，从语言学上看，他们是高棉人的亲族，今天，他们的地盘仅限于伊洛瓦底江三角洲和丹那沙林，在暹罗也只有一隅

① 以《习惯法汇编》（Adatrechtbundel）为题出版（海牙，1911 年起）。

② 瓦尔特·威廉·斯基特（W. W. Skeat）和查尔斯·奥托·布拉格登（C. O. Blagden）:《马来半岛的蒲甘种族》（伦敦，1906 年）。

③ 关于法属印度支那的人种学，见博尼法西的《印度支那民族志课程》（河内，1919 年）。乔治·马伯乐:《印度支那》，第 1 卷（巴黎，1929 年）。让·普日卢斯基:《法属印度支那的居民》，收于莱维编的《印度支那》，第 1 卷，第 47—60 页。A. 比格特（A. Bigot）:《法属印度支那民族学概要》，收于《法属印度支那》（河内，1938 年），第 33—58 页。L. 马勒雷:《法属印度支那诸民族》（西贡，1937 年）。

④ C.C. 洛维斯（C. C. Lowis）:《缅甸的部落》（仰光，1910 年）。R·哈利迪（R. Halliday）:《得楞族》（仰光，1917 年）。

之地；在伊洛瓦底江和锡唐河（Sittang）流域，是藏－缅语族人的先锋，其中最重要的一支是骠族（the Pyus）。骠族人当时仍受到孟族人的控制，后来则消失或被同化在了源源而来的缅族或泰族移民浪潮之中。

这些就是印度文明将对其产生影响的民族。

第二章

印度化

1. 印度化的定义

印度文明向东方传播的历史，尚未有人做过整体上的描述。关于这种传播在各个地区产生的结果，我们已经有一定的了解，但关于它的起源和过程，我们的研究还处于假设阶段。我并不奢望在接下来的几节中能解决这些问题，只是试图将已经取得的成果汇集起来，并列出外印度所有印度化王国所共有的一些普遍特征。

为了便于叙述，我至今一直在使用“印度化”和“印度文化的传播”这两个术语，好像它们指的是发生在特定时代的一个简单的历史事实。这个概念有必要明确一下。正如第一章所述，印度本土和外印度之间的关系可以追溯到史前时代，但是，从某个时期开始，这些关系才在印度支那半岛和印度尼西亚群岛上导致了一批印度化王国的建立。这些国家留给我们的最古老的考古遗存，并不一定就是第一次印度文明浪潮的证据。很有可能，在第一批供奉婆罗门教或佛教寺庙的祭司僧侣，或撰写第一篇梵文铭文的学者到来之前，已经有一批航海者、商人或移民到达，他们才是第一批印度化殖民地的创建者。这些定居点也不完全都是新建立的，在许多地方（交趾支那的喔吠、霹雳州的瓜拉·塞林辛、西里伯斯的桑帕加等等），它们是建立在新石器时代的遗址上的，来自印度的航海者们可能从远古时代起就经常造访这里。

因此，印度人来到东南亚一事不能与欧洲人到达美洲相提并论，因为这些新来者并不是发现新大陆的陌生人。在某个我们必须努力加以确定的时间和背景下，商人和移民才从零星地流入变成了稳定地涌入，结果催生了一批印度化的王国，他们沿袭了印度的艺术、习俗和宗教，并使用梵文作为他们的神圣语言。

阿尔弗雷德·富歇（Alfred Foucher）写道①："看起来，众多的移民（就像如今仍在涌入东非的那些人一样）遇到的只有一些赤身裸体的野蛮人。他们引入这些富饶的三角洲和得天独厚的岛屿上的，是他们自己的文明，或者至少是其翻版，包括他们的习俗和法律、字母和学术语言、他们的社会和宗教组织，以及尽可能原汁原味的种姓制度②和宗教信仰。简而言之，这不是一种简单的影响，而是名副其实的殖民化。"不过，我们将在下文看到，这种"殖民化"并不涉及与母国的政治联系。

富歇说原住民们"赤身裸体"，但与老挝和越南的山民的情况一样，这并不是"未开化"的标志。上文已经讲过，印度人所面对的并不是蒙昧的"野蛮人"，相反，是具有相当文明水平的

① 《犍陀罗的希腊－佛教艺术：印度和远东佛教艺术中古典影响的起源研究》（巴黎，1922 年），第 2 卷，第 618 页。

② 印度种姓制度源于印度教，又称瓦尔纳制度，形成于后期吠陀时代。这一制度将人分为四个等级：婆罗门、刹帝利、吠舍、首陀罗。除四大种姓外，还有大量的"第五种姓"，称"贱民"或"达利特"。贱民在印度不入四大种姓之列。——译者注

人，且这种文明与前雅利安时期的印度文明颇具共同之处。雅利安化的印度人之所以能够如此迅速而轻松地传播他们的文化，在一定程度上，是因为土著从这些移民的习俗和信仰中，发现了掩盖在外表下的整个季风区亚洲所共有的基础。

因此，这既不是陌生人之间的接触，也不是第一次接触。公元初年外印度地区的印度化之所以堪称新篇章，是因为此时到来的印度人（他们并非第一批远航而来的，只是这次移民的规模更大）之中，首次包含了受过教育，能够传播印度的宗教、艺术和梵文的成员。外印度的印度化是“婆罗门教化”（Brahmanization）在海外的延续，这种教化的发祥地是印度西北部，“早在佛陀诞生之前就已经开始，至今仍在孟加拉和印度南部继续进行”。[①]而且，实际上，外印度最古老的梵文碑铭，并不比印度本土最早的梵文碑铭晚多少。

印度化在本质上应当被理解为一种系统的文化传播过程，这种文化建立在印度的王权观念上，以印度教或佛教崇拜、《往世书》（Purāṇas）里的神话和遵守《法论》（*Dharmaśāstras*）为特征，并以梵文为表达工具。这就是为什么我们有时会说“梵文化”，而不是“印度化”的原因。

这种梵文的或者说印度的文明被移植到东南亚，并根据地区的不同而被称为“印度－高棉文化”“印度－爪哇文化”等，我们可以从金石学或考古学文献中将其识别出来。它与孟

---

① 德·拉瓦莱·普桑:《从迦腻色伽到穆斯林入侵的印度诸王朝及其历史》（巴黎，1935 年），第 360 页。亦见 M.N. 斯里尼瓦斯（M. N. Srinivas）的《略论梵文化与西方化》，FEQ，第 15 期（1956 年），第 481 页；V. 拉格万（V. Raghavan）:《印度文化形式的多样性与统一性》，同上书，第 497 页；J.F. 斯塔尔（J. F. Staal）:《梵文与梵文化》，JAS，第 22 期（1963 年），第 261—275 页。

加拉和达罗毗荼地区的“梵文文明”之间唯一的不同，可能就是，它是通过海洋传播，而后者通过陆路传播，从某种意义上说是通过“潜移默化”传播。东南亚的印度化文明是一种上层社会的文明，而不是全体居民的文明，我们对普通民众的信仰和生活方式的认识还远远不够。既然不知其详，那么要对两种对立观点之间的争议做出仲裁，也将是徒劳的：一些人认为，当地社会在印度化的外表之下保留了其原始特征的本质，而另一些人则认为，黎民百姓们也已经融入了一个印度式的社会。①

2. 外印度印度化的最早证据

有人曾试图从《政事论》(*Arthaśāstra*)［旃陀罗笈多(Chandragupta，公元前4世纪末至公元前3世纪初)②的大臣，婆罗门考底利耶(Kauṭilya)关于政治和行政的论著］中找出证据，以证明上述的印度殖民至少可以追溯到孔雀王朝时期。路易斯·斐诺驳斥了这一理论，因为它所依据的文献的成书时间，目前还根本不确定。③况且，即使《政事论》真的是古老的典籍，恐怕也证明不了什么，因为考底利耶仅仅建议国王“要么通过夺取另一个国家的领土，要么通过派遣自己国家过剩的居

① 关于社会学家和印度学家之间的这些讨论，见弗雷德里克·D. K. 博世的《“本地神灵”与爪哇古代艺术》(阿姆斯特丹，1952年)。赛代斯的《柬埔寨和爪哇的本地基层和印度化上层建筑》，载《世界史手册》，第1卷第2册(1963年10月)。

② 古印度孔雀王国的开国君主，中国史籍中称为月护王，古希腊作家称他为桑陀罗科多斯。——译者注

③ 《印度在印度支那殖民的起源》，BEFEO，第12期，第8部分，第1—4页。

民，来生养一个新生的或古老的国度”。它的记述也不如《本生故事集》(*Jātakas*) 和《罗摩衍那》(*Rāmāyaṇa*) 那么明确，前者中有航海者的故事，后者则提到了爪哇，或许还涉及苏门答腊。[①]《义释经》(*Niddesa*) 是一部巴利文正典，最迟也可以上溯至公元初的几个世纪，它提供了更为明确的信息。它列举了一批梵文的或梵文化的地名，西尔万·莱维认为这些地名可能就是指外印度的一些地方。[②] 以我们目前的研究成果，无论是凭借考古和金石学文献，还是外国资料，都无法将印度殖民的时间追溯到比《义释经》更久远的年代。这里简单地提一些第三章的内容，看看能证明外印度地区诸印度化王国存在的最古老证据都是什么。

在缅甸，印度文化传入的最早痕迹，如果撇开公元前3世纪阿育王（Emperor Aśoka）派遣僧侣须那（Soṇa）和郁多罗（Uttara）前往“黄金之地”素万那普（Suvaṇṇabhūmi）[无论正确与否，通常被认为是古代孟人的土地，更具体地讲就是直通（Thaton）城] 弘扬佛法之事不讲，便只有在位于卑谬（Prome）古遗址的莫扎（Môza）和蒙敦（Maungun）发现的巴利文经典残片了，其年代可以追溯到公元500年左右。

在湄南河流域，在佛统府（Phra Pathom）遗址，以及更西边的北碧河（Kanburi River）上的丰笃（Phong Tuk）遗址，都发现了一些建筑的地基，以及一些笈多风格和后笈多风格的佛教造

① 西尔万·莱维:《关于罗摩衍那的历史》，JA（1918年1月至2月），第80页及其后文。

② 《托勒密:〈义释〉和〈故事广记〉》，Et. Asiat。EFEO，第2期，第1—55页。

像，[1]还有一尊小铜佛，[2]它起初被认为属于阿马拉瓦蒂风格，因此可以被追溯到公元3世纪或4世纪，虽然实际的年代要晚近得多。[3]

南萨科（Nam Sak）河上诗贴（Si Thep）的婆罗门教雕像，也许并不像我在1932年第一次写到它们时认为的那样古老，[4]但在同一遗址发现的那些碑铭理当不会晚于公元5世纪至6世纪。[5]有一尊受笈多风格影响的小铜佛可以上溯到公元4世纪，是在呵

---

① 笈多时期在印度开始于公元4世纪。在佛统府，人们发现了许多石制“法轮”，它们代表着佛教无偶像崇拜的古老传统，但从其装饰判断，它们的历史并不会早于6世纪。见赛代斯的《来自佛统府遗址的刻有巴利文铭文的法轮》，AA，第19期（1956年），第221页。

② 富歇在其《希腊－佛教艺术》一书（第2卷，第617页）中写道：“阿马拉瓦蒂位于离克里须那河口不远的地方，似乎是希腊－佛教的影响输往印度支那和印度尼西亚的一个重要口岸。”

阿马拉瓦蒂艺术从公元2世纪到4世纪在印度盛行。通常身穿褶法衣的佛陀立像就属于这一流派，在很多地方，这些佛像成了印度人来到外印度的最早的确凿证据。这些佛像都塑成燃灯佛（Dīpankara），该佛的名字使人联想到群岛（dīpa，dvīpa），它似乎是海员的保护者［阿尔弗雷德·富歇：《基于新文献的印度佛教造像学研究》（巴黎，1900—1905年），第1卷，第77—84页］。关于东南亚的阿马拉瓦蒂派佛像的年代，以及它们是起源于印度还是僧伽罗的问题，见米雷拉·列维·安科纳（Mirella Levi d’Ancona）的《阿马拉瓦蒂、锡兰和三件“进口青铜器”》，载《艺术集刊》，第34期（1952年）。皮埃尔·杜邦（Pierre Dupont）：《东南亚所谓的阿马拉瓦蒂诸佛》，载《第二十三届国际东方学家大会论文集》（剑桥，1954年），第269页。

③ 更不用说一盏亚历山大铜灯［查尔斯·皮卡德（Charles Picard）：《丰笃（暹罗）的亚历山大铜灯》，AA，第18期（1955年），第137—149页］，这些与西方关系的证据，可以追溯到中国人记载的一次罗马乐人和杂技演员从缅甸到中国的航行（公元120年），以及所谓的马可·奥勒留“使团”（公元166年）时期。

④ 《东方学研究》［利诺西耶（Linossier）文集］，第159—164页。关于这个问题，见皮埃尔·杜邦的《来自印度支那西部的毗湿奴法冠》，BEFEO，第41期，第233—254页。

⑤ H. C. 夸里奇·韦尔斯：《斯里德瓦的探索：印度支那的一座古城》，IAL，第10期（1936年），第65页和85页。参阅B. Ch. 查布拉（B. Ch. Chhabra）的《雅利安印度文化的传播》，JASB，通讯，第1辑（1935年），第54—55页。

叻（Khorat）地区发现的。[①]

在柬埔寨，中国人将婆罗门憍陈如（Kauṇḍinya）[②]建立扶南王国的时间定在公元 1 世纪。中国在公元 3 世纪与扶南建立了联系，这个国家留给我们的四块梵文碑铭中最古老的一块，就可以追溯到这个时期。[③]在茶荣（Tra-vinh，位于交趾支那）发现的波塞冬小铜像，其灵感来自科林斯地峡上著名的留西波斯（Lysippus）雕像，[④]以及在交趾支那西部、巴泰山（Phnom Bathé）以南的喔吠发掘出土的各种文物［其中最古老的是一枚印有安东尼乌斯·皮乌斯（Antoninus Pius）头像的金质奖章，上边所注的日期为公元 152 年[⑤]］，显然都不能构成印度化的证据。但这枚来自喔吠的罗马纪念章是与其他一些肯定属于印度的文物一起被发现的，尤其是那些凹雕和刻有梵文铭文的印章，其年代可以追溯到与罗马纪念章相同的时期，以及之后的几个世纪。[⑥]

从公元 190—193 年起，中国人开始谈及位于今天越南海岸的占婆王国。迄今为止，在占族土地上发现的最古老的考

---

① 赛代斯:《丰笃的发掘及其对暹罗古代史的重要性》，ISS，第 21 期（1928 年），图版 18。

② 佛陀最早收养的五比丘之一，是佛教的第一代弟子，对佛教的传播和推广做出了重要贡献。中国史籍中称为混填、混溃、混滇、混慎等。——译者注

③ 关于扶南、占婆、马来亚和印度尼西亚，见下一章的注释。

④ 查尔斯·皮卡德:《来自远东的留西波斯风格塑像：茶荣的青铜“舞者”》，AA，第 19 期（1956 年），第 342—352 页。

⑤ 路易斯·马勒雷:《湄公河三角洲考古》（巴黎，1959—1963 年），第 3 卷，第 115 页。

⑥ 关于在喔吠的新发现，参见赛代斯的《在交趾支那的发掘：喔吠遗址》，AA，第 10 期（1947 年），第 193—199 页。路易斯·马勒雷:《罗马在印度支那的踪迹》，载《第二十二届国际东方学家大会论文集》（伊斯坦布尔，1951 年），第 332 页（附有非常完整的参考书目）；并参考《湄公河三角洲考古》。

古遗存，是东阳［Đồng Dương，位于广南（Quang-nam）省］佛像，是佛教艺术中最美丽的典范之一，被认为属于阿马拉瓦蒂风格，[①]但实际上受到了笈多的影响，其年代最早可以追溯到公元4世纪。

关于马来半岛，中国人在公元2世纪提到了一批印度化的小国家，而当地的梵文碑铭没有可以追溯到公元4世纪之前的。[②]

在群岛部分，牟罗跋摩（MūIavarman）在婆罗洲古泰（Kutei）地区留下的梵文碑铭可以追溯至公元5世纪初，而补罗那跋摩（Pūr ṇavarman）在爪哇西部的梵文碑铭可以追溯到同一世纪中叶。但有些佛像更为古老，尤其以在西里伯斯发现的那尊为最，它与阿马拉瓦蒂和锡兰（公元4至5世纪？）的传统风格是一致的，还有在东爪哇省南部发现的佛像，[③]它受到了僧伽罗人的影响（公元4至5世纪），以及在巨港（Palembang，在苏门答腊）的塞贡唐（Seguntang）山发现的佛像。[④]

总之，这些发现没有一个可以追溯到托勒密时代（公元2

---

① 维吉尔·鲁吉埃（Virgile Rougier）：《在广南新发现的占族文物》，BCAI（1912年），第212—213页。《专栏》（*Chronique*），BEFEO，第11期，第471页。《从兴起到1920年的远东法国学派》，BEFEO，第21期，第72页。阿南达·K. 库马拉斯瓦米：《印度和印度尼西亚艺术史》（纽约，1927年），第197页。

② 请注意，在Tenku Lembu（玻璃市）发现了可追溯到公元前4至5世纪的古希腊阿提克花瓶碎片。见P.D.R. 威廉姆斯·亨特（P. D. R. Williams-Hunt）的《马来亚的最新考古发现》，JPASMB，第25期（1952年），第187页。

③ 威廉·科恩（William Cohn）：《东方艺术中的佛陀》（莱比锡，1925年），第28页。

④ F. M. 施尼策（F. M. Schnitger）：《印度化苏门答腊考古》（莱登，1937年），图版1。

世纪）之前。[①] 托勒密对印度恒河以东地区的地理命名，均标注了对应的梵文名称。而在此之前的一个世纪，波帕尼乌斯·梅拉（Pomponius Mela）、老普林尼和《爱利脱利亚海周航记》（*the Periplus of the Erythrean Sea*）[②] 都还只是模糊地知道有一个黄金之国，叫作“克利西”（Chryse），坐落在恒河口之外。

然而，费琅错误地认为爪哇在公元 132 年就已经印度化了，并认为“在漫长的年代中，爪哇人的印度化只是进展得很缓慢而已”，因此得出结论：“印度恒河以东地区和印度尼西亚的印度化，应该早于我们这个纪元。” [③] 前面已经说过，印度本土与恒河以外诸地区之间的接触是古老而持续不断的，费琅的这个结论显然没有说服力。只要有更多的商人和移民，再加上一些宗教领袖和学者，便足以在东南亚迅速建立起一批印度化王国，毕竟那里之前只有些土著部落。相传扶南由一个婆罗门 [④] 和一个裸女相结合而建立，而扶南最古老的梵文碑铭，距离中国人确定的日期只晚了

---

① 关于印度和远东，可参考路易·勒努（Louis Renou）的《托勒密的地理学，印度》，第 7 卷，第 1—4 册（巴黎，1925 年）。至于试图“纠正”托勒密的地图并考证恒河以外的印度的地理名称的文章，主要请参阅：G.E. 杰里尼（G. E. Gerini）:《托勒密〈东亚地理〉初探》（伦敦，1909 年）；安德烈·贝特洛特（Andre Berthelot）:《托勒密笔下的古代中亚和东南亚》（巴黎，1930 年）；阿尔伯特·赫尔曼（Albert Herrmann）:《古代视野下的丝绸之国》（莱比锡，1938 年）。以数学计算为根据的结果是很不可靠的，到目前为止，只有文献学可能使我们取得令人满意的考证结果。

② 根据 J. 皮雷纳（J. Pirenne）的《〈爱利脱利亚海周航记〉年代考》[JA, CCXLIX（1961 年），第 441 页]，这部文献成书于公元 230 年左右，因此可能晚于托勒密。

③ 《昆仑人与古代的跨洋航行》，JA（1919 年 7 月—8 月），第 21 页。费琅接受了将叶调认定为阎摩那洲（在爪哇）的观点 [《叶调、诃陵和爪哇》，JA（1916 年 11 月至 12 月），第 520 页]，但 R. 斯坦因对此提出了质疑 [《林邑考》,《汉学》，第 2 期（1947 年），第 211 页及其后文]。

④ 印度种姓制度的四大种姓的第一等级，主要是僧侣贵族、掌握神权。——译者注

至多一个半世纪。因此，在我看来，比较谨慎的说法是，印度人的殖民活动在我们这个纪元的第 2 和第 3 世纪很频繁，并在第 4 和第 5 世纪结出了果实。

我们还可以做一点补充：在公元 5 世纪之前，一些来自印度的佛像就出现在了越南中部的海岸和西里伯斯岛上，这证明了在公元初的几个世纪里，印度人的航海范围就已经到达了他们的殖民活动所能触及的最远点。

3. 印度文化传播的原因

印度人曾认为越过"黑水"与蔑戾车（mleccha）① 的野蛮人接触，会招致污秽和亵渎，② 既然如此，他们为何还纷纷扬帆远航呢？这股航海热的原因，被认为是公元前 3 世纪阿育王对印度东海岸古国羯陵伽（Kalinga）的血腥征服以及由此引发的大批居民逃亡，但我们有理由考虑，为什么这一事件的影响直到三个世纪后才体现出来？我们可以认为，这些逃亡者，如果有的话，至多是为此后更大规模的移民开辟了道路。

有一种理论认为，公元 1 世纪贵霜人（Kushans）的入侵给印度人施加了压力，从而导致了人口迁徙。③ 就年代而言，这种观点

① 蔑戾车（mleccha），梵语意为"外国人"，引申为"蛮人""恶人"，即风俗习惯与印度教制度不同的非雅利安部落民。——译者注

② 至少人们普遍认为是这样。但是，关于这个问题，让·菲约扎（Jean Filliozat）让我注意到《传奇故事》中的一段话，"它认为为征服或盈利而进行的海上航行是被允许的，并规定使用明亮的火焰进行相关仪式"。[N. R. 巴特（N. R. Bhatt）:《传奇故事》，法国印度学研究所出版物，第 23 辑（本地治里，1962 年），第 76 页。]

③ 路易斯·德·拉瓦莱·普桑:《孔雀王朝和野蛮人、希腊人、斯基泰人、帕提亚人和月支人时代的印度》,《世界史》，第 6 卷，第 1 册（巴黎，1930 年）。参阅西尔万·莱维的《迦腻色伽和百乘王朝》，JA（1936 年 1 月至 3 月），第 94 页。

更容易被人接受，但它仅仅是个假设，尚无任何确凿的证据。

还有一个假设是，高种姓的印度冒险家被允许前往海外寻求财富。① 但这也只不过是个假设而已。

另外，有许多迹象表明，印度文化的传播在公元最初几个世纪是起源于商业贸易。

随着亚历山大东征、孔雀王朝和后来的迦腻色伽帝国在印度建立，以及塞琉古帝国和罗马帝国在西方诞生，地中海世界和东方之间建立起了联系，奢侈品贸易也随之大为增长，对此，公元 1 世纪的拉丁道德家们曾悲叹一时。② 黄金、香料、芳香木材（檀香木、沉香木）和芳香树脂（樟脑、安息香）都是恒河以外诸国和岛屿的名产。Takkola（“豆蔻市场”）、Karpūradvīpa（“樟脑岛”）、Narikeladvīpa（“椰树岛”），以及其他许多类似的梵文地名，都显示出是什么把印度人吸引到这些地方的。

但是，如果这些地区没有“盛产黄金”的美名，它们的吸引力也许就不会那么大。这份美誉在希腊和拉丁文的地理名称中也早有记录。

西尔万·莱维写道：“在谈到羯尼迦布罗（Kanakapurī），也

① 康奈尔·C. 伯格（Cornells C. Berg）:《爪哇文学史概论》（格罗宁根，1929 年）。

② 埃里克·H·沃明顿（Eric H. Warmington）:《罗马帝国和印度的贸易》（剑桥，1928 年）。加布里埃尔·儒沃 – 迪布勒伊（Gabriel Jouveau–Dubreuil）:《印度和罗马人》（巴黎，1921 年）。H.G. 罗林森（H. G. Rawlinson）:《印度与西方世界的交往》（剑桥，1916 年）。M. P. 查尔斯沃斯（M. P. Charlesworth）:《罗马帝国的贸易路线和商业》（剑桥，1926 年）。让·菲约扎:《公元初几个世纪印度与罗马帝国的交流》，载《历史杂志》（1949 年 1 月至 3 月）。在他对这部作品的评论中［JA，第 237 期（1949 年），第 368 页］，菲约扎给出了关于肉桂或桂皮贸易的有趣细节。关于樟脑和其他奢侈品的贸易，另见 O.W. 沃尔特斯的《“Po–ssü” 松树》，BSOAS，第 23 期（1960 年），第 323—250 页，以及释迦牟尼·普拉卡什（Buddha Prakash）的《帕拉西卡提帕（Pārasīkadvīpa）》，AA，第 24 期（1961 年），第 399—402 页。

就是德威潘塔拉的‘黄金之城’时，我想强调淘金活动在印度文化向外印度传播的过程中所起的作用，能证明这一点的，不仅是素万那普和金洲（Suvarṇadvīpa）这样的传统称谓，托勒密在他的《地理学指南》中记载的那些江河的名称，也令人联想到印度尼西亚的沙子源源不断地带来的那种‘传说中的金属’。这些名称来源于多重方言，可能揭示了淘金者的来源不一。正是这里的金子，将印度人引向了远东的黄金国（El Dorado）。”①

我们知道，19 世纪加利福尼亚和南非金矿繁荣起来，外印度的黄金储量似乎不足以引起类似规模的“淘金热”。然而，黄金在当时极度稀缺，而且还有一个重要事实，是思考外印度印度化原因的人们似乎忽略的：在公元纪元开始前不久，印度刚刚失去了这种贵金属的主要来源。印度曾通过穿越巴克特里亚（Bactria）② 的商队从西伯利亚获取黄金，但在公元前的最后两个世纪，③ 中亚各民族的大迁徙切断了这条路线，使印度失去了获得黄金的渠道。正因如此，印度在公元 1 世纪从罗马帝国进口了大量的硬币，这一点可以从以下事实中看出：尽管有不少硬币已被熔化重铸以供流通，但在印度还是出土了许多的古罗马硬币。④ 然而，韦斯巴芗皇帝（Vespasian，公元 69—79 年在位）成

---

① 《昆仑与德威潘塔拉》，BKI，第 88 期（1931 年），第 627 页。

② 中国史籍中称为大夏和吐火罗。——译者注

③ 拉瓦莱 · 普桑：《孔雀王朝时代的印度》。

④ 罗伯特 · 休厄尔（Robert Sewell）：《在印度发现的罗马硬币》，JRAS（1904 年），第 591—638 页。威廉 · W. 塔恩（William W. Tarn）：《巴克特里亚和印度的希腊人》，第二版（英国剑桥，1951 年），第 106—109 页。皮埃尔 · 梅勒（Pierre Meile）：《泰米尔印度的臾那人》，JA（1940—1941 年），第 86—87 页。最新、最完整的清单由 R.E.M. 惠勒（R.E.M.Wheeler）提供，见“阿里卡梅杜（Arikamedu）”，《古代印度》，第 2 卷（1946 年），第 116—121 页。

功地阻止了这种对罗马帝国经济构成严重威胁的通货外流，另寻黄金来源的欲望就成了印度冒险家们大批涌向“黄金半岛”（Golden Chersonese）的原因之一。

此外，他们的远航还得到了两种性质截然不同的条件的支持。

首先是物质方面的，印度和中国海上力量的发展，①以及建造可载600—700人的远洋帆船的能力。这些船是用来自波斯湾的技术建造的。②公元3世纪的一部中国文献详细记载了这种技术，③纵向帆缆索具使得船只可以“逼风航行”，这是航海技术上的一项重大创新。此外，我们还知道，大约在公元1世纪中叶，希腊航海家希帕洛斯（Hippalos）发现了季风风向是周期性交替的（这一发现早已为阿拉伯人所知，但他们一直保密）。得益于这一发现，印度与红海——西方的门户——各港口之间的海上贸易有了突飞猛进的增长。西尔万·莱维写道：④“我们要等到14个世纪之后，才能遇到一场可与这次相媲美的经济革命，那时葡萄牙人彻底改变了整个亚洲的商业路线。”印度与东方大陆和岛屿之间的海上往来，必然也会从中受益。

其次是道德与精神方面的，也就是佛教的发展。佛教为自

---

① 关于印度和中国之间最初的海路交往，见伯希和的《“中国”名称的由来》，TP，第13期（1912年），第457—461页，以及K. A. 尼拉坎塔·萨斯特里的《印度和中国交通之开端》，IHQ，第14期（1938年），第380—387页。萨斯特里的结论也许值得商榷，但他提供了参考资料。亦请参阅王赓武的重要文章：《南海贸易：南中国海华人早期贸易史研究》，JRASMB，第31期，第2辑（1958年）。

② 伯希和：《关于印度化的印度支那汉文文献》，Et. Asiat. EFEO，第2辑，第261页。

③ 同上书，第255页。

④ 《文明的印度：历史概述》（巴黎，1938年），第156页。

己的信徒拆除了种姓间的壁垒，并废止了对种族纯洁性的过分偏重，从而一举消除了此前束缚印度人出海的枷锁——担心与野蛮人接触而被污染。

综上所述，我们认为，印度文明在公元初年的东传是商业活动和航海者们不断汇集的结果，至少在相当大的程度上是如此。这些人最初是从“海商”中招募的，古代佛教文献中描绘了许多这种类型的人，他们似乎特别虔信锭光如来，也就是燃灯佛（Buddha Dīpankara）。[①] 西尔万·莱维写道：“《本生故事集》中的许多故事，都与海上冒险有关，在构思这些故事的那个年代，海洋和航海显然已经在印度人的生活中占据了一个重要位置。”[②]

4. 第一批印度殖民地是如何形成的

那些寻找香料的商人和寻找黄金的冒险家经历了怎样一个过程，才成功地建立起了足够同质化、组织足够强大的共同体，从而催生出了真正的印度化王国呢？

我们只能通过观察其他地方、其他时代在类似情况下发生的事情，尽力勾勒出一个轮廓。

费琅曾洋洋万言地讨论爪哇的印度化过程，其中无疑包含了许多的猜测，但他的论断也可以适当地应用于外印度的其他地区。[③] 在此，我摘引其中几段：

---

① 西尔万·莱维：《“海商”及其在早期佛教中的作用》，载《法国东方之友联合会集刊》（1929 年 10 月），第 19—39 页。

② 《海神玛尼米哈拉（Maṇimekhalā）》，载《比利时科学院通讯集》（1930 年），第 282 页。参阅 IHQ，第 7 期（1931 年），第 173 页和 371 页。

③ 《昆仑》，第 15 页及其后文。

真实的情况应该是这样的：两三艘印度船只一起航行，终于辗转抵达爪哇。新来者与当地的部族首领们建立了联系，通过礼物、治疗疾病和馈赠护身符赢得了当地部族首领们的好感。在我生活过的所有原始文明地区，从亚丁湾、非洲东海岸到中国，想要和平地进入，唯一有效的方式不论在哪里都一样：送见面礼、分发灵丹妙药以及能预防各种疾病和危险的护身符，无论是真实的还是想象的。这个陌生人必须是，或者被认为是有钱人、神医和巫师。没有人比印度人更擅长使用这套办法了。毫无疑问，他会谎称自己出身于皇族或王侯之家，而他的主人也会不由自主地对他产生好感。

移居到这片未知的土地（terra incognita）后，印度人中无人可充任翻译。因此，他们不得不学习与他们自己的语言截然不同的当地语言，以克服在蔑戾车人中立足的第一道障碍。接下来就是与首领们的女儿结婚，只有这样，这些陌生人才有机会成功地发挥他们的文化和宗教的影响力。他们的土著妻子在受到熏陶后，便成了新观念和新信仰的最佳代言人。鉴于她们都是凤子龙孙、金枝玉叶，如果连她们都坚信新气象比从祖先那里传承下来的礼仪、习俗和宗教更优越，她们的同胞也就很难抵触了。

爪哇语中没有相应的词汇来传播这些社会、道德和宗教方面的创新。因此，在所有这些领域中都需要使用印度的词汇，两千年过去了，今天的印度尼西亚仍在使用这些词汇。

在马达加斯加，费琅目睹了伊斯兰教如何进入当地的萨卡拉瓦人（Sakalava）地区，根据这段亲身经历，他构建了这一假设性的再现。研究印度尼西亚世界的专家理查德·O. 温斯泰德在他的《马来亚史》[①]中引述了这段话，并补充了一些类似的情况："随着时间的推移，一些印度人与印度尼西亚的显赫家族联了姻，并带来了印度教的王权观念，就像一千多年后，穆斯林泰米尔人与马六甲苏丹和宰相（Bendahara）的家族联姻一样。印度人的到来，似乎与日后穆斯林从印度与哈德拉毛（Hadramaut）到来时的情况非常相似，婆罗门和刹帝利喧宾夺主，他们的地位日后又被赛义德（Sayid）所僭代。"

这无疑是印度化的第一个阶段。它是个人或几个人合伙从事的事业，本质上是和平的，没有预先设定的计划，并不是大规模的移民。否则，澳斯特罗－亚细亚人和印度尼西亚人的身体特征会发生比今天大得多的变化。尼古拉斯·J. 克罗姆的见解大致就是这样。[②]有人反对这种观点，认为对于当时聚集在沿海定居点的印度人来说，与内陆的土著社会的接触，要达到对其施加文化影响的程度，是很困难的。[③]

但在商人之后，某种程度上是在他们的带领下，高种姓的、有学问的人也到来了。对于这些人，我们必须加以重视，否则就无法理解外印度那些深受印度宗教和梵文文学浸润的文明是如何产生的。关于这个问题，一位学者提出了这样的假设：印度商人们四处宣扬婆罗门具有神奇的力量，所以当地酋长宴请他们以增

---

① 《马来亚史》，JRASMB，第 8 期（1935 年），第 18 页；《印度在马来世界的影响》，JRAS（1944 年），第 186 页。

② 尼古拉斯·J. 克罗姆：《印度化爪哇史》（海牙，1931 年）。

③ F. H. 范·纳尔森（F. H. van Naerssen）：《印度尼西亚的文化交往和社会冲突》（纽约，1947 年）；《印度尼西亚文化印度化过程的开始》，载《新东方》（1948 年），第 414—422 页；《印度尼西亚的文化适应的社会表现形式》，载《扎伊尔》（1948 年 6 月）。

强自己的权力和威望。[①] 我们有证据证明这一点：在外印度的第一个王国扶南（根据中国人为我们提供的确切信息），有一些官员就是印度人，因为他们的姓氏是“竺”[②]，这是中国人用来称呼那些出生于印度的人的专有名称。然而，这些社会地位远高于最初那批船民的移民，是否都属于古老雅利安血统的纯印度人，我们并不确定。他们当中应该有相当数量的非雅利安人，在这些新土地上与土著人打交道时，他们大可以自称属于那些在印度本土不被承认的社会阶层，而不用担心被拆穿。

上文我已经叙述过佛教对海上贸易增长的影响。我们知道，在许多地方，印度化最古老的证据都是燃灯佛的佛像，这种佛像深受常到南方诸岛的航海者们尊崇。佛教的作用是不可否认的，由于它的传教精神和没有种族偏见，它似乎已经开辟出了一条道路。但大部分在外印度建立的王国很快就采用了湿婆教的王权概念，这种王权建立在婆罗门和刹帝利这两个种姓之上，并体现在对皇室林伽（linga）[③] 的崇拜中。[④]K.A. 尼拉坎塔 · 萨斯特里写道：“……在古典时代，希腊殖民者在离开本国远游时，会带上取自城市圣炉的火种，这是儿女对母邦眷恋之情的一种象征。同样，印度殖民者也带着一种宗教信仰——对湿婆的崇拜，在这种崇拜中，湿婆扮演着国家守护神的角色，这要感谢他最忠实的信徒的

---

① 雅各布 · C. 范勒尔（Jacob C. Van Leur）:《印度尼西亚的贸易与社会》（海牙，1955 年）。

② 这是“天竺”（即“印度”）的缩写。参见伯希和的《扶南考》，BEFEO，第 3 期，第 252 页，注释 4。

③ 林伽为印度教湿婆派和性力派崇拜的男性生殖器像，象征湿婆神。——译者注

④ 弗雷德里克 · D. K. 博世:《迪奈亚的林伽祭坛》，TBG，第 64 期（1924 年），第 227—291 页。罗伯特 · 冯 · 海涅 – 格尔登:《东南亚的国家和王权概念》，FEQ，第 2 期（1942 年），第 15—30 页。

善举……”①

这些王国的建立，就是将一个简单的商业定居点转变为一个有组织的政治国家，可以通过两种不同的方式实现：要么是一个印度人强迫已经或多或少地受到了印度文化影响的当地人奉自己为首领，要么是一个土著首领采纳了异族的文明，试图通过印度化来加强自己的权力。这两种情况应该都发生过。然而，在第一种情况下，即使王朝的开国之君是纯粹的印度人，它也不可能长期保持血统纯正，因为印度人不可避免地要与当地人通婚。据中国人记载，这种婚姻就是扶南王朝的起源。但是，通过弗拉蒂亚斯托姆（vrātyastoma）这种婆罗门教接纳外族加入其正统行列的仪式，将土著首领提升到刹帝利的等级，②这种做法在当时肯定已经相沿成习，而且碑铭也提供了一些这方面的例证。公元5世纪初，牟罗跋摩王在婆罗洲留下了若干梵文碑铭，其中提到了他的父亲阿湿婆跋摩（Aśvavarman），这是个纯粹的梵文名字，但他祖父的名字却是昆东加（Kuṇḍunga），显然不是梵文。珊阇耶（Sanjaya）是公元8世纪爪哇的马打兰（Matarām）王朝的缔造者，是一个名叫沙那（Sanna）的人的侄子，“沙那”听起来就像是一个梵语化了的爪哇语名字。

总的来说，受种姓制度支配的印度社会结构，在与土著社

① 《投山仙人》，TBG，第76期（1936年），第503页。湿婆：印度教三大主神之一，兼具生殖与毁灭、创造与破坏双重性格。林伽是湿婆最基本的象征。——译者注

② 路易斯·德·拉瓦莱·普桑：《印－欧语族和印度－伊朗语族，直到公元前300年左右》，《世界史》，第3卷（巴黎，1924年），第168页，169页，174页，178页；《印度诸王朝及其历史》，第361页。西尔万·莱维：《尼泊尔》（巴黎，1905—1908年），第1卷，第220页。路易·勒努：《吠陀著作目录》，第143页，334页。

会接触后似乎发生了深刻的变化。古代柬埔寨的家谱上经常出现梵文名字和高棉文名字的奇特混合，这使得奥古斯特·巴特（Auguste Barth）得出结论：柬埔寨的婆罗门“似乎对种族纯洁性不是那么在意”[①]。这是因为，如果这些婆罗门想要传宗接代，就不得不在很大程度上放宽内婚制[②]的限制。这种跨越种族的通婚一直备受争议。[③]然而，公元5世纪的一部中国文献[④]明确记载，顿逊国有“天竺婆罗门千余人。顿逊敬奉其道，嫁女与之，故多不去”。[⑤]

关于这个问题，我们可以援引南印度的例子，在那里，最严格意义上的婆罗门，从生理上来说，是纯血统的达罗毗荼人。路易斯·德·拉瓦莱·普桑在参考文献的支持下，对孟加拉部落中的婆罗门“在婆罗门化过程中”所起的作用，作了简要而生动的描绘，并指出“婆罗门始终孜孜不倦地为氏族的各种宗教事务服务，无论是铁器时代的艰难迫使他们做出最大的让步，还是氏族真正适应了他们遵守的正统信仰的要求”。[⑥]

至于西尔万·莱维，他指出，[⑦]婆罗门教是“一种无定形的宗教，没有领袖，没有神职人员，没有公认的教义，也没有教规”，

---

① 《柬埔寨碑铭集》，第159页，注释10。巴特的评论是由11世纪的一份文献引发的，但这种混合名字的做法在更早的时候就被使用了。

② 是在一定社会关系范围内选择配偶的一种婚姻制度。——译者注

③ 范勒尔：《印度尼西亚的贸易与社会》，第100页。

④ 伯希和：《扶南考》，第279页。译者注：此段见《太平御览》卷788，引竺芝《扶南记》。

⑤ 顿逊当时是扶南的藩属，大概位于马来半岛。即使这部中国文献中提到的“婆罗门”并不都属于婆罗门种姓，这部文献仍是很有趣的。

⑥ 《印度诸王朝及其历史》，第361页。

⑦ 《文明的印度》，第23页。

但它却统一了印度，而且至今生生不息。“它不倦地吸收新信徒。即使是山林里的那些部落也渴望拥有自己的婆罗门。被利诱或被劫掠到部落里来的婆罗门，会先从部落崇拜的神物中，认出他自己信奉的神祇的化身；而后，他会将部落首领使用的族谱与英雄史诗关联起来；接下来，他将自己的习俗强加于这个部落，尤其是对牛的崇拜，这是婆罗门教信条的大本大宗。”我们还可以谈一谈印度文明的特殊性：“在这种文明中，生活方式与某种哲学－宗教学说紧密相连，这必然导致受它吸引的土著精英全盘采用这种文明。接受婆罗门教带来了印度的生活方式，而采用印度的生活方式又导致了信奉婆罗门教。印度人不仅给土著酋长带来了一套完整的行政管理制度，还带来了能够适应各地方新情况的行政管理方法。”①

因此，根据印度当下正在发生的事情②得出的推论可以证实古代中国的史料，根据这些史料，南海诸国的共同特征不是移民型印度殖民地，而是印度化了的土著社会。

威廉·弗雷德里克·斯塔特海姆（W. F. Stutterheim）在谈到巴厘时说：③“就这样，出现了一些由印度的或印度化的君主统治的小块领地，在那里，只有宫廷成员必须有印度人的血统，广大百姓仍然是印度尼西亚人。今天，三梵萨（三个最高的种姓）只占人口的7%，其余人被称为坎拉（仆人）或首陀罗。”

外印度第一批印度化王国的建立，促进并加强了印度本土

① 赛代斯：《印度支那半岛诸民族》（巴黎，1962年），第55页。

② 关于锡兰的情况，参阅让·菲约扎对本书的评论，载JA，第237期（1949年），第369页。

③《印度对古代巴厘艺术的影响》（伦敦，1935年），第6页。

与外印度之间的相互交易，中文文献对此多有记载。通过这种交易，上述的印度文明东传过程持续了好几个世纪。我使用“相互”一词是经过反复考虑的，因为在印度人前往东方各地的同时，从某个时期起，东南亚的商人也来到了印度，甚至在印度的几个大港口形成了几条“东人街”。在分析印度文明的传入时，我们必须考虑另一个似乎被遗忘了的因素，那就是东南亚土著人所起的作用。他们从海外旅居归来后，想必对印度习俗和信仰在他们故乡的传播做出了很大贡献。如果可以用最近在亚洲发生的事情来引今证古的话，那么下面这种假设似乎是成立的：西方的风尚、习俗、服饰和作派，以及对某些艺术、文学和娱乐形式的品味，由从欧洲或美洲回来的亚洲人介绍给当地人，比欧洲人自己介绍要来得更快更容易。过去在外印度各地的情况亦当如是，印度文明得以在那里传播，其中部分功劳可能属于那些仰慕先进文明的当地人。

最后，我们必须考虑到，印度人有将其文明的各个方面——从法律（《法论》）、政治（《政事论》）到寻求快乐［《欲论》（*kāmaśāstra*）］——都归纳为典则（śāstras）的习性。虽然我们不能像有些人认为的那样，[①]宣称“整个印度文化在印度尼西亚的传播都是通过书籍和宗教礼仪书完成的，印度人本身所起的作用微不足道，甚至可以忽略不计”，但可以肯定的是，这些梵文写的关于技艺和道德说教的文献，必定大大促进了印度文化在海外的传播。

在结束讨论印度殖民地如何形成的这一节之前，我认为有必

---

① W.F. 斯塔特海姆：《印度对太平洋地区的影响》（维特瑞登，1929 年），第 4—5 页。F. D. K. 博世：《东印度群岛的印度殖民地问题》（莱登，1946 年）。

要重复一下我在其他地方说过的话：[①]

印度化王国通常是由当地的若干民族组合而成的，每个民族都拥有自己的守护神或土地之神，但都拜服在一位印度人或印度化了的本地首领的权力之下。通常，在王国建立时，要在一座天然或人工的山上确立对一个印度神灵的崇拜，这位神灵与皇室人物密切相关，象征着王国的统一。每一个王国或王朝在开基立业时都要举行这样的仪式，这种习俗在印度支那半岛的所有印度化王国中都有所体现。这种习俗调和了当地人的山神崇拜与印度的王权观念，并使聚集在同一个君主之下的诸多部族，拥有了一个与君主制密切相关的"国家之神"。印度在向印度支那半岛传播其文明时，善于将外族的信仰和崇拜变成自己的，并加以同化吸收。这是一个典型的例子，很好地说明了在古代印度支那文明的形成过程中，印度因素和当地因素各自所起到的作用，以及这两种因素相互影响的方式。

5. 印度文化传播的起点和路线

航海者们所走的是哪条路线？在印度文明东传印度支那半岛和南方诸岛的过程中，传播的中心又是印度的哪些地方？

对于群岛来说，印度文化显然是通过海路传入的。但对于半岛，我们有理由怀疑，陆路的作用是真的不足为道吗？[②]

有人把通过马来半岛和东南亚岛屿一路向南延伸的东南亚大

① 《印度支那半岛诸民族》，第 57 页。
② 阿尔伯特·赫尔曼：《托勒密笔下的印度和中国南部之间的古道》，载《地理学会期刊》（1913 年），第 771 页。保罗·惠特利：《黄金半岛》（吉隆坡，1961 年）。

陆部分，描述为一道天然的“屏障”；“只有通过相对狭窄的航道，比如新加坡海峡或巽他海峡，从西方经印度洋而来的船只，或从东方经中国海而来的船只，才能从此岸到达彼岸。”以上这段文字的作者伯纳德（H. Bernard）神父补充道：[①]“想从陆地上抄近道，在以前是不可能的，因为伊洛瓦底江、萨尔温江、湄南河、湄公河和红河的三角洲都背靠崎岖不平、不宜居住的内陆，有时还会被热带植被挡住去路。只有在飞机出现后，穿越这些地区才变得容易起来。”

然而，印度支那的三角洲和它们的红树林并没有完全阻止那些寻找黄金的冒险家，就像中亚的沙漠和帕米尔高原的积雪没有阻碍丝绸商人或取经的佛教徒的步伐。地理上的障碍有时还不如海盗可怕，正是各海峡中海盗的猖獗，以及后来巨港王国残暴的商业政策，才使陆路变得非常重要，这一点已经由考古发现所证实。

再者，取道狭窄的克拉地峡和马来半岛，利用其中一条天然道路运输商品，而不必绕道马六甲海峡，还有什么比这更具诱惑力的呢？今天，这些道路使得人们“骑上自行车，几个小时就可以轻松地从一片大海抵达另一片大海”。[②]（我所指的不是巽他海峡，对于印度而言，它太靠南了。虽然古代这条航路也间或有人走过，但只有在大量西方人通过好望角而来后，它才真正变得重要起来。）

那些从印度南部前往黄金国的航海者们，如果不沿着孟加拉

---

① 《为了理解印度支那和西方》（河内，1939 年），第 51 页。

② 艾蒂安·卢内·德·拉容奇埃（Etienne Lunet de Lajonquière）：《暹罗的考古学领域》，BCAI（1909 年），第 259 页；并参阅第 256 页。

海岸线蜿蜒航行，而是决定冒险横渡大海，则有两条线路可选：位于安达曼和尼科巴群岛之间的十度海峡（10-degree channel），或者更南边的尼科巴与亚齐岬之间的海峡。走第一条线路是在半岛上的达瓜巴（Takuapa）附近登陆；第二条则会在吉打（Kedah）附近靠岸。考古学家在这两地都发掘出了一些古代文物。①

从吉打到宋卡（Singora）是一路坦途；从董里（Trang）到帕他仑（Phatthalung），到古洛坤（Ligor）或是到万伦（Bandon），都十分便捷；从克拉到春蓬，特别是从达瓜巴到猜亚（Chaiya），都是轻而易举。考古研究已经揭示了这些道路的重要性和悠久历史。②

对于那些来自印度中部的旅行者，以及那些沿着海岸航行的人来说，要进入暹罗湾和中国海，还有一条路线可走：从土瓦（Tavoy）出发，从三塔山口（Three Pagodas Pass）穿越群山，然后沿着北碧河直接到达湄南河三角洲。上文提到的非常古老的丰笃遗址，就在北碧河岸边，与同样古老的佛统府遗址相邻。再往北，有一条道路可以让旅人从西面进入湄南河流域，这条路线如今连接着毛淡棉港和达府（Rahaeng）城，位于湄南河的一条支流之上。

---

① 艾蒂安·卢内·德·拉容奇埃，前引书。H. G. 夸里奇·韦尔斯：《一条新发现的古代印度文化传播的路线》，IAL，第9期（1935年），第1—35页；《走向吴哥》（伦敦，1937年）；《马来亚古代印度殖民地的考古学研究》，JRASMB，第18期，第1辑（1940年）。

② 让·Y. 克莱斯（Jean Y. Claeys）：《暹罗考古》，BEFEO，第31期，第378页。H. G. 夸里奇·韦尔斯：《一条新发现的古代印度文化传播的路线》。惠特利在其《黄金半岛》一书第190页提供了一张地图，描绘了印度人所走的海路和旅行者使用的横贯半岛的路线。惠特利还在《帕纳里坎》[JSSS（1954年），第1—16页]一文中，绘出了两条从马六甲到彭亨的路线，均是沿河而行，仅需进行短途的陆上转运。

最后，一位学者曾推测，还存在一条连接湄南河与湄公河的路线，途经另一个古代遗址诗贴，取道蒙河（Mun）河谷，穿越呵叻高原。[①] 印度化王国甘孛智（Kambuja）[②] 的发源地位于湄公河中游的巴塞（Bassac）地区，但南孔河（Khon）湍急的水流将它与湄公河下游及大海分隔开了，所以该地在某种意义上成了这条路线的终点。

再往北，还有一条经过阿萨姆、上缅甸和中国云南，将印度和中国连接起来的路线。有明确的证据表明，在公元 2 世纪初，人们已经在使用这条路线了，[③] 而它开辟的时间大概可以追溯到公元前 2 世纪。印度文化在影响了上缅甸之后，通过这条路线一直传到了南诏。[④]

移居到外印度的印度人是从哪里来的，他们又是在哪里上的船？对于这个问题，学界已经进行了大量的研究。遗憾的是，研究这个问题最为深入的那些人，即印度的历史学家们，并不始终以理应有的客观态度来探讨这个问题：如果他们是马德拉斯人，就会将开拓“大印度”的荣耀归功于泰米尔人的土地；如果他们来自加尔各答，则会将这一功绩归于孟加拉。

---

① 夸里奇·韦尔斯:《走向吴哥》，第 111 页。

② 柬埔寨的古名。——译者注

③ 伯希和:《交广印度两道考》，BEFEO，第 4 期，第 142—143 页。戈登·H. 卢斯和彭茂田:《直至蒲甘衰落时的缅甸》，JBRS，第 29 期（1939 年），第 264 页。沃尔特·利本塔尔（Walter Liebenthal）在其《古代缅甸之路：一个传说？》[JGIS，第 15 期（1956 年），第 6 页] 一文中对这些路线的使用提出了质疑，但释迦牟尼·普拉卡什在其《东胜神洲》（Pūrvavideha，同上书，第 93 页）一文中对此说法表示了支持。

④ 伯希和:《交广印度两道考》，第 154 页及其后文。沃尔特·利本塔尔:《中国云南出土的梵文碑文》,《华裔学志》，第 12 期（1947 年），第 1—40 期。

苏门答腊有一块泰米尔文的碑铭，[①]马来半岛上有两块，[②]这使马德拉斯派占据了上风，尽管这些碑铭都无法追溯到印度化之初。除这三块碑铭外，殖民者们在海外并没有留下用他们的家乡话书写的其他材料，使我们能够判断他们的原籍地。因此，关于这些殖民者的由来，我们所能依据的就只有地理学家们，以及欧洲和中国旅行者们的著作，与航海有关的印度文献，以及外印度的地名、各种传说、文字书体和造型艺术。

“印度东部的所有港口，一直到多摩梨［Tāmraliptī，位于今天的德姆卢格（Tamluk）］，都对印度文明的传播做出了贡献，”拉瓦莱·普桑写道，[③]“但南部的贡献最大。”

事实上，尽管《爱利脱利亚海周航记》（第60节）将名为“科兰迪亚”（kolandia）的大船[④]启航前往黄金地的三个彼此相邻的大港，确定为吉蔑［Kamara，托勒密写作卡巴里（Khabari），位于高韦里（Kaveri）河三角洲上的迦毗里波底南

① 就是出自巴罗斯（Baros）附近的拉布图瓦（Labu Tuwa）的那块碑铭，刻制于1088年。参阅克罗姆的《印度化爪哇史》，第304页。

② 即出自达瓜巴的考帕那莱（Khao Phra Narai）的一块刻制于公元7至9世纪的碑铭，以及出自古洛坤的玛哈泰寺（Wat Mahathat）的10至11世纪的碑铭。参见赛代斯:《暹罗碑铭集》，第2卷，第49页，57页。

③ 《印度诸王朝及其历史》，第293页。

④ 桑甘的泰米尔文文献中的克勒姆（kalam）一词，以及梵文佛教典籍中的戈勒（kola）一词，都有“船”的意思。（参阅梅勒的《泰米尔印度的臾那人》，第90—92页。）中国人使用的一种表达方式“昆仑舶”，可能就相当于希腊语的“科兰迪亚”（据R. 斯坦因的考据）。A.H. 克里斯蒂则在其《作为民族学专有名词的昆仑》［见《第二十三届国际东方学家大会论文集》（剑桥，1954年），第29页］一文中，将Kolandiaphonta megista（见《爱利脱利亚海周航记》，第60节）这个词组解释为kolandiapha onta（ta）megista的变形，并认为“Kolandiapha”是中文“昆仑舶”的希腊文转写，因为汉字“舶”在东南亚的各种方言中都代表“船”这个名称。这一论点在克里斯蒂的《〈爱利脱利亚海周航记〉中一段难解的文字》［BSOAS，第19期（1957年），第345—353页］中有进一步的发挥。

(Kāviri-paṭṭinam)][1]、波杜克(Podoukê,可能是本地治里)[2]和索巴特马(Sôpatma),但托勒密却将前往黄金半岛的旅行者的“启程港”的位置定在了更北边的奇卡山阿根(Chicacole)附近。[3]公元5世纪初的中国求法僧法显和7世纪末的义净,正是在多摩梨(位于恒河河口的德姆卢格)登上了从印度返回中国的船只。毫无疑问,从《本生故事集》开始编纂的那个时代起,从恒河流域的瓦拉纳西(Benares)或占城[4]出发的商人,也是从多摩梨出海,前往“黄金之地”素万那普的。[5]最后,印度西海岸的各大港口:跋禄羯占婆[Bharukacch'a,希腊语作婆卢羯车(Barygaza),即今天的巴鲁奇(Broach)]、首波罗[Śūrpāraka,希腊语作苏帕拉(Souppara),今天的索帕拉

---

① 《剑桥印度史》(剑桥,1922年),第1卷,第212页。关于这个港口在其鼎盛时期的描述[取自桑甘(Sangam)的文学作品],参见K.A.尼拉坎塔·萨斯特里的《注辇王朝》,第2版(马德拉斯,1955年),第96页,99页。另请参阅皮埃尔·梅勒的《泰米尔印度的臾那人》,JA(1940—1941年),第98页。

② 参阅加布里埃尔·茹沃-杜布雷伊(Gabriel Jouveau-Dubreil)的《波杜克-本地治里》,载《播种者》,第10期(本地治里,1938年);《本地治里的罗马遗迹》,BEFEO,第40期,第448—450页;L.福舍(L. Faucheux)修士的《维拉帕特南:本地治里附近的一座印度古城》(本地治里,1946年)。这两位作者在名为阿里卡梅杜的遗址上进行的发掘表明,在公元初的几个世纪,那里曾有一个与地中海西部有联系的商业中心,请参阅P.Z.帕塔比拉明(P. Z. Pattabiramin)的《阿里卡梅杜(波杜克)的出土文物》(本地治里,1946年)。R.E.M.惠勒最近在那里发掘的情况,是其《古代印度》一书第2卷(1946年)的重要主题。另见让·菲约扎的《印度与罗马帝国的交流》,载《历史杂志》(1949年),第15页。

③ 西尔万·莱维:《印度古代地理的几个问题》,JA(1925年1月至3月),第46—57页。

④ 占城(Champa)是恒河流域的著名古城,早期佛经中多有提及。在佛陀时代(公元前6至公元前4世纪),占城是印度北部的六大城市之一。它是一个对外贸易的中心,日后安南的占城王国,正是得名自这座城市。——译者注

⑤ 《傧佉本生经》,卷442;《摩诃迦那本生经》,卷539。

（Sopara）］和穆吉里［Muchiri，希腊语作穆泽里斯（Muziris），今天的克兰加努尔（Cranganore）］，当时肯定都与黄金半岛有联系。[①]

从那些移植到外印度的印度地名中得到的信息并不是很有说服力，因为这些地名首次出现，往往是在较为晚近的文献中，而且选择诸如占城、陀罗钵底（Dvāravatī）、阿约提亚（Ayodhyā）和《往世书》传说中的其他著名城市的名字，并不能证明将它们移植到异邦的人一定是源于恒河流域。不太知名的地名倒是可以提供更好的证据，例如，我们可以确定在两个多罗摩（Tārumā）之间存在着某些关系，爪哇最古老的碑铭提到，多罗摩位于该岛西部，[②]而在科摩林角（Cape Comorin）附近，还存在一个同名地点。同样，在缅甸，使用乌萨（Ussa）［乌荼（Odra），即奥里萨（Orissa）］一词来称呼勃固（Pegu），以及将室利差呾罗（Śrīkshetra）用作卑谬的旧称，无疑都表明了这些地区与奥里萨之间的关系。羯陵伽这个名字，类似于马来人和柬埔寨人用来指代印度人的克林（Kling）。缅甸人用得楞这个名字称呼孟族，这似乎表明在某个时期，特伦甘纳（Telingāna，即马德拉斯地区）与孟族地区之间曾有过特别频繁的往来。[③]按照同样的思路，

---

① 一句古老的古吉拉特谚语隐约提及了从爪哇归来的航海者的财富［《拉斯·马拉》，第2卷，82，转引自亨利·尤勒（Henry Yule）和阿瑟·伯内尔（Arthur Burnell）的《霍布森－乔布森：英裔印度人的口语和短语词汇表》（伦敦，1903年）］，第456页。

② K.A.尼拉坎塔·萨斯特里在其《室利佛逝史》（马德拉斯，1949年）一书中（第16页）倾向于认同克罗姆的看法（见《印度化爪哇史》，第78页），后者认为“多罗摩”是一个印度尼西亚词汇，意思是靛蓝。

③ 但请参阅L.C.达迈斯的《中国－印度尼西亚研究》，BEFEO，第52期，第1号（1964年），第97页。

我们还可以想到，在苏门答腊的卡罗－巴塔克人（Karo Bataks）中，出现的那些源自达罗毗荼时期的印度族群名称：注辇、潘地亚（Pāṇḍya）、拔罗婆（Pallava）和马拉亚兰（Malayālam）。[①]

那些关于各个王朝的传说可以提供一些珍贵的资料。曾有人试图找出爪哇和苏门答腊的夏连特拉王朝（Śailēndra）与奥里萨的索拉里斯王朝（Śailas）之间的关系，[②]但相较于关于扶南诸君主的王朝传说和关于甘吉布勒姆（Kānchī，即 Conjeeveram）的拔罗婆王朝的传说之间的关系，后者更令人满意。[③]扶南的创始人和推动扶南印度化的大人物，都出自婆罗门氏族憍陈如，该氏族起源于印度北部，其中一个分支在公元 2 世纪左右对迈索尔（Mysore）产生过巨大的影响。[④]关于投山仙人（Agastya）和外印度对他的崇拜的各种记载表明，印度最南端的潘地亚族[⑤]对印度化事业做出过贡献。

对铭文进行的古文字学研究提供了一些有用的细节：外印度曾短暂使用过一种前天城体（pre–Nāgarī）的书写体系，证明从 7 世纪末到 9 世纪初，曾有过一波孟加拉文化影响的浪潮。[⑥]

---

① 亨利·克恩：《苏门答腊的达罗毗荼人的名称》，载《散论》（海牙，1913—1929 年），第 3 卷，第 67—72 页。

② 拉梅什·钱德拉·玛兹穆德，《古代印度在远东的殖民地，第二部分：金洲》，第 1 卷（达卡，1937 年），第 226—227 页。

③ 赛代斯：《关于蛇女的传说》，BEFEO，第 11 期，第 391 页。

④ 凯什·普拉萨德·贾亚斯瓦尔（Kashi P. Jayaswal）：《印度历史（约公元 150—350 年）》，载《比哈尔和奥里萨研究会会刊》，第 19 期（1933 年），第 169 页。比詹·拉吉·查特吉：《柬埔寨研究的最新进展》，JGIS，第 6 期（1939 年），第 139 页。K.A. 尼拉坎塔·萨斯特里：《印度的憍陈如家族考》，AA，第 24 期（1961 年），第 403 页。

⑤ K.A. 尼拉坎塔·萨斯特里：《投山仙人》，第 503—504 页。

⑥ F. D. K. 博世：《凯洛拉克碑铭》，TBG，第 68 期（1929 年），第 3—16 页。

遗憾的是，各类印度字体的年代越久远，其差别就越小。R.C. 玛兹穆德曾试图证明，[①]印度支那半岛最古老的梵文铭文（可追溯至3世纪，来自扶南而非占婆）使用的是源自北印度中部地区使用的贵霜字体。但这一革命性的观点遭到了K.A. 尼拉坎塔·萨斯特里的有力反驳，[②]他是传统论点的捍卫者，他认为外印度的字母起源于印度南部，其中拔罗婆字体的影响占主导地位。[③]

各种造型艺术对该问题的研究没有太大的帮助，因为最古老的遗存通常都比印度化的开端要晚好几个世纪。不过有一个例外，那就是所谓的阿马拉瓦蒂式佛像，它们实际上是受到笈多或僧伽罗的影响，在外印度各地都有发现，上文对此已有提及。这些佛像证明，在印度化初期，印度南方占据着主导地位，但它们所受的笈多、波罗（Pāla）和森纳（Sena）艺术相继而来的影响，[④]还有奥里萨艺术对缅甸和爪哇塑像的影响，[⑤]都说明对造型艺术的形成和发展起过作用的因素是多种多样的。

---

① 《对占婆碑铭的古文字学研究》，BEFEO，第32期，第127—139页。

② 《占婆字母的由来》，BEFEO，第35期，第233—241页。

③ 让·菲利普·沃格尔（Jean Philippe Vogel）：《出自古泰（东婆罗洲）的牟罗跋摩王的尤帕碑铭》，BKI，第74期（1918年），第222—232页。在谈到这些碑铭时，尼拉坎塔·萨斯特里在其《室利佛逝史》的第17页中明确指出，与其说这些碑铭的字体是“拔罗婆字体”，不如说是“马德拉斯东海岸的字体”，因为泰卢固人的土地上已经出土了一些使用这种古老字体的文物，它并非“拔罗婆人”所特有的，萨兰卡耶纳（Śālaṇkāyana）人也使用它。

④ 阿南达·K. 库马拉斯瓦米：《印度和印度尼西亚艺术史》（伦敦，1927年）；《印度艺术的影响》（伦敦，1927年）。勒内·格鲁塞：《外印度的波罗和森纳艺术》，载《东方学研究》（利诺西耶文集），第1卷，第277—285页。A. J. 伯特·肯珀斯（A. J. Bernet Kempers）：《那烂陀的青铜器和印度化爪哇的艺术》（莱登，1933年）。

⑤ 德普拉萨德·戈什（Devaprasad Ghosh）：《印度装饰性艺术风格的传播》，JGIS，第2期（1935年），第37—46页；《奥里萨佛像和爪哇的佛像之间的关系》，载《现代评论》（1933年11月）。

对建筑的研究无疑会得出同样的结论，如果我们拥有能追溯到公元6世纪以前的遗迹的话。从目前的文献资料来看，外印度建筑遗迹与它们的印度原型是如此迥然不同，以至于有学者曾写道："这些建筑物中最早的那批，与印度建筑之间的关系，无论是同时代的还是更早期的，都不是那么显而易见；如果抽去其中的塑像、碑铭和现已散佚的各种经文，乍看之下，没有人会把它们与印度寺庙联系在一起。人们至多能感觉到它们相似，而绝不会认为两者直接同源。"这段话的作者①将这一情况归因于使用轻型易腐蚀材料造成的建筑消失，如果我们熟悉这种建筑，那么它们无疑能为我们探寻的联系提供佐证。一般认为，与外印度的印度化古建筑关系最为密切的，是拔罗婆诸王在7世纪初建造的马马拉普拉姆（Māmallapuram）巨石庙宇。但是，南印度并不是唯一一个可以宣称自己影响了东南亚印度式建筑的地区，前吴哥时期的柬埔寨和古代占婆的砖塔与印度中部的某些砖造古迹，②尤其是与笈多时代恒河流域的皮德尔冈（Bhitargaon）神庙，是如此的相似，③这也令我们不禁感到惊讶。皮德尔冈神庙与印度和外印度的诸多砖塔可能拥有共同的祖先。

以上为我们对关于印度文明东传起源的研究进行的一个简要

---

① 亨利·帕芒蒂埃：《印度和远东各种印度式建筑的共同起源》，Et. Asiat. EFEO，第2辑，第200页。

② 这一比较是由雷金纳德·S. 勒梅在其《暹罗佛教艺术简明史》（剑桥，1938年）一书（第63—65页）中提出的。

③ 亚历山大·坎宁安（Alexander Cunningham）：《印度考古调查年度报告》，第11期（1875—1878年），第40—46页。关于北印度可能产生的影响，参阅吉尔伯特·德·科勒尔·雷穆萨（Gilberte de Coral Rémusat）的《论印度拔罗婆人和前吴哥时期高棉人的过梁的共同起源》，RAA，第8期（1934年），第249页。

的、不完整的回顾。只要对上文引述过的拉瓦莱·普桑的说法稍事修改，便可以阐述我们从中得出的印象：印度的所有地区都对这种文化传播有所贡献，其中南部发挥的作用最大。我们也许倾向于夸大拔罗婆王朝的影响，来放大南印度的作用。① 这是因为除了扶南之外，最早的碑铭文献和最古老的考古遗迹的出现，都与拔罗婆王朝的崛起正好同时，这也许只是个巧合，但却被当成了因果关系。我们将在第三章讲到，至少对扶南来说，可能有理由考虑来自印度西北部的影响，这种影响迄今为止还很少为人所注意。不过，总的来说，南印度的影响仍然是占主导地位的，②锡兰的影响亦不容忽视。③

但是，容我再重复一遍，印度文化的传播并非一个有明确时间、空间界限的历史事件。它是一个波及了广阔而多样的地域，且持续了好几个世纪的现象；它如浪潮般绵延不断，还包括各种渊源各异的局部潮流，并受到了马来半岛上第一批印度化王国构成的传播中心的推动，这些王国成了印度本土和外印度之间的中继站。婆罗门憍陈如，扶南印度化的第二位推动者，就来自半岛上的盘盘（P'an-p'an）王国。苏门答腊南部的巨港在公元 7 世

---

① B. Ch. 查布拉：《拔罗婆统治时期印度 - 雅利安文化的传播：由碑铭所证实》，JASB，通讯，第 1 辑（1935 年）。

② 参阅斯塔特海姆的《印度对太平洋地区的影响》。此外，罗伯特·林格特（Robert Lingat）让我注意到了《包德哈耶讷法经》（*Dharmaśāstras of Baudhāyana*）中的一段话，其中提到乘船旅行的做法是北方婆罗门人特有的习俗之一，而这种做法在其他地方都被认为会招致耻辱。

③ 杜邦：《东南亚所谓的阿马拉瓦蒂诸佛》，第 631 页；《对陀罗钵底孟族的考古研究》（巴黎，1959—1963 年），第 1 卷，第 164—167 页。约翰内斯·吉斯伯特斯·德·卡斯帕里斯（J. G. de Casparis）：《关于古代爪哇和锡兰之间文化关系的新证据》，AA，第 24 期（1961 年），第 241 页。

纪时是传播佛教的一大中心，一些外国学者，如中国的义净，[①]都曾在此求学。

最后，在研究这一文化传播的发源地时，不能忘记我们的大部分资料都来源于外印度，这些资料告诉了我们结果，但却很少告诉我们是哪一连串事件产生了这一结果。

鉴于有关公元初几个世纪外印度印度化的文献的性质，铭文、考古发掘和外国资料使我们可以书写印度文化在与土著社会接触后的演变和衰退的过程，却很少提及印度文化传播历史的本身，对其起源的探究更是少之又少。

6. 印度文明渗入当地社会的程度

印度文明在外印度的人民大众当中究竟深入到了什么程度，还是说它始终只是上层的特权？这种文明在13世纪的衰落，是由于越来越多的当地人接受了它，使之逐渐失去了其特质呢，还是由于深受这种文化熏陶的高雅的贵族阶层消失了，而这种文化对于广大民众而言仍然是陌生的？在这些问题上，我们的资料来源，特别是铭文（主要使我们了解各种宗教、宫廷和统治阶级的构成情况），都未能提供给我们所需的信息。

历史学家们都认为，在印度式的外表下，大多数民族都保留了自己文化的精髓。至少尼古拉斯·J. 克罗姆对于爪哇的看法就是如此。对于巴厘，W.F. 斯塔特海姆则告诉我们："印度教历来是，而且今天依旧是上层阶级的文化，但从未完全成为大众的文

① 关于印度文明对爪哇的渗透，见 J. G. 德·卡斯帕里斯的《浅谈古代爪哇社会群体》，载《阿默塔》，第2期（1954年），第44页［该文已被 L.C. 达迈斯收入《印度尼西亚书目提要》，BEFEO，第51期（1963年），第546页］。

化，后者所信奉的还是印度尼西亚的万物有灵论和祖先崇拜。”[①] 柬埔寨的情况想必也是如此，印度教 14 世纪在该国的衰落，似乎是由 13 世纪信奉婆罗门的贵族阶层的衰落导致的，后一事件在素可泰的一块碑铭中有记载。[②]

印度教在外印度承担起了皇室崇拜的特殊使命，它本质上是一种贵族宗教，并不是为普通百姓而设的。这就解释了为什么正是在印度世界被蒙古征服和穆斯林入侵的影响所震撼的时候，这里的黎民百姓会如此轻易且迅速地接受了僧伽罗佛教和伊斯兰教。

然而，即使是在土著抵制得最为强烈，并使得印度式外表支离破碎的那些地区，印度文化的渗透力度也是如此之大，以至于其遗产根本不容忽视。在本书的结论部分，我们将会看到，这份遗产包括：书写系统、大量的词汇、阴阳历、几乎原封未动的创世神话、《罗摩衍那》和《往世书》中的伟大史诗主题、某些艺术创作的体裁、行政和法律框架，以及对社会地位的敏锐意识，这是种姓制度的最后痕迹。

令人惊讶的是，在这些如此靠近中国的地方（这些地区从公

---

① 《印度对古代巴厘艺术的影响》，第 7 页。F. D. K. 博世在《来自印度的影响和爪哇古代部落信仰之间的界限》[BKI，第 110 期（1954 年），第 1—19 页] 一文中同时否定了奥狄卓拉 · C. 甘戈莱（Ordhendra C. Gangoly）对印度作用的夸大 [《印度和印度尼西亚文化之间的关系》，JGIS，第 7 期（1940 年），第 51—69 页，并请参阅我发表在 BEFEO，第 40 期，第 452 页的评论] 和斯塔特海姆对印度尼西亚作用的夸大，以便分析印度文化元素的各种“爪哇化”形式，这在他看来是主要的。

② 出自那甲叻尊（Nagara Jum）的石柱，其树于 1357 年。参见赛代斯的《暹罗碑铭集》，第 1 卷，第 85 页；《兔年，公元 1219 年》，载《古代印度》（莱登，1947 年），第 83 页。

元初的几个世纪起，就与中国建立了商业和外交关系），中国文化的影响却是微不足道的，尽管它对东京和越南北部的三角洲的影响是那样的强烈。中国和印度的文明活动在远东各地造成的影响存在根本性的差异，这令我们大吃一惊。

在任何地方都不曾出现过像蒙古扩张或西班牙征服美洲那样令人蒙羞的毁灭性行径。[①] 东南亚的土著非但没有被征服者消灭，反而在进行了本土化改良的印度式社会中找到了一种社会结构的形式，在这种社会结构中，他们自己的社会得以融为一体，并向前发展。

印度人从未在任何地方以国家或宗主国的名义进行过军事征服和吞并。在公元初的几个世纪，在外印度建立的印度化王国与当时统治印度本土的诸王朝仅有传统习俗上的关联，而无政治上的附属关系。孟加拉湾两岸的使者往来是在平等的基础上进行的。

越南的中国领地由中国郡守管辖，而外印度的诸印度化王国则由本土或混血的君主独立统治，由印度的或印度化的顾问襄助，主要是提供文化方面的建议。另外，印度人的和平渗透从一开始就延伸到了他们航海贸易所及的一切地方。

被印度和平征服的那些地方则保留了自己文化的精髓，并根据自己的特性加以发展。这就解释了高棉文明、占族文明和爪哇文明何以本同末异，而且在某种程度上是各有独创，尽管它们都起源于印度。

---

① 关于这一点，苏尼蒂·库马尔·沙特尔吉（Suniti K. Chatterji）在《印度文化与大印度》[收录于《印度的文化遗产》（加尔各答，1936 年）一书，第 3 卷，第 87—96 页] 一文，以及 K.A. 尼拉坎塔·萨斯特里的主旨演讲 [《印度史大会第九次会议》（巴特那，1946 年），第 18 页] 中，都已经作了很清楚的阐释。

第三章

最早的印度化王国（从各王国的起源到4世纪中叶）

第二章分析过的各种因素导致了一批印度化小国的创立，这些小国的统治者都有梵文名字。它们从公元3世纪初开始出现，从而证实了托勒密在《地理学指南》中的记载。

在考古学或金石学方面，这些国家只留下了很少一点早于5世纪的遗迹。对于这些国家在5世纪之前的情况，我们知之甚少，所了解的几乎只有托勒密的著作、《义释经》[①] 和中国的历代官修史书中提到的国家名称。这其中，中国史籍是最重要的，它详细记载了南海诸国遣使来朝的情况。至于这些国家具体在哪里，现有的记载基本都语焉不详。

这批印度化国家中的小国，不得不听命于较强大的王国，后者被认为会拥有光辉的未来。我们可以从中国的文献和碑铭中，勾勒出这些强国的历史。

① 由于本书不是一部地理学专著，而是对历史进行综合叙述的尝试，所以我在本章和后面的章节中，只会提到那些在历史上有着一定意义的事件或朝代的名称。关于对托勒密的地名位置提出的各种意见的讨论，可参见罗兰·布拉德尔的《马来半岛古代史研究》，载JRASMB，第13期（1935年）。

1. 扶南的兴起（公元 1 世纪）

这些王国中最重要的，无疑是中国人称为“扶南”的那个王国。这个名字是这两个汉字在现代官话中的读音，它们曾经读作“b'iu–nâml”，[①]是旧高棉语“bnam”的音译（现代拼法是 phnom），意为“山”。这个国家的国王将“山之王”用作他们的尊号，在梵文中写作“parvatabhūpāla”或“śailarāja”，在高棉语中是“kurung bnam”。[②] 中国人就是用这个国王称号来称呼这个国家的。

扶南国的中心位于湄公河下游和三角洲地区，但在其鼎盛时期，领土应该包括了整个越南南部、湄公河中游以及湄南河流域和马来半岛的大部分地区。它的首都一度是毗耶陀补罗（Vyādhapura），即“猎人之城”[③]，在中国文献中被称为“特牧”，可能是一个具有相同含义的高棉词汇（dmâk，dalmâk）的音译。[④]这座城市位于柬埔寨波萝勉（Prei Vèng）省的巴布农（Ba Phnom）山和巴南（Banam）村附近，这两个地方的名字，使我

---

① 根据伯纳德·卡尔格伦的说法，这是唐代的发音。参阅他的《中文和汉 - 日文辨析词典》，第 41 条和 650 条。

② 路易斯·斐诺:《印度支那的几种传说考证》，见《西尔万·莱维的学生献给莱维先生的印度学文集》（巴黎，1911 年），第 203 页，以及《1927 年 1 月 14 日的会议》，JA（1927 年 1 月至 3 月），第 186 页。赛代斯:《印度尼西亚夏连特拉王朝的由来》，JGIS，第 1 期（1934 年），第 67 页。印度式王国的建立者在其上创立了对国家之神的崇拜，一般是对林伽或湿婆的另一种表现形式的崇拜。

③ 赛代斯:《吴哥第一批国王的世系传说》，BEFEO，第28期（1956年），第127页。

④ 赛代斯:《柬埔寨碑铭集》，第 2 卷，第 110 页，注释 5。也许毗耶陀补罗意即“猎人（国王）城”。事实上，O.W. 沃尔特斯很友好地告诉我（1960 年 11 月 6 日的来信），《太平御览》引用的康泰记述（如下）中，提到了一个名叫盘况少的扶南王在丛林中捕捉大象并驯化它们，他通过这种方式使许多国家臣服。译者注：原文出自《太平御览》卷八九《吴时外国传》：“扶南王盘况，少而雄桀。闻山林有大象，辄生捕取之，教习乘骑。诸国闻而伏之。”

们对毗耶陀补罗这个古老地名的记忆一直延续至今。据《梁书》[1]记载，此城去海五百里（200 千米）。这大约是从巴布农山到喔吠遗址的距离，[2]喔吠当时即使不是港口，也至少有着一个外国商贾建立的贸易中心。

关于扶南的最早记载，来自中国使节康泰和朱应于公元 3 世纪中叶出访该国时留下的记录。[3]他们的原作已经失传，但仍有一些片段散见于编年史和各种类书之中。这些片段，以及公元 3 世纪的一块梵文碑铭，构成了我们了解的关于这个王国最初两个世纪历史的基本文献资料。

根据康泰的说法，扶南的开国之君是一个名叫混填的人，即㤭陈如，他要么来自印度，要么来自马来半岛或南方的岛屿。[4]这位国王"梦神赐之弓，乘贾人舶入海。混填晨起即诣庙，于神树下得弓，使依梦乘船入海，遂入扶南外邑：柳叶人众见舶至，欲取之，混填即张弓射其舶，穿度一面，矢及侍者，柳叶大惧，举众降混填。混填乃教柳叶穿布贯头，形不复露，遂治其国，纳柳叶为妻，生子分王七邑。"[5]

关于扶南王朝的起源，中国人的说法就是这样。毫无疑问，

---

① 伯希和，《扶南考》，BEFEO，第 3 期，第 263 页。

② 皮埃尔·古鲁（Pierre Gourou）的《季风区亚洲的文明和人文地理学》［BEFEO，第 44 期（1954 年），第 469 页］在指出"高级文明的发祥地似乎均在交通枢纽"之后，补充道："扶南文明的核心，即整个高棉之始，起源于交趾支那的西海岸，在印度文化影响登陆的地方。"

③ 伯希和：《扶南考》，第 303 页；《关于印度化的印度支那汉文文献》，Et. Asiat. EFEO，第 2 辑，第 243 页。

④ 伯希和：《关于印度化的印度支那汉文文献》，第 246—249 页。关于㤭陈如氏族在南印度的重要作用，见比詹·拉吉·查特吉的《柬埔寨研究的最新进展》，JGIS，第 6 期（1939 年），第 139 页。

⑤ 引用自《梁书》卷五十四《列传第四十八·诸夷》。《晋书》《南齐书》《太平御览》《文献通考》等亦有类似记载。——译者注

这是对一个印度传说的失真转述，该传说在一块占婆的梵文碑铭上有着更加真实的记载。[①]根据这块碑铭，婆罗门㤭陈如从德罗纳（Droṇa）之子婆罗门马嘶（Aśvatthāman）那里得到了一支长矛，他将矛掷出以标记未来首都的位置，然后娶了一位名叫索玛（Somā）的那伽（Nāgas）王之女，她诞下了国王的子嗣。[②]直至 13 世纪末，吴哥的宫廷仍然会举行仪式（中国使臣周达观提到了这种仪式[③]）来纪念这次神秘的结合，现代柬埔寨的编年史中也有关于这次结合的记载。[④]这一结合，与南印度甘吉布勒姆的拔罗婆诸王自称的家世渊源是相同的。[⑤]然而，关于这一传说的起源却是众说纷纭。[⑥]

无论如何，任何试图穿凿附会到这一传说故事之上的历史事件，都不可能发生在公元 1 世纪之后，因为自下一世纪起，我们在扶南发现的历史人物，其真实性都得到了金石学和中国史家记载的证实。

据《梁书》记载，混填的后裔之一，在中国被称为混盤况，“九十余岁死”。他的继承人是“中子盤盤,（盤）以国事委其大将

① 路易斯·斐诺:《美山碑铭（第 3 辑）》，BEFEO，第 4 期，第 923 页。参阅赛代斯的《巴克赛 - 占克龙碑铭》，JA（1909 年 5 月至 6 月），第 476—478 页，以及《柬埔寨碑铭集》，第 4 卷，第 88 页。

② 伊芙琳·波雷 - 马伯乐（Eveline Poree-Maspero）:《那伽索玛新探》，JA，第 238 期（1950 年），第 237—267 页。

③ 伯希和翻译及编辑的《真腊风土记笺注》，BEFEO，第 2 期，第 145 页。

④ 斐诺:《印度支那的几种传说考证》，第 205 页。

⑤ 赛代斯:《关于那伽的传说》，BEFEO，第 11 期，第 391 页。

⑥ 维克多·戈卢布（《关于蛇女与仙女的传说》，BEFEO，第 24 期，第 501—510 页）认定它来自西方，而让·普日卢斯基（《东亚传统中的鱼香女王和那伽》，Et. Asiat. EFEO，第 2 辑，第 265—284 页）则认为它产生于东南亚沿海地区。关于马来人对于这个传说的说法，见理查德·O. 温斯泰德的《因陀罗和萨克蒂穆纳》，JRASMB，第 23 期（1950 年），第 151 页。

范蔓”，[①]据《南齐书》说，范蔓的全名是范师蔓。[②]“盘盘立三年死，国人共举蔓为王。蔓勇健有权略，复以兵威攻伐旁国，咸服属之，自号扶南大王。乃治作大船，穷涨海，攻屈都昆、九稚、典孙等十余国，开地五六千里。”[③]

2. 公元初几个世纪中，马来半岛上的印度化国家

罗尔夫·斯坦认为，在上面那段文献中，范师蔓所攻伐的那个国家应该读作“屈都”（Ch’ ü –tu）或“都昆”（Tu–k’un）等，而不是“屈都昆”，他还认为，“屈都”应该被认定为“屈都乾”（Ch’ ü –tu–ch’ien 或 Ch’ ü –tu–kan），这个“屈都乾”就是托勒密笔下的卡蒂加拉（Kattigara）。[④]这个国家是由楚武［Chu–wu，位于广治省（Quang–tri）北部，松门（Cửa Tùng）与越门（Cửa Việt）之间］的移民建立的，应该在交趾支那寻找，而最近的研

---

① 伯希和:《扶南考》，第 265 页。根据 R. 斯坦因的意见［《林邑考》，载《汉学》，第 2 期（1947 年），第 251 页及其后文］，中国人冠于大部分扶南国王名字之首的“范”，同占婆国王名字之前的“范”一样，并不像乔治·马伯乐［《占婆史》(巴黎，1928 年)，第 53 页注释 7］和费琅［《叶调、诃陵和爪哇》，JA（1916 年 11 月至 12 月），第 524—530 页］所认为的那样，是被用作一个族名的跋摩（varman）这个词尾的同义词。他认为这是一个氏族的名称，跟民族的起源有关，可能代表王族中的土著成员。像在占婆一样，“范”都与印度成员截然不同，似乎都是人民拥戴上台的。然而戴密微（Paul Demiéville）［对斯坦因《林邑考》的评论,《通报》，第 40 期（1951 年），第 344 页］对这种假说的根据提出了质疑。

② 伯希和:《扶南考》，第 257 页。

③ 1“里”约等于 576 米。关于读作“屈都”“都昆”，而不是“屈都昆”（伯希和）的问题，请参阅斯坦因的《林邑考》。译者注：此段亦出自《梁书》卷五十四《列传第四十八·诸夷》。

④ 《林邑考》，第 119 页。但是戴密微的评论（同上，第 341 页）对此考证提出了异议。

究也倾向于将卡蒂加拉的位置确定在交趾支那。[①]但是，“屈都昆”可能必须与“屈都乾”区分开来。[②]

典孙无疑就是顿逊，一部公元5至6世纪的古籍称其为扶南的藩属之一。[③]我们大致可以将它定位在马来半岛上，更准确地说是在克拉地峡的两岸；[④]我们掌握的少量关于另外几个国家的材料，也指向了同一方向。[⑤]因此，范师蔓的征服至少有一部分应该是在半岛上进行的，另一些中国文献表明，半岛上很早就存在着若干印度化的小国。

这些国家中最古老的似乎是狼牙脩（Lang-ya-hsiu），《梁书》（记载公元502—556年的历史）载其立国已“四百余年”。[⑥]这个王国在7世纪末以郎伽戍（Lang-chia-shu）和凌牙斯加（Lang-ya-ssu-chia）等名称再次出现，它就是马来亚和爪哇编年史中的龙牙犀角（Langkasuka）。[⑦]在现代地理学中，这个名

① 早在1938年，卡蒂加拉的位置就被阿尔伯特·赫尔曼［《托勒密所描述的“大海湾”和卡蒂加拉》，载《地理学国际会议报告》（阿姆斯特丹），第123—128页］定在西贡地区。最新的研究工作是路易斯·马勒雷完成的，继他在喔呋有新发现之后，就被引导到该地区去寻找卡蒂加拉。他的见解在《湄公河三角洲考古》（巴黎，1959—1963年）一书的第3卷，第421—457页中有详细的表述。

② 关于这个相当复杂的问题，以及“九稚”或“拘利”的位置问题，见保罗·惠特利的《黄金半岛》，第21—25页。

③ 伯希和:《扶南考》，第279页。

④ 伯希和:《扶南考》，第263页注释1。惠特利:《黄金半岛》，第15—21页。

⑤ 伯希和:《扶南考》，第266页，注释2和注释3。戈登·H. 卢斯:《缅甸的邻国》，JBRS，第14期（1924年），第147和第151页。

⑥ 伯希和:《交广印度两道考》，BEFEO，第4期，第320页注释7。费琅:《马六甲、末罗瑜和麻里予儿》，附录3，JA（1918年7月至8月），第139页。卢斯:《缅甸的邻国》，第161—169页。

⑦ 费琅:《马六甲、末罗瑜和麻里予儿》，第143页。参阅西尔万·莱维的《印度的前雅利安人和前达罗毗荼人》，JA（1923年7月至9月），第37页。

字仍作为霹雳河上游一条支流的名字继续存在。[①] 它当时的领土势必横跨半岛，东可从北大年（Pattani）地区[②] 直通暹罗湾，西可经吉打以北至孟加拉湾，因而控制着第二章叙述过的一条陆路交通线。

另一个国家是单马令（Tāmbralinga），地处马来半岛东岸，北邻猜亚，南接北大年，中心在洛坤地区，[③] 那里有一块梵文碑铭，其年代最早可追溯到公元 6 世纪。[④] 巴利文佛典（《义释经》）提到了它，名字作檀巴陵伽（Tambalingam），[⑤] 这证明这个王国在公元 2 世纪左右就已经存在了。

塔科拉（Takkola）的情况也是如此，[⑥] 另一部佛教典籍《弥兰陀王问经》（Milindapaṇha）提到了它，人们普遍认为该城位于克拉地峡西海岸的达瓜巴，或者更靠南一些的地方。[⑦] 至于那个被中国人音译为"投拘利"（T'ou-chü-li）的港口（它有时被认为就是塔科拉），保罗·惠特利[⑧] 已经证明，这个名字实际上是"拘

① 理查德·O. 温斯泰德：《马来亚史》，JRASMB，第 8 期（1935 年），第 21 页。
② 惠特利在《黄金半岛》的第 252—267 页详细讨论了龙牙犀角的位置问题。
③ 赛代斯：《三佛齐王国》，BEFEO，第 18 期，第 6 辑，第 17 页。参阅莱维的《印度的前雅利安人和前达罗毗荼人》第 45 页。
④ 赛代斯：《暹罗碑铭集》（曼谷，1924—1929 年），第 2 卷，第 51 页，注释 27。巴特将这块碑铭的年代定为公元 7 至 9 世纪，显然太早了。该碑的字体同扶南最后一批碑铭的字体相似。参阅 K.A. 尼拉坎塔·萨斯特里的《投山仙人》，TBG，第 76 期（1936 年），第 508—509 页。关于单马令，见理查德·O. 温斯泰德的《单马令》，BSOAS（1958 年），第 587—607 页。
⑤ 西尔万·莱维：《托勒密：〈义释经〉和〈大传奇〉》，ft. Asiat. EFEO，第 2 辑，第 26 页。
⑥ 同上，第 3 页及其后文。
⑦ 罗兰·布拉德尔：《古代马来半岛》，JRASMB，第 17 期（1939 年），第 1 辑，第 204—206 页，以及第 22 期（1949 年），第 1 页。惠特利（《黄金半岛》，第 268—272 页）为把塔科拉的位置确定在董里地区提供了有力的论据。
⑧ 《英国地理学家学会集刊》，第 21 期（1955 年），第 69 页。

利”（Chü-li），也就是托勒密所说的科利（Köli），可能位于关丹（Kuantan）河口。公元 3 世纪，扶南派往印度的使团就是从这里启程的。

如果撇开霹雳州和彭亨（Pahang）州的巨石坟墓，以及在柔佛州哥打丁宜（Kota Tingi）发现的印度和“罗马”珍珠[①]不谈（这些都属于原始史的范畴），那么马来半岛最古老的金石学和考古遗迹就都来自吉打和霹雳地区。

在吉打发现的遗存来自不同的时期。它们证明了该遗址之古老，稍后我们还将在梵文和中文资料中再次提到这个遗址，在梵文中是迦吒呵（Kaṭāha），在中文里是“Chiehch'a”。[②]但是，就像其他碑铭和考古发现一样，[③]这些遗迹的历史也无法追溯到托勒密、《义释经》或中国古籍那样久远的年代，也就是说，无法追溯到扶南征服半岛的那个时期。[④]

---

① 关于这些遗址，见布拉德尔《古代马来半岛》中的几段。H. G. 夸里奇 · 韦尔斯:《关于马来亚古代印度殖民地的考古研究》，JRASMB，第 18 期（1940 年），第 1 辑，第 56—73 页;《再考马来亚的印度化遗址》，JRASMB，第 20 期（1947 年），第 1—11 页。理查德 · O. 温斯泰德:《石板墓和铁制器具》，JRASMB，第 19 期（1941 年），第 1 辑，第 93—98 页。

② 吉打的拼音。——译者注

③ 例如，在霹雳州和吉打的布扬河上发现的笈多风格的青铜器［H. G. 夸里奇 · 韦尔斯:《最近在马来亚的发掘和一些更广泛的影响》，JRAS（1946 年），第 142 页］。这些考古新发现已由惠特利在《黄金半岛》（第 273 页及其后文）中做过分析。

④ 关于其他印度文献资料，见瓦苏杰夫 · 沙兰 · 阿加瓦尔（Vasudev Sharan Agarwal）的《印度古代文学中关于噶陀哈提帕（Kaṭāhadvīpa）的材料》，JGIS，第 11 期（1944 年），第 96 页，以及尼拉坎塔 · 萨斯特里的《室利佛逝史》（马德拉斯，1949 年），第 25—26 页。

3. 扶南（公元 2 至 3 世纪）

范师蔓征服的疆域范围很难给出确切的描述。我们有充分的理由认为，这个名字是释利摩罗王（Srī Māra）名字的音译，后者在佛坎［Vo-Canh，在芽庄（Nha-trang）地区］的古老梵文石刻中有所提及。① 人们曾长期把这块石碑当成了一块占婆碑铭，② 但在 1927 年，路易斯·斐诺确定它属于扶南的一个属国。③ 如果将释利摩罗 ④ 考订为范师蔓的观点是正确的，那么出自释利摩罗的一位后裔（根据字体判断，此人在位的时间为公元 3 世纪）的那块碑铭就应当被视为扶南历史的原始资料之一。从这块碑铭可以看出，在刻制它的那个时期和竖立它的那个地方，也就是今天的庆和省（Khanh-hoa），梵文是皇家御用的官方语言。

---

① 关于该碑的年代，参阅迪尼什汉德拉·希尔卡（D. C. Sircar）的《占婆最早的梵文碑铭的年代》，JGIS，第 6 期（1939 年），第 53—55 页。赛代斯：《佛坎梵文碑铭的年代》，IHQ，第 16 期，第 3 辑（1940 年），第 72 页和第 484 页。希尔卡：《占婆最早的梵文碑铭的年代》，IHQ，第 17 期（1941 年），第 107—110 页。埃米尔·加斯帕多内：《印度支那最古老的碑铭》，JA，第 241 期（1953 年），第 477—485 页。K. 库马尔·萨卡（K. Kumar Sarkar）：《印度支那最早的碑铭》，载《中印研究》，第 5 期，第 2 辑（1956 年），第 77—78 页。卡玛莱斯瓦尔·巴塔查里亚（Kamaleswar Bhattacharya）：《关于所谓佛坎碑的古文字研究的细节》，AA，第 24 期（1961 年），第 219—224 页。埃米尔·加斯帕多内：《佛坎碑与梵文在印度支那的开端》，载《汉学》，第 8 期，第 3 辑（1965 年），第 129—136 页。

② 奥古斯特·巴特和亚伯·贝加尼（Abel Bergaigne）：《占婆和柬埔寨的梵文碑铭》，第 20 辑，第 191 页。路易斯·斐诺：《河内博物馆馆藏碑铭》，BEFEO，第 15 期，第 2 辑，第 3 页。

③ 《1927 年 1 月 14 日的会议》，JA（1927 年 1 月至 3 月），第 186 页。参阅路易斯·斐诺对马伯乐《占婆王国》的评论，BEFEO，第 28 期，第 286—287 页。

④ 让·菲约扎善意地告诉我，马兰（Māran）“在公元前后，常常是对潘地亚诸王的称呼，这已经为桑甘最古老的泰米尔文文献之一所证实”。

前已引用的中国典籍告诉我们，伟大的征服者范师蔓死于征伐金邻（Chin-lin，意即黄金边疆）期间，我们有理由相信，金邻可能就是巴利文典籍中的“黄金之地”素万那普，或者梵文典籍中的金壁（Suvarṇakuḍya，位于下缅甸或马来半岛）。[①] 范师蔓的一个外甥，名叫范旃，谋杀了合法继承人范金生，篡夺了权力。但大约 20 年后，范旃又被范师蔓的儿子范长所杀。这是一场无谓的复仇，因为范长自己也随即被大将范寻杀死，然后后者自立为王。

这些事件大致发生在公元 225—250 年，[②] 也正是在这两个年份之间，在范旃统治时期，扶南与印度的穆伦达（Muruṇḍas）王朝建立起了联系，并首次遣使中国。我曾在其他地方强调过，[③]“这一事件与其说是出自政治上的雄心，不如说是出于商业方面的考量，此事使得他的统治得以史册留名。在这一时代，也就是中国的三国时期，南方的吴国发现自己无法利用被魏国控制的陆路与西方进行贸易往来，于是寻求海路来获得所需的奢侈品。[④] 然而，扶南在海上商路中占据了一个得天独厚的位置，对于那些取道马六甲海峡的海员，以及那些穿越马来半岛地峡的人们（他们可能为数更多）来说，它都是一个必经的中转站。如果托勒密的卡蒂加拉确实位于交趾支那的西海岸，扶南甚至可能还是那些从地中海东部启航的航海者们的终点站。”

---

① 莱维:《托勒密,〈义释经〉和〈大传奇〉》，第 29 页及其后文。卢斯:《缅甸的邻国》，第 151—158 页。

② 伯希和:《扶南考》，第 303 页。

③《印度支那半岛诸民族》（巴黎，1962 年），第 62 页。

④ 王赓武:《南海贸易》，第 31—45 页。

伯希和写道："范旃的统治是重要的，[①] 这个篡位者，是第一个与印度诸王进行正式直接往来的人。"据公元5世纪的一篇文献记载，"昔范旃时，有嘾杨国（大概位于印度西部）人家翔梨，尝从其本国到天竺，辗转流贾至扶南"。[②] 正是他告诉了范旃王，印度如何"金宝委积，山川饶沃，恣所欲"，只是旅途很遥远，"往还可三年踰。及行，四年方返。"范旃王是否被家翔梨的描述打动了呢？至少从一份可靠的史料中我们得知，他遣其亲人苏物出使印度。此人从投拘利（可能就是塔科拉）出发，这表明当时扶南的影响力已经延伸到了印度洋。使团抵达恒河河口并溯流而上，来到了一位国王的都城，西尔万·莱维经考据认为，该王可能属于穆伦达王朝。"天竺王惊曰：海滨极远，犹有此人。即呼令观视国内，仍差陈宋等二人以月支马四匹报旃，遣物等还。积四年方至"。[③]

据《三国志》记载，公元243年"遣使献乐人及方物"的也是范旃。[④]

他是否也是先前提到的那块梵文碑铭的题写者？那篇铭文中指为释利摩罗王族一员的，是否也是他？这并非不可能，因为范旃是释利摩罗王的姐姐的儿子，他理所当然地可以声称自己是先王的继嗣。

篡位者范寻，在杀死了范师蔓之子范大，继承了范旃的王位之后，于公元245—250年左右接待了康泰和朱应的中国使团。

① 《扶南考》，第292页。
② 出自《水经注》卷一，引自康泰《扶南传》。——译者注
③ 出自《梁书》卷五十四《中天竺国传》。——译者注
④ 伯希和：《扶南考》，第303页。译者注：出自《三国志·吴书·吴主传》。

在范寻的宫廷上，二人遇到了一位穆伦达王朝的使节。[①]

这个中国使团与扶南缔结了邦交，使得范寻在公元 268—287 年派遣了一系列使团前往中国，这些使团在《晋书》中均有记载。[②]最后三个使团，也就是公元 285 年至 287 年间的出使，可能是公元 280 年中国三分归一统后海上贸易再度兴盛的结果，因为统一使得晋朝宫廷对从南方各国输入的产品和奢侈品的需求增长了。

我们要感谢康泰，他提供了关于这个国家的最早的记录："有城邑宫室。人皆丑黑拳发，裸身跣行。性质直，不为寇盗，以耕种为务，一岁种，三岁获。又好雕文刻镂，食器多以银为之，贡赋以金银珠香。亦有书记府库，文字有类于胡"（即中亚的一个民族，使用起源于印度的文字）。[③]

4. 占婆的兴起：林邑（2 世纪末至 4 世纪中叶）

《晋书·陶璜传》中有一段记载，说中国的东京刺史陶璜于公元 280 年左右上言，抱怨林邑屡屡进犯。他说这个王国"连接扶南，种类猥多，朋党相倚，负险不宾"。[④]

林邑是占族国家的第一个中心，该国的历史始于公元 2 世纪末。实际上，中国典籍将其建立的时间定在公元 192 年前后。[⑤]

---

① 参阅罗伯特·冯·海涅－格尔登的《名为玛卡拉莫（Makalamau）的鼓》，载《古代印度》（莱登，1947 年），第 176 页。

② 伯希和：《扶南考》，第 252 页。

③ 同上，第 254 页。译者注：此段出自《晋书》卷九十七《四夷传》。

④ 同上，第 255 页。

⑤ 关于这一段的内容，除了其他已注明的资料外，请参阅马伯乐的《占婆王国》，第 43—59 页 [鄂卢梭（L. Aurousseau）的评论，BEFEO，第 14 期，第 9 辑，第 8—43 页，以及路易斯·斐诺，BEFEO，第 28 期，第 285—292 页]。斯坦因：《林邑考》，第 1—123 页。

当时，一个土著出身的功曹，名叫区连，利用东汉王朝衰弱之机，占据了中国日南郡［在横山（Hoành Sơn）与海云关（Col des Nuages）之间］的一部分，并在最南部的象林县自立为王，象林县大致位于今日越南承天省（Thừa Thiên）的南部。起初，人们认为林邑（即“林的都城”）是象林邑（即“象林的都城”）的缩写，[①]但最近有学者提出，它应该是一个民族的名称。[②]公元137年，也就是192年林邑王国建立之前的半个多世纪，“日南、象林徼外蛮夷区怜等数千人攻象林县，烧城寺，杀长吏”，[③]这些“区怜”尽管用字略有不同，但与林邑创始者的名字显然有联系。[④]

无论如何，几乎可以肯定的是，这些“日南、象林徼外蛮夷”即使不都是占人，至少也是印度尼西亚人，即使当时他们尚未印度化，印度化也只是个时间问题了。

我们将会看到，在占族国家的历史进程中，它被划分为若干个与沿海平原相对应的自然省份。今天的广南省拥有茶侨（Trà Kiệu）、美山（Mỹ Sơn）、东阳等考古遗址，可以说是占婆的圣地。[⑤]在东阳发现的那尊精美的铜佛，证明印度文化很早就已进

① 鄂卢梭对马伯乐《占婆王国》的评论，第27页。

② 斯坦因:《林邑考》，第209—241页。但戴密微（对斯坦因《林邑考》的评论，第346页）似乎主张第一种解释。

③ 到目前为止，我们一直认为他们来自南方，也就是今天的广南。但斯坦因（《林邑考》）指出，他们也可能来自西部，甚至来自远离中国统治的象林诸地区。蛮夷聚而为林邑国的过程，显然发生在日南境内。译者注：此段出自《后汉书》卷八十六《南蛮西南夷列传》。

④ 关于“区”这个民族名称，参阅斯坦因:《林邑考》，附录4，第209页及其后文。

⑤ 亨利·帕芒蒂埃:《安南的占族古迹说明细册》（巴黎，1909—1918年），第1卷，第241—505页。让·Y. 克莱斯:《安南、占婆研究入门》，《古老顺化之友会刊》，第21期（1934年），第46—48页。

入这个地区，而该地区恰好被命名为阿马拉瓦蒂，这纯属偶然吗？在阿马拉瓦蒂以南，碑铭中提到的主要中心包括：现今的平定省（Bình Định）境内的毘阇耶（Vijaya）、地处芽庄平原的古笪罗（Kauṭhāra），以及位于潘郎地区的宾童龙（Pāṇḍuranga）。所有的碑铭都证实，公元 8 世纪时南方各省都讲占语。但最初，它们是扶南的一部分。在芽庄地区发现的、来自公元 3 世纪扶南国王的那块碑铭也证实了这一点，这位扶南王是释利摩罗（即范师蔓）的后裔，正是范旃。

关于占族的印度化及其历代王朝的传说，与扶南的情况一样，我们没有掌握任何古代的证据，中国史书对此没有留下只字片言，直到公元 9 世纪的一块碑铭中才首次出现了智者婆利古（Maharshi Bhrigu）的名字，此人是《摩诃婆罗多》（Mahābhārata）中的人物，是跋伽婆（Bhārgava）王朝名义上的祖先，占婆诸王声称自己是该王朝的后裔。至于占婆这个名字本身（占族的名称就是由此而来），虽然直到公元 7 世纪初才见于碑铭之中，但它可能远比这古老得多。

区连的后代利用汉室倾颓中国分裂之机，向北方扩张。公元 220—230 年，区连的后裔之一向广东和交趾（东京）刺史吕岱派出使节，“林邑”和“扶南”这两个名称因而首次出现在了中国文献中。《三国志》记载，吕岱“遣从事南宣国化，暨徼外扶南、林邑、堂明（？）诸王，各遣使奉贡”。① 然而这单纯只是个形式，因为在 248 年，林邑的军队便北上劫掠城池，并在荣市（Ron）以南海湾的一场大战中夺得了区粟［Ch'ü-su，即净江

① 伯希和，“扶南考”，第 251 页。译者注：出自《三国志》卷十五《吕岱传》，问号为原作者赛代斯所加。

（Sông Gianh）上的巴屯（Ba Đồn）地区］的领土。[①]最后，区连的外孙，国王范熊[②]在公元270年左右再次发动了进攻，据说还得到了扶南王范寻的帮助。东京刺史陶璜费时“十有馀年”，才把林邑人赶回了他们自己的地盘。从一开始，林邑人向北扩张的企图就与越南人的南下推进相冲突。这两个冲突文明的代表——印度化的占人和汉化的越南人——之间的战斗，从横山一直打到海云关，直至14世纪占人衰退，才画上句号。

公元284年，范逸[③]正式遣使中国，如果不算220年至230年间派往交趾刺史处的那个使团，那么这就是林邑的首次遣使了。范逸在位长达50余年，在他统治时期的后半段，有一个叫范文[④]的人做他的谋臣。在各种文献中，范文都被认定为中国人，生于江苏扬州，后定居林邑，但他也可能是个汉化了的土著。[⑤]范文曾于313年和316年到过中国，在那里学到了各种技术；他对中国物质文明的了解使其国王获益匪浅。通过赢得老国王的宠信，他得以执掌兵权，而后又成功地排挤了王位继承人。公元336年，范逸意外驾崩后，他便夺取了王位。

范文建都于顺化地区，他平定了诸蛮族部落，并于340年遣使中国，请求晋朝皇帝将其王国的北部边界定在横山。当晋朝皇

---

① 斯坦因：《林邑考》，第1—54页。

② 也许是按扶南血统的妻子来算的。根据斯坦因在《林邑考》中的说法，这大概可以解释为什么他的姓会是“范”这个氏族名称。伊芙琳·波雷-马伯乐提出，范氏国王在占婆出现之日，正是范寻死后他们在扶南消失之时。关于她从这一时期算起的“柬埔寨和占婆之间的历史相似之处”，见《柬埔寨土地习俗研究》（巴黎，1962年），第144页及其后文。

③ 区连没有儿子，他的外孙范熊继立，范熊死后其子范逸即位。——译者注

④ 范文原本不姓范，后来由范逸赐名范文。——译者注

⑤ 斯坦因：《林邑考》，第243页。

帝犹豫是否要将日南的肥沃土地让与他时，他在公元347年占领了这些土地，从而使他的国家获得了他曾要求的边界。349年，范文死于在新边界以北进行的另一场远征之中。

第四章

第二次印度化（从 4 世纪中叶到 6 世纪中叶）

1. 扶南：印度人旃檀统治时期（公元 357 年）

公元 357 年，扶南的王位上盘踞着一个外国人，具体原因未知。根据《晋书》和《梁书》的记载，这一年的正月，“扶南王天竺旃檀献驯象”。[①] 中国人称印度为天竺，因此“天竺旃檀”的意思就是“印度人旃檀”。[②] 西尔万·莱维已经证明，[③] 旃檀是 chandan 的音译，这个词是月支人（Yüeh Chih），即印度 – 斯基泰人使用的一种王室头衔，迦腻色伽一系的贵霜人尤其重视该王号。他写道：[④]“因此，‘天竺旃檀’或‘竺旃檀’是一位来自印度的王室人物，他的头衔旃檀，似乎将他与迦腻色伽王族联系在了一起。他们之间有这种联系并不奇怪。在竺旃檀之前的一

① 伯希和：《扶南考》，BEFEO，第 3 期，第 252 页、255 页和 269 页。

② R. 斯坦因：《林邑考》，载《汉学》，第 2 期（1947 年），第 257—258 页，注释 277 认为，“天竺”仅表示他的家族以前来自印度。

③ 《迦腻色伽与娑多婆诃（S'ātavāhana）》，JA（1936 年 1 月至 3 月），第 61—121 页。

④ 同上，第 82 页。

个世纪，即中国三国的吴国[①]时期，根据伯希和的计算，在公元 240—245 年，扶南王曾派遣他的一位亲戚出使印度，拜见了当时统治着恒河流域的穆伦达国王，穆伦达王向扶南王回赠了四匹月支马。我们知道，穆伦达人与月支人沾亲带故，血脉相通，甚至有人认为，[②]穆伦达就是贵霜王朝的国号。我们还知道，贵霜王朝的疆域曾扩张至恒河流域，至少延伸到了瓦拉纳西，他们在那里设置过总督。公元 357 年，在沙摩陀罗笈多大帝治下，整个北印度都归顺了笈多王朝；斯基泰入侵者被驱逐了出去。有可能，贵霜王族的一个分支，在被赶出恒河流域后，便前往孟加拉湾之外的黄金之地（素万那普，或克利西）寻找出路，当时这片土地已经向印度的冒险家们敞开了大门。”

学者们试图确定，扶南和古柬埔寨，与伊朗世界之间在某些领域是否存在着联系，也许在与穆伦达王朝互派使节之后出现的这位外国人的统治，可以证实这些联系。下文我们将看到，在公元 5 世纪末，扶南国王的一个侍从的名字或职衔叫作“鸠酬罗”，这可能与贵霜人使用的头衔丘就却[③]相同。再晚一些时候，到公元 7 世纪，[④]一个斯基泰［塞迦人（Śaka）］婆罗门从德干来到这里，并娶了国王伊奢那跋摩一世（Isnaarman Ⅰ）的女儿。前吴哥时期的苏利耶形象的短外衣、短靴和腰带都与琐罗亚斯德教徒

---

① 原文有误，东吴的历史时间应为公元 222—280 年。——译者注

② K. P. 贾亚斯瓦尔:《印度历史（约公元 150 年至 350 年）》，载《比哈尔和奥里萨研究会会刊》，第 19 期（1933 年），第 287—289 页，301—303 页。

③ 丘就却（kujula），亦作丘就劫，一译库久拉 · 卡德斐塞斯，即卡德斐塞斯一世，贵霜王朝的创建者。——译者注

④ 赛代斯:《柬埔寨碑铭集》，第 4 卷，第 27 页。

（Zoroastrians）的服饰如出一辙，显然是受到了伊朗的影响。[①] 也许这些形象代表了被认为是琐罗亚斯德教或斯基泰婆罗门的太阳，这些人在吴哥时期的碑铭中用萨迦婆罗门（Śakabrāhmaṇa）这个名字表示。[②] 甚至连前吴哥时期毗湿奴塑像上的圆柱形发式，也可以看作是伊朗影响的体现。诚然，在拔罗婆王朝的雕塑中也发现了这种发式，[③]但我们知道，有一派学者坚信拔罗婆王朝起源于北方，认为他们是帕拉维人（Pahlavas），即安息人（Parthians）的后裔。[④] 最后，甘孛智人——扶南的继承者的名称本身，可能就与伊朗的甘谟惹（Kambojas）人有关。[⑤] 目前过多地推断这些关系未免失之轻率，但它们的确值得一提，特别是在交趾支那西

① 维克多·戈卢布：《柬埔寨的苏利耶像》，Cahiers EFEO，第22辑（1940年），第38—42页。卡玛莱斯瓦尔·巴塔查里亚，《古代柬埔寨的婆罗门教信仰》（巴黎，1961年），第128—131页。参阅路易斯·德·拉瓦莱·普桑的《印度诸王朝及其历史》（巴黎，1935年），第350页。

② 赛代斯：《巴戎寺的年份》，BEFEO，第28期，第105页；《阇耶跋摩二世的都城》，BEFEO，第28期，第116页注释1；《关于解读班达奇玛的浮雕和巴戎寺外廊的一些建议》，BEFEO，第27期，第73页；《柬埔寨碑铭集》，第1卷，第195页。在《摩诃婆罗多》（第6卷，436行）中，萨迦岛的一个婆罗门的名字叫作玛加（Maga，即祭司），也就是崇拜太阳的人。参阅拉瓦莱·普桑的《印度诸王朝及其历史》，第350页，和巴塔查里亚的《古代柬埔寨的婆罗门教信仰》，第128—131页。

③ 皮埃尔·杜邦：《印度支那西部的戴冠毗湿奴》，BEFEO，第41期，第249页。

④ 见R. 戈帕兰（R. Gopalan）的《甘吉布勒姆的拔罗婆王朝史》（马德拉斯，1928年）第二章附录。卡丹比·米纳克希（Cadambi Minakshi）：《拔罗婆王朝治下的行政管理和社会生活》（马德拉斯，1938年），见BEFEO，第38期，第331—332页的评论。

⑤ 西尔万·莱维：《印度的前雅利安人和前达罗毗荼人》，JA（1926年1月至3月），第53页。关于甘谟惹人，参阅B.C. 劳（B. C. Law）的《古代印度部落》，载《印度文化》第1卷，第386页；斯腾·科诺（Sten Konow）的《塞迦人简志》，载《印度文化》第2卷，第189页；B. R. 查特吉的《北印度甘谟惹人中流传的一个与柬埔寨高棉人有关的传说》，AA，第24期（1961年），第253页。

部的喔吠发现了一块凹雕宝石（上面刻有向火祭奠的场面），还有一枚镶有萨珊帝国人物头像的半球形宝石，[①]这为扶南与伊朗世界的关系提供了确凿的证据。

印度人或印度－斯基泰人旃檀的统治，是扶南历史上的一段插曲。公元357年是我们所知的有关他统治时期的唯一年份，而后，在公元4世纪末或5世纪初之前，我们再没听到有关扶南的任何消息。

2. 占婆：跋陀罗跋摩的第一批梵文碑铭（公元4世纪50年代至70年代）

在林邑，范文之子，中国史家称为范佛，继续推行向北扩张的传统政策。但在公元351年和359年的两场战役接连失败之后，他被迫将日南归还中国，并于372年和377年遣使中国。[②]

范佛的继任者是范胡达，他是范佛的儿子或孙子。范胡达通常被考证为跋陀罗跋摩（Bhadravarman），我们从他在广南[③]和富安（Phu-yên）[④]留下的碑铭中得知了他的这个梵文名字。这一考证结论是基于这些碑铭的年代做出的[⑤]。根据亚伯·贝加

① 路易斯·马勒雷:《湄公河三角洲考古》（巴黎，1959—1963年），第3卷，第294页和第304页。

② 乔治·马伯乐:《占婆史》（巴黎，1928年），第58—61页。

③ 路易斯·斐诺:《跋陀罗跋摩一世的两部新碑铭》，BEFEO，第2期，第187页。R. C. 玛兹穆德:《古代印度在远东的殖民地：占婆》（拉合尔，1927年），铭文4。B. C. 查布拉:《雅利安印度文化的传播》，JASB，通讯，第1辑（1935年），第50页。

④ 奥古斯特·巴特和亚伯·贝加尼:《占婆和柬埔寨的梵文碑铭》，第21辑，第199页。斐诺:《两部新碑铭》，第186页。玛兹穆德:《古代印度在远东的殖民地》，第1卷，铭文2。查布拉:《雅利安印度文化的传播》，第47页。

⑤ 马伯乐:《占婆史》，第63页。

尼[1]和路易斯·斐诺的说法，它们可以上溯至公元400年左右。[2]但另一位作者根据充分的古文字学论据，认为这些碑铭的历史还能再向前推好几十年。[3]这样一来，我们便不得不将其确定为范佛所立，这个名字可能就是跋陀罗跋摩的中文音译。[4]

根据罗尔夫·斯坦因的观点，[5]这一时期诸王的中文和梵文名字之间的差异，可以有如下解释：中国人所知道的林邑诸王（其首都在顺化地区），实际上可能与居住在广南地区、拥有梵文名字的国王们并非同一批人；广南后来被林邑征服。

跋陀罗跋摩是第一位在美山冰斗中建造神庙的人，这座神庙供奉湿婆神拔陀利首罗（Śiva Bhadreśvara），按照下文我们将经常看到的一种习俗，这个名字会让人们想起神庙的创建者。两个半世纪后，这座庙宇毁于一场大火。

跋陀罗跋摩的都城位于美山以东，在如今的茶侨遗址上，其周边地区出土了若干石刻，字体与前面提及的几块碑铭相同。其中两块[6]记载了献给拔陀利首罗神的地产的范围，第三块[7]则是目

---

① 巴特和贝加尼:《占婆和柬埔寨的梵文碑铭》，第203—205页。

② 《两部新碑铭》，第186页。

③ 让·菲利普·沃格尔:《出自古泰（东婆罗洲）的牟罗跋摩王的尤帕碑铭》，BKI，第74期（1918年），第232页。

④ 汉字“佛”通常用于音译buddha这个词，它的古代发音为b’iuat，用来翻译bhadra是可以接受的。另外，“胡达”的发音为huo d’āt，用它来音译大概就不那么令人满意了。将“范佛”等同于Bhadravarman，便解决了这个难题。

⑤ 《林邑考》，第71页，第111页。

⑥ 它们是孤岛碑铭（斐诺:《两部新碑铭》，第186页；玛兹穆德:《古代印度在远东的殖民地》，第1卷，铭文6，第9页）和诂山碑铭（路易斯·斐诺:《印度支那的两部新碑铭》，BEFEO，第18期，第10辑，第13页；玛兹穆德:《古代印度在远东的殖民地》，第1卷，铭文5，第8页）。

⑦ 东安朱碑铭［赛代斯:《最古老的占文碑铭》，见F.W.托马斯文集《新发现的印度化文物》，节录分期登载，第1期（1939年），第46—49页。］

前已知的，用占文，乃至用印度尼西亚语系的方言写的最古老的文献，它包含一句咒语，命令人们尊敬“国王之龙（nāga）”，大概是指一座泉或井的守护神。这部用当地文字撰写的文献显示，在公元 4 世纪时，这个国家的居民说占语。

这些印度尼西亚语族的代表是通过海路直接接受了印度文明，还是通过其西部或南部已经印度化了的邻邦？要回答这个问题，就像想要知道公元 2 世纪末林邑的创立者区怜当时是否已经印度化了一样困难。在广南发现的那尊著名的东阳佛像，是一尊受笈多风格影响、可能来自印度的青铜塑像，极有可能是公元 4 世纪的作品。遗憾的是，它既不能证明印度化的起源，也不能证明佛教在这个国家是否居于优先地位，因为除了公元 9 世纪末的佛教兴盛期之外，这个国家一直虔诚地信仰印度教。这类塑像是很容易运输的，而且也没有任何证据能证明，这尊东阳佛像是一经造就便立即被带到印度支那的。

另一个问题同样不好解答：印度支那半岛的东海岸，是否像一些人认为的那样，在印度文明抵达并传播时，已经被东山文化渗透？毕竟，东山文化的遗存都是在横山以北发现的。

重要的是，通过占人，印度文明一直传播到了这道边界，从此再未能向前一步。它被占人同化吸收了。尽管他们星罗棋布的生活地域并不适合建立一个强大的中央集权国家，但这个文明还是在中－越文明的压力下抵抗了数百年之久。①

跋陀罗跋摩的这些碑铭，是我们掌握的有关宫廷宗教的最

① 本段和前面两段摘自赛代斯的《印度支那半岛诸民族》（巴黎，1962 年），第 70 页。

早资料。它们表明，“对湿婆 – 乌玛[①]的崇拜占主导地位，同时毫不减损对三相神（Trimūrti）中另外两位的崇奉”。[②]在美山发现的那些更晚近的碑铭告诉我们，拔陀利首罗神是由一座林伽代表的。这是在外印度已知最古老的皇室林伽。

以下为摘自马端临的《文献通考》的关于当时林邑风土人情的信息：

以砖为城，蜃炭涂之。居处为阁，名曰干阑。[③]皆开北户以向日，或东西无定……男女皆以横幅吉贝[④]绕腰以下，谓之干漫；穿耳贯小环；贵者着革屣，贱者跣行。自林邑、扶南以南诸国皆然也。其王戴金花冠，形如章甫，加缨珞。出则乘象，吹螺击鼓，罩吉贝伞，以吉贝为幡旗……

嫁娶必用八月。[⑤]女先求男，由贵男而贱女也。[⑥]同姓还相婚姻，人性凶悍，果于战斗；有弓箭刀槊，以竹为弩。乐有琴、笛、琵琶、五弦，颇与中国同。每击鼓以警众，吹蠡以节戎。其人深目高鼻，发卷色黑，妇人椎髻……王死七日而葬，有官者三日，庶人一日；皆以函盛尸，鼓舞导从，舆至水次，积薪焚之。

① 乌玛（Umā），又称帕尔瓦蒂（Parvati），意为雪山神女，印度教女神，恒河女神的姐姐，主神湿婆的妻子。下文的“三相神”是印度教的一个概念，“将宇宙的创造、维持和毁灭的功能分别人性化为创造者梵天，维护者或保护者毗湿奴，以及毁灭者或转化者湿婆”。这三位神灵被认为是“印度教的圣三位一体”。——译者注

② 斐诺：《两部新碑铭》，第 190 页。

③ 占文为“Kalan”。

④ 关于这个词，见伯希和翻译及编辑的《真腊风土记笺注》，遗著卷 3（巴黎，1951 年），第 160—162 页。

⑤ 即收获之月。

⑥ 根据马伯乐在《占婆史》第 31 页中的引文，《梁书》以一种似乎更为准确的方式解释了这种习俗，其说法与此刚好相反：“由贱男而贵女也。”

收余骨，王则内金瓮中，沉之於海；有官者以铜，沉之海口；庶人以瓦，送之於江。男女截发，哭至水次，尽哀而止。其寡妇孤居，散发至老。

3. 公元4世纪至6世纪的马来半岛和印度尼西亚诸国

在占婆，第一批梵文碑铭出现于公元4世纪下半叶，略早于马来半岛、婆罗洲和爪哇出现类似文献的时间。

在槟城对面的切罗克昆（Cherok Tekun）发现的石刻残片，制作时间可以追溯到公元4世纪。[①] 吉打的坎农山（Bukit Meriam）碑文中有两句佛教经文，该碑的年代与切罗克昆石刻相同或稍晚。[②] 在吉打附近进行的考古发掘中，出土了一块刻于公元5世纪或6世纪的碑铭，上边刻有三句佛偈。[③] 在这个地区发现的一尊小铜佛也可以追溯到同一时期。[④]

最有趣的资料出自威斯利省（Province Wellesley）北部地

---

① R. C. 玛兹穆德:《古代印度在远东的殖民地，第二部分：金洲》（达卡，1937年），第88—89页。参阅理查德·O. 温斯泰德的《马来亚史》中的影印件[JRASMB，第8期（1935年），图版4，第18页]。

② 玛兹穆德:《古代印度在远东的殖民地，第二部分》，第90页。查布拉:《雅利安印度文化的传播》，第15页。

③ H.G. 夸里奇·韦尔斯:《关于古代殖民化的考古研究》，JRASMB，第18期（1940年），第8—10页。这几节佛经大概是摘自中观派的一部经典。中观派是龙树创立的一个大乘教派[勒内·格鲁塞:《印度哲学》（巴黎，1931年），第1卷，第200—344页]。关于吉打的考古，通常见罗兰·布拉德尔的《最古老的吉打》,《历史上的马来亚》，第4卷，第2辑（1958年），第18—40页，特别是阿拉斯泰尔·兰姆的《早期印度人和佛教徒在马来亚北部和泰国南部的拓居地问题论文集》，JFMSM，第6期，N.S.（1961年），第1—47页。

④ 理查德·O. 温斯泰德:《印度对马来世界的影响》，JRAS（1944年），第187页。关于在马来亚发现的笈多风格的佛像，见理查德·O. 温斯泰德的《马来亚和苏门答腊的佛像》，IAL，第16期（1942年），第41页。

区。[①] 这是一篇镌刻在一根柱子上部的铭文，柱子的每一侧都刻有一座窣堵波（stūpa），上有一顶七层华盖。这篇梵文文献包括一段佛教偈语，以及一位来自赤土国（罗旦帝迦，Raktamṛittikā）的大船（mahānāvika）船主佛陀笈多（Buddhagupta）为祈愿航行一帆风顺而撰写的祷文。其字体表明，这份文献是公元5世纪中叶的。

这个赤土国[②] 应当是位于暹罗湾，在帕他仑[③] 或吉兰丹（Kelantan）[④] 地区。中国人直到公元607年才开始提到它，[⑤] 然而那时它已经存在了至少一个半世纪，因为正如我们所见，在佛陀笈多的铭文中已经提到过它。

在霹雳州，从新石器时代晚期的瓜拉·塞林辛遗址（可能很早就被印度航海者占据了）中出土了一枚刻有室利·毗湿奴跋摩（Śrī Vishṇuvarman）名字的玛瑙印章。这枚印章引发了很多争议，[⑥] 上边的字体似乎早于公元6世纪，并使人联想到喔呅一些印章上的字体。

在第三章中我们已经讨论过顿逊。关于这个国家，公元5至6世纪的一部中国史籍提供了一些材料，值得在此一引："疾困便

---

① 查布拉：《雅利安印度文化的传播》，第16—20页（加尔各答印度博物馆馆藏碑铭）。

② 费琅：《昆仑人与古代的跨洋航行》，JA，1919年，3—4月号，第256页。戈登·H. 卢斯：《缅甸的邻国》，JBRS，第14期（1924年），第173—178页。

③ J. L. 摩恩斯（J. L. Moens）：《室利佛逝、爪哇和迦陀诃》，TBG，第77期（1937年），第343—344页。

④ 保罗·惠特利：《黄金半岛》（吉隆坡，1961年），第36页。

⑤ 伯希和：《交广印度两道考》，BEFEO，第4期，第276页注释4，以及第281页。

⑥ 罗兰·布拉德尔概述了讨论的情况，见《马来半岛和马六甲海峡的古代研究简介》，JRASMB，第17期，pt.1（1939年），第168—169页。

发愿鸟葬，歌舞送之邑外，有鸟啄食，余骨作灰，罂盛沉海。鸟若不食，乃篮盛，火葬者投火，余灰函盛埋之。祭祀无年限。”[①]

狼牙脩，又称龙牙犀角，在第三章中也已论及。该国于515年首次与中国建立关系，[②]当时的国王名为福授王（Bhagadatta）。据《梁书》记载：[③]“其俗男女皆袒而被发，以吉贝为干缦。[④]其王及贵臣乃加云霞布覆胛，以金绳为络带，金镮贯耳。女子则被布，以璎珞绕身。其国累砖为城，重门楼阁。王出乘象，有幡毦旗鼓，罩白盖，兵卫甚设。”

狼牙脩北邻盘盘，[⑤]盘盘是一个位于暹罗湾沿岸的国家，很可能位于万伦湾。它首次遣使中国的时间可以追溯到公元424—453年，[⑥]此后使节纷至沓来，直到公元635年。我们将看到，大约就在第一批使节出使之时，另一个㤭陈如，也就是第二个使扶南印度化的人，正是自盘盘而来。

马端临写道：[⑦]“百姓多缘水而居，国无城，皆竖木为栅。王坐金龙床，每坐，诸大人皆两手交抱肩而跽。又其国多有婆罗门，自天竺来，就王乞财物。王甚重之……其矢多以石为镞，稍

---

① 伯希和：《扶南考》，第279页。

② 费琅：《马六甲、末罗瑜和麻里予儿》，JA（1918年7月至8月），第140页。

③ 威廉·彼得·格勒内维特（W. P. Groeneveldt）：《马来群岛和马六甲简志》（巴达维亚，1876年），第10页。我在这里转引的是马端临编入其《四裔考》中的文献。

④ 关于这个词，见伯希和，《真腊风土记笺注》，第162页。

⑤ 伯希和：《交广印度两道考》，第229页。惠特利：《黄金半岛》，第47—51页。卢斯：《缅甸的邻国》，第169—172页。卢斯认为这个国家已被扶南王范师蔓征服，并被范师蔓用其先王的名字，命名为盘盘。R. 斯坦因在《林邑考》中似乎也持这种观点。

⑥ 伯希和：《扶南考》，第269页注释2。

⑦ 《四裔考》，第463—464页。

则以铁为刃。有僧尼寺十所，僧尼读佛经，皆肉食而不饮酒。亦有道士寺一所，道士不饮食酒肉。”

保罗·惠特利[①]提出，应将另一个国家——丹丹国的位置定在更南边的登嘉楼（Trengganu）地区。丹丹国曾于公元530年和535年遣使中国。

在婆罗洲，发现于古泰苏丹国的刻在柱子上的七篇碑铭，似乎可以追溯到公元400年左右。[②]这些碑铭都出自牟罗跋摩王，他是一个名叫昆东加（这个名字可能是泰米尔文或印度尼西亚文的，[③]但肯定不是梵文）的人的孙子，是阿湿婆跋摩的儿子，阿湿婆跋摩被认为是王朝的创始人（即vaṃśakartṛi）。这些碑铭与一座名为瓦普拉克斯瓦拉（Vaprakeśvara）的神庙有关，从这座神庙的名字中，应当可以辨认出湿婆、投山仙人，或是一位当地的神明，当然，除非这座神庙根本就不是一座殡葬建筑。[④]

此外，在婆罗洲岛上，沿着卡普阿斯河、拉塔河和马哈坎河，还散布着或多或少的印度化痕迹。在古泰省的哥打邦翁（Kota

① 《黄金半岛》，第51—55页。另请参阅许云樵的《丹丹考》，JRASMB，第20期（1947年），第47—63页。

② 沃格尔：《尤帕碑铭》，第167—232页。B.R. 查特吉：《印度与爪哇》（加尔各答，1933年），第2卷，碑铭，第8—19页。B. C. 查布拉：《出自古泰（婆罗洲东部）的牟罗跋摩的三块新的尤帕碑铭》，JGIS，第12期（1945年），第14—17页［在TBG，第83期（1949年），第370—374页上重印时，附有J.G. 德·卡斯帕里斯的考证］；《尤帕碑铭》，见《古代印度》（莱登，1947年），第77—82页。

③ 查布拉：《三块新的尤帕碑铭》，第39页，及布拉德尔：《马来半岛和马六甲海峡的古代研究简介》，JRASMB，第15期，第3辑（1937年），第118—119页。

④ R.Ng. 普尔巴扎拉卡（R. Ng. Poerbatjaraka）：《群岛地区的投山仙人》（莱登，1926年）。K. A. 尼拉坎塔·萨斯特里：《投山仙人》，TBG，第76期（1936年），第515页及其后文。尼古拉斯·J. 克罗姆：《印度化爪哇史》（海牙，1931年），第72页。W.F. 斯塔特海姆：《瓦帕克斯瓦拉》，BKI，第92期（1934年），第203页。

Bangun）[①] 发现了一尊精美的笈多风格铜佛；除了已经提到的碑铭，人们还在古泰省孔本山的一个岩洞里以及拉塔河的入海口发现了一些婆罗门教和佛教的塑像，它们的年代尚未考定。[②]

有人主张将《风神往世书》（Vāyupurāṇa，XLⅧ，12）中提到的伯里纳洲（Barhiṇadvīpa）的位置定在婆罗洲上。[③] 这个名字确实会让人联想到勃泥。从公元9世纪起，中国人就用这个名字来称呼婆罗洲。[④] 然而这个比附很经不起推敲。在中文材料中还有一个"婆利"，在公元6世纪的前25年中，有一位姓㤭陈如的国王曾多次从那里遣使中国。[⑤] 如果这个婆利不是指巴厘岛，那么它就可能是指婆罗洲，当然，除非它根本不位于爪哇以东。

爪哇岛在《罗摩衍那》和托勒密的《地理学指南》中可能也出现过，分别被称为"Yāvadvīpa"[⑥] 和"labadiou"。[⑦] 但由于一

---

① 弗雷德里克·D.K.博山：《古泰的古物》，载《考古报告》（1925年），第142页。

② 同上书，第132页。关于婆罗洲的印度化，参阅奥狄卓拉·C.甘戈莱的《婆罗洲的印度文物探究》，JGIS，第3期（1936年），第97页。E.班克斯，"古代婆罗洲"，JRASMB，第20期（1947年12月），第26—34页。特别是请参阅同一期刊的专号，第22期（1949年9月4日）。在婆罗洲西部的三发（Sambas）发现了大量笈多风格和巴拉风格的印度小塑像，在那一期专号上，可以看到有关的材料。此前，Y.S.坦已在JSSS［第5期（1948年），第31—42页］上报告过这一重大发现。亦见A.B.格里斯沃尔德（A. B. Griswold）的《桑图邦佛陀及其来龙去脉》，载《沙捞越博物馆馆刊》，第10期（1962年），第363页。

③ 《色》（Rūpaṃ），第7期（1926年），第114页。

④ 伯希和：《交广印度两道考》，第296页注释2。

⑤ 同上书，第283页。

⑥ 西尔万·莱维：《罗摩衍那中的故事考》，JA（1918年1月至2月），第80页。

⑦ 《后汉书》提到了叶调国，当时的年代为公元132年。有人把它考证为爪哇［伯希和：《交广印度两道考》，第266页，以及费琅的《叶调、诃陵和爪哇》，JA（1916年11月至12月），第520页］。R.斯坦因在《林邑考》一文中对这种比较提出了异议，但戴密微［对斯坦因"林邑考"的评论，《通报》，第40期（1951年），第346页］则为此说辩护，认为叶调国可考定为大麦洲（Yavadvīpa，希腊文为Iabadiou）。

种奇特的抑制现象，在进行其他语音学比较时最为大胆的那些学者，在面对这些与爪哇相似，甚至是非常相似的地名时，却突然令人费解地裹足不前了。他们千方百计地“众里寻他千百度”，就是不肯正视“灯火阑珊处”的这个岛。诚然，爪哇和苏门答腊经常被认作是相连的同一个岛屿，马可·波罗就把苏门答腊称为“小爪哇”。但是，我们是否应该由此将爪哇撇到一边，而将那些取名为爪哇、大麦洲（Yāvadvīpa）、耶婆提和阇婆的地方，全都归于苏门答腊，有时还要归于婆罗洲甚至马来半岛？

在爪哇，除了前已述及的发现于东部的笈多风格那尊佛像外，印度文化渗入的最古老遗迹是四块石刻，它们发现于该岛的最西端，也就是扼守着巽他海峡的区域。编注这几篇铭文的学者写道：[①]“有意思的是，这些印度人定居点的最古老痕迹被发现的地方，恰好是在荷兰商人最早建立‘商行’的地方，这个地方日后还成了荷兰人的势力向整个印度群岛扩张的中心。与印度大陆和苏门答腊岛相比，巴达维亚海岸所处的地理位置，以及它的地形为航海和贸易提供的特殊便利，都足以说明上述重合绝非偶然。”

这些梵文碑铭的作者，是多罗摩之地的国王补罗那跋摩。这些碑铭的年代约为公元450年，略晚于婆罗洲上的牟罗跋摩碑铭。多罗摩这个名字通过万隆地区的芝塔龙河（Chi Tarum）保存

---

① 让·菲利普·沃格尔：《爪哇最早的范文碑铭》，载《荷属东印度群岛考古机构年刊》，第1辑（巴达维亚，1925年），第15—35页。B.R.查特吉：《印度与爪哇》，第2卷，碑铭，第20—27页。约瑟夫·米纳图尔（Joseph Minattur）：《婆罗洲东部碑铭中的孔东加王考》，JSEAH，第5期，第2号（1964年9月），第181页。

至今，印度南部科摩林角以北约20千米的一个地方也用该名。[①]这些碑铭显示，补罗那跋摩（铭文还谈到了他的父亲和祖父，但没有提及他们的名字）尊奉婆罗门教的仪式，而且很重视王国的灌溉工程。其中两块碑铭上刻着他的脚印。有人提出，这两块碑铭是补罗那跋摩征服邻近的茂物（Buitenzorg）地区后，勒石记功的产物。这种说法不无道理，因为这两块碑就是在那里发现的。[②]如果该国就是《新唐书》中提到的那个曾在公元666年至669年数次遣使中国的多罗摩国的话，那么在公元7世纪时，多罗摩王国仍然存在。[③]

就像在爪哇和西里伯斯一样，在苏门答腊岛，最古老的印度考古遗存是一尊阿马拉瓦蒂风格的佛像。[④]这尊佛像是在巨港以西的塞贡唐山附近发现的，其不同寻常之处在于，它是由花岗岩雕成的，而巨港并不出产这种石料，因此，这尊佛像一定是从别处运来的。也许它来自苏门答腊东海岸以外的邦加（Bangka）岛，如果这座岛就是巴利文正典《义释经》中提到的“万加”（Vanga），那么大概很早以前，那里就经常有印度航海者到访

---

① F. M. 施尼策:《多罗摩纳格勒》，TBG，第74期（1934年），第187页。参阅W.F. 斯塔特海姆的《关于南印度和爪哇之间文化关系的说明》，TBG，第79期（1939年），第83页。

② W.F. 斯塔特海姆:《补罗那跋摩脚印考》，BKI，第89期（1932年），第288页。

③ 伯希和:《交广印度两道考》，第284页。L.C. 达迈斯［对普尔巴扎拉卡的《印度尼西亚历史风俗》的评论，载BEFEO，第48期（1957年），第611页］判断这两个词并不完全相等，认为这几个中国字还原后应当是Tarama或者Talama，然而这也许是过虑了。

④《考古报告》，1928年。F.M. 施尼策:《印度化苏门答腊考古》（莱登，1937年），第2—3页。尼古拉斯·J. 克罗姆:《巨港古迹》，ABIA（1931年），第29—33页。德普拉萨德·戈什，JGIS，第3期（1936年），第36页（其中提到了因该雕像的发现而产生的文献）。

了。[①] 这尊佛像在巨港的存在，是印度文化很早就已进入该国的一个实证。

中国人从公元5世纪开始提到的三个国家——耶婆提、阇婆与呵罗单是否位于爪哇，这个问题一直是众说纷纭。公元414年，求法僧法显从印度返回中国时曾途经耶婆提，他在那里遇到了一些苦行僧，但佛教的痕迹却很少。[②] 高僧求那跋摩（Guṇavarman）原为克什米尔王子，公元424年之前不久曾到阇婆弘法。433年和435年，阇婆向中国派遣了使臣。[③]《宋书》（记载420—479年的南朝刘宋政权史事）说呵罗单位于阇婆岛，430—452年该国亦多派使臣前来。[④] 最近的研究倾向于将这三个国家都定位于马来半岛，[⑤] 在某种意义上讲，这与伯希和的结论相比是个退步，根据伯希和的意见，这三国指的就是爪哇，至少是爪哇的一部分。不过将耶婆提定位于婆罗洲西海岸，似乎比将它定在爪哇更具说服力。[⑥] 至

---

① 莱维：《托勒密：〈义释经〉和〈大传奇〉》，第27页。苏门答腊西海岸的巴罗斯在托勒密的著作中已有提及，名字为巴鲁塞（Barousai）。

② 玄奘：《大唐西域记》，塞缪尔·比尔（Samuel Beal）译（伦敦，1884年），第1卷，第81页。

③ 伯希和：《交广印度两道考》，第274—275页。关于求那跋摩，见W. 帕乔夫（W. Pachow）的《东南亚和远东弘法记》，JGIS，第17期（1958年），第9页；关于将阇婆定位在爪哇的问题，见达迈斯，对普尔巴扎拉卡的《印度尼西亚历史风俗》的评论，第641页。L.C. 达迈斯，BEFEO，第52期（1964年），第126页。

④ 伯希和：《交广印度两道考》，第271—272页。L.C. 达迈斯，BEFEO，第52期（1964年），第96页注释1。

⑤ 摩恩斯：《室利佛逝、爪哇和迦陀诃》，见K.A. 尼拉坎塔·萨斯特里的考证，《马来半岛和群岛的历史地理考证》，JGIS，第7期（1940年），第15—42页。

⑥ A. 格兰姆斯（A. Grimes）：《法显的锡兰 – 广州之行》，JRASMB，第19期（1941年），第76页。罗兰·布拉德尔：《马来半岛和马六甲海峡的古代研究简介》，JRASMB，第19期（1941年），第46页及其后文；《关于三发和婆罗洲的说明》，JRASMB，第22期，第4辑（1949年），第3页。惠特利：《黄金半岛》，第39页。

于呵罗单，问题就比较复杂了，因为公元 434 年派出使团的那位国王名叫室利毗阇耶，这个名字可以完美地转写为室利佛逝。按照这一地区的习惯，国王用自己的名字来命名王国，因此人们完全有理由猜测，这位国王的名字，可能就是公元 7 世纪末出现在苏门答腊南部的那个王国国名的由来。[①]

干陀利国第一次被提及是在《梁书》中，该国与公元 5 世纪中叶发生的事件有关，一般认为它位于苏门答腊岛。它的出现大概早于室利佛逝，统治中心可能在占碑（Jambi）。[②] 公元 454 年至 464 年间，一位干陀利王，其名字可根据（中文名）还原为"Śrī Varanarendra"，他曾派遣印度人留陁（Rudra）出使中国。502 年，在位的是信奉佛教的国王瞿昙修跋陁罗（Gautama Subhadra）。519 年，他的儿子毗邪跋摩（Vijayavarman）遣使中国。

4. 印度人再次大迁徙和公元 5 世纪扶南的第二次印度化

总之，丰富的中国史料和考古证据表明，印度文明对诸海岛的渗透，和对半岛的渗透一样古老。随着牟罗跋摩和补罗那跋摩的碑铭分别在婆罗洲和爪哇的出现，以及南洋诸国与中国外交关系的发展表明，公元 5 世纪上半叶，外印度的印度化突然迎来了一波高潮。这波高潮即使不能归因于移民的涌入，至少也可以归因于移民中那些文化人的影响。种种迹象都表明，这些文化人来自印度东部和南部。

① W.T. 考（W. T. Kao）:《有关呵罗单的最早的中文记载及室利佛逝和佛逝考》，JRASMB，第 29 期（1956 年），第 163 页。

② 费琅:《干陀利考》[《昆仑考》附录 3，JA（1919 年 9—10 月号），第 238—241 页]。让·普日卢斯基:《7 世纪之前苏门答腊的印度殖民地》，JGIS，第 1 期（1934 年），第 92—101 页。

人们曾在印度的历史中寻找这场运动的直接起因，为了将外印度的这些新王朝同印度的各朝王室联系起来，也颇费了些想象力。我不会跟随那些作者，冒险涉足这一摇摇欲坠的领域。[1] 然而，似乎很有可能的是，沙摩陀罗笈多对南印度的征服（公元335—375年），以及随之而来的拔罗婆王和他的总督们的归顺，[2] 引起了严重的动荡，进而导致了南印贵族成员大批逃往东方各国。我们已经看到，莱维就把357年扶南的王位上很可能出现了一位印度－斯基泰人，莱维把这一事件归因于沙摩陀罗笈多对恒河流域的征服。这一插曲也许只是一场更普遍的迁移的前奏，从公元4世纪中叶到5世纪中叶，这场迁徙将把王孙公子、婆罗门和学者们带往已经印度化且经常与印度往来的半岛和岛屿之上。正是这些印度人将梵文碑铭引入了占婆，继而引入了婆罗洲和爪哇。

在同一时期，无疑也出于同样的原因，扶南被输入了一种新的印度文化。在佛坎碑之后，扶南最古老的那块碑铭就要归功于这一轮印度文化的输入。

《梁书》告诉我们，印度人旃檀的继承者之一叫憍陈如。[3] 他"本天竺婆罗门也。有神语曰：'应王扶南'，憍陈如心悦，南至盘盘，扶南人闻之，举国欣戴，迎而立焉。复改制度，用天竺法。憍陈如死，后王持梨陁跋摩（Śrī Indravarman 或 Śreshṭhavarman），

① 摩恩斯：《室利佛逝、爪哇和迦陀诃》。

② 拉瓦莱·普桑：《印度诸王朝及其历史》，第40页。

③ 此名可能是与第一个憍陈如的名字混淆而产生的。当时所指的大概是王族中印度成员的一个合法的代表，与范姓土著氏族本质上是不同的。斯坦因在其《林邑考》（第258页）中认为，这可能就是由盘盘王传下来的憍陈如的一个后王，并认为这里所谈及的大概与盘盘国无关。

宋文帝世奉表献方物。”[①] 这三次“奉表献方物”，据《宋书》记载，分别发生于434年、435年和438年。《宋书》还记载，公元431—432年，“林邑欲伐交州（东京），借兵于扶南王，扶南不从”。这里说的扶南王，大概就是这位持梨陁跋摩王。

5. 公元4世纪末至472年间的占婆

从公元480年左右起，扶南的历史呈现出了一条大致连续的脉络。在继续叙述它之前，我们必须先谈一谈林邑的情况。

范佛（跋陀罗跋摩？）死后，他的儿子或孙子范胡达于公元380年继位，并于399年进犯日南，但遭到了失败。随着刘裕篡晋，中国陷入天下大乱，他借机于公元405年和407年一再入侵日南，而后又在413年开始了对日南以北地区的新远征，并一去不归。

范胡达的儿子，也就是《梁书》中所说的范敌真，继承了王位，但随后又让位给了外甥，自己去了印度。被公元7世纪的一块碑铭[②] 称为“恒河王”（Gangārāja）的，也许就是他。该碑铭记载，恒河王“以博学多闻和英雄气概而著称，这些都是公认属于帝王的品质。王权难弃（他主动让位）。他以见到恒河为乐事，乃自此赴恒河”。他的继任者似乎是一个出现在7世纪碑铭中的人，名字叫范文敌（Manorathavarman），可能是他的外甥。[③]

此后发生的事情已无从考证。公元420年前后，一位身世神秘的国王出现了，他自称范阳迈，意即“金王”。在进犯东京失

① 伯希和:《扶南考》，第269页。

② 路易斯・斐诺:《美山碑铭》，BEFEO，第4期，第922页。

③ 马伯乐,《占婆史》，第65页。参阅斐诺对马伯乐《占婆史》的评论，BEFEO，第28期，第288页。

败后，他于 421 年请求中国朝廷册封。同年，该王暴卒，年仅 19 岁的幼子继位，这位新王同样以范阳迈自称，并继续侵扰其国以北地区。公元 431 年，他派出楼船百余艘掳掠日南沿海一带，中国人进行了有力的回击，并在国王不在的时候围攻了区粟（位于净江下游的巴屯地区）。然而，中国人受到了暴风雨的阻碍，无法乘胜追击，只得“不克而还”。正是在这个时候，“林邑欲伐交州（东京），借兵于扶南，扶南不从”。公元 433 年，他向中国朝廷“求领交州”，结果“诏答以道远，不许”。此后，占人“寇盗不已”，日益猖獗，于是新任交州刺史檀和之于公元 446 年采取了强有力的惩罚措施。占人极为放肆地背信弃义，于是檀和之便放弃谈判，“军次区粟，进逼围城”，攻陷该城并洗劫一空。檀和之领兵乘胜掩杀，夺取了位于顺化地区的占人首都，[①]“得黄金数十万斤”。国王范阳迈抑郁而死。

他的继任者是他的儿子或孙子范神成。分别在公元 456 年、458 年和 472 年，这位林邑王“累遣长史，奉表贡献”。这位国王可能正是在巴塞地区的福寺（Vat Ph'u）留下了一块梵文碑铭的德瓦尼卡（Devānīka）。

6. 扶南的最后几位国王（公元 480—550 年）；公元 484 年至 529 年的占婆

大约在 480 年左右，《南齐书》第一次提到了扶南国王阇耶跋摩，他的姓氏是㤭陈如，即㤭陈如的后裔。[②]伯希和写道：[③]这位

① 关于区粟和（林邑的）首都的位置，见斯坦因的《林邑考》，第 1 页及其后文。
② 伯希和:《扶南考》，第 257 页。
③ 同上书，第 294 页。

国王"'遣使赍杂物行广州贸易，天竺道人释那伽仙（Nāgasena）於广州因附臣舶欲来扶南，海中风漂到林邑'。那伽仙由陆路到达扶南。而后，公元484年，国王阇耶跋摩派他到中国朝贡，同时请求中国皇帝帮助他讨伐林邑。几年前，一个篡位者僭取了林邑王位，关于林邑的文献记载他名叫当根纯，是扶南王之子，但阇耶跋摩王则称他为'奴'，名鸠酬罗。[①] 中国皇帝感谢阇耶跋摩的贡物，但没有派兵去攻打林邑。阇耶跋摩的表文措辞晦涩难懂，但从该表中，我们至少可以看出两件事：湿婆教在扶南占据着主导地位，但佛教同时也被奉行。该表的大部分文字都是佛教用语，并且是由一位曾居住在扶南的天竺僧人呈送的。此外，在阇耶跋摩统治时期有两位扶南僧侣定居中国；[②] 这两人都精通梵文，因而被任用终身从事经文翻译。"

伯希和引用的材料来自《南齐书·扶南传》。关于扶南的物质文明，《扶南传》还提到了一些值得一引的资料：

扶南人黠惠知巧，攻略傍邑不宾之民为奴婢，货易金银彩帛。大家男子截锦为横幅，女为贯头（裹布以蔽体），贫者以布自蔽。锻金镮鏆银食器。伐木起屋，国王居重阁，以木栅为城。海边生大箬叶，长八九尺，编其叶以覆屋。人民亦为阁居。为船

① 马伯乐在其《占婆史》（第75页注释2）中提出了相当充分的理由，将这两个人物合为一人。但是，根据斯坦因的《林邑考》第257页，我们可能会想，这个名字是不是就是贵霜人所使用的丘就却。

② 这里指的是僧伽婆罗和曼陀罗（仙），其译文见中国的三藏［南条文雄：《佛教三藏中译目录，中国和日本的佛经》（牛津，1883年），附录2，第101和102条］。参阅伯希和的《扶南考》，第284—285页。关于这两个和尚，参阅W. 帕乔夫的《东南亚和远东弘法记》，JGIS，第17期（1958年），第13页。

八九丈，[①]广裁六七尺，头尾似鱼。国王行乘象，妇人亦能乘象，斗鸡及狶为乐。无牢狱，有讼者，则以金指环若鸡子投沸汤中，令探之；又烧锁令赤，著手上捧行七步，有罪者手皆焦烂，无罪者不伤；又令没水，直者入即不沉，不直者即沉也。

一部稍晚的文献——《梁书》增加了以下细节：

所居不穿井，数十家共一池引汲之。[②]俗事天神，天神以铜为像，二面者四手，四面者八手，手各有所持，或小儿，或鸟兽，或日月。其王出入乘象，嫔侍亦然。王坐则偏踞翘膝，垂左膝至地，[③]以白叠敷前，设金盆香炉于其上。国俗，居丧则剃除须发。死者有四葬：水葬则投之江流，火葬则焚为灰烬，土葬则瘗埋之，鸟葬则弃之中野。[④]

阇耶跋摩的统治是扶南的一个强盛时代的标志，这反映在中国皇帝对扶南的重视上。在公元503年的使团来访之际，中国皇帝下诏说："扶南王㤭陈如阇耶跋摩，介居海表，世纂南服，厥诚远著，重译献琛。宜蒙酬纳，班以荣号。可安南将军、扶南王。"[⑤]

我们知道，阇耶跋摩有一个儿子或"奴"逃到了占婆，并在范神成死后自立为王。公元484年，阇耶跋摩曾请求中国皇

---

① "丈"相当于10法尺。《南齐书》中关于船舶的这一节，是以收在《太平御览》中的一段康泰的更为详细的记述为依据的。这段记述已被伯希和转引于《有关印度化印度支那的汉文文献》(Et. Asiat. EFEO，卷2，第252—253页)一文中。

② 这是柬埔寨如今仍在使用的"梯形"(trapeang)制度。

③ 这是在圣像画中经常出现的"国王悠然自得"的姿势。

④ 参阅赛代斯的《高棉的纪念性大建筑物的丧葬用途》，BEFEO，第40期，第320页。这四种习俗都是印度的，并可追溯到吠陀时代(《阿闼婆吠陀》，第18卷，第2页，第34页)。

⑤ 伯希和:《扶南考》，第269页。

帝帮助他惩罚这个篡位者，但都是徒劳。我们不知道阇耶跋摩随后做了些什么。但可以肯定的是，公元 491 年，这个篡位者仍然以范当根纯为号统治着林邑，并被中国朝廷承认为林邑王。但是翌年，即公元 492 年，他被一个名叫诸农的阳迈后裔废黜，诸农统治了 6 年，于 498 年溺死海中。我们对他的继任者范文款、范天凯［可能即提婆伐摩（Devavarman）］和范弼毳跋摩（Vijayavarman）几乎一无所知，只知道他们在公元 502—527 年向中国派遣了使节。公元 529 年，一个新的王朝开始，我们将在下一章中追溯其起源和历史。

"扶南大王"阇耶跋摩死于公元 514 年。我们没有关于他的铭文，但他的第一任王后库拉普拉巴瓦蒂（Kulaprabhāvatī）和一个儿子求那跋摩（Guṇavarman）却各自留下了一块梵文碑铭，所用的字体属于 5 世纪下半叶。

库拉普拉巴瓦蒂王后希望能够隐居世外，在发现于柬埔寨茶胶（Takèo）省南部的一块石碑上，她详细记述了自己如何营造一处净修林，包括一栋寓所和一座水池。[①] 这篇碑文的开头一节受到了毗湿奴教的影响。

求那跋摩留下的也是一块毗湿奴教碑铭，所使用的字体较王后的更古老一些，是他命人刻在塔梅［Thá́p Mười，位于交趾支那的同塔梅平原（Plaine des Jones）］一座小庙的柱子上的。求那跋摩是一个被称为"憍陈如世系的月亮"的国王的儿子。铭文的内容是纪念"一座从茫茫沼泽中夺得的王国"的建立，求那跋摩那时虽然很年轻，但已是那里的首领。铭文还纪念了一座名为

① 赛代斯:《扶南的一块新碑铭》，JGIS，第 4 期（1937 年），第 117—121 页。

“转轮圣王厅”（Chakratīrthasvāmin）[①]的神庙的建立，庙中供奉着毗湿奴的足迹。如前所述，爪哇的补罗那跋摩的脚印可能标志着在军事征服后对一个国家的占领，而这些毗湿奴的脚印则标志着和平征服，主要是通过筑堤排水。这个地区至今仍然布满泥沼，每年都有一段时间被水淹没。[②]

求那跋摩的母亲，很可能正是库拉普拉巴瓦蒂王后。[③]据《梁书》记载，[④]公元514年阇耶跋摩死后，他的嫡子被其庶兄留陁跋摩（Rudravarman）篡位并杀害，因此，求那跋摩很可能就是这位被杀害的嫡子。[⑤]

留陁跋摩是扶南的末代国王，他在公元517—539年多次遣使中国。巴地（Bati）省的一块梵文碑铭告诉我们，[⑥]碑文中提到的那座佛教纪念碑是在他统治时期落成的。从《梁书》的一段记载中可以清楚地看出，佛教当时在扶南甚为兴盛。这段史料说，中国于公元535—545年派遣使节前往扶南，要求该国国王收集释典佛经，并请国王派高僧来中国。扶南王选择了当时居住在扶南的印度人真谛［Paramārtha，即邬阇衍那的古纳拉特纳

① 赛代斯:《扶南的两块梵文碑铭》，BEFEO，第31期，第1—12页。

② 关于这个地方，见艾蒂安·艾莫尼尔的《柬埔寨史》（巴黎，1900—1904年），第1卷，第138—139页。

③ 塔梅碑铭（第二节）中记载的当时在位的国王的名字已不完整。这个名字是以ja字样开头的，后面是部分被抹去，但类似于ya的字母。我越来越觉得这个国王很可能不是别人，正是阇耶跋摩。

④ 伯希和:《扶南考》，第270页。

⑤ 过去我已经做过这样的假设（《扶南的一块新碑铭》，第119页），它只是与这样一个事实有明显的矛盾：从古文字学方面看，求那跋摩的碑铭早于库拉普拉巴瓦蒂王后的碑铭。然而事实上，塔梅碑铭撰写好的时候，求那跋摩尚年幼（碑铭第七节），而另一块碑铭撰写好时，王后则正考虑退隐。这次退隐可能是她的儿子被杀害以及她的对手的儿子僭位的结果。

⑥ 赛代斯,《扶南的两块梵文碑铭》，第8—12页。

（Guṇaratna of Ujjayinī）］履行这一使命。他于公元 546 年抵达中国，带来了 240 捆经书。[①] 一块公元 7 世纪的石碑称留陁跋摩为拔婆跋摩一世（Bhavavarman Ⅰ）的先王，拔婆跋摩一世是前吴哥柬埔寨的开国之君。[②] 一块 10 世纪的碑铭把他描述成一批君王的始祖，这些君王的血脉可以追溯到憍陈如和索玛夫妇，他们在萨婆跋摩（Śrutavarman）和毗罗跋摩（Śreshṭhavarman）［甘菩（Kambu）的后裔］的继承人之后继承大统。[③] 我们将在第五章看到应当如何看待关于这个世系的传说。这里只需提一下：留陁跋摩的篡位夺权似乎在湄公河中游各省引发了一场动乱，领头者为拔婆跋摩和质多斯那（Chitrasena），它导致了公元 6 世纪下半叶扶南的解体。

五个世纪以来，扶南一直是半岛上的霸主。在其衰落后的很长一段时间里，它在以后几代人的记忆中余威犹在。正如我们将在第五章中看到的，前吴哥时期的柬埔寨诸王都采用了扶南的王朝传说，以后将在吴哥统治的君主们，也尽力将他们的渊源同毗耶陀补罗的“王中之王”（Adhirājas）们联系起来。[④] 公元 8 世纪的爪哇君主们，更是重新起用了夏连特拉王朝的头衔——“山之王”。

前面我转引了中国历代史书中关于扶南社会状况和风俗习惯的少量记载。从宗教的角度来看，印度的各种宗教信仰是先后或同时出现在那里的。使这个国家印度化的两位憍陈如都是婆

① 帕乔夫:《东南亚和远东弘法记》，第 14 页。

② 巴特和贝加尼:《占婆和柬埔寨的梵文碑铭》，第 11 辑，第 66 页。

③ 赛代斯:《巴克赛 - 占克龙碑铭》，JA（1909 年 5 月至 6 月），第 479 页及其后文。亦参见赛代斯的《吴哥第一批国王的世系传说》，BEFEO，第 28 期，第 131 页和 139 页，以及赛代斯的《柬埔寨碑铭集》，第 2 卷，第 10 页和第 155 页。

④ 赛代斯:《吴哥第一批国王的世系传说》，第 127—131 页。

罗门，是他们向扶南引入了湿婆教的各种礼仪，这些礼仪在公元 5 世纪时显然很盛行。《南齐书》记载，在阇耶跋摩统治时期，“其国俗事摩醯首罗（Maheśvara，即湿婆）天神，神常降于摩耽山”。[①] 毫无疑问，这是指那座圣山，国王们和这个国家的名字都来源于此。圣山位于都城附近，标志着王国的中心，是天与地沟通的地方，这就解释了为什么“神常降于摩耽山”。神显然是以湿婆神耆利沙（Śiva Giriśa）的林伽的形式供奉在山上的，[②]它“常常出没于山上”。前已援引过的《梁书》中，有一段文字提到了一些两面四臂的塑像，这应当是诃里诃罗（Harihara）像，也就是合为一体的毗湿奴和湿婆。从求那跋摩和他母亲的碑铭中，可以清楚地看到对毗湿奴崇拜的存在。最后，使用梵文的上座部佛教（有证据表明，它从公元 3 世纪起就在当地传播），在公元 5 世纪和 6 世纪阇耶跋摩和留陁跋摩的统治时期相当盛行。

显然，那个年代的建筑无一遗存至今。但是，即使一切都已消失，一个有趣的假说[③]仍使我们有理由相信，至少某些属于前吴哥时代艺术的建筑（它们的外表覆盖着一系列饰有壁龛的小露台）再现了扶南古迹的主要特征。在这个假说中，目佉林伽（mukhalinga，即面林伽）与这种建筑有着密切的联系。

至于人物雕塑，笈多风格的佛像、[④]戴冠毗湿奴和前吴哥时期

---

① 伯希和：《扶南考》，第 260 页。库马尔·萨卡在其《扶南的大乘佛教》[载《中－印研究》，第 5 期（1955 年）] 一文中发表了这样的看法，认为摩醯首罗指的是菩萨，并认为僧人那伽仙所上的表文中的一切都与大乘佛教有关，只是所处的年代不大可能如此早。

② 赛代斯：《吴哥第一批国王的世系传说》，第 128—130 页。

③ 亨利·帕芒蒂埃：《据推测属扶南的艺术》，BEFEO，第32期，第183—189页。

④ 乔治·格罗斯利尔（Georges Groslier）：《古高棉雕塑注记》，Et. Asiat. EFEO，第 1 卷，第 297—314 页。

柬埔寨的诃里诃罗神像，[①]特别是在交趾支那发现的苏利耶塑像，[②]都为我们勾勒出了扶南雕塑艺术的大致轮廓，尽管严格来说，前述这些都不属于扶南艺术。

7. 关于伊洛瓦底江的骠族和湄南河的孟族的最古老证据

最后，我们必须谈谈印度支那半岛西部的印度化国家。鉴于它们所处的地理位置，这些国家似乎应该比扶南、占婆和外印度的其他王国更早、更深刻地受到印度文化的渗透。然而，它们却只留下了相当稀少且晚近的考古学和碑铭遗存，这种情况直到公元6世纪中叶之后才有所改观。基于这种否定性的论点就推论说它们被印度化较晚，这是不严谨的，因为许多情况都可能导致更古老的遗存消失，或是迟迟不被发现。至于中国史籍为何对这一时期几乎全无记载，主要是由于当时前往南方诸国的中国使臣都取道海上，而对航海者来说，距离中国最远的国家都是最后与中国建立关系的。[③]

然而，到了公元3世纪，中国似乎已经通过中国云南与骠王国有了来往，这个王国大致位于伊洛瓦底江流域，它的名字是"Pyu"一词的中文音译。[④]骠族部落是藏缅语族迁徙的前锋，自

---

① 杜邦:《印度支那西部的戴冠毗湿奴》，第233—254页;《印度支那最早的婆罗门教塑像》，BSEI，丛书第26辑（1951年），第131—140页。

② 路易斯·马勒雷:《B.德拉布罗斯博物馆目录》，第1卷（河内，1937年），第68至70号，图版第8至第15。参阅戈卢布的《柬埔寨的苏利耶像》，第38—42页。

③ 对于黄支和扶甘都卢这些谜一般的王国，必须作为例外看待［伯希和对夏德（F. Hirth）和柔克义（W. W. Rockhill）翻译的《诸蕃志》的评论，载《通报》，第8期（1912年），第457—461页］。有学者认为可以把扶甘（都卢）考订为缅甸的蒲甘，见G.H.卢斯在其《扶甘都卢考》一文［JBRS，第14期（1924年），第91—99页］中的讨论。

④ 伯希和:《交广印度两道考》，第172—173页。

号突罗朱（Tirchul），[①] 当时占据着卑谬周围的地区。在这座城周围的古老遗址中出土了一些断简残编，都是一部巴利文正典的片段，其字体可以追溯到公元 500 年左右。[②] 这些文献证明，在这个被公元 7 世纪的中国求法僧称为室利差呾罗的地区，存在过一个起源于印度南方的佛教殖民地，而到了公元 8 世纪，那里将被一个历代君主皆用梵文名字的王朝所统治。

骠族北与缅族为邻，南跟孟族相接。当地的编年史将这些民族的历史一直上溯到了佛陀时代，而根据这些编年史，佛陀本人也来到过该地区。它们还列出了一长串国王的名字，[③] 但根本无从证实。这些编年史可能不足为凭，以柬埔寨的编年史为例，对于前吴哥时期，它们的记载与金石学所揭示的事实毫无关系，这种情况很难使人相信，缅甸的这份国王名单就一定值得信赖。况且，对于同一个历史事件，关于时间这些缅甸史书彼此间也是大相径庭。对于公元 6 世纪之前的时期，我们能从这些编年

---

① G.H. 卢斯:《骠族的几个名称》，JBRS，第 22 期（1932 年），第 90 页，以及第28期（1937年），第241页;《直至蒲甘陷落时的缅甸》，JBRS，第 29 期（1939 年），第 269 页。

② 蒙敦的那些金片上都有两句开卷语：ye dhamma，iti pi so（意为："一切法，如是我闻"。——译者注），并且还列举了 19 个类别。唐·尼安（Tun Nyein,《印度碑铭》，第 5 卷，第 101 页）和路易斯·斐诺［《一份关于缅甸佛教的新文献》，JA（1912 年 7—8 月号），第 131 页］都对其进行了描述；在莫扎附近的博博伊（Bôbôgyi）发现的刻在石头（或陶土）上的三块碑铭残片（其中包括《分别论》的一节片段），已经由斐诺发表［同上书，第 135 页，以及刊载于 JA（1913 年 7—8 月号）的续篇，第 193 页］；在莫扎发现的舍利箱，上面刻有四位佛陀和四位弟子的名字，在 ARASI（1926—1927 年）第 175 页中已有描述；在恭陶祖（Kyundôzu）发现的一片金箔上，也有 iti pi so 这句开卷语，见 ARASI（1928—1929 年）第 108—109 页；在莫扎发现的 20 片金箔上，有出自一部巴利文经典的不同段落的节选，见 ARASB（1938—1939 年）第 12—22 页。参阅尼哈拉尼安·雷（Nihar-Ranjan Ray）的《缅甸的梵文佛教》（加尔各答，1936 年），第 3—4 页。

③ 阿瑟·珀夫斯·菲尔:《缅甸史》（伦敦，1883 年）。

史中了解到的信史只有以下两点：在北部富饶的、盛产水稻的皎施（Kyaukse）平原和蒲甘地区，存在着一些骠族居民点，他们已经接受了来自印度北部的佛教；[①]而在下缅甸，则有一些来自奥里萨的印度殖民地。在这些殖民地中，最主要的是位于锡唐河口的善法城（Sudhammavatī，或称 Sudhammapura），也就是直通。[②]根据当地的一个传说，公元 5 世纪僧伽罗教派的著名高僧佛音（Buddhaghosa）即生、卒于该地。[③]

在湄南河流域，早于公元 6 世纪中叶的遗址，就只有上文已经提及的诗贴、[④]佛统府[⑤]和丰笃。[⑥]我们对留下这些遗迹的王国几乎一无所知：既不知道它们的国名，也不知道它们统治者的名字。唯一知道的，就是它们肯定或多或少地承认了扶南的宗主权。从公元 7 世纪起，佛统府和丰笃的佛教遗址将成为孟族的陀罗钵底王国的一部分，这个国家可能在公元 5 世纪或 6 世纪就已经存在，也可能是后来才形成的。至于毗湿奴像占突出地位的诗

① 斐诺:《一份关于缅甸佛教的新文献》，第 121—130 页。查尔斯·杜鲁瓦塞尔（Charles Duroiselle）:《缅甸的阿利和密宗佛教》，ARASB（1915—1916 年），第 80 页。

② 查尔斯·奥托·布拉格登:《直通考》，JBRS，第5期（1915年），第26—27页。

③ 关于这个传说的价值，参阅路易斯·斐诺的《关于高僧佛音的传说》，载《高等研究院五十周年纪念文集》（1921 年），第 101—119 页。

④ 霍勒斯·杰弗里·夸里奇·韦尔斯:《考察室利提婆：一个印度支那的印度化古城》，IAL，第 10 期（1935 年），第 61—99 页;《暹罗丛林中的早期印度艺术》，载《伦敦新闻画报》（1937 年 1 月 30 日），第 174—176 页;《走向吴哥》（伦敦，1937 年），第 7 章。

⑤ 雷金纳德·勒梅的《暹罗佛教艺术简史》（剑桥，1938 年）一书的参考文献。关于皮埃尔·杜邦考察团的最新发掘成果，见杜邦在 BEFEO 上的叙述，第 37 期，第 688—689 页；第 39 期，第 351—365 页；第 40 期，第 503—504 页，特别是他的《陀罗钵底孟族的考古》（巴黎，1959 年），第 2 卷。

⑥ 赛代斯:《丰笃的发掘》，JSS，第 21 期，pt.3（1928 年），第 195—209 页;《在暹罗丰笃的发掘》，ABIA（1927 年），第 16—20 页。霍勒斯·杰弗里·夸里奇·韦尔斯:《丰笃的进一步发掘》，IAL，第 10 期（1936 年），第 42—48 页。

贴，则被并入了高棉的疆域，时间可能早在公元 6 世纪末，最晚也就是吴哥诸王向西开疆拓土的那个时期。

总而言之，外印度历史的第一阶段在公元 550 年左右画上了句号。在这一时期，我们看到了一系列印度的或印度化的王国诞生，这些王国分布在伊洛瓦底江流域、湄公河下游和越南中部平原等地区，这些地区千百年来一直是雄国强邦的所在地。同时，我们还看到一些印度的或印度化王国出现在了吉打、巨港和爪哇岛的最西端，这些地区的现代史已经证实了它们在经济、商业或战略方面的举足轻重。

在大多数地方，佛教似乎都为印度文化的渗透开辟了道路。在暹罗（丰笃和呵叻）、越南（东阳）、苏门答腊（巨港）、爪哇和西里伯斯发现的佛像，证明了印度化从最一开始就到达的最远边界。崇拜皇室林伽的国教——湿婆教，则要到略晚一些的年代才能被证实存在。至于毗湿奴教，更是到 5 世纪之后才出现。

关于这些王国的历史我们通常所知甚少，仅有中国史家在各国遣使时所记录下的国号君名。唯有很早便与中国建立了关系的扶南和占婆，拥有相对连贯的历史记载。

甚至在公元 2 世纪末形成一个有组织的国家之前，构成占族核心的说印度尼西亚语的人们，就在试图向北扩张进入属于中国的越南省份。这是印度文化先驱和中国文化代表之间戏剧性冲突的第一幕，这场冲突持续时间长达 15 个世纪。

至于扶南，它在某些时期扮演了一个真正的帝国的角色，它在湄公河流域发展起来的文明，为高棉文明之花的绽放创造了条件。而高棉文明，正是印度影响在恒河以外的印度催生出的最绚丽的花朵之一。

第五章

扶南的解体（从6世纪中叶到7世纪末期）

1. 扶南的终结与柬埔寨（或真腊）的兴起（公元550—630年）

扶南的留陁跋摩最后一次遣使中国是在公元539年。虽然《新唐书》还提到了公元7世纪上半叶扶南的几次遣使，[①]但它指出，彼时该国已经发生了重大变化："治特牧城。俄为真腊所并，益南徙那弗那城。"

最早提及真腊的文献是《隋书》："真腊国在林邑西南，本扶南之属国也……其王姓刹利（Kshatriya）氏，名质多斯那（Chitrasena）。自其祖渐已强盛，至质多斯那遂兼扶南而有之。"[②]

中国人常用真腊这个名字来指代柬埔寨，但这个名字的来源至今不明：没有任何已知的梵语或高棉语单词，与它的古代发音"t'sien-lâp"相一致。但我们可以将这个国家的中心的位置定在湄公河中游的巴塞地区，公元5世纪末该地区想必是处于

① 伯希和:《扶南考》，BEFEO，第3期，第274页。

② 伯希和翻译及编辑的《真腊风土记笺注》，BEFEO，第2期，第123页;《扶南考》，第272页。"刹利"最好还是还原为Śrī，而不是Kshatriya。Śrī（室利）是所有国王名字的前缀，可能被中国人当作了一个姓氏。

占婆的统治之下，因为在那里发现了一块石碑，上面有一篇以德瓦尼卡的名义刻制的梵文碑文，德瓦尼卡就是中国人所说的范神成。[①]

事实上,《隋书》提供了一些公元589年以前，也就是扶南被完全征服和真腊国都南迁之前的信息。《隋书》云:“近都有陵伽钵婆山，上有神祠，每以兵五千人守卫之。城东有神名婆多利，祭用人肉。其王年别杀人，以夜祀祷。”俯临巴塞遗址的瓦普山上有一块巨石，与华列拉（Varella）的那块类似，后者使华列拉得到了一个中国名字——陵山（陵伽钵拔多洲，Lingaparvata）;[②] 华列拉的现代欧洲名字也来源于这块巨石，此名在葡萄牙的文献中被用于指佛塔。[③] 至于婆多利，我们可以从中辨认出“Bhadreśvara”的前两个音节，这正是福寺所供奉的神灵的名字。[④]

根据一篇10世纪铭文中记载的柬埔寨王朝传说，[⑤] 柬埔寨诸王的起源可以追溯到使甘孛智人得名的祖先——隐士甘菩沙阇布婆（Kambu Svāyambhuva）与天女弥拉（Merā）的结合。弥拉是湿婆赐给甘菩沙阇布婆的，她的名字可能是为了解释“高棉人”

---

① 赛代斯:《真腊早期的位置》，BEFEO，第18期，第9辑，第1—3页。参阅赛代斯的《吴哥第一批国王的世系传说》，BEFEO，第28期，第124页;《关于高棉王国起源的新资料》，BEFEO，第48期（1956年），第209—220页。

② 伯希和:《交广印度两道考》，BEFEO，第4期，第217页。

③ 亨利·尤勒和阿瑟·伯内尔:《霍布森-乔布森》（伦敦，1903年），见Varella词条。

④ 赛代斯:《吴哥第一批国王的世系传说》，第124页。正如我们所看到的，这个名字是占婆国王跋陀罗跋摩在4世纪竖立的那根皇家林伽的名字，它可能是被真腊选来作为战胜占婆的标志。

⑤《巴克赛-占克龙碑铭》，第XI—XII节，见赛代斯的《柬埔寨碑铭集》，第4卷，第95页。

这个名字而发明的。[①]这个传说与那伽的传说完全不同，[②]与甘吉布勒姆的拔罗婆王朝的世系传说之间倒是有着某种同源关系。

甘菩－弥拉夫妇的结合，产生了一世系的君王，其中头两位是萨婆跋摩和他的儿子毗罗跋摩。[③]后者用自己的名字命名了斯雷逝塔普罗城（Śreshṭhapura），这个名字到吴哥时代仍然存在，至少是作为巴塞地区的一个地名。这座城市的建立，可能是公元5世纪末或6世纪初征服占族国家的结果，这次征服的记忆至今仍保留在柬埔寨人口口相传的传说中。根据这一传说，他们的国家就起源于对占巴塞（Champasak，即巴塞）的占族人的取而代之。[④]同样是根据上述那块10世纪碑铭的记载，[⑤]萨婆跋摩和毗罗跋摩这两代君王“一开始就打破了朝贡关系的束缚”，也就是说，他们已经从扶南那里赢得了一定程度的独立，或者如中国史籍所记载的“渐已强盛”。公元6世纪下半叶，他们觉得自己已经强大到可以去攻打南方的那个帝国了。当时的真腊国王是拔婆跋摩，是“普天共主”（sārvabhauma），[⑥]也就是扶南王的孙子。一篇年代较晚，但颇为可靠的铭文补充了一个重要细节：拔婆跋摩是出身

---

① 例如，在伊安·马贝特和大卫·钱德勒二人合著的《高棉人》一书中写道，“高棉”（Khmer）一词可能是Merā和Kambu这两个词的组合，即Kambu-mera。——译者注

② 维克多·戈卢布：《关于蛇女与仙女的传说》，BEFEO，第24期，第508页。

③ 达勃珑（Ta Prohm）石碑，第Ⅵ—Ⅷ节，见赛代斯的《达勃珑石碑》，BEFEO，第6期，第71页。

④ 伊芙琳·波雷－马伯乐：《那伽索玛新探》，JA（1950年），第237页及其后文。

⑤ 《巴克赛－占克龙碑铭》，第ⅩⅢ节，见赛代斯的《柬埔寨碑铭集》，第4卷，第96页。

⑥ 蒙河河口的碑铭，见埃里克·塞登法登（Erik Seidenfaden）的《对暹罗东部四省柬埔寨古迹明细册的补充》，BEFEO，第22期，第57—58页。参阅BEFEO，第22期，第385页。

于毗罗跋摩母系家族的一位公主的丈夫，[①] 这位公主名叫柬埔寨罗阇洛什弭（Kambujarājalakshmī），意为“柬埔寨诸王之吉兆”。

拔婆跋摩的王都拔婆补罗（Bhavapura）应当是位于大湖（洞里萨湖）的北岸，[②]因此他是扶南王族，通过与真腊的公主结婚而成为真腊王。这就解释了为什么上述那块10世纪的碑铭说，甘菩的后裔将太阳世系和太阴世系结合起来了。甘菩的后裔自称属于太阳世系，而扶南则属于太阴世系。我们也理解了，萨婆跋摩和甘菩的子孙，那些后世的君王为什么都将他们的血统追溯到㤭陈如和那伽索玛，并声称扶南的留陁跋摩是他们世系的始祖。最后，我们还理解了为什么真腊诸王，作为扶南王朝的继承者，采用了㤭陈如和那伽的王朝传说。[③] 事实上，他们只是在保护自己的遗产，因为拔婆跋摩本身就是一个扶南的王子。

那么，扶南王朝是如何被真腊王朝取代的呢？机会很可能来自杀害合法继承人的凶手，庶子留陁跋摩的篡位。这里有两种假设：要么是拔婆跋摩代表着嫡亲正支，并利用留陁跋摩之死充分伸张了自己的权利；或者相反，拔婆跋摩是留陁跋摩的孙子，他粉碎了合法支系的复辟尝试，捍卫了从他祖父那里继承下来的权利。第二种假设的可能性更大，因为如果按照第一种假设，留陁跋摩作为一个没落王朝的末帝，又怎会被视为“世系的始祖”？第二种假设完美地解释了这一史实，它使得留陁跋摩安居“太祖”之位，通过他，拔婆跋摩及其继任者们便与伟大的扶南联系

---

① 达勃珑石碑，第Ⅸ节，见赛代斯的《达勃珑石碑》，第71页。

② 赛代斯：《柬埔寨碑铭集》，第6卷，第102页。

③ 路易斯·斐诺：《印度支那的几种传说考证》，见《西尔万·莱维的学生献给莱维先生的印度学文集》（巴黎，1911年），第209—211页。

起来了。[①]

宗教方面的原因，以及留陁跋摩的佛教与拔婆跋摩的湿婆教之间的对立，可能也起了一定的作用。中国求法僧义净在公元7世纪末叶的撰述中确实曾说，从前扶南"佛法盛流，恶王今并除灭，迥无僧众"。根据前已谈及的公元5、6世纪时扶南佛教繁荣的盛况，并考虑到扶南的征服者和他们继承人的碑铭都无一例外地独尊湿婆教，我们就很容易把拔婆跋摩（或质多斯那）认定为义净所说的"恶王"。[②]

公元6世纪下半叶，拔婆跋摩和他表弟[③]质多斯那大举进攻扶南，根据他们的铭文判断，他们的征服至少推进到了湄公河上的桔井（Kratié）、蒙河和扁担（Dangrek）山脉之间的武里南（Buriram），以及大湖以西的蒙哥博雷（Mongkolborei）等地区。扶南只得将其都城从特牧（毗耶陀补罗，即巴布农）迁到更南边的一个名叫那弗那（那罗婆罗那伽罗，Naravaranagara）的地方。[④]种种迹象都表明，这座城市应该是位于吴哥波雷（Angkor Borei），这是一个古代遗存非常丰富的考古遗址，其名称和地形都表明，那里曾经是一座都城。[⑤]

真腊以一次王朝纷争的形式征服了扶南，这实际上是柬埔寨的"向南推进"的第一幕，前面已提到了"向南推进"的潜在威胁。湄南河或伊洛瓦底江上游同下游之间的那种对立，在湄公

---

① 同上书，第211页。斐诺似乎已经隐隐看到了这一答案。

② 赛代斯：《印度支那半岛诸民族》（巴黎，1962年），第90页。

③ 并不是像有些人所认为的那样是他的亲兄弟。参阅赛代斯的《柬埔寨碑铭集》第7卷中的诗贴碑铭（K. 978）。

④ 赛代斯：《扶南末年的一些细节》，BEFEO，第43期，第3—4页。

⑤ 它被视为扶南衰落前的首都（斐诺：《印度支那的几种传说考证》，第211—212页）。

河中游高原地区与柬埔寨的冲积平原之间也同样存在。在柬埔寨，就像在暹罗和缅甸一样，历代君王一直致力于将两个在地理、经济，有时连民族方面也处于对立状态的地区统一起来。但每当中央政权显露出衰弱的迹象时，它们之间的分裂就会重新出现。

据一篇铭文记载，①拔婆跋摩一世“精力充沛地掌握了权力”。直到前些时候，这都还是我们所发现的唯一一篇关于他的碑铭，那是出自蒙哥博雷附近、用梵文书写的一篇铭文，旨在纪念一座林伽的竖立。②最近在暹罗境内南萨科河流域的诗贴发现了另一块石碑，上面的梵文铭文讲述了拔婆跋摩在他掌权之际竖立此碑的情况。③拔婆跋摩的都城拔婆补罗（此名后来似乎指代了整个古代真腊的疆土，尤其是指公元8世纪时的陆真腊④）应当是位于大湖的北岸，在考古遗址安比罗伦（Ampil Rol ü m）附近，磅同（Kompong Thom）西北约 30 千米处。⑤我们不知道拔婆跋摩统治了多长时间，只知道公元 598 年时他仍在位。⑥但毫无疑问，就是在他统治期间，他的表弟质多斯那镌刻了那些简短的梵文碑铭，记述了在湄公河沿岸的桔井和上丁（Stung Treng）地区，⑦以

---

① 奥古斯特·巴特和亚伯·贝加尼：《占婆和柬埔寨的梵文碑铭》，第 11 辑，第 69 页。

② 班迭能山（Phnom Banteay Neang）碑铭，见巴特和贝加尼的《占婆和柬埔寨的梵文碑铭》，第 3 辑，第 26—28 页。

③ 遗憾的是日期不详。这篇碑铭（K. 978）已由赛代斯在《柬埔寨碑铭集》第 7 卷付印出版。

④ 皮埃尔·杜邦：《真腊的解体》，BEFEO，第 43 期，第 44 页。

⑤ 赛代斯：《柬埔寨碑铭集》，第 6 卷，第 102 页。

⑥ 赛代斯：《扶南末年的一些细节》，第 2 页。

⑦ 路易斯·斐诺：《塔玛克里（Thma Krê）碑铭》，BEFEO，第 3 期，第 212 页。阿德玛·勒克莱尔（Adhémard Leclère）：《柬埔寨的考古活动》，BEFEO，第 4 期，第 739 页。

及在蒙河与扁担山脉之间的武里南以西地区竖立林伽的情形。[①]因此，拔婆跋摩传给质多斯那的就是这样一片广阔的疆土，向西一直伸延到了南萨科河流域。质多斯那于公元600年左右即位，以摩诃因陀罗跋摩（Mahendravarman）为尊号。

除了他在还叫质多斯那时派人刻写的那些碑铭外，摩诃因陀罗跋摩还在蒙河与湄公河的交汇处，[②]以及蒙河和扁担山脉之间的素林（Surin）[③]留下了另外一些碑铭，这些碑铭讲述了竖立“山神”（耆利沙）的林伽和难丁[④]雕像的情况。由于这些林伽和神牛像都是在“完全征服这个国家”之际竖立的，因此我们可以得出结论，摩诃因陀罗跋摩继承了先王的扩张主义政策。此外，我们还知道，他向占婆派遣了一位使节，以“巩固两国之间的友谊”。[⑤]

摩诃因陀罗跋摩的继承人是他的儿子伊奢那跋摩。伊奢那跋摩最终完成了对扶南旧疆的完全并吞，因而《新唐书》将席卷宇内之绩归功于他。[⑥]在桔井以南，我们没有发现摩诃因陀罗跋摩的碑铭，但却有一些伊奢那跋摩的碑铭，它们出自磅湛（Kompong Cham）、波萝勉、[⑦]干丹（Kandal），[⑧]甚至茶胶等

① 塞登法登:《对清单的补充》，第92页。
② 奥古斯特·巴特:《普洛坤（Phou Lokhon）的梵文碑铭》，BEFEO，第3期，第442页。塞登法登:《对清单的补充》，第57—58页。《专栏》，BEFEO，第22期，第385页。
③ 塞登法登:《对清单的补充》，第59页。
④ 难丁（Nandin），湿婆的坐骑神牛。——译者注
⑤ 巴特和贝加尼:《占婆和柬埔寨的梵文碑铭》，第69页。
⑥ 伯希和:《扶南考》，第275页。
⑦ 巴特和贝加尼:《占婆和柬埔寨的梵文碑铭》，Nos. Ⅵ（第38页）和Ⅸ（第51页）。
⑧ 同上书，no. Ⅶ，第44页。

省。① 当时属其势力范围的领土向西至少一直延伸到了尖竹汶（Chanthabun）。②

伊奢那跋摩第一次遣使中国是在公元616年至617年，③ 这是我们已知的他在位的最早年代，此时他应当是刚即位不久；至于他的统治持续到了何时，较可靠的是一篇碑铭的记载，这份碑铭说他是627年时在位的国王。④《旧唐书》提到他先后于公元623年和628年两次遣使，因此可以推定，628年时他仍然在位，而《新唐书》记载他在627年至649年这个时期之初征服了扶南，⑤ 这使我们有理由相信，他的统治至少延续到了635年左右。

伊奢那跋摩的都城名叫伊奢那补罗（Iśānapura），公元7世纪中叶，高僧玄奘就用这个名字来称呼柬埔寨。⑥ 这座城市很有可能就是位于磅同以北的三坡波雷古（Sambor Prei Kuk）遗址群，⑦ 那里的伊奢那跋摩碑铭格外多，⑧ 况且，其中还有一篇碑铭提到了"Iśānapurī"这个名字。⑨ 显然，位于茶胶省的巴央（Phnom Bayang）的第一批建筑，就可以追溯到伊奢那跋摩的统治时期。⑩

伊奢那跋摩继续奉行其父对占婆的政策，与后者保持着良好

① 同上书，no. Ⅷ，第47页。

② 赛代斯：《7世纪柬埔寨向西南的扩张》，BEFEO，第24期，第357页。

③ 伯希和：《真腊风土记笺注》，第124页；《扶南考》，第272页。

④ 巴特和贝加尼：《占婆和柬埔寨的梵文碑铭》，第38页。

⑤ 伯希和：《扶南考》，第275页。

⑥《大唐西域记》，S. 朱利安（S. Julien）译（巴黎，1857—1858年），第2卷，第82页。

⑦ 亨利·帕芒蒂埃，《早期高棉艺术》（巴黎，1927年），第1卷，第44—92页。

⑧ 路易斯·斐诺：《柬埔寨的新碑铭》，BCAI（1912年），第184—189页。

⑨ 赛代斯：《柬埔寨碑铭集》，第4卷，第20—23页。

⑩ 巴特和贝加尼：《占婆和柬埔寨的梵文碑铭》，no. V，第31页。赛代斯：《柬埔寨碑铭集》，第1卷，第252页。亨利·莫热（Henri Mauger）：《巴央山》，BEFEO，第37期，第239—262页。

的关系。正如我们将看到的，这种良好关系通过两个王室的联姻而得到了巩固。

2. 公元 529 年至 686 年的占婆

公元 529 年左右，一个新的王朝开始统治占婆，统治时间延续了一个多世纪。范弼毳跋摩于公元 529 年前后去世，王位被一个婆罗门之子、范文敌之孙占据。① 他是那位曾到恒河边拜谒的国王的后裔，与他的前一任国王的血缘关系甚为疏薄。他取律陀罗跋摩（Rudravarman）作为自己的尊号，并于公元 530 年获得中国的册封。公元 534 年，他遣使中国。

公元 543 年，律陀罗跋摩像他的先王们一样，试图进犯北方，但被李贲的将领范修（Pham Tu）击败了。当时李贲刚刚作乱反对中国人的统治，并占据了东京。焚毁第一座拔陀利首罗神庙的美山大火，或许就发生在他的统治期间。② 我们不知道律陀罗跋摩一世死于何时，但我们倾向于将公元 568 年和 572 年的两次遣使中国归在他名下，③ 不然他的儿子和继承人——商菩跋摩（Śambhuvarman）在位的时间就未免会显得过长了，后者死于公元 629 年。

新君商菩跋摩（中国文献中称作范梵志）利用陈朝（公元 557—589 年）的衰微，"摆脱了对中国的一切藩属关系。但当他看到中国在隋文帝杨坚手中重归一统（589 年）、中国国威重振之

① 路易斯·斐诺:《美山碑铭》，BEFEO，第 4 期，第 922 页。参阅赛代斯的《关于两篇占婆碑铭的注释》，BEFEO，第 12 期，第 8 辑，第 16 页。

② 路易斯·斐诺:《商菩跋摩在美山的石碑》，BEFEO，第 3 期，第 207 页。

③ 乔治·马伯乐:《占婆史》（巴黎，1928 年），第 81 页注释 4。

后，认为主动修复关系乃是明智之举，便于595年向中国皇帝进贡”。[①]但十年后，隋文帝却派遣刚刚为他收复了东京的刘方出征占婆。商菩跋摩的抵抗是徒劳的，中国军队再次占领了区粟和占婆首都（当时位于荼侨），[②]并从那里带回了大量的战利品。中国军队撤离后，商菩跋摩再次掌控了自己的国家，并向文帝谢罪，他一度忽视了朝贡的义务。[③]但在唐朝（公元618年）建立之后，他至少三次遣使中国，分别是在623年、625年和628年。

大概就是商菩跋摩接待了柬埔寨使臣僧诃提婆（Siṃhadeva），摩诃因陀罗跋摩派他前来与占婆建立友好关系。在他漫长的统治中（公元629年结束），商菩跋摩重建了在他父亲治下毁于大火的拔陀利首罗神庙，并将新神庙命名为商菩拔陀罗首罗（Śambhubhadreśvara），从而将自己的名字与先辈远祖跋陀罗跋摩的名字联结了起来。[④]在很长一段时间里，学者们一直将这座新神庙认定为美山大塔，[⑤]但根据菲利普·斯特恩（Philippe Stern）修订的占族艺术年表，这座塔的年代要晚得多。[⑥]

---

① 同上书，第82页。

② R.斯坦因在其《林邑考》(《汉学》，第2期，第129页）中指出，正是公元605年刘方出征的路线，使我们第一次确定了林邑的首都位于海云关以南的广南，大概就在如今的荼侨遗址上，那里的发掘工作已经揭露出一个重要的中心。大约在同一时期，柬埔寨和南越的梵文碑铭中出现了Champa这个词，它所指的也是这个地区，这个词的汉文音译“占城”则是在一个多世纪之后才出现的。

③ 此处的“他一度忽视了朝贡的义务”有误，根据《隋书》列传卷四十七：“方班师，梵志复其故地，遣使谢罪，于是朝贡不绝。”——译者注

④ 斐诺:《商菩跋摩在美山的石碑》，第207页。

⑤ 斐诺:《美山碑铭》，第910页。

⑥ 美山大塔的修筑年代约在10世纪之初。参阅菲利普·斯特恩的《占婆（古安南）的艺术及其演变》(巴黎，1942年），第70页。年代最早的就是编号为E1的那座美山古建筑，约为7世纪中期。参阅让·布瓦塞利埃（Jean Boisselier）的《占婆的雕塑艺术》(巴黎，1963年），第三章。

商菩跋摩的继承人是他的儿子建达婆达摩（Kandarpadharma，中国人称为范头黎）。范头黎统治的时期很太平，并在公元630年和631年向唐太宗献上了丰厚的礼品。

普罗拔娑陀摩（Prabhāsadharma，范镇龙）继承了其父建达婆达摩的王位，但年份不详。我们对他知之甚少，只知道他在公元640年和642年两次遣使中国，于645年被他的一名臣子所弑。

占婆王位为拔陀罗首罗跋摩（Bhadreśvaravarman）所踞，他是婆罗门萨提亚库斯瓦明（Satyakauśikasvāmin）和普罗拔娑陀摩之妹的儿子。拔陀罗首罗跋摩在位的时间相对短暂，之后王位又回归到了合法的世系，回到了普罗拔娑陀摩的另一个姐妹手中，她是建达婆达摩王后的女儿。根据《旧唐书》的记载，这位女王曾举行过加冕礼，但诸多碑铭对此都只字未提。[①] 这些碑铭都只说，建达婆达摩的一个女儿有个孙子，名叫乔戈达摩（Jagaddharma），他去了柬埔寨，[②] 在那里娶了国王伊奢那跋摩的女儿娑跋妮（Śarvāṇī）公主。他们生下了一个儿子，名叫波罗迦舍达摩（Prakāśadharma）。波罗迦舍达摩于公元653年继承了占婆

---

① 马伯乐:《占婆史》，第89页注释1。我始终没有弄明白，为什么这位作者（马伯乐）两次肯定了这位女王是嫁给了波罗迦舍达摩，因为我们知道她是后者的曾祖母辈了。据我所知，没有任何资料提到过这样一桩婚姻，看来马伯乐是为了证明波罗迦舍达摩继位的合法性而杜撰了这场婚姻。他对中国史料和碑铭进行对照所得的结果，是令人困惑的（参阅马伯乐，前引书）。为了调和这些乍看之下不可调和的资料，比较相宜的办法是对这些材料重新进行考证。

② 《新唐书》说，这次出走是“（由于）得罪”。碑铭则较有保留地说，是“由于某种情况”。译者注:《新唐书》卷二二二下说：“十九年，摩诃慢多伽独弑镇龙，灭其宗，范姓绝，国人立头黎婿婆罗门为王，大臣共废之，更立头黎女为王。诸葛地者，头黎之姑子，父得罪，奔真腊。女之王不能定国，大臣共迎诸葛地为王，妻以女。”这里说的奔真腊者，是诸葛地的父亲，他是这位女王的祖父的姐妹之夫。

的王位，取尊号为毗建陀跋摩（Vikrāntavarman）。[①] 这位国王利用其治下长期的安定，在美山冰斗、茶侨[②] 和广南的其他一些地方大兴宗教建筑。许多这样的建筑都表明，当时的占婆存在着对毗湿奴的崇拜，这种崇拜“与其说是宗教教派性质的，倒不如说是文学性的”。[③] 在芽庄以北的庆和省发现的一块石碑证明，[④] 毗建陀跋摩的版图已经延伸到了遥远的南方。公元 653 年、657 年、669 年和 670 年，他多次遣使中国。除非我们把一段为时过长的统治归到他名下，否则就必须承认，他在公元 686 年左右有了一个同名的继任者，即毗建陀跋摩二世。在公元 686—731 年的 15 次遣使中国，可能正是这位毗建陀跋摩二世。[⑤]

3. 前吴哥时期的柬埔寨（公元 635—685 年）

伊奢那跋摩一世于公元635年左右去世。柬埔寨的碑文告诉我们，继位的是一个名叫拔婆跋摩的国王，他与先王有何亲族关系，我们不得而知。目前发现的来自他的碑铭中，仅有一块出自茶胶的注有日期，为公元 639 年。[⑥] 我们还可以把来自巴央大塔[⑦] 和

① 斐诺:《美山碑铭》，第 923—924 页。爱德华 · 胡贝尔（Edouard Huber）:《茶侨碑铭》，BEFEO，第 11 期，第 263 页。
② 迄今发现的茶侨雕塑年代都较晚，其风格与 10 世纪初的美山风格相一致［斯特恩:《占婆（古安南）的艺术及其演变》］。关于美山最古老的那座建筑物（E1）的年代，参阅让 · 布瓦塞利埃的《占婆和前吴哥时期柬埔寨的艺术：美山 E1 的年代》，AA，第 19 期（1956 年），第 197 页。
③ 保罗 · 穆斯:《波罗迦舍达摩在蚁垤的碑铭》，BEFEO，第 28 期，第 152 页。
④ 莱锦（Lai Cam）碑铭，见路易斯 · 斐诺的《波罗迦舍达摩的一块新碑铭》，BEFEO，第 15 期，第 2 辑，第 112 页。
⑤ 马伯乐:《占婆史》，第 92 页。
⑥ 赛代斯:《拔婆跋摩二世的碑铭》，BEFEO，第 4 期，第 691—697 页。
⑦ 赛代斯:《柬埔寨碑铭集》，第 1 卷，第 252 页。

磅清扬（Kompong Ch'nang）的柏威夏山（Phnom Preah Vihear）[①]的两处碑铭归于他名下。巴特和贝加尼发表的碑铭汇编中，头两篇铭文里提到的大概是他，而非人们长期以来认为的拔婆跋摩一世。

这两篇碑铭提到，拔婆跋摩的儿子继承了他的王位。这说的应当是阇耶跋摩一世，目前已知的他在位的最早年份是公元 657 年，[②]而他即位的年份应当略早于此。[③]在北起福寺、南至暹罗湾的区域内，都发现了他统治时期镌刻的碑铭。他在毗耶陀补罗（巴布农）地区[④]和福寺毁圮的陵伽钵婆神庙旧址上[⑤]兴建了许多建筑。关于他和中国的关系，《旧唐书》非常笼统地谈到了唐高宗（公元 650—683 年）接待的一些真腊使团，但没有记录确切的日期。阇耶跋摩一世的统治似乎颇为太平，持续了大约 30 年，在公元 690 年之后结束。[⑥]公元 713 年的一篇碑铭中提到了一位“去往湿婆补罗（Śivapura）的国王”，这也许正是他的谥号。[⑦]阇耶跋摩一世显然没有留下子嗣，因为在那个时期，这个国家是由女王阇耶提鞞（Jayadevī）统治，她曾抱怨“时运不济”。吴哥的最初几代君王都未曾借助过自己与阇耶跋摩一世王朝的承继关系，阇耶

① 同上书，第 3 页。关于拔婆跋摩二世，参阅皮埃尔·杜邦的《真腊与宾童龙》，BSEI，第 24 期（1949 年），第 10—18 页。

② 路易斯·斐诺:《磅鲁塞（Kompong Rùsei）碑铭》，BEFEO，第 18 期，第 10 辑，第 15 页。

③ 赛代斯:《柬埔寨碑铭集》，第 2 卷，第 193 页。

④ 巴特和贝加尼:《占婆和柬埔寨的梵文碑铭》，no. Ⅸ，第 59 页。

⑤ 奥古斯特·巴特:《福寺石碑》，BEFEO，第 2 期，第 235—240 页。

⑥ 赛代斯:《柬埔寨碑铭集》，第 2 卷，第 40 页。

⑦《专栏》，BEFEO，第 39 期，第 341 页。关于这个十分困难的问题，见赛代斯的《柬埔寨碑铭集》第 4 卷，第 56—57 页。

跋摩一世王朝的衰落似乎是柬埔寨在8世纪分裂的决定性原因。①

从拔婆跋摩一世的征服到阇耶跋摩一世统治的结束，我们看到，在湄公河下游和大湖盆地的这块古扶南的疆土上，高棉诸王的权势正与日俱增。柬埔寨历史上的前吴哥时代，留下了大量的考古遗迹：古建筑、雕塑和碑铭等。这些建筑以单塔或塔群为特色，几乎都是砖砌的，②装有石门框饰。亨利·帕芒蒂埃在他的《高棉原始艺术》一书中，对这种建筑进行了详尽的研究。③至于这一时期的雕塑艺术（其中有一些作品堪称非凡），则保留了印度原型的某些特征，④但也已经显示出向呆板和正面像发展的趋势，与外印度其他地区的艺术相比，这两点堪称柬埔寨的特点。装饰性的雕刻已经宛如团花簇锦，预示着吴哥时期的繁荣。⑤

刻在石碑和门柱上的铭文都是用相当地道的梵文撰写的，并且全是用诗体语言。高棉文的铭文开始大批出现，它们保存了这种语言的古老形态。14个世纪以来，这种语言经历的变化比同一时期的印欧语系诸语言要少得多。这些碑铭文献是了解该国历史和制度的主要信息来源。这些文献展示出了一个组织严密的行政机构和一套完整的官员等级制度。不过，我们对他们的官衔了解较多，而对于职权则不太清楚。

---

① 杜邦：《真腊的解体》，第17页及其后文。

② 最明显的例外之一是阿斯兰马哈罗塞塔（Asram Maharosei）。参阅亨利·莫热的《摩诃罗赛（Mahā Rosei）的塔》，BEFEO，第36期，第65—95页。

③ 参阅亨利·帕芒蒂埃的《原始高棉艺术余集》，BEFEO，第35期，第1—115页。

④ 菲利普·斯特恩在《早期高棉艺术中的印度主题》［载《第二十一届国际东方学家大会论文集》（巴黎，1948年），第232页］中认为，这些成分都是约6世纪末或7世纪初从南印度的拔罗婆国传来的。

⑤ 皮埃尔·杜邦：《7世纪的高棉过梁》，AA，第15期（1952年），第31—83页；《前吴哥时期的雕塑艺术》（阿斯科纳，1955年）。

这些铭文主要记载了宗教方面的信息。它们的序言部分都包含祈祷语，致敬立碑时所祈求的神灵，因此对我们了解当时的宗教生活大有助益。看来与印度本土的情况一样，印度教各主要教派都共存于柬埔寨，而且在已经提及的各派中，我们可以找到湿婆宗的波输钵多（Pāśupatas）派和毗湿奴宗的般阇罗陀（Pāncharātras）派，[①]到吴哥时期，这两个教派将在各自的领域中发挥主导作用。金石学和图像学[②]研究都表明，在这个世纪和接下来的一个世纪里，对诃里诃罗（即合为一体的毗湿奴和湿婆）的崇拜占有重要地位，而这种崇拜此后我们几乎再未听说过。湿婆崇拜，特别是以林伽形式出现的湿婆崇拜，极受王家推崇，几乎已经成为国教。佛教的痕迹寥寥无几，除了在谈及扶南时提到的那些笈多风格的佛像外，仅有一块独特的碑铭，上面提到了两个和尚（比丘）的名字。[③]如果我们回想一下 5 至 6 世纪佛教在扶南所受到的推崇，就会发现它似乎衰落了。尽管中国求法僧义净把自己见到的情况归诸扶南（他称之为跋南），但当他写到“佛法盛流，恶王今并除灭，迴无僧众”[④]时，所指的无疑是 7 世纪末的真腊。这些梵文铭文证明了文学文化的存在，这种文化是建立在伟大的印度史诗《罗摩衍那》和《摩诃婆罗多》，以及《往世书》[⑤]的基础之上的，

---

① 赛代斯：《柬埔寨碑铭集》，第 1 卷，第 5 页；第 2 卷，第 193 页。关于这两个教派，参阅下文，本书第 182 页。亦参阅卡玛莱斯瓦尔・巴塔查里亚的《古代柬埔寨的般阇罗陀教派》，JGIS，第 14 期（1955 年），第 107—116 页；《古代柬埔寨的婆罗门教》（巴黎，1961 年）（Publ. EFEO，第 49 期）。

② 杜邦：《前吴哥时期的雕塑艺术》。

③ 巴特和贝加尼：《占婆和柬埔寨的梵文碑铭》，第 10 辑，第 63 页。

④ 伯希和：《扶南考》，第 284 页。见上文，本书第 105 页。

⑤ 那个时期的碑铭中提到了这些典籍的手抄本，参阅巴特和贝加尼的前引书，第 4 辑，第 30 页，以及赛代斯的《6 世纪的塞迦铭文》，BEFEO，第 11 期，第 393 页。

这些典籍为宫廷诗人们提供了丰富的神话材料。

在社会结构方面，一些碑铭文献显示了母系血统的重要性。[①]在吴哥时期，当涉及许多大祭司家族的职位传承时，我们还会看到母系血统的重要性。[②]母系家庭制度在整个印度尼西亚广泛存在，[③]在印度支那半岛的许多族群中也都有发现。[④]古代柬埔寨的这种制度可能是从印度引入的，它在印度纳亚尔人（Nayars）和南布蒂里人（Nambutiri）的婆罗门中也存在。[⑤]

想了解公元7世纪时柬埔寨的物质文明，我们可以借鉴《隋书》中一段对伊奢那跋摩统治时期的记载。这段文字被马端临完整地收入了他于13世纪撰写的《文献通考·四裔考》中，由于没有更加理想的参考材料，我认为在此引用这段记载是很有意义的。原文如下：[⑥]

（王）居伊奢那城，郭下二万余家。城中有一大堂，是其王听政所。总大城三十所，城有数千家，各有部帅，官名与林邑同。

其王三日一听朝，坐五香七宝床，上施宝帐，以文木为竿，象牙、金钿为壁，状如小屋，悬金光焰，有同于赤土。前有金香

---

① 巴特和贝加尼:《占婆和柬埔寨的梵文碑铭》，第4辑，第29页（这与印度的习俗相反，一个婆罗门和一个王室公主结合生下的儿子是刹帝利）；第10辑，第63页。

② 同上书，第124—126页。

③ 同上书，第360页注释1。

④ 马塞尔·内尔（Marcel Ner）:《摩伊人的家族组织》，载《河内地理学会手册》，第15辑（1928年）;《实行母权制的地区》，BEFEO，第30期，第533页。约翰·西德纳姆·弗尼瓦尔（John Sydenham Furnivall）:《缅甸的母权制遗迹》，JBRS，第1期（1912年），第15—30页。

⑤ 埃德加·瑟斯顿（Edgar Thurston）:《印度南部的种姓与部族》（马德拉斯，1909年），第5卷。戈温德·S. 古里（Govind S. Ghurye）:《印度的双重组织》，JRAI，第53期（1923年），第79—91页。

⑥ 出自《文献通考》卷三百三十二,四裔考九。——译者注

鼎，二人侍侧。王着朝霞古贝，瞒络腰腹，下垂至胫，头戴金宝花冠，被真珠缨络，足履革屣，耳悬金珰。常服白叠，以象牙为屩。若露发，则不加缨络。臣下服制，大抵相类。有五大臣，一曰孤落支，二曰相高凭，三曰婆何多陵，四曰舍摩陵，五曰髯罗娄，及诸小臣。

朝于王者，辄以阶下三稽首。王唤上阶，则跪，以两手抱膊，绕王环坐。议政事讫，跪伏而去。阶庭门阁，侍卫有千余人，被甲持仗……其人行止，皆持甲仗，若有征伐，因而用之。

其俗，非王正妻子，不得为嗣。王初立日，所有兄弟，并刑残之，或去一指，或劓其鼻，别处供给，不得仕进。

人形小而色黑。妇人亦有白者。悉拳发垂耳，性气捷劲。居处器物，颇类赤土。以右手为净，左手为秽。每旦澡洗，以杨枝净齿，读诵经咒。又澡洒乃食，食罢还用杨枝净齿，又读经咒。饮食多酥酪、沙糖、糠粟、米饼。欲食之时，先取杂肉羹与饼相和，手擩而食。

娶妻者，唯送衣一具，择日遣媒人迎妇。男女二家，各八日不出，昼夜燃灯不熄。男婚礼毕，即与父母分财别居。父母死，小儿未婚者，以余财与之。若婚毕，财物入官。

丧葬，儿女皆七日不食，剔发而哭，僧尼、道士、亲故皆来聚会，音乐送之。以五香木烧尸，收灰，以金银瓶盛，送大水之内；贫者或用瓦，而以五彩色画之。亦有不焚，送尸山中，任野兽食者。

其国北多山阜，南有水泽，地气尤热，无霜雪，饶瘴疠毒蠚。宜粱稻，少黍粟。

总而言之，前吴哥时代的柬埔寨文明继承了扶南的成就，特别是在农业水利、宗教和艺术方面，并在建筑方面受到了占婆的影响。在整个 7 世纪，这一文明都呈现出了强大的发展动力，这使得柬埔寨尽管在 8 世纪里经历了一段衰落，却仍能长时间地统治半岛的南部和中部地区。

4. 孟族的陀罗钵底王国

中国僧人玄奘在 7 世纪中叶曾提到，在伊奢那补罗（即柬埔寨）以西，有一个陀罗钵底王国。① 陀罗钵底这个名字有许多异体，② 但都对应着“Dvāravatī”这个国家。“Dvāravatī”这个名字也被保留在两座暹罗都城的正式名称之中，它们是建于 1350 年的阿瑜陀耶（Ayutthaya）③ 和建于 1782 年的曼谷。在后面我们将看到，阿瑜陀耶是在位于素攀（Suphan）地区的一座被废弃的城市上建立的，由此似乎可以推断，陀罗钵底这个名字起初是用于一座位于该地区的城邑。④ 此外，整个湄南河下游地区，也就是北起华富里（Lopburi）、西至叻武里（Ratburi）、东抵巴真（Prachin）的整个湄南河下游地区，都发现了属于佛教的考古遗

---

① 《大唐西域记》，第 2 卷，第 83 页。参阅戈登・H. 卢斯的《缅甸的邻国》，JBRS，第 14 期（1924 年），第 178—182 页。

② 壮罗钵底，堕罗钵底（《新唐书》）；社和钵底，堕和罗钵底，堕和罗（义净书）。参阅伯希和的《交广印度两道考》，第 223 页，第 232 页和第 360 页注释 1。

③ 功贴玛哈那空波温堕罗钵底室利阿瑜陀耶玛哈蒂洛泼诺帕腊达纳拉差他尼布里隆（Krung Devamahānagara Pavara Dvāravatī Śrī Ayudhyā Mahātilaka Bhavanavaratna Rājadhānī Purīramya）参阅达尼・尼瓦特亲王（Prince Dhani Nivat）的《堕罗钵底室利阿瑜陀耶城考》，JSS，第 31 期（1939 年），第 147 页。

④ 霍勒斯・杰弗里・夸里奇・韦尔斯:《陀罗钵底王国考》，JGIS，第 5 期（1938 年），第 24—30 页;《走向吴哥》（伦敦，1937 年），第 132—146 页。在本书付印过程中，有报告说，在佛统府附近发现了两枚刻有陀罗钵底国王（室利陀罗钵底苏婆罗，Śrīdvāravatīśvara）名字的银币。它们的情况将发表在 CRAIBI 和 JSS 上。亦参加《考古学》，第 1 辑（1964 年 11 月至 12 月），第 58 页。

址和碑铭，[①] 这些古迹文物彼此非常相似，足以让我们将它们视为同一个国家——陀罗钵底王国的遗迹。[②] 该王国诞生之日可能正值扶南解体之时，但我们对这个王国却一无所知。佛统府和华富里的古孟文碑铭 [③] 证明，这个王国的居民基本上是孟族。[④] 此外，一个具有一定历史价值的传说将哈里奔猜［Haripunjaya，即南奔（Lamphun）］城的建立，[⑤]归功于差玛提鞞女王（Chammadevī）——

① 就建筑而言，我们在佛统府发现了一座佛教古迹的下半部分，它建筑在一个阶梯式的双重底座上，每一面都有五尊佛陀坐像，分别安置在壁龛中，两侧有柱廊和壁柱掩护。在更西边的北碧河上的丰笃，还发现了一些可能更加古老的建筑物下层结构，一起被发现的还有一盏希腊化时代的青铜灯和一些后笈多风格的小佛像。见皮埃尔·杜邦的《陀罗钵底的孟族考古》（巴黎，1959年）。

② 艾蒂安·卢内·德·拉容奇埃:《暹罗的考古学领域》，BCAI（1909年），第200—237页;《暹罗考古盘点》，BCAI（1912年），第100—127页。赛代斯:《暹罗的佛教还愿记事簿》，Et. Asiat. EFEO，第1期，第152页注释1;《曼谷国立博物馆考古收藏品》，AA，第12期（1928年），第20—24页;《暹罗碑铭集》（曼谷，1924—1929年），第2卷，第1—4页。皮埃尔·杜邦:《吉美博物馆，印度支那的收藏品目录》，BCAI（1931—1934年），第45—53页;《印度支那西部的戴冠毗湿奴》，BEFEO，第41期，第233—254页;《在暹罗的考察》，BEFEO，第37期，第686—693页;《陀罗钵底的孟族考古》。雷金纳德·勒梅:《暹罗佛教艺术简史》（剑桥，1938年），第21—34页。劳伦斯·P. 布里格斯:《陀罗钵底：暹罗最古老的王国》，JAOS，第65期（1945年），第98页。

③ 赛代斯:《关于老挝西部政治和宗教历史的文献》，BEFEO，第25期，第186页;《暹罗碑铭集》，第2卷，第17—19页;《关于最近在佛统发现的两块碑铭残片》，CRAIBL（1952年），第146页。罗伯特·哈利迪:《暹罗的孟文碑铭》，BEFEO，第30期，第82—85页。

④ 伯希和在《交广印度两道考》（第231页）中对此已有暗示。根据对从丰笃发掘出的那些年代不详的骨骼的研究，霍勒斯·杰弗里·夸里奇·韦尔斯得出结论称，这一地区很早就已有泰族人生活了［《暹罗出土的一些古代人类骨骼》,《人类》（1937年6月），第89—90页］，但这一观点受到了埃里克·塞登法登的反对，见《暹罗的最新考古研究工作》，JSS，第30期（1938年），第245页。

⑤ 赛代斯:《关于老挝西部政治和宗教历史的文献》，第16—17页。卡米尔·诺顿（Camille Notton）,《暹罗编年史》（巴黎，1926—1932年），第2卷，第7—33页。

这是她率领的、来自罗斛（Lavo，即华富里）的移民们建立的殖民地。我们将看到，一个在诸多孟文碑铭中均有记载的王朝，[①]在12世纪时统治着哈里奔猜。

关于陀罗钵底的问题，目前尚属无解。孟族人的传说认为，他们民族的中心位于善法城（即锡唐河口处的直通），但这个地方没有发现任何重要的考古遗存，而在传说中未涉及的湄南河流域，却有着相当丰富的遗迹。

5. 骠族的室利差咀罗王国

玄奘[②]和义净[③]都将室利差咀罗（即 Śrīkshetra）王国定位于陀罗钵底以西，室利差咀罗是卑谬的古名（缅文为 Thayekhettaya）。[④]在第四章中我们已经看到，骠族的古都就是卑谬附近的莫扎古遗址。[⑤]该城有砖筑的城墙环绕，在那里发现的佛像属于笈多晚期风格。我们有证据表明（尤其是在义净的著作中），公元7世纪时，室利差咀罗存在着一个使用梵文的上座部佛教教派，也就是“根本说一切有部”（Mūlasarvāstivādin），该派最初可能来自摩揭陀（Magadha）。[⑥]当时的室利差咀罗还共存着另一个上座部佛教

---

① 赛代斯:《关于老挝西部政治和宗教历史的文献》，第189—200页，以及哈利迪的《暹罗的孟文碑铭》，第86—105页。

② 《大唐西域记》，第2卷，第82页。

③ 《南海寄归内法传》，义净著。

④ 伯希和:《交广印度两道考》，第174页和第223页。卢斯:《缅甸的邻国》，第160—161页。

⑤ 莱昂·德贝烈（Léon de Beylié）:《远东的印度化建筑》（巴黎，1907年），第238页。关于卑谬的出土文物，参阅G. H. 卢斯卓越的书目提要，JBRS，第29期（1939年），第278页注释19。

⑥ 尼哈拉尼安·雷:《缅甸的梵文佛教》（加尔各答，1936年），第19—30页。

教派，该派的存在自5世纪末起已被巴利文碑铭证实。卑谬附近也出土了装有人类遗骸的骨灰瓮。骠族将死者火化，并将骨灰保存在陶瓮中。而国王的骨灰瓮则是石制的，上面刻有逝者的名字。[①]已发现的那些关于公元7世纪末和8世纪初在位的国王们的骨灰瓮，我们将在第六章讨论。

6. 公元7世纪的马来半岛诸国

圣僧玄奘将迦摩浪迦（Kāmalanka）国[②]的位置定在陀罗钵底以西、室利差咀罗东南的“大海隅处”，它可能就是义净所说的郎伽戍（即龙牙犀角）国。[③]无论如何，该国势必位于马来半岛上。玄奘对于这些他没有实际去过的地区，未提供任何详情，而其他文献能为我们提供的历史事实也只有只言片语。

马端临在其关于赤土国的章节中提供的信息，可以追溯到公元7世纪初。以下是一些摘录，可以让我们了解这一时期半岛上诸印度化小国的文明状况：[④]

其（赤土）王姓瞿昙氏，[⑤]名利富多塞，不知有国远近。称其父释王位，出家为道，传位于利富多塞，在位十六年矣。[⑥]有三妻，并邻国女也。居僧祇城，有门三重，相去各百步许。每门图画菩萨飞仙之

---

① G. H. 卢斯：《古代骠族》，JBRS，第27期（1937年），第247页。

② 《大唐西域记》，第2卷，第82页。

③ 伯希和：《交广印度两道考》，第406页。费琅：《马六甲、末罗瑜和麻里予儿》，JA（1918年7月至8月），第134—145页。西尔万·莱维：《印度的前雅利安人和前达罗毗荼人》，JA（1923年7月至9月），第37页及其后文。卢斯：《缅甸的邻国》，第161—169页。

④ 《四裔考》，卷四十七。

⑤ 乔达摩（Gautama）。

⑥ 这大概是公元609年的情况，那一年曾有一个中国僧团到过这个国家。

象，悬金花铃毦……王宫诸屋，悉是重阁，北户，北面而坐。坐三重之榻，衣朝霞布，冠金花冠，垂杂宝缨络，四女子立侍左右，兵卫百余人。王榻后作一木龛，以金银五香木杂钿之，龛后悬一金光焰。夹榻又树二金镜，镜前并陈金瓮，瓮前各有金香炉，当前置一金伏牛，前树一宝盖，盖左右皆有宝扇。婆罗门等数百人，东西重行，相向而坐。

其官：萨陀迦罗①一人、陀拏达②叉二人、迦利密迦③三人，共掌政事。俱罗末帝④一人，掌刑法。每城置那邪迦⑤一人，钵帝⑥十人……每婚嫁，择吉日。女家先期五日，作乐饮酒，父执女手以授婿，⑦七日乃配。既娶，即分财别居。唯幼子与父居。

父母兄弟死，则剔发素服，就水上构竹木为棚，棚内积薪，以尸置上，烧香建幡，吹蠡击鼓以送，火焚薪，遂落于水。贵贱皆同。唯国王烧讫收灰，贮以金瓶，藏于庙屋。⑧

---

① Sādhukāra，“行善者”，或者更可能是 sārdhakāra，“合作者”。

② Dhanada，“财产分配者”，一枚发现于喔呋的印章上便刻有这个称号。

③ Karmika，“公务人员”。

④ Kulapati，“族长”，这个称号在柬埔寨的碑铭中出现过，在那里它指的是宗教机构的首领。

⑤ Nāyaka，“导师”，这个称号在华富里的一块碑铭中出现过（赛代斯：《暹罗碑铭集》，第 2 卷，第 14 页）。

⑥ Pati，“首领”，至今仍然作为爪哇人的头衔在使用。

⑦ “执手”（pāṇigrahaṇa）是印度教婚礼的主要仪式。

⑧ 所有这些都是最正规的印度教仪式。关于为国王建造殡葬建筑，见下文，本书第 192—196 页；赛代斯的《高棉的纪念性大建筑物的丧葬用途》，BEFEO，第 40 期，第 315—343 页。

7. 印度尼西亚：爪哇的诃陵和苏门答腊的末罗游

我们已经看到了一些关于诃罗单国位置的讨论，它最后一次遣使中国是在公元 452 年。诃陵的头三次遣使起于公元 640 年、648 年和 666 年，[①] 关于诃陵，最近有一种说法，试图将其位置定于马来半岛上，这一观点倒是与来自中国史籍的某些地理资料相吻合。[②] 但在其他方面，这种观点却又引起了严重的困难，而如果我们接受诃陵位于爪哇中部的说法，这些困难便不再存在。[③] 何况，瓦莱（Walaing）王国就位于爪哇岛的中部，根据 L.C. 达迈斯的说法，瓦莱这个名字很可能就是"诃陵"这个中文名字的来源。[④] 遗憾的是，这一时期的考古遗迹十分稀少，仅有图克马斯（Tuk Mas）的一篇碑铭可供引用，它可能竖立于公元 7 世纪中叶，[⑤] 那里的建筑也许是狄昂高原（Dieng Plateau）上最古老的建

---

① 伯希和：《交广印度两道考》，第 286 页。我们将注意到，这些遣使均发生在扶南最终衰落的时期。

② J. L. 摩恩斯：《室利佛逝、爪哇和迦陀诃》，TBG，第 77 期（1948 年），第 350 页及其后文。R. A. 克尔恩（R. A. Kern）在《诃陵》一文［收录于《新东方》（莱登，1948 年），第 402—413 页］中将两个诃陵区分开来，一个在吉打，另一个在爪哇。罗兰・布拉德尔在《马来亚古代史中的几个问题》［JRASMB，第 24 期（1951 年），第 3 页及其后文］一文中，把诃陵的位置定在了婆罗洲。参阅许云樵的《关于中国史籍中记载的日晷之研究》，JSSS，第 6 期（1950 年），第 7—12 页。

③ 伯希和：《交广印度两道考》，第 265 页。当时沙畹（Edouard Chavannes）已持有这种看法。见他翻译的《大唐西域求法高僧传》（巴黎，1894 年），第 42 页注释 2。

④ 对普尔巴扎拉卡的《印度尼西亚历史风俗》的评论，BEFEO，第 48 期（1957 年），第 612 页和第 644 页。并参阅 BEFEO，第 52 期（1964 年），第 93 页。

⑤ 亨利・克恩：《散论》（海牙，1913—1929 年），第 7 卷，第 199—204 页。B. Ch. 查布拉：《雅利安印度文化的传播》，JASB，通讯（1935 年），第 33—34 页。B.R. 查特吉：《印度与爪哇》（加尔各答，1933 年），第 2 卷，碑铭，第 28 页。

筑物。[1]

《新唐书》赞美了诃陵的富庶，[2] 诃陵在公元 7 世纪时曾是一个佛教文化中心，是高僧若那跋陀罗（Jñānabhadra）的故乡，664—665 年来到这个国家的中国求法僧会宁，在他的指导下将上座部佛教的梵文经典译成了中文。[3]

几乎就在诃陵公元 640 年第一次遣使中国的同时，《新唐书》提到了 644—645 年末罗瑜的首次遣使。[4] 这指的是位于苏门答腊岛东海岸，以占碑地区为中心的末罗游（Malāyu）国。公元 671 年，求法僧义净曾在那里逗留过一段时间。[5] 他在回忆录《南海寄归内法传》中写道，在公元 689—692 年，末罗游曾被室利佛逝吞并。[6] 在一部所依据的材料早于义净出海之时的文献中，室利佛逝这个国家可能已经以错误的译名“金利毗逝”出现过了。[7]

---

① 尼古拉斯·J. 克罗姆:《印度化爪哇史》(海牙，1931 年)，第 127 页。根据 L.C. 达迈斯的意见（对普尔巴扎拉卡的《印度尼西亚历史风俗》的评论，第 627 页），狄昂(Dieng)的原始形式大概是 Di Hyang，代表梵文 Devālaya，意为“众神的居所”。

② W. P. 格勒内维特:《马来群岛和马六甲简志》(巴达维亚，1876 年)，第 13 页。

③ 沙畹译注的《大唐西域求法高僧传》，第 60 页。

④ 伯希和:《交广印度两道考》，第 324 页。

⑤ 沙畹译注的《大唐西域求法高僧传》，第 116—120 页。

⑥ 伯希和:《交广印度两道考》，第 342 页。

⑦ 同上书，第 324 及该页注释 5。

第六章

室利佛逝的崛起，柬埔寨的分裂以及夏连特拉王朝在爪哇的出现（7世纪末至9世纪初）

在本章述及的这个时期，航海业有了显著的发展。众多佛教求法僧的航渡，以及中国与南方各国之间日益频繁的使节往来，[①]都证明了这一点。这种发展在很大程度上要归功于阿拉伯商人。[②]由于航海业的发展，苏门答腊东南海岸就必然具有了特殊的重要性，当时它的海岸线与今天的明显不同。[③]这片海岸与巽他海峡和马六甲海峡——马来半岛和印度尼西亚所形成的天然屏障中的

① 费琅:《昆仑人与古代的跨洋航行》，JA（1915年）；特别参阅5—6月号的第450—492页和7—8月号的第5—68页。

② 他们从公元4世纪起就在广州设有商馆［詹姆斯·霍内尔:《印度船只设计的起源及其人种学意义》，载《孟加拉亚洲学会集刊》，第7期（1920年），第199页］。中国人用"大食"一词来称呼他们，这与他们在印度的称谓Tājika是一致的。见J.A.E.莫利（J.A.E.Morley）的《阿拉伯人和东方贸易》，JRASMB，第12期（1949年），第143—175页。G. R. 蒂贝茨（G. R. Tibbetts）:《前伊斯兰教时代的阿拉伯和东南亚》，JRASMB，第29期（1956年），第182页。

③ 范·奥布丁（V. Obdeijn）:《马六甲海峡的古代商船航道》，TKNAG，第70期（1942年）。R.苏克莫诺（R. Soekmono）:《东南亚的早期文明》，JSS，第46期（1958年），第17—20页。关于苏门答腊南部沿海地区的历史地理，参阅《室利佛逝的海岸线》，载《阿默塔》，第3期（1955年），第3页。这篇论文已由L.C.达迈斯收入《印度尼西亚书目提要》，BEFEO，第51期（1963年），第550页。

两个重要缺口的距离相等，因此成为乘东北季风从中国而来的船只通常停靠的地方。公元 7 世纪初，曾在南方海域称雄 5 个世纪之久的强国——扶南衰落了，这就为苏门答腊河口和港口周边的居民们提供了空间，使他们有机会掌控印度和中国之间的贸易。正是得益于这些条件，室利佛逝王国在 8 世纪迅速崛起了。

1. 室利佛逝王国的兴起（公元 7 世纪末）

公元 671 年，求法僧义净第一次从中国出发前往印度。从广州出发不到二十天，他便抵达了第一站——佛逝。他在那里停留了六个月，学习梵文语法。① 他写道："此佛逝廓僧众千余，学问为怀，并多行钵，所有导读乃与中国不殊，沙门轨仪，悉皆无别。若其唐僧欲向西方为听读者，停斯一二载，习其法式，方进中天，亦是佳也。" ②

义净在那烂陀（Nālandā）大学度过了十年时光，从印度返回时，又在佛逝度过了四年（公元 685 年至 689 年），其间他抄写并翻译了一些梵文佛教经典。公元 689 年，他曾短暂地停留广州，在那里招募了四名协作者，然后返回佛逝住下，在那里撰写了他的两部回忆录：《大唐西域求法高僧传》和《南海寄归内法传》。

公元 692 年，他将自己的手稿寄回中国，本人也于 695 年回国。在这最后一次逗留期间，他在《南海寄归内法传》中写道，671 年他曾途经并停留过两个月的末罗游国"即今尸利佛逝国是"。③

---

① 《大唐西域求法高僧传》。

② 摘自《南海寄归内法传》。这里的"中国"指中印度。——译者注

③ 《南海寄归内法传》。O.W. 沃尔特斯：《室利佛逝在 7 世纪的扩张》，AA，第 24 期（1961 年），第 418 页。

目前，有一组古马来文碑铭，[①]其中四块发现于苏门答腊［三块在巨港附近，另一块在巴当哈里（Batang Hari）河上游的卡朗勃拉希（Karang Brahi）］，第五块发现于邦加岛上的哥打卡普尔（Kota Kapur）。它们表明公元683年至686年，巨港曾有过一个佛教王国，当时它刚刚征服了占碑的腹地和邦加岛，并准备出征爪哇。这个王国的名字是"Śrīvijaya"，正好与义净所说的"（尸利）佛逝"相对应。[②]

巨港的三块碑铭中最古老的一块是刻在一块大卵石上，发现于塞贡唐山脚下的格度干武吉（Kedukan Bukit）。它告诉我们，公元682年4月23日，[③]一位国王乘船开始一场远征（siddhayātrā），5月19日，他率领一支军队陆海并进地离开一个河口湾，一个月后，[④]便给室利佛逝带回了胜利、权力和财富。这段铭文引起

---

① 赛代斯：《室利佛逝的马来文碑铭》，BEFEO，第30期，第29—80页。费琅：《苏门答腊和邦加的四篇马来文－梵文碑铭文献》，JA（1932年10—11月号），第271—326页。

② 早在1886年，塞缪尔·比尔就已经提出将室利佛逝的位置确定在巨港，见《关于一个叫室利佛逝的地方的几段记载》，载P.A.范德利斯（P.A. van der Lith）和马塞尔·德维克（Marcel Devic）编的《印度奇观集》（莱登，1883—1886年），第251—253页。最近，H. G. 夸里奇·韦尔斯试图把室利佛逝的位置定在万伦湾的猜亚，位于马来半岛的暹罗部分［《一条新探索的古印度文化扩张路线》，IAL，第9期（1935年），第1—31页］，但这一假说不大可能成立。参阅《关于室利佛逝的位置的一种新说法》，JRASMB，第14期（1936年），第1—9页。

③ 这个日期和下边的一个日期都曾由W.E.范韦克（W. E. van Wijk）计算过［见W. J. 韦兰（W. J. Wellan）的《室利佛逝》，TKNAG，第51期（1934年），第363页］，分别对应公元683年4月13日和5月3日。但我采用了L.C.达迈斯的新计算结果，见《印度尼西亚的主要日期铭文列表》，BEFEO，第46期（1952年），第98页。

④ 这一个月的时间，是根据特拉加巴都（Telaga Batu）碑铭计算出来的，这篇碑铭发表在J. G. 德·卡斯帕里斯的《印度尼西亚碑铭》（万隆，1950年，1956年），第2卷，第12页及其后文。

了许多争议。一些学者选择将此铭文解释为一种声明，即首都室利佛逝[①]是由一支外来的舰队建立的，也许是来自马来半岛；[②]有的人甚至认为从这段铭文可以看出，末罗游最初的所在地是巨港，[③]在这次远征之后，巨港才被命名为室利佛逝。在我看来，这是把一些非常经不起推敲的假设建立在了一块石头上，而这块石头与在巨港[④]和邦加[⑤]发现的其他刻有文字的石头的不同之处只有两点：铭文作者的特点和它刻制时的背景。我们只能说，这些事件在当时一定是足够重要，所以才值得记录如此丰富的时间细节，这是其他同类型的石刻所未及的。公元682年，这位国王在塞贡唐山附近的某处神圣场所献上了这份还愿的祭品，以纪念此次远征的凯旋，这次远征为室利佛逝赢得了新的权力和威望。[⑥]

几乎可以肯定，这位不具名的国王就是迦耶那沙（Jayanāśa）。

---

① S. 凡·隆克尔：《巨港的两块古马来文碑铭初探》，载《东方会刊》，第2辑（1924年），第21页。N. J. 克罗姆：《印度化爪哇史》（海牙，1931年），第121页。

② J. L. 摩恩斯：《室利佛逝、爪哇和迦陀诃》，TBG，第77期（1937年），第333—335页。

③ N. J. 克罗姆：《巨港的寺院》，MKAWAL，N.R.I，第7辑（1938年），第25—26页。参阅K. A. 尼拉坎塔·萨斯特里的《室利佛逝》，BEFEO，第40期，第249页；《室利佛逝史》（马德拉斯，1949年），第30页。

④ F.M. 施尼策：《在巨港发现的古代文物》，附录A：W. F. 斯塔特海姆博士关于发现的碑铭的报告（巨港，1935年）。参阅克罗姆的《巨港的寺院》，第8页。

⑤ B. Ch. 查布拉：《雅利安印度文化的传播》，JASB，通讯，第1辑（1935年），第31页。

⑥ 赛代斯对韦兰《室利佛逝》一文的评论，载BEFEO，第33期，第1003—1004页。K. A. 尼拉坎塔·萨斯特里：《远征》，JGIS，第4期（1937年），第128—136页。这次远征的年代与阇耶跋摩一世在柬埔寨统治的终结正好同时，关于这次远征的性质，我曾斗胆提出过一个假设，我认为没有必要在此详述，但人们可以在献给理查德·O. 温斯泰德爵士的论文集［约翰·巴斯丁（John Bastin）编的《马来亚和印度尼西亚研究》（牛津，1964年）］的第23—32页中找到它。

两年后，也就是公元 684 年 3 月 23 日，①他在巨港以西、塞贡唐西北五千米处的塔朗图沃（Talang Tuwo）建立了一座公园，并镌刻了一段碑文，以此希望他在这一建筑以及其他所有善行中积累的功德能够惠及众生，使他们更接近开悟。

至于另外三块碑铭（其中一块标注的日期是公元 686 年 2 月 28 日），我们不禁要问，它们所暗示的那些征服，是否为格度干武吉碑所纪念的扩张主义政策的延续。这三块碑铭的内容有一部分是相同的，②它们都向巴当哈里河上游（占碑河，当时占碑河流域应当是末罗游的领土）和邦加岛的居民发出了威胁和诅咒，大概是因为这些居民对这位国王，以及国王任命的省级行政长官们表现出了不服从。邦加碑铭的结尾部分，提到一支远征军于公元 686 年出发去讨伐爪哇的不顺从地区时的情况。③被讨伐的可能是位于巽他海峡彼岸的多罗摩古王国，④自公元 666—669 年遣使中国之后，⑤我们就再也没有见到过这个王国的记载了。多罗摩可能已经成为苏门答腊的影响力在爪哇岛上扩张的核心，下一个世纪，克杜省（Keḍu）的甘达苏利（Gandasuli）碑铭将证实这一点。⑥

尽管这五块碑铭中仅有一块提及了迦耶那沙王的名字，但它

---

① 这个日期是 L.C. 达迈斯计算的，见《印度尼西亚的主要日期铭文列表》，第 98 页。

② 特拉加巴都碑铭（德・卡斯帕里斯：《印度尼西亚碑铭》，第 2 卷，第 15 页及其后文）提供了一份更为详细的文献。

③ P. V. 范・斯坦因・卡伦费尔斯再一次表现出，他不愿接受“爪哇”这个词自然使人想到的第一个含义。他提出不要把这个词看作是一个专有名词，而应看作是一个形容词，意思是“外部的”。这样的话，这段碑文就指的是一次“对外国”的远征（见“通信”，BEFEO，第 30 期，第 656 页）。

④ 摩恩斯：《室利佛逝、爪哇和迦陀诃》，第 363 页。

⑤ 伯希和：《交广印度两道考》，BEFEO，第 4 期，第 284 页。

⑥ F. D. K. 博世：《Buitenzorgsche 的马来文碑铭》，BKI，第 100 期（1941 年），第 51 页。

们可能都是他竖立的：公元682年出兵远征，684年建立公园，在王国的西北和东南方向耀武扬威，并且出征爪哇，这一切都标志着这位国王统治时期的各个阶段，我们很想把他看作末罗游的征服者。公元695年遣使中国的可能也是他；①来自室利佛逝的使团中，我们了解确切日期的这还是第一个。在此之前，史料仅仅模糊地提及了从公元670—673年这一时期开始的几次遣使；②在此之后，我们知道702年、716年和724年有三次以尸利陁罗跋摩（Śrī Indravarman）名义的遣使，以及728年和742年，以刘滕未恭王的名义派遣的两个使团。③

室利佛逝的扩张，西北向马六甲海峡，东南向巽他海峡，都非常清楚地表明，它企图控制印度洋和中国海之间的这两条大通道。占据着这两条通道，确保了室利佛逝在印度尼西亚的商业霸权持续了好几个世纪。④

公元684年的那块碑铭，是大乘佛教在外印度传播的首份有日期的证据，它证实了义净对室利佛逝作为一个佛教中心具有重要地位的记述，⑤也证实了他对南海佛教各种宗派的记述。他声称（事实也的确如此），当地人几乎普遍地接受了属于梵文上座部佛教几大

---

① 伯希和：《交广印度两道考》，第334页。

② 同上书。

③ 同上书，第335页。关于这个名字，参阅L.C.达迈斯对普尔巴扎拉卡的《印度尼西亚历史风俗》的评论，BEFEO，第48期（1957年），第624页及其后文。

④ 这个问题O.W.沃尔特斯已经研究过。在《室利佛逝在7世纪的扩张》（第417—424页）一文中，他把马来半岛上的吉打被征服的时间定在685年至689年之间，根据的是义净著作中的一段记载。

⑤ 义净的一个师傅释迦鸡栗底（Śākyakīrti）曾在那里居住过（高楠顺次郎译，《南海寄归内法传》，第58页、59页、184页）。关于其他在那里居住过或途经的高僧，参阅义净的《大唐西域求法高僧传》。

宗派之一的根本说一切有部，但他也提到末罗游有大乘信徒，[①]并指出在室利佛逝有《瑜伽师地论》（Yogāchāryabhūmiśāstra）存在，[②]这是神秘学派瑜伽宗［Yogāchāra，或唯识宗（Vijñānavādin）］创立者阿僧伽（Asanga）的主要著作之一。[③]

迦耶那沙王在创建公园时的祷词（praṇidhāna）表达了希望众生都能获得一系列福祉的愿望，起初是纯粹物质的福祉，但后来逐渐上升到道德和神秘的境界，直至开悟。这种愿望给路易斯·德·拉瓦莱·普桑留下了“一个印象：这一切都与大乘说一切有部（Sarvāstivāda）相一致”。[④]甚至有人认为，这一祷词反映出的教义可能已经带有密宗（Tantrism）的色彩了。[⑤]

巨港地区的考古发现[⑥]（虽然相当稀少，尤其是建筑遗迹）证

---

① 义净:《南海寄归内法传》。

② 《大唐西域求法高僧传》。

③ 勒内·格鲁塞:《印度哲学》（巴黎，1931 年），第 2 卷，第 7—149 页。

④ “通信”，BEFEO，第 30 期，第 656 页。

⑤ 赛代斯:《室利佛逝的马来文碑铭》，第 55—57 页。公元 7 世纪末，密教在苏门答腊的出现并不令人惊讶。如果阿僧伽的学生，逻辑学家陈那的徒弟，建志的护法真是在任教三十年之后离开了那烂陀大学前往金洲（苏门答腊或马来亚）的话，那么密教传入的时间大致就可以上溯到与高僧玄奘同时代的护法。见安东·谢夫纳（Anton Schiefner）译的《多罗那他的印度佛教史》（圣彼得堡，1869 年），第 160 页。F. D. K. 博世对这个证据提出了质疑［《那烂陀大学的特许状》，TBG，第 65 期（1925 年），第 559 页注释 80］。然而，即使公元 684 年时室利佛逝还未接触到密教，那么三十年之后密教也一定已经传入了，因为 717 年时，印度人跋日罗菩提（Vajrabodhi）途经了室利佛逝，正是此人将密教教义引入了中国。（伯希和:《交广印度两道考》，第 336 页。）密宗：大乘八大宗派之一。——译者注

⑥ N. J. 克罗姆:《巨港古迹》，ABIA（1931 年），第 29—33 页。F.M. 施尼策:《印度化苏门答腊考古》（莱登，1937 年）。德普拉萨德·戈什:《室利佛逝的原始艺术》，JGIS，第 1 期（1934 年），第 31—38 页；《室利佛逝艺术的源头》，JGIS，第 3 期（1936 年），第 50—56 页；《来自锡兰和室利佛逝的两尊菩萨像》，JGIS，第 4 期（1937 年），第 125—127 页。W. F. 斯塔特海姆:《在哥打卡普尔（邦加）新发现的四臂残像考》，IAL，第 11 期（1937 年），第 105—109 页。

实了义净的记述和碑铭的记载。目前已发现的雕塑全部都是佛教的，其中菩萨像占绝对多数。但总的来说，它们都晚于本章讨论的这个时期。

根据中国史籍的记载，室利佛逝最后一次遣使是在公元742年。① 此后的资料一直是空白，直至公元775年。公元775年刻在悉摩曼寺（Wat Sema Mùang）石柱一面上的梵文铭文② 使我们得知，苏门答腊那个的王国已经在马来半岛的洛坤站住了脚，一个室利佛逝的国王，可能叫达摩色图（Dharmasetu），③ 在洛坤建造了各种建筑，包括一座献给佛陀、莲华手菩萨（Padmapāṇi）和金刚手菩萨（Vajrapāṇi）的神庙。实际上，从公元732年开始，爪哇中部就成为我们最感兴趣的地方。但在讲述那里发生的事情之前，有必要先讲述一下我们所知道的在公元7世纪末至8世纪中期发生在印度支那半岛上的那些事件。

---

① 伯希和:《交广印度两道考》，第335页。

② 赛代斯:《室利佛逝王国》，BEFEO，第18期，第5辑，第29—31页;《暹罗碑铭集》(曼谷，1924—1929年)，第2卷，第23册，第35—39页;《印度尼西亚夏连特拉王朝的起源》，JGIS，第1期（1934年)，第64—68页。B.R.查特吉:《印度与爪哇》(加尔各答，1933年)，第2卷，碑铭，第40—44页。查布拉:《雅利安印度文化的传播》，第20—27页。尼拉坎塔・萨斯特里:《室利佛逝》，第252—254页。在霹雳地区的锡矿里发现的那尊观自在菩萨小塑像，可能就可以追溯至这个时期，它与室利佛逝艺术有着无可否认的相似性［H. G. 夸里奇・韦尔斯:《马来亚的考古研究》，ABIA，第12期（1937年)，第41页注释1，以及图版Ⅻ］。

③ 这个假设最初是由 N. J. 克罗姆提出来的，见 F. W. 斯塔佩尔编辑的《荷属东印度史》(阿姆斯特丹，1938—1940年)，第1卷，第162页；随后 F. D. K. 博世采纳了这一假设，见《Çrīvijaya，de Çailendra-en de Sañjayavaṃça》，BKI，108（1952年)。我已经为这一假设提供了几个论据，见我的《洛坤碑铭：目前对该碑的解释》，载《远东杂志》，第6期，第1辑（1959年)，第44页。

2. 柬埔寨的分裂：陆真腊和水真腊（公元 8 世纪初）

《旧唐书》和《新唐书》[①]都告诉我们，公元706年之后不久，柬埔寨就一分为二，[②]又回到了扶南诸王和真腊早期诸王统一全国之前的那种混乱状态。“北多山阜，号陆真腊半，南际海，饶陂泽，号水真腊半。”[③]

柬埔寨的分裂显然源于阇耶跋摩一世驾崩后的乱局，他没有留下男性继承人。公元 713 年，这个国家由一位名叫阇耶提鞞的女王统治，我们在吴哥发现了一块她的碑铭，[④]她在铭文中抱怨时运不济，并提到了向三城毁灭者相的湿婆（Śiva Tripurāntaka）神庙的捐赠。这座庙宇是由索帕贾亚（Śobhājayā）公主建造的，她是阇耶跋摩一世的女儿，嫁给了出生在印度的湿婆教婆罗门释克斯瓦明（Śakrasvāmin）。另一块碑铭也提到了阇耶提鞞的名字，从中我们得知，她也是阇耶跋摩一世的女儿。[⑤]

大约在同一时期，一位名叫补什迦罗（Pushkara），或者补什迦罗娑（Pushkarāksha）的阿宁迭多补罗（Aninditapura）王子，

① 伯希和：《交广印度两道考》，第 211 页。

② 皮埃尔·杜邦已经研究过这个时期，见《真腊的解体》，BEFEO，第 43 期，第 17 页及其后文；《真腊与宾童龙》，BSEI，第 24 期（1949 年），第 1—19 页。

③ 马端临：《文献通考·四裔考》。

④ 发现于巴赖（Baray）西部。《专栏》，BEFEO，第 39 期，第 341 页。赛代斯：《柬埔寨碑铭集》，第 4 卷，第 54 页。

⑤ 即克纳寺（Vat Khnat）碑铭，见赛代斯的《柬埔寨碑铭集》，第 7 卷。

在商菩补罗（Śambhupura）当了国王[①]——该城的遗址位于湄公河上桔井的上游[②]的松博（Sambor），公元716年补什迦罗在那里刻了一块碑铭。[③]有人认为，他是“通过婚姻”获得这个王位的，[④]但这是一个毫无根据的假设，况且我们完全可以假设，正是因为王座空悬，他才夺取了权力。

在死后得到了“因陀罗路迦”（Indraloka）这个谥号的，有可能就是补什迦罗娑，因为松博的一块碑铭中提到了这个谥号，说它是803年在位的一位女王的曾祖父的名字。[⑤]无论如何，他夺取商菩补罗这件事，似乎就标志着柬埔寨分裂的开始。

关于陆真腊在8世纪上半叶的情况，我们仅知道：公元717年它曾遣使中国，[⑥]并在722年派遣了一支远征军前往越南，帮助当地一个酋长反叛中国。[⑦]至于水真腊，似乎它本身就已经分

---

① 奥古斯特·巴特和亚伯·贝加尼:《占婆和柬埔寨的梵文碑铭》，第369页。如果“商菩补罗”和商菩跋摩国王的名字之间存在着某种关系（这位国王在塔梅留下了一块与补什迦罗娑神庙的建立有关的碑铭，见赛代斯的《关于水真腊》，BEFEO，第36期，第4页），并且另一方面，如果这个补什迦罗娑（它可能只是一尊毗湿奴的雕像）与716年铭文中的国王补什迦罗娑也有某种联系的话，那么就必须承认，商菩补罗城是在补什迦罗娑下台之后才得到这个名字的，商菩跋摩大概是补什迦罗娑的一个继任者。但就像将这个商菩跋摩考据为同名的占族国王的做法一样，所有这些都是假定的。

② 艾蒂安·艾莫尼尔:《柬埔寨史》（巴黎，1900—1904年），第1卷，第299—310页。阿德玛·勒克莱尔:《柬埔寨的考古活动》，BEFEO，第4期，第737—749页。亨利·帕芒蒂埃:《早期高棉艺术》（巴黎，1927年），第1卷，第213页。

③ 路易斯·斐诺:《波列贴格万比碑铭》，BEFEO，第4期，第675页。

④ 巴特和贝加尼:《占婆和柬埔寨的梵文碑铭》，第356页。

⑤ 见下文，本书第150页。巴孔（Bakong）石碑上也提到了因陀罗路迦（赛代斯:《柬埔寨碑铭集》，第1卷，第35页）。

⑥ 伯希和:《交广印度两道考》，第212页。

⑦ 亨利·马伯乐（Henri Maspero）:《8至14世纪安南与柬埔寨的边界》，BEFEO，第18期，第3辑，第29页。

裂成了若干个诸侯国。其中，居于南部的阿宁迭多补罗国，曾有一个名叫婆罗阿迭多（Bālāditya）的人担任首领，但他当政的日期尚未确定。他可能用自己的名字命名了婆罗阿迭多补罗城（Bālādityapura），中国人曾提到过这座城市，称为婆罗提拔，并认为它是水真腊的真正首都。[①]婆罗阿迭多声称自己是憍陈如和那伽索玛的后裔，后来也被吴哥诸王视为祖先，通过他，诸王将自己与这对神话中的夫妇联系了起来。[②]因此，婆罗阿迭多与扶南古代君王理当有某种关系。鉴于名字的相似性，我们可以推测，他的继任者中可能包括一个名叫尼栗波阿迭多（Nṛipāditya）的人，此人在交趾支那西部留下了一块梵文碑铭。[③]这块碑铭没有注明日期，但它可能追溯到公元 8 世纪之初，也就是柬埔寨的分裂之初。

3. 公元 8 世纪时的陀罗钵底和室利差呾罗

关于公元 8 世纪的陀罗钵底，尚无任何确凿的材料。我们能肯定的是，一些建筑遗迹以及一些雕塑（其中一些可能还不属于陀罗钵底）大致可以追溯到这个时期。[④]

在卑谬，刻在国王骨灰瓮上的那些骠文传说，使我们得知了三位国王的姓名和享年，但标注他们生卒年份所用的历法尚未弄

---

① 赛代斯:《关于水真腊》，第 3、11 页。
② 同上书，第 11 页。R. C. 玛兹穆德:《金洲的夏连特拉君主们》，BEFEO，第 33 期，第 137—138 页。赛代斯:《柬埔寨碑铭集》，第 1 卷，第 74 页。
③ 即巴泰山碑铭。赛代斯:《关于水真腊》，第 7 页。
④ 皮埃尔·杜邦:《印度支那西部的戴冠毗湿奴》，BEFEO，第 41 期，第 233—254 页。M. C. 苏哈迪斯·迪斯卡尔（M. C. Subhadradis Diskul）:《允华达，泰国东北部的古城》，AA，第 19 期（1956 年），第 362 页。

清。[①] 如果我们假定这种纪年体系的元年为公元 638 年，这种体系可能起源于印度，但首先在缅甸使用，后来才传播到泰国和柬埔寨。那么，我们可以得到以下日期：

673 年……

688 年，苏利耶毗讫罗摩（Sūryavikrama）去世，享年 64 岁。

695 年，诃利毗讫罗摩（Harivikrama）去世，享年 41 岁。

718 年，尸诃毗讫罗摩（Sīhavikrama）去世，享年 44 岁。

我们还从其他地方得知了婆罗蒲跋摩（Prabhuvarman）和阇耶昌陀罗跋摩（Jayachandravarman）这两个名字，但日期不详。鉴于他们的名字以跋摩（varman）结尾，这两位初看似乎不属于“讫罗摩”（vikrama）国王们的朝代。[②] 但是一尊佛像台座上的梵文铭文告诉我们，[③] 阇耶昌陀罗跋摩是诃利毗讫罗摩的长兄，而且，为了结束兄弟之间的争权夺利，他们的精神导师让他们建造了两座完全相同的城市，让他们分别居住在其中。[④]

卑谬的那些佛塔就建于公元 8 世纪，分别被命名为包包枝（Bôbôgyi）、骠玛（Payama）和骠盖（Payagyi）。它们是圆柱形的，有一个半球形或尖形的穹顶。这种类型佛塔的起源要到印度东北部和奥里萨海岸去寻找，奥里萨海岸与缅甸三角洲的关系，前文

---

① C. O. 布拉格登：《骠文碑铭》，载《印度碑铭学》，第 12 期，第 127—132 页；《骠文碑铭》，JBRS，第 7 期（1917 年），第 37—44 页。路易斯·斐诺：《印度支那金石学》，BEFEO，第 15 期，第 2 辑，第 132—134 页。参阅 ARASB（1924 年），第 23 页。

② 查尔斯·杜鲁瓦塞尔，ARASI（1926—1927 年），第 176 页注释 2。

③ 同上书，1927—1928 年，第 128、145 页。

④ 尼哈拉尼安·雷：《缅甸的梵文佛教》（加尔各答，1936 年），第 19—20 页。G. H. 卢斯：《古代骠族》，JBRS，第 27 期（1937 年），第 243 页。

已有阐述。[①] 骠族王国另一种特有的建筑形式［这种建筑的内室支撑着一个圆柱形－圆锥形上层建筑，梵文为希诃罗（śikhara）］的渊源，也应当到奥里萨海岸去寻。这种建筑后来在蒲甘有了显著的发展。上座部佛教（上文已经提到，一些巴利文经典的残片证实，该教派在公元 7 世纪之前即已存在于卑谬）此时即使还没有被彻底取代，至少也被一个崇尚梵文经典的教派（也许是根本说一切有部）排挤到次要地位了。我们知道，义净肯定过该教派在外印度的主导地位。[②] 但是再往北，在蒲甘，大乘佛教似乎已经牢固扎根，并且在孟加拉的影响下，呈现出有时被说认为密宗的一面。

4. 爪哇：珊阇耶（公元 732 年）和崇信佛教的夏连特拉王朝（公元 8 世纪末）

除了日期不明且历史价值甚微的图克马斯碑铭，在补罗那跋摩的那些碑铭（出自爪哇西部，可追溯到 5 世纪中叶）[③] 之后，爪哇就再未发现任何碑铭材料。直到公元 732 年，在该岛中部的婆罗浮屠东南武吉尔（Wukir）山的章嘎尔（Canggal）湿婆教神庙遗址中发现了一块梵文碑铭，爪哇才重新回到了人们的视线。[④] 铭文的作者是国王珊阇耶，他是沙那的姐姐萨娜（Sannā）的儿

---

① 见上文，本书第 48 页。

② 尼哈拉尼安·雷：《缅甸的梵文佛教》，第 19—30 页。

③ 根据 R.Ng. 普尔巴扎拉卡的说法，公元 697 年至 708 年，爪哇处在室利佛逝的统治之下；然后在 708 年至 719 年，它试图从中摆脱出来。最后从 719 年至 730 年，珊阇耶进行了下一页中提到的那些征服。［参阅达迈斯对普尔巴扎拉卡的《印度尼西亚历史风俗》的评论，BEFEO，第 48 期（1957 年），第 639 页］

④ 亨利·克恩：《散论》（海牙，1913—1929 年），第 7 卷，第 115—128 页。查特吉：《印度与爪哇》，第 2 卷，碑铭，第 29—34 页。

子，①这个名字很像一个梵语化了的土著名字。铭文讲述了在“富于谷物和金矿”的耶婆提岛上的坤差拉坤差（Kunjarakunja）地区竖立林伽的情况。②

虽然爪哇岛不产黄金，但上下文表明我们不应该到别的地方去寻找耶婆提岛。然而却有一位学者建议把耶婆提考据为马来半岛，并且还以珊阇耶的印度血统为基础，设想出他怎样在半岛上统治，又怎样逃到爪哇，然后在那里成了被室利佛逝从巨港赶走的夏连特拉王朝的封臣，简直就是一部小说。③另一位学者已经指出了这个故事的荒诞离奇。④

至于坤差拉坤差，仔细研究过上述碑铭的一位解读者曾认为，它是爪哇以外的一个地方，那座林伽可能就是从那里运来的。而且有人基于这一错误的解释，提出了一些关于爪哇和印度南部潘地亚国之间关系的假设。⑤因为在特拉凡哥尔（Travancore）和廷内利（Tinnevelly）的边界附近，确实有一个叫作坤差拉坤差的地方，投山仙人的神庙恰好就在那里。这位仙人是使南印度婆罗门教化的人，在爪哇，他的形象是一个大胡子、大肚子的巴塔拉上师（Batara Guru），极受崇敬。但是通过对其真实读音的重

---

① 查布拉：《雅利安印度文化的传播》，第 37 页。让·菲利普·沃格尔：《章嘎尔碑铭注记》，BKI，第 100 期（1941 年），第 446 页。

② 关于这个国家的名字，参阅达迈斯对普尔巴扎拉卡的《印度尼西亚历史风俗》的评论，第 628—631 页。

③ 摩恩斯：《室利佛逝、爪哇和迦陀诃》，第 426—435 页，以及其他一些地方。

④ 尼拉坎塔·萨斯特里：《迦陀诃》，JGIS，第 5 期（1938 年），第 128—146 页。

⑤ 尼拉坎塔·萨斯特里：《夏连特拉王朝的由来》，TBG，第 75 期（1935 年），第 611 页；《投山仙人》，TBG，第 76 期（1936 年），第 500—502 页。

建[1]我们得以证实，坤差拉坤差是珊阇耶建造神庙的那个国家的名字，也就是克杜平原的全部或部分地区。当然，这个真实的读音并不妨碍我们将爪哇这一地区的名字与南印度的那个同名地区联系起来。

更晚近些的一篇文献，称赞珊阇耶实现了令人诧然的征服，从巴厘岛、苏门答腊、柬埔寨，一直到了中国。[2]一篇日期注为公元907年的碑铭更可信一些：[3]它将珊阇耶描述为马打兰（中爪哇的南部）的一位王子，并说他是一个世系的第一代国王。根据卡拉桑（Kalasan）的一块碑铭记载，这一世系的第二位国王名叫邦南伽兰（Panangkaran），公元778年时在位，当时臣服于宗主国夏连特拉王朝。

夏连特拉这个名字意为“山之王”，是（湿婆）耆利沙的同义词，也许表现了印度神话对印度尼西亚信仰的吸纳与适应，后者将神灵的居所置于高山之上。[4]有位学者认为，[5]夏连特拉这个名字表明了这些新来者的印度血统，他认为他们与羯陵伽的塞罗跋婆（Śailodbhava）王朝有血缘关系。但这一理论遭到了强

---

① W. F. 斯塔特海姆:《论南印度与爪哇的文化关系》，TBG，第79期（1939年），第73—84页。沃格尔:《章嘎尔碑铭注记》，第445页。

② R.Ng. 普尔巴扎拉卡:《帕拉希扬根的故事》，TBG，第59期（1920年），第403—416页。达迈斯对普尔巴扎拉卡的《印度尼西亚历史风俗》的评论，第633—637页。

③ W. F. 斯塔特海姆:《来自克杜的一份重要文献》，TBG，第67期（1927年），第172—215页。R. 戈里斯（R. Goris）:《马打兰王朝的统一》，《巴达维亚皇家艺术与科学协会年鉴》（维特瑞登，1929年），第1卷，第202—206页。

④ 让·普日卢斯基:《夏连特拉梵萨》（Śailendravaṃśa），JGIS，第2期（1935年），第25—36页。

⑤ R. C. 玛兹穆德:《古代印度在远东的殖民地，第二部分：金洲》（达卡，1937年），第225—227页。

烈反对。[①] 无论如何，夏连特拉王族用摩诃罗阇作为他们的王号（mahārajā）在南方诸岛出现，肯定可以说是“一桩具有头等重要性的国际事件”。[②]

我们应该考虑，这些“山之王”们是否在试图复兴古代扶南君王的头衔，后者是耆利沙林伽的忠实信徒，[③] 并自封为普世君主。J.G. 德・卡斯帕里斯证实了，位于印度支那半岛南部的扶南末代都城——那弗那，就是一块公元9世纪碑铭中提到的伐剌拏剌（Varanara）后，根据该碑铭记载，伐剌拏剌国由国王补焦统迦德瓦（Bhūjayottungadeva）统治，看来他就是爪哇夏连特拉王朝的创始人。[④] 自此，这一假说就具有了一定的可靠性。

这个王朝越来越像一个宗主国，对统治克杜平原的地方王朝行使着最高权力。事实上，F. H. 范・纳尔森就曾指出，卡拉桑碑铭中称为“夏连特拉王朝的荣耀”的，不是陵庙及其碑铭的建立者邦南伽兰摩诃罗阇，而是他的宗主国的国王。[⑤]

统治克杜平原的地方王朝的第一个知道名字的国王似乎是

---

① 尼拉坎塔・萨斯特里：《夏连特拉王朝的由来》，第610页；《室利佛逝史》（马德拉斯，1949年），第46—50页。

② 玛兹穆德：《古代印度在远东的殖民地，第二部分：金洲》，第2卷，第159页。劳伦斯・P. 布里格斯：《夏连特拉王朝的起源》，JAOS，第70期（1950年），第76—89页。

③ 赛代斯：《印度尼西亚夏连特拉家族的由来》，JGIS，第1期（1934年），第66—70页。我们有理由提出，柬埔寨的分裂也许并不是扶南最后一息的标志，因为水真腊当时可能声称它继承了扶南的遗产。

④ 德・卡斯帕里斯：《印度尼西亚碑铭》，第2卷，第184—185页。伐剌拏剌这个名字在喀卢拉克碑铭中也出现过（同上书，第1卷，第191页）。

⑤ 《夏连特拉的空位期》，载《古代印度》（让・菲利普・沃格尔论文集，莱登，1947年），第249—253页。

桑·拉图·依·哈卢（Sang Ratu i Halu），我们有证据表明大约公元768年他在位。[①]但有一件事是确定的：夏连特拉的到来是以大乘佛教的突然崛起为标志的。公元778年，邦南伽兰摩诃罗阇应其精神导师们的要求，建立了一座供奉佛教女神度母（Tārā）的神庙，并把迦罗舍（Kālasa）村献给这座庙。[②]这就是如今被称为卡拉桑陵庙（Chandi Kalasan）的那座古建筑，位于日惹（Jogjakarta）市以东的普兰巴南（Prambanan）平原。[③]

公元782年，在一位被誉为“众多神雄的诛斩者”[④]的夏连特拉国王[他以僧伽罗摩檀那阇耶（Sangrāmadhananjaya）为号加冕][⑤]统治期间，一位来自高迪国（Gauḍī，位于西孟加拉）的阿阇梨，名叫鸠摩罗哥沙（Kumāraghosha），在离卡拉桑不远的喀卢拉克（Kelurak）供奉了一尊文殊菩萨的塑像，文殊菩萨是佛教三宝（Triratna）、婆罗门教的三位一体（Trimūrti）和众神的综合体。[⑥]

① L.C. 达迈斯:《碑铭笔记》，TBG，第83期（1949年），第21—25页。BEFEO，第52期（1964年），第128页。

② 用前天城体字母刻制的卡拉桑梵文碑铭，已由J. L. A. 布兰德斯（J. L. A. Brandes）发表，TBG，第31期（1886年），第240—260页；R. G. 班达卡（R. G. Bhandarkar），载《皇家亚洲学会孟买分会会刊》，第17期（1887—1889年），第2卷，第1—10页；F. D. K. 博世，TBG，第68期（1928年），第57—62页；B. R. 查特吉:《印度与爪哇》，第2卷，碑铭，第44—48页。

③ 见N. J. 克罗姆在《印度化爪哇文化导论》（海牙，1923年，第257—264页）一书中的描绘。摩恩斯在《室利佛逝、爪哇和迦陀诃》一文中（第434页）根据这座古建筑的图绘，提出了一种过于巧妙的解释，这一解释的灵感来自他那极富争议性的珊阇耶来自印度理论。亦参阅F. B. 沃格勒（F. B. Vogler）的《印度化中爪哇宗教建筑的发展》，BKI，第109期（1953年），第249页。

④ 赛代斯:《夏连特拉，‘众多神雄的诛斩者’》，《佛陀的礼物：献给菲利普·塞缪尔·凡·隆克尔（Ph. S. van Ronkel）教授的东方研究论文集》（莱登，1950年），第58—70页。

⑤ 德·卡斯帕里斯:《印度尼西亚碑铭》，第102页。

⑥ F. D. K. 博世:《喀卢拉克碑铭》，TBG，第68期（1928年），第1—56页。

在卡拉桑碑铭和喀卢拉克碑铭中使用过、后来在柬埔寨也使用过[①]的那种北印度字体的一时风行，显然就是由于西孟加拉和那烂陀大学的这种影响。

克杜平原上那些宏大的佛教建筑物，就是在夏连特拉王朝在爪哇建立之初建造的，时间大致是在公元8世纪下半叶。这些古迹的年代划分还有些不妥。据度母的神庙——卡拉桑陵庙的碑铭记载，该庙建于公元778年，这为确定其他古迹的年代提供了一个参考点。沙里陵庙（Chandi Sari）是一处包括一座神庙的僧侣居所，大概与卡拉桑陵庙属于同一时期，而西巫陵庙（Chandi Sewu，它附设有250座小寺庙，是一座名副其实的石造曼荼罗）的年代则要稍晚一些。[②]至于这些古迹中最闻名遐迩的婆罗浮屠佛塔（Borobudur），连同两个附属建筑：门杜陵庙（Chandi Mendut）和巴旺陵庙（Chandi Pawon）[③]，根据对地基上那些同时代的短小碑铭进行古文字学研究的结果，不容许我们把它看作早于9世纪中叶的建筑，也就是夏连特拉王朝末年。婆罗浮屠既是一个佛教的微观宇宙，也是一座石筑的曼荼罗，而且可能是夏连特拉王朝的圣坛。[④]那上面以浮雕装饰，表现的是大乘佛教中几部重要经典中的内容。[⑤]门杜陵庙中藏有一组精美的

① 同上书，第26页。

② 1960年在西巫陵庙发现了一块公元792年的古马来文碑铭。参阅L.C.达迈斯的《印度尼西亚书目提要》，BEFEO，第51期（1963年），第580页。

③ J. L. 摩恩斯:《婆罗浮屠、门杜和巴旺之间的关系》，TBG，第84期（1951年），第326页。

④ 德·卡斯帕里斯:《印度尼西亚碑铭》，第1卷，第204页。

⑤ 主要是《本生鬘》（*Jātakamālā*）、《普曜经》（*Lalitavistara*）、《入法界品经》（*Gaṇḍavyūha*）以及《辩业经》（*Karmavibhanga*）等著作。

三人塑像（佛陀正在两位菩萨中间说法），为后笈多风格。从宗教角度来看，这个建筑群[①]属于金刚乘（Vajrayāna）秘传佛教，不久后该教派被编入一部名为《大乘真言圣典》（*Sang hyang Kamahāyānikan*）的论著之中。[②]

信仰佛教的夏连特拉王朝的出现，似乎导致了忠实于印度教的保守分子大批逃往东爪哇。狄昂高原上最古老的建筑和珊阇耶的碑铭都证明，公元 7 世纪和 8 世纪上半叶，当地的印度教信仰非常兴盛。据中国史籍记载，公元 742 年至 755 年间，诃陵王吉延将都城从阇婆东迁至婆露伽斯，[③]这在玛琅（Malang）西北的帝

① N. J. 克罗姆:《印度化爪哇史》，第 152 页。关于对这些建筑物的描述和有关的著作目录，参阅克罗姆的《印度化爪哇文化导论》。关于对婆罗浮屠的描述，见 N. J. 克罗姆和 T. 范・埃尔普（T. van Erp）的精彩专著:《婆罗浮屠概述》（海牙，1920 年）；关于对这座建筑的解释，尤其请参阅保罗・穆斯的基础性贡献:《婆罗浮屠》，BEFEO，第 32—35 期；亦见 W. F. 斯塔特海姆的《婆罗浮屠的名称、形式和意义》（维特瑞登，1929 年），以及 P. H. 波特（P. H. Pott）的《瑜伽和雅却图对印度考古学的意义》（莱登，1946 年），还有 A. J. 伯特・肯珀斯的两部著作:《婆罗浮屠的隐基脚》，BKI，第 111 期（1955 年），第 225—235 页;《印度尼西亚古代艺术》（阿姆斯特丹，1959 年）。至于 J. G. 德・卡斯帕里斯在《夏连特拉时期的碑铭》（载《印度尼西亚碑铭》，第 164 页）一文中提出的那些假说，尤其是关于这座建筑物的古代名称的假说，似乎是不可取的。

② 梵文词典《长寿鬘》（*Amaramālā*）在吉坦陀罗（Jitendra）治下被译成了爪哇文。吉坦陀罗是一位尚未考订清楚的夏连特拉。

③ 伯希和:《交广印度两道考》，第 225 页。费琅在《昆仑人与古代的跨洋航行》（第 304 页注释 3）一文中，从婆露伽斯中辨认出一个爪哇语词组“waruh gresik”，意为“沙滩”。这个词组现在还是泗水港市的名字，俗称“Grise”；但婆露伽斯并非必然就在这个地方，因为这名字可能是从另一个地方被带到爪哇东部的。摩恩斯在《室利佛逝、爪哇和迦陀诃》一文中（第 382—386 页）提出，将婆露伽斯考订为吉打东南的巴鲁阿斯（Baruas）。他认为此地大概是婆露伽斯的古都。从语音学的角度看，这种比较不大能令人接受，并且它意味着把诃陵的位置定到半岛上去，这就引出了一些极为严重的困难。

那耶（Dinaya）发现的一块梵文碑铭中得到了证实，[①]该碑的年代为公元 760 年，是出自爪哇东部且注有日期的最古老碑铭。[②]这篇碑文提到，国王提婆辛哈（Devasiṃha）的一个儿子建造了一座投山仙人神庙，他名叫加阇耶那（Gajayāna），[③]当时统治着坎祖鲁汗（Kanjuruhan）。[④]提婆辛哈和加阇耶那（他们可能与珊阇耶有某种亲戚关系）都虔信湿婆教，也是一座名为普提克斯瓦拉（Pūtikeśvara）的林伽的守护者与庇护者，这座林伽体现着王权的本质，这是王族崇拜林伽的又一例证。关于这种崇拜，占婆美山的拔陀利首罗神为我们提供了第一个可靠的证据。到吴哥时期，这种崇拜在柬埔寨将成为崇高的国教。

帝那耶的这块引人注目的碑铭，给公元 8 世纪下半叶爪哇东部的历史投下了一道光亮，但这只是黑夜中的一束微弱的光。[⑤]

---

① F. D. K. 博世：《帝那耶石碑上的梵文碑铭（塞迦历 682 年）》，TBG，第 57 期（1916 年），第 410—444 页；《帝那耶的林伽祭坛》，TBG，第 64 期（1924 年），第 227—286 页。

② W. F. 斯塔特海姆提请我们注意来自爪哇东部的一篇简短碑铭，虽然它未注明日期，但从古文字学的角度看，其年代要更为古老。《东爪哇最古老的铭文？》BKI，第 95 期（1937 年），第 397—401 页。

③ R. Ng. 普尔巴扎拉卡在《群岛上的投山仙人》（莱登，1926 年，第 109—110 页）一书中把中国史籍中的“吉延”视为加阇耶那的音译，可是 R. A. 克尔恩的《重新发现若尔坦（Joartan）？》［BKl，第 102 期（1943 年），第 545 页］却主张把它看作爪哇的官名——“（ra）kryan”的音译，尽管这个词在中文中更常见、更准确的译法是“落结连”。L. C. 达迈斯在他对普尔巴扎拉卡《印度尼西亚历史风俗》的评论中也持此说。参阅克罗姆的《印度化爪哇史》，第 283 页。

④ J. G. 德·卡斯帕里斯在《再论帝那耶的石刻梵文碑铭》［TKNAG，第 81 期（1941 年），第 499 页］一文中提出把这个国家考订为新托（Siṇḍok）的那些碑铭中的坎努鲁汉（Kanuruhan），并在玛琅以西的克尤龙（Kejuron）村的名字中，重新辨识出了坎努鲁汉这个名字。

⑤ 中国史籍仅仅提到了诃陵于 767 年和 768 年的两次遣使（伯希和：《交广印度两道考》，第 286 页）。

在这个世纪的最后25年，人们的兴趣都集中到了该岛中部的夏连特拉王朝身上了。

夏连特拉王朝的登场，在国内是以大乘佛教的发展为标志，在国外，则是以他们入侵印度支那半岛并企图在那里定居为特征。

据越南编年史记载，公元767年东京遭到来自阇婆（爪哇）和昆仑（泛指南方诸岛）的敌寇侵犯。都护张伯义"命都尉击之，破贼于朱鸢［今天的山西（Sơn Tây）附近］，贼遁入海"。①芽庄波那加塔（Po Nagar）的一块梵文碑铭记载，②公元774年，"其人产于异地，黑瘦凶暴如鬼，所食诸物，恶逾死尸。贼以舟来掠释利商菩神祠，取诸神物饰品、金银、宝石、瓶盎、金笏、白伞、拂蝇、金瓶诸物以去。神居既空，以火焚之。"占婆国王萨多跋摩（Satyavarman）"闻耗，以舟载诸兵将逐击之海上；神面暨诸宝物，与贼舟共沈，王甚痛惜。"公元787年，"爪哇军队乘大船来犯"，焚毁了另一座庙宇。③

大约在同一时间，不早于公元782年，一篇碑文以国王的名义开始在洛坤刻写，但没有完成。这位国王的本名叫毗湿奴，号称"敌军的煞星"。这段铭文被镌刻在公元775年室利佛逝国王竖立的那块石碑的第二面上。

这篇碑文中说，毗湿奴国王"拥有摩诃罗阇的尊号，这表明他是夏连特拉家族的后代"。无疑这就是喀卢拉克碑铭中的那位

---

① 乔治·马伯乐:《占婆史》(巴黎，1928年)，第97—98页。

② 巴特和贝加尼:《占婆和柬埔寨的梵文碑铭》，第252页。

③ 同上书，第217页。

国王，即僧伽罗摩檀那阇耶。①

有一段时间，人们认为夏连特拉王朝从一开始就统治着室利佛逝，并认为在公元 8 世纪下半叶和 9 世纪的大部分时间里，整个中爪哇都臣服于这个苏门答腊的王国。②然而，尽管我们在后文中将看到，11 世纪时，室利佛逝的王位上端坐着的是夏连特拉家族（10 世纪时无疑也是如此），但我们没有证据证明在公元 8 世纪时情况就已经如此了。③

R. C. 玛兹穆德的功绩在于，他第一个将洛坤碑的两面区分开来，④在此之前，"夏连特拉从公元 775 年起便统治室利佛逝"的说法就是基于这一石碑提出的。玛兹穆德指出，夏连特拉的"龙兴之地"可能在马来半岛上，⑤但其具体位置我们无从得知，因为公元 8 世纪的中国史籍对这一地区记载甚少。⑥有人提出了猜亚的可能性，因为从这一时期的考古遗迹的丰富程度来看，它在公

---

① 关于这第二块碑铭以及它所引起的众多讨论，参阅赛代斯的《洛坤碑铭：目前对该碑的解释》，第 42—48 页。

② N. J. 克罗姆：《爪哇历史上的苏门答腊时期》（莱登，1919 年），该书法语节译见 BEFEO，第 19 期，第 5 辑，第 127—135 页。

③ 赛代斯：《印度尼西亚夏连特拉家族的由来》，第 65 页。然而，尼拉坎塔·萨斯特里在《室利佛逝史》（第 46 页和 56 页）中仍然以苏门答腊岛存在前天城体字体的碑铭，以及洛坤的佛塔与巴东拉瓦斯（Padang Lawas）的佛塔之间的相似性为论据，假定夏连特拉家族从 8 世纪末起就扎根苏门答腊是可能的。

④《金洲的夏连特拉君主们》，BEFEO，第 33 期，第 126—127 页。

⑤ 同上书。

⑥ 在贾耽路程（伯希和：《交广印度两道考》，第 231—233 页、349—364 页和 373 页）中，只提到罗越和科洛。正如摩恩斯（《室利佛逝、爪哇和迦陀诃》，第 337 页）和 N. J. 克罗姆［《苏门答腊的名字》，BKI，第 100 期（1941 年），第 10 页］提出的那样，罗越大概是指柔佛河上的昔罗由［（Se）luyut］。至于科洛（富沙罗），保罗·惠特利在《黄金半岛》（第 270 页）一书中讨论了这一地名与哥罗舍分、哥谷罗及其他几个地名的关系。结论是，这个国家位于陀罗钵底以西、马来半岛西岸的普吉（Phuket）地区。

元 8 世纪似乎经历了一段繁荣时期。[①] 但无论如何，我们没有理由怀疑在前一个世纪，室利佛逝的中心是在巨港。[②]

根据现有的文献，爪哇似乎不是印度尼西亚夏连特拉家族的发祥地，而是他们在群岛上第一次威名远扬的地方。正如我们所看到的那样，这个家族声称自己与扶南的“山之王”们有关，虽然此说尚难判断。但这也并不像有人认为的那样，[③] 室利佛逝是其东边邻国的属国。因为我们可以从那烂陀特许状中得出的证据（我们将在后面谈到这份特许状），仅仅能够证明公元 9 世纪下半叶的情况。根据这份文献，金洲（苏门答腊及其在马来半岛上的领地）当时由三摩罗揭罗毗罗（Samarāgravīra）国王的一位巴拉跋特拉（Bālaputra）（即“幼子”）统治，这位国王是亚瓦布米（Yavabhūmi，爪哇）国王的儿子，这位亚瓦布米被誉为“夏连特拉王朝的荣耀”，名字后面还带有一个称号：众多神雄的诛斩者。这位爪哇的夏连特拉似乎就是喀卢拉克碑铭和洛坤碑铭（第二面）上的那个人，他的儿子三摩罗揭罗毗罗也可以被认定为公元 824 年统治着爪哇的那个萨摩罗统迦（Samaratunga）王。三摩罗揭罗毗罗的儿子，巴拉跋特拉，无疑是在他父王的权威下，为父亲统治着苏门答腊。这种情况与我们将要谈到的 11 世纪的巴厘发现的情况类似，在巴厘我们将看到爪哇国王的一个小儿子行使

---

① 特别是曼谷博物馆中的那些与爪哇门杜的塑像相似的、精美的青铜世尊观自在像［赛代斯:《曼谷国立博物馆考古收藏品》，AA（1918 年），第 12 期，图版 15—17］。

② 这也是 O.W. 沃尔特斯的意见,《室利佛逝在 7 世纪的扩张》，AA，第 24 期（1961 年），第 417—418 页。

③ W. F. 斯塔特海姆:《苏门答腊历史上的爪哇时期》（梭罗，1929 年）。参阅 F. D. K. 博世的书评，TBG.，第 69 期（1929 年），第 135—156 页。

着总督的职权。由此我们可以推断：在公元9世纪下半叶，爪哇和苏门答腊在同一位夏连特拉王的统治之下，这位君主在爪哇执政。但我们没有理由认为，公元8世纪下半叶的情况就已经是这样了。

另外，公元8世纪时爪哇的夏连特拉王朝倒可能对柬埔寨拥有某种权力，因为在第七章中我们将看到吴哥王朝的创始人在开始统治时举行了一场仪式，其目的就是要完全解除他对爪哇的臣属关系。柬埔寨沦为爪哇的附属可能源于一次事变，10世纪初的一位阿拉伯作者对此有一种浪漫化的说法：[①]一位高棉国王表示，希望看到阇婆格［Zābag，或称阇婆迦（Jāvaka）］摩诃罗阇的头颅放在盘子上摆在他面前，这些话传到了后者的耳朵里，于是他便以出游他王国的诸岛为借口，武装了舰队，准备征讨柬埔寨。他沿着通往柬埔寨首都的那条河溯流而上，生擒了这个柬埔寨国王并将其斩首，然后敕令高棉大臣为他物色一个继任者。一俟班师回国，国王阇婆格就下令将斩下的首级做了防腐处理，装在一个瓮中，送到了柬埔寨的新君那里，并附上了一封信，提醒这位继任者从这一事件中吸取教训。“当这些事件的消息传到印度和中国的统治者那里时，阇婆格在他们眼中的地位提高了。从此，高棉国王每天清晨一起床，都要面向阇婆格的方向，俯首在地，对摩诃罗阇卑躬屈膝，以示敬意。”

若把这段记述当作历史的一页，未免失之轻率。然而，它

① 阿布·扎耶德·哈桑（Abu Zayd Hasan）:《阿拉伯商人苏莱曼的印度和中国游记：写于851年》，费琅编译（巴黎，1922年）。关于该文献的作者（应该不会是商人苏莱曼），见让·索瓦热（Jean Sauvaget）编译的《中国与印度的关系：写于851年》（巴黎，1948年），第19页及其后文。这是阿布·扎耶德对《中国与印度的关系》一书的补充，其中包含这位高棉国王的故事。

可能是受到了某些历史事实的启发，爪哇的夏连特拉王朝的确利用了柬埔寨分裂时期的衰弱，要求收回其昔日祖先——“山之王”们对这个国家的主宰权。但也有可能，这段记述中的摩诃罗阇的功绩，实际上应当归于 7 世纪末的室利佛逝国王迦耶那沙。

5. 柬埔寨：两个真腊（公元 8 世纪下半叶）

陆真腊，中国人又称文单和婆镂，其疆域可能同真腊原来的领土一致。公元 753 年，该国遣使中国，使团由国王的儿子率领。公元 754 年，这位王子，或国王的另一个儿子随同中国军队进攻南诏东部，当时的南诏国王是阁罗凤。根据 G. H. 卢斯的说法，[①]《蛮书》提到，在真腊分裂时期，南诏曾兴兵远征，可能一直打到了“大海”，也许是指大湖。公元 771 年，名叫婆弥的“二世王”亲率使团出使，然后在 799 年又有一次遣使。[②] 贾耽在叙述由陆路从中国前往印度的路线时，[③] 所讲述的那个公元 8 世纪末的真腊国都所在的地方，最初被确定在了湄公河中游的巴欣本（Pak Hin Bun）地区，[④]但它显然应该更靠南一些，已接近原真腊的中心地区。[⑤] 在呵叻府猜也蓬县（Chaiyapum）的普乔考（Phu Khiao Kao）发现的以国王阇耶僧诃跋摩（Jayasiṃhavarman）的名

① G. H. 卢斯：《缅甸历史上的原始暹罗人》，JSS，第 46 期，第 143—144 页。

② 伯希和：《交广印度两道考》，第 212 页。

③ 同上书，第 213—215 页、372 页。

④ 亨利 · 马伯乐：《8 至 14 世纪安南与柬埔寨的边界》，BEFEO，第 18 期，第 3 辑，第 30—32 页。

⑤ R. 斯坦因：《林邑考》，载《汉学》，第 2 期（1947 年），第 41 页。皮埃尔 · 杜邦：《真腊的解体》，第 41—44 页。

义刻制的一块碑铭，[①] 也许就可以追溯到这个时期。

至于水真腊，我们在商菩补罗（松博）地区发现了一些碑铭，其中两块日期分别为公元770年和公元781年，[②] 均出自一位名叫阇耶跋摩的国王；[③] 791年的一块发现于暹粒省（Siem Reap），[④] 提到了竖立一尊观自在菩萨（Bodhisattva Lokeśvara）像的情况，这是柬埔寨存在大乘佛教的最古老的铭文证据。我们无法弄清一批王子王孙的年代，他们是吴哥第一批国王的祖先，宗谱将他们统统冠以国王的头衔，而实际上他们可能只是一些诸侯国的统治者，当时中柬和下柬便是这般被分崩离析的诸侯国。[⑤] 803年，也就是阇耶跋摩二世登基一年后，一位"年长的"王后杰什塔拉亚（Jyeshṭhāryā）在松博大舍善财，[⑥] 她是尼彭德拉提鞞（Nṛipendradevī）的孙女，因陀罗珞伽国王的曾孙女。

如果认为在柬埔寨历史上的这个动荡时期，高棉艺术也相应地黯然失色，那就错了。相反，艺术史学家们都认为，一些特别引人注目的前吴哥艺术作品可以追溯到公元8世纪，其风格介于

---

① 埃里克·塞登法登:《对暹罗东部四省柬埔寨古迹明细册的补充》，BEFEO，第22期，第90页。

② 770年的那块碑铭出自特本克蒙省（Thbong Khmum）的 Preah Theat Preah Srei 寺（赛代斯:《柬埔寨碑铭集》，第5卷，第33页）。781年的那块则发现于桔井地区的罗布克山（Lobök Srot）（赛代斯:《关于最近在柬埔寨发现的铭文的注释》，BEFEO，第5期，第419页。）

③ 为了不改变吴哥国王阇耶跋摩二世至八世的数目，我把这阇耶跋摩另编为一位一世。

④ 路易斯·斐诺:《印度支那的世尊观自在》，Et. Asiat，EFEO，第1期，第235页。

⑤ 参阅赛代斯的《关于水真腊》，第12页注释1。杜邦（《真腊的解体》，第17页及其后文）曾尝试过从系谱方面按年代给这批王公分类。

⑥ 艾蒂安·艾莫尼尔:《柬埔寨史》，第1卷，第305页。赛代斯:《柬埔寨碑铭集》，第3卷，第170页。

三坡波雷古风格和古伦（Kulèn）风格之间。①

6. 南占婆即环王（公元 8 世纪下半叶）

公元8世纪中叶由于夏连特拉王朝在南海的登场而引人瞩目，对于占婆来说，这也是一个关键时期。

公元 749 年，占婆的统治者是律陀罗跋摩二世，一个名不见经传的人物，只是由于这一年他曾遣使中国，我们才得以知道他的名字。②

直到此时，占族王国的中心仍然在承天（Thừa Thiên），然后是在广南；然而到了公元 8 世纪中叶，我们看到其重心南移到了宾童龙（潘郎）和古笪罗（芽庄）。大约在同一时间，公元 758 年，中国人不再谈及林邑，而是以环王这个名字取而代之。③另外，统治南方的新王朝开创了使用谥号的风气，表明国王死后仍有神灵附体，与已故国王合而为一。这些国王中的第一位是毕底邠陀罗跋摩（Pṛithivīndravarman），他的谥号是律陀罗路迦（Rudraloka），我们不知道他的血统以及在位的确切日期。④然而，我们知道，他一个姐妹的儿子萨多跋摩［伊湿伐罗路迦（Iśvaraloka）］继承了他的王位，公元 774 年爪哇人的侵犯就发生在萨多跋摩的统治时期。这次入侵毁坏了芽庄最初的那座波那加

① 吉尔伯特·德·科勒尔·雷穆萨:《高棉艺术》(巴黎，1940 年)，第 117 页。皮埃尔·杜邦:《印度支那西部的戴冠毗湿奴》，BEFEO，第 41 期，第 233—254 页;《7 世纪的高棉过梁》，AA，第 15 期（1952 年），第 31—83 页;《前吴哥时期的雕塑艺术》(阿斯科纳，1955 年)。

② 马伯乐:《占婆史》，第 95 页。

③ 同上书。皮埃尔·杜邦:《真腊与宾童龙》，BSEI，第 24 期（1949 年），第 1—19 页。

④ 巴特和贝加尼,《占婆和柬埔寨的梵文碑铭》，第 224 页。

塔，该庙据称是由传说中的君王维切特拉萨格拉（Vichitrasagara）修建的。[①] 击退入侵者后，萨多跋摩用砖建造了一座新神庙，于 784 年竣工。[②]

他的弟弟因陀罗跋摩继承了王位，因陀罗跋摩据说颇为好战。公元 787 年，因陀罗跋摩也遭到了爪哇人的袭击，后者捣毁了位于首都毗罗补罗（Vīrapura）以西、靠近今潘郎的巴德拉迪帕蒂斯瓦尔（Bhadrādhipatīśvara）神庙。[③] 公元 793 年，因陀罗跋摩曾遣使中国，[④] 并于799年重建了被爪哇人破坏的神庙。公元 801 年时他仍然在位。[⑤]

7. 缅甸：南诏的征服（约公元 760 年）和卑谬的衰落

南诏王国于公元8世纪上半叶建立，[⑥] 占据了中国云南的西部和西北部，给缅甸的骠族王国带来了一系列严重的后果。南诏的第二任国王阁罗凤与藏族人结盟对抗中国，因而急于同西方建立联系，为此他必须夺取上缅甸。公元 757—763 年，他征服了伊洛瓦底江上游流域。[⑦] 我们曾试图搞清楚，在这一时期，骠族王国的首都是否仍然在卑谬，还是已经转移到了更北方的哈林，[⑧] 但在缅

---

① 同上书，第 252 页，256 页。
② 同上书，第 253 页。
③ 同上书，第 217 页。
④ 马伯乐:《占婆史》，第 104 页。
⑤ 巴特和贝加尼:《占婆和柬埔寨的梵文碑铭》，第 226 页。
⑥ 伯希和:《交广印度两道考》，第 152 页。
⑦ 同上书，第 155—156 页。接下来的几页介绍了印度文化经由缅甸渗透到中国云南的重要情况。关于南诏的扩张，见威尔弗里德·斯托特（Wilfrid Stott）的《公元 750—860 年间南诏国的扩张》，TP，第 50 期（1963 年），第 190 页。
⑧ G. H. 卢斯:《古代骠族》，JBRS，第 27 期（1937 年），第 249 页。

甸历史的这一时期，相关资料少之又少。大乘佛教的传入无疑可以追溯到“讫罗摩”国王们的时期，一些菩萨像的发现证实了这一点，其中一些看起来可以上溯到 8 世纪。[①]

8. 大乘佛教在公元 8 世纪的传播

大乘佛教在外印度各国的传播，与公元 8 世纪中叶左右孟加拉和摩揭陀的波罗王朝在印度的出现基本同时，[②]这是本章所述时期的主要历史事件。

巨港那块公元 684 年的碑铭虽然印证了大乘佛教的影响，但这种影响似乎仍未脱离使用梵文的上座部佛教教派——说一切有部。除了这块碑铭，目前已知的史实按年代顺序排列如下：

公元 775 年，在马来半岛，室利佛逝王在洛坤建立了一座佛殿，供奉佛陀、莲华手菩萨和金刚手菩萨；

公元 778 年，在爪哇，邦南伽兰在卡拉桑修建了一座献给度母的佛殿；

公元 782 年，在爪哇，一位来自孟加拉的阿阇梨在喀卢拉克竖立了一尊文殊师利像，可能也是在邦南伽兰治下；

公元 791 年，在柬埔寨，在泰悬寺（Prasat Ta Keâm）竖立了一尊观世音菩萨像。

以上事实表明，在公元 8 世纪的最后 25 年，可能是在波罗王朝和那烂陀大学的大师们的影响下，[③]大乘佛教在半岛和群岛上

---

① 尼哈拉尼安・雷:《缅甸的梵文佛教》，第 41 页。

② 拉瓦莱・普桑:《印度诸王朝及其历史》，第 95 页。

③ 参阅 H. B. 萨加尔（H. B. Sarkar）的《爪哇与孟加拉的文化交往》，IHQ，第 13 期（1937 年），第 593—594 页。关于那烂陀，参阅哈斯穆克・迪拉杰拉・桑卡利亚（Hasmukh Dhirajlal Sankalia）的《那烂陀大学》（马德拉斯，1934 年）。

站稳了脚跟。[①] 其主要特征是：一是倾向于金刚乘密教，该宗派从公元8世纪中叶开始在孟加拉流行；二是与印度教崇拜的融合，这种融合在喀卢拉克碑铭中已经表现出来，在吴哥时期的柬埔寨变得更加明显，后来在爪哇达到高潮，形成了对湿婆－佛祖的崇拜；三是重视对死者灵魂的救赎，这使爪哇和巴厘岛的佛教变得像是一种真正的祖先崇拜。[②]

---

① 关于这一时期占婆的大乘佛教，见让·布瓦塞利埃在《占婆的雕塑艺术》（巴黎，1963年，第75页及其后文）一书中所列举的佛像。

② F. D. K. 博世：《巴利文手稿中的佛教事迹》，MKAWAL，第68期，B辑，No. 3，第43—77页。让·普日卢斯基：《巴厘的密传佛教》，JA（1931年1—3月号），第159—167页。P. H. 波特：《瑜伽和雅却图对印度考古学的意义》。

第七章

吴哥王国的建立，苏门答腊的夏连特拉王朝（9 世纪的前 75 年）

1. 吴哥王国的兴起[①]：阇耶跋摩二世（公元802—850年）

将柬埔寨从爪哇的主宰下独立出来，是吴哥王国的开国之君阇耶跋摩二世的功绩。

他与前吴哥时代的柬埔寨古代诸王朝只有远亲关系。按母系，他是补什迦罗娑的曾外祖侄，[②]又是国王阇延陀罗蒂伯迪跋摩（Jayendrādhipativarman）的侄子。补什迦罗娑是阿宁迭多补罗的王子，在商菩补罗（松博）当了国王；关于阇延陀罗蒂伯迪跋摩的情况，我们则一无所知。[③]10 世纪初的一篇碑文[④]在谈到阇耶

---

① 关于这个主题，见皮埃尔·杜邦的主要论文:《吴哥王权的兴起》，BEFEO，第 46 期（1952 年），第 119—176 页。

② 参阅耶输跋摩碑铭的世系表（巴特和贝加尼:《占婆和柬埔寨的梵文碑铭》，第 1 卷，第 361 页）。关于比粒寺（Prè Rup）石碑，见赛代斯的《柬埔寨碑铭集》（1937 年—），第 1 卷，第 74 页；关于阇耶跋摩二世统治的时期，也参阅赛代斯的《为了更好地了解吴哥》（巴黎，1947 年），第 151—175 页。本章中再次使用了该文的某些段落。

③ 赛代斯:《柬埔寨碑铭集》，第 1 卷，第 37—44 页。

④ 巴特和贝加尼:《占婆和柬埔寨的梵文碑铭》，第 344—345 页。

跋摩二世的即位时说："为了黎民的兴旺，他像一朵新花一样，绽放于这个血统纯正的国王世系中，彼时这个世系虽硕大璀璨，却无梗无茎。"官方的系谱学家们经常使用这种隐喻来掩盖王朝秩序中偶尔出现的正常继承的中断。在众多的柬埔寨君主中，阇耶跋摩二世几乎是唯一一个没有留下任何碑铭的，至少我们还没有发现他的碑铭。幸运的是，他统治期间的主要事件，在 11 世纪的萨多科陀姆（Sdok Kak Thom）碑铭中有着详细的记载。①

这篇碑文告诉我们："国王陛下从爪哇来到因陀罗补罗（Indrapura）城统治。"阇耶跋摩二世的家族与公元 8 世纪的各王朝都有关系，他们应该是在继位之争期间逃亡到爪哇，除非他们是在第六章讨论过的那种海上劫掠中被强行带到爪哇的。

阇耶跋摩二世之所以从爪哇回来，也许是因为该岛上的夏连特拉王朝衰弱了。此事大约发生在公元 800 年，因为我们有丰富的证据表明，他的统治实际开始于 802 年。② 当时柬埔寨正上下交困、生灵涂炭的境地，大概是没有国王，③ 或是正处于各路诸侯割据一方、互相攻伐的境地。所以这位年轻的王子要想赢得权利，甚至问鼎柬埔寨王位，必须至少先征服一片地区。

他首先在因陀罗补罗城树功立业。经过各种碑铭碎片的印证，这座城市可能位于磅湛以东的特本克蒙省，④ 王子可能有些

---

① 路易斯·斐诺：《萨多科陀姆碑铭》，BEFEO，第 15 期，第 2 辑，第 53—106 页。赛代斯和皮埃尔·杜邦：《萨多科陀姆、桑德山和柏威夏山碑铭考》，BEFEO，第 43 期，第 56 页及其后文。

② R. C. 玛兹穆德：《阇耶跋摩二世即位的日期》，JGIS，第 10 期（1943 年），第 52 页。

③ 803 年的一篇碑铭记载着一位"年长的"王后杰什塔拉亚修建一些建筑物的情况，当时她统治着松博。见上文，本书第 150 页。

④ 赛代斯：《阇耶跋摩二世的几座都城》，BEFEO，第 28 期，第 117—119 页。

家族关系在那里。该城的遗址可能是今天的诺戈寺（Banteay Prei Nokor），它的名字（“皇城的堡垒”）证明那里曾有过一个古都，而且属于前吴哥时期艺术的建筑物在某些细节上显示了公元 9 世纪的风格。①但是西巴赖西岸上的那些遗迹（稍后会讨论）才是因陀罗补罗的可能性也不能排除。

似乎就是在因陀罗补罗，这位年轻的国王任用了一位婆罗门学者湿婆迦伐利耶（Śivakaivalya）为国师，后者追随国王走南闯北，并成为一种新崇拜的首席祭司，即“天王”（Devarāja）。

在因陀罗补罗待了一段时间后，阇耶跋摩二世在湿婆迦伐利耶及其家人的陪同下离开了这个地方，前往洞里萨湖（即大湖）以北的一个地区。大湖既是灌溉的枢纽，又有取之不竭的渔业资源。正如前文所提到的，这个地区曾是拔婆跋摩的封地，一个世纪后，吴哥的第一座城市就建在这里。“当他们到达东部地区时，”萨多科陀姆碑铭记载道，“国王将一处地产和一个名叫古迪（Kuṭi）的村庄赐给了国师一家。”这里的“东部地区”指的是吴哥城以东地区。古迪这个名字因斑黛喀蒂寺（Banteay Kdei）而流传至今，这是一座在较晚时代兴建的建筑，建在了一座古老得多的建筑附近。②

该石碑继续写道：“而后，国王在诃里诃罗洛耶（Hariharālaya）城统治。国师也在这座城市定居，他的家人被任命为宫廷侍从。”

诃里诃罗洛耶就是如今被称为“罗洛古寺群”（Rolûos group）

① 亨利·帕芒蒂埃：《早期高棉艺术》（巴黎，1927 年），第 1 卷，第 206 页。

② 赛代斯：《阇耶跋摩二世的几座都城》，第 119—120 页；《在吴哥建筑群中发现的前吴哥时期的古迹》，ABIA（1930 年），第 14—16 页。亨利·马沙尔（Henri Marchal）：《古迪瓦拉》（*Kuṭīçvara*），BEFEO，第 37 期，第 333—347 页。

的遗址群，位于暹粒东南约十五千米处，包括一座名为洛莱（Lolei）的建筑，这个名字似乎是“诃里诃罗洛耶”这个古名弱化了的回音。[①] 该遗址有着许多属于前吴哥时期艺术的建筑，阇耶跋摩二世主要是对它们进行了一些修缮，另外一些较新的建筑，可以确定是他修建的。[②]

铭文写道：“后来，国王去修建了阿摩罗因陀罗补罗（Amarendrapura）城，国师也到该城定居，以便为国王服务。”

1924 年，乔治·格罗斯利尔[③] 曾试图重新采用艾蒂安·艾莫尼尔提出的一个旧假说，[④] 将阿摩罗因陀罗补罗考证为班迭奇马（Banteay Ch’mar）大寺，但现在我们知道，这座寺庙的历史不会早于 12 世纪。为了将阿摩罗因陀罗补罗定位在柬埔寨西北部而提出的那些地理论据，仍然具有一定的价值。但根据建筑或装饰风格判断，该地区并没有可以确定为阇耶跋摩二世统治时期的建筑物。而且，既然他已经在吴哥定居了，又为何要选择一个离大湖如此之远且相对贫瘠的地方定都呢？另外，在西巴赖西岸一带发现了一系列与古建筑相连的围墙，从建筑风格可以断定，这些建筑属于吴哥艺术的初期阶段，早于古伦的艺术。如果这个建筑群不是上文提到的因陀罗补罗的话，那么它在一定程度上可能就

---

① 赛代斯：《阇耶跋摩二世的几座都城》，第 121 页；《柬埔寨碑铭集》，第 1 卷，第 187 页。

② 菲利普·斯特恩：《诃里诃罗洛耶与因陀罗补罗》，BEFEO，第 38 期，第 180—186 页（第一和第二时期）。

③ 《阿牟伽补罗（Amoghapura）中的阿摩罗因陀罗补罗》，BEFEO，第 24 期，第 359—372 页。

④ 《柬埔寨史》（巴黎，1900—1904 年），第 3 卷，第 470 页。

是阇耶跋摩二世建立的阿摩罗因陀罗补罗城。[①]

碑文继续写道："而后，国王前往摩诃因陀罗跋伐多（Mahendraparvata）统治，湿婆迦伐利耶大人也跟随他前往新都，继续侍奉国王。其时，一位名叫喜拉尼亚达摩（Hiraṇyadāma）的婆罗门，精通巫术，应国王的邀请从阇那波陀（Janapada）前来[②]主持一场仪式，旨在确保柬埔寨人的国家不再从属于爪哇，并且从此只有唯一的君主，那就是转轮圣王（chakravartin，即宇宙之王）。这位婆罗门根据圣典《维纳西卡》（*Vināśikha*）举行了一场仪式，将阇耶跋摩二世确立为宇宙之主，即'天王'（梵文作 Devarāja）。这位婆罗门教授了《维纳西卡》《那由多罗》（*Nayottara*）《三摩哈》（*Sammoha*）和《西拉奇达》（*Śiraccheda*）四部圣典。他从头到尾背诵了这些经典，好将它们写下来并传授给湿婆迦伐利耶大人，并指定湿婆迦伐利耶大人来主持天王的加冕仪式。国王和婆罗门喜拉尼亚达摩都发了誓，确定由湿婆迦伐利耶大人一家来主持对天王的礼拜，而不允许其他人来主持。湿婆迦伐利耶大人，即国师（purohita），便指派了他的全部眷属参加这场礼拜仪式。"

摩诃因陀罗跋伐多［即马亨德拉（Mahendra）山］长期以来

---

① 斯特恩在《诃里诃罗洛耶与因陀罗补罗》（第 180 页）一文中否定这个考证结论，因为这个建筑群的建材来源五花八门，包括了克纳寺、淹没于西巴赖（开凿于 11 世纪）的那些遗迹和科克波寺（Prasat Kôk Pô）旧有的部分建筑构件，是"对之前时代的建筑材料的统一再利用"，而阿摩罗因陀罗补罗应当是阇耶跋摩二世从无到有"创立"的。我认为这种理由不太能令人信服。一座城市的"创立"，尤其是由阇耶跋摩二世这样一位漂泊无定的国王"创立"的城市，并不意味着就不能利用取自附近更古老建筑的材料。

② 大概是姆鲁普雷（Mlu Prei）的柏汗寺（Prasat Khna）。见赛代斯的《阇那波陀遗址》，BEFEO，第 43 期，第 8 页。

一直被认为就是古伦山，即从北部俯瞰吴哥平原的一座砂岩高原。[①]最近在那里发掘出[②]了一个考古遗址群，与阇耶跋摩二世那座城中的宗教建筑非常相似，因为其风格[③]介于前吴哥时期的最后一批古迹和吴哥艺术的第一批古迹之间。不久之前我们才把吴哥艺术的第一批古迹归类为因陀罗跋摩艺术。[④]在古伦山发生的事情应该引起我们的注意，尤其是让·菲约扎最近还指出，[⑤]在南印度，马亨德拉山被视为湿婆的居所，而湿婆是包括因陀罗天王在内的诸神之王（devarāja），并且还是这座山所在国家的统治者。

在第六章中，我们看到爪哇的夏连特拉王朝曾自称拥有早先属于扶南诸王的“普天共主”头衔。这就可以解释从爪哇归来的阇耶跋摩二世[⑥]在公元9世纪初恢复对柬埔寨的统治时所用的方法。“山之王”这个称号本身就赋予了统治者摩诃罗阇或转轮圣王的身份，因此，想要摆脱“山之王”的控制，就必须在一座山上接受一位婆罗门传授的显示圣迹的林伽，使他自己成为一个“山之王”。高棉诸王至高无上的权力此后便寓于这座林伽之中。

---

① 艾蒂安·艾莫尼尔：《柬埔寨史》，第1卷，第428页。参阅赛代斯的《阇耶跋摩二世的几座都城》，第122页。

② 菲利普·斯特恩：《古伦山发掘报告》，BEFEO，第38期，第151—173页。

③ 菲利普·斯特恩：《古伦风格》，BEFEO，第38期，第111—149页。

④ 亨利·帕芒蒂埃：《因陀罗跋摩艺术》，BEFEO，第19期，第1辑，第1—91页。

⑤ 见1963年2月8日在亚洲学会所作的报告，题为《泰米尔人的湿婆教和高棉人的湿婆教》。

⑥ 吉尔伯特·德·科勒尔·雷穆萨提供了一个很好的论据，有助于将萨多科陀姆碑中的“Javā”考证为爪哇岛。他提醒读者注意《罗洛艺术中的爪哇影响》[JA（1933年7至9月号），第190页]。参阅科勒尔·雷穆萨的《关于印度对高棉艺术的影响》，IAL，第7期（1933年），第114页。菲利普·斯特恩在《古伦风格》一文中（第127—128页）也对这些影响进行了阐述。

这就是为什么他在马亨德拉山（古伦山）之巅建立了他的都城，并召来一位婆罗门制定晋位天王的仪式，然后将其传授给他的国师，“这样柬埔寨人的国家就不再从属于爪哇，并且从此只有一个君主，那就是转轮圣王。”

如果遥远的爪哇那或多或少的宗主权，仅仅是远征的结果，那么要摆脱这种关系似乎根本就不需要举行如此复杂的仪式。但是，如果爪哇的夏连特拉王朝是把自己当作这片大地旧主人的继承人，那就是另一回事了，举行与一座新的大山相联系的新仪式就是必要的。①

在东南亚的所有印度化王国中，印度教的种种崇拜，尤其是对湿婆的崇拜，进一步发展了一种在印度时便已表现出来的趋势，即最终变成一种对国王的崇拜。王权的本质，或者如某些文献所说，国王的“神我”（moi subtil），②被认为寓于一座安置在金字塔之上的林伽之中，金字塔位于王城的中心，而王城本身则被认为处于世界的轴心之上。③这座显示圣迹的林伽就是王国的守护神，被看作是一个婆罗门从湿婆那里得来的，这位婆罗门又把它交给了王朝的开国之君。④通过一位祭司，国王在圣山上与神灵相通，这座圣山可以是天然的，也可以是人工堆叠而成的。

由于在古伦山上唯一呈金字塔状的建筑物就是格鲁布列阿兰

---

① 赛代斯:《印度尼西亚夏连特拉家族的由来》，JGIS，第 1 期（1934 年），第 70 页。

② 赛代斯:《论柬埔寨的尊国王为神》，BCAI（1911 年），第 46 页。

③ 罗伯特・冯・海涅－格尔登:《东南亚的世界观和建造形式》，载《维也纳亚洲艺术期刊》第 4 期（1930 年），第 28—78 页。

④ F. D. K. 博世:《迪奈亚的林伽祭坛》，TBG，第 64 期（1924 年），第 227—286 页。

龙增（Krus Preah Aram Rong Chen），所以我们可以认为它就是第一座天王神庙。当阇耶跋摩二世和他的继任者离开摩诃因陀罗跋伐多时，他们在后来的各座都城的中心都建造了其他庙山。①

婆罗门喜拉尼亚达摩制定的天王仪式以四部文献为依据：《维纳西卡》《那由多罗》《三摩哈》和《西拉奇达》，萨多科陀姆碑铭的梵文部分将它们称作"耽浮楼（Tumburu）的四张面孔"。路易斯·斐诺在发表这些铭文时表示，②这些文献可能源自密宗。两位印度学者③证实了这一观点，并指出在尼泊尔的文献目录中有一组密宗经书（tantras），名称与上述四部文献颇为类似。这些经文被认为是由湿婆［由乾闼婆（gandharva）耽浮楼所代表］的四张口中表达出来的，但我们对内容的了解还不够清楚，不足以让我们想象在古伦山上举行仪式的情形。我们不禁认为，《西拉奇达》（意即"斩首"）这部书和那位阿拉伯航海家记载的阇婆格摩诃罗阇斩首柬埔寨国王的故事④有关系，尽管这种关系可能并不成立。如果爪哇的宗主权是起源于这类的事件，我们就很容易理解，为结束柬埔寨臣属地位而制定的仪式的基本内容之一是用人偶处斩宗主国国王的头颅。但还有另一种可能的解释。我们知道，印度有一种自杀仪式，它通过自己斩首来从神明那里为第三

① 菲利普·斯特恩：《高棉人的庙山、林伽崇拜与天王》，BEFEO，第34期，第612—616页。

② 《萨多科陀姆碑铭》，第57页。

③ B. R. 查特吉：《印度文化对柬埔寨的影响》（加尔各答，1928年），第273页；《柬埔寨、苏门答腊和爪哇的密教》，载《现代评论》（1930年1月），第80页。P. C. 巴吉：《关于古代柬埔寨的几部经过研究的密宗典籍》，IHQ，第5期（1929年），第754—769页；第6期（1930年），第97—107页。

④ 参阅赛代斯对巴吉《密宗典籍》一文的评论，载BEFEO，第29期，第356—387页。

者祈求恩泽。[①] 这种自杀，不管是真杀还是模拟的，都有可能构成了天王晋位仪式的一部分。无论如何，真斩首还是模拟所具有的巫术作用都是尽人皆知的，[②]所以在吴哥王国建立初期发现这种仪式，我们并不感到惊讶。

我们可能会问，为什么阇耶跋摩二世没有在统治之初举行这一仪式，而是等到经营了三个首都之后，才宣布其独立？这是因为他必须先光复旧地，[③]将各方独立称王的首领占领的土地统一起来，巩固自己的权力，抵御占族人的进犯，并重建秩序，而后才敢让显示圣迹的林伽，即王权的源泉，降临到圣山之上。他的每次迁都肯定都伴随着军事行动，11 世纪的一篇碑文暗示说，国王“派遣他的将领去平定各地”。[④] 其中最重要的将领之一是普利提尼伦陀罗（Pṛithivīnarendra），他“像烈火一样灼烧敌军”。重新征服莫良［Malyang，即马德望（Battambang）以南地区］[⑤]的任务就是交给他的。

在接下来的几个世纪里，阇耶跋摩二世在古伦山之巅定居被看作是一个历史性事件，标志着新纪元的开始。在碑铭中，阇耶跋摩二世常常被称作“在马亨德拉山山顶建起王宫的国王”。许

① 让·菲利普·沃格尔:《拔罗婆雕塑中对女神的头颅献祭》，BSOAS，第 6 期，第 2 辑（1931 年），第 539—543 页。

② 赛代斯:《宋加洛的几尊被截去头的小塑像》，载《印度支那人文研究所集刊》，第 2 期（1939 年），第 190 页。

③ 《新唐书》还说 813 年的一个使团是“水真腊”派遣的。伯希和:《交广印度两道考》，BEFEO，第 4 期，第 215 页注释 1。参阅赛代斯的《关于水真腊》，BEFEO，第 36 期，第 13 页。

④ 赛代斯:《帕尔哈（Palhal）石碑》，BEFEO，第 13 期，第 6 辑，第 33 页。

⑤ BEFEO，第 31 期，第 621 页。赛代斯:《关于如何解读班迭奇马寺浮雕的一些建议……》，BEFEO，第 32 期，第 80 页注释 1。

多家族都将自己的先祖追溯到他统治的时期，许多捐赠土地的契据上也将开始拥有土地的日期写到他的统治时期。

我们不知道阇耶跋摩二世在古伦山上居住了多久。碑文接着说："后来，国王又回到了诃里诃罗洛耶进行统治，天王也被带到了那里。国师及其所有的亲眷像以前一样主持仪式。国师先去世了。国王死于天王所在的诃里诃罗洛耶城。"

罗洛古寺群中的几座建筑似乎可以追溯到阇耶跋摩二世第二次居住诃里诃罗洛耶的那个时期。[①] 至于王宫正殿的位置，有两种可能性。要么是那座被命名为瑞孟提寺（Prei Monti）的大型四方院落，其名称源自梵语中的"maṇḍira"，意思恰好是"皇宫"；要么就是那座位于东部区域的四方院落，神牛寺（Preah Kô）的塔楼就矗立于此，该塔楼是阇耶跋摩二世及其第二任继承人因陀罗跋摩的先祖们的陵庙。根据一种习俗（关于这种习俗，我们还有其他一些例证），这座寺庙可能是修建在了一座宫殿的原址之上。

阇耶跋摩二世在位长达四十八年，于公元850年在诃里诃罗洛耶去世。[②] 他的谥号是波罗蜜首罗（Parameśvara），这是柬埔寨国君使用表示神格化的名字的第一个明确例证。[③]

---

① 斯特恩：《诃里诃罗洛耶与因陀罗补罗》，第186—189页（第三时期）。

② 赛代斯：《关于吴哥王朝几位国王就位年代的新证据》，BEFEO，第43期，第12页。

③ 湄公河上的松博有一块石碑，日期为803年（艾莫尼尔：《柬埔寨史》，第1卷，第305页，发表在赛代斯的《柬埔寨碑铭集》，第3卷，第170页上），该碑提到一位因陀罗路迦，他是碑文作者的曾祖父。这非常像是一个谥号，但我们不知道是授予谁的。我曾经指出，在松博出现的这个谥号，以及在同一地点的另一块碑铭中提及天王，都倾向于将这些仪式的起源确定在商菩补罗王国，那里是阇耶跋摩二世先辈们的故国。见赛代斯的《论柬埔寨的尊国王为神》，第48页。

阇耶跋摩二世的统治给这个国家留下了深远的影响。虽然他的实际权威并没有超出大湖地区，但他开启了柬埔寨和平安定的时代。他把未来的首都地址选在洞里萨湖这个取之不尽用之不竭的鱼米乡，刚好处在每年洪水泛滥的范围之外，距离古伦山的砂岩采石场大约三十千米，紧挨着通往呵叻高原和湄南河流域的那些要隘。他的侄孙，也是他的第三位继承人耶输跋摩在那里建立了耶输陀罗补罗（Yaśodharapura）城，该城作为高棉帝国的首都，屹立了六百年之久。

阇耶跋摩二世建立了对天王的崇拜。自此之后，每位高棉君王都会在一座天然或人造的山上建起金字塔形的神庙，里面供奉着用石头或贵金属制成的林伽，历代君主的天王就寓于其中，神庙由此标志着王城的中心。诃里诃罗洛耶（罗洛）的巴孔神庙，第一座吴哥城里的巴肯（Bakhèng）神庙，贡开（Koh Ker）的大金字塔，空中宫殿（Phimeanakas）和巴芳（Baphuon）神庙都是如此。①

阇耶跋摩二世虽然来自国外，但似乎急于恢复民族传统，他统治时期的艺术标志着自前吴哥时期向吴哥时期的过渡。一方面，他与前吴哥艺术还保持着密切的联系；另一方面，吴哥时期的一些新艺术形式也要归功于他。这些新形式主要受到了占婆和爪哇艺术的影响。②

阇耶跋摩二世的继承人是他的儿子阇耶跋摩那（Jayavar

---

① 赛代斯：《对神化了的王权的崇拜：古代柬埔寨伟大建筑物的灵感源泉》，载《讨论会文集》，罗马东方丛书，第 5 卷（罗马，1952 年），第 1—23 页。

② 菲利普·斯特恩：《古伦风格》。吉尔伯特·德·科勒尔·雷穆萨：《高棉艺术，其演进的伟大阶段》（巴黎，1940 年），第 117—118 页。

dhana)，[①] 此人是一位高明的猎象者，[②] 继续居住在诃里诃罗洛耶。这位国王自公元 850—857 年在位，号为阇耶跋摩（三世），在吴哥地区修建了一些建筑。[③] 他死后谥号为毗湿奴路迦（Vishṇuloka）。

2. 南占婆：公元 802 年至 854 年的宾童龙

在占婆，国王们继续居住在南部各省。诃梨跋摩一世（Harivarman Ⅰ）在公元 802 年左右继承了他表兄因陀罗跋摩一世的王位。[④] 公元 803 年，他向中国的省份[⑤] 发动了一场成功的远征；809 年，他再度来犯，但并不那么成功。大约在同一时期，也就是阇耶跋摩二世即位之初，柬埔寨似乎也遭到了占族军事领袖森帕蒂帕尔（Senāpati Pār）发动的一系列进攻。[⑥] 公元 813 年时，诃梨跋摩一世仍然在位；[⑦]817 年时大概也是如此，这一年，森帕蒂在芽庄的波那加塔进行了布施。[⑧] 诃梨跋摩一世的继任者是他的儿子毗建陀跋摩三世，关于他，我们仅仅知道他在芽庄和蒙德（Mộng Dục）的波那加塔（公元 854 年）做过几次奉献。[⑨]

---

① 巴特和贝加尼：《占婆和柬埔寨的梵文碑铭》，第 370 页。

② 艾莫尼尔：《柬埔寨史》，第 1 卷，第 422 页。赛代斯：《帕尔哈石碑》，第 34 页；《阇耶跋摩二世的几座都城》，第 116 页。

③ 赛代斯和皮埃尔·杜邦：《科克波寺碑铭》，BEFEO，第 37 期，第 381 页。斯特恩：《诃里诃罗洛耶与因陀罗补罗》，第 186—189 页。

④ 乔治·马伯乐：《占婆史》（巴黎，1928 年），第 105 页注释 3。

⑤ 即安南都护府。——译者注

⑥ 巴特和贝加尼：《占婆和柬埔寨的梵文碑铭》，第 269 页。

⑦ 艾蒂安·艾莫尼尔：《占婆碑铭初探》，JA（1891 年 1 月至 2 月号），第 24 页。

⑧ 巴特和贝加尼：《占婆和柬埔寨的梵文碑铭》，第 269 页。

⑨ 同上书，第 231—237 页。

3. 缅甸：骠王国和弥臣王国；公元 825 年勃固（罕沙瓦底）的建立和 849 年蒲甘（阿利摩陀那补罗）的建立

在缅甸，南诏在公元791年归顺了中国，[①]这使得中国与骠王国之间建立起了陆路联系。国王雍羌，姓困没长，于公元 802 年遣使中国，使团由他的兄弟（或其儿子）舒难陀（Sunandana）率领。[②]公元 807 年又有一次遣使。[③]两《唐书》和《蛮书》对这两支使团的记载为我们提供了关于骠国的史料，下一段对此进行了概括。[④]

其王近适则舁以金绳床，远适则乘象。嫔姝甚众，常数百人。青壁为圆城，周百六十里，濠岸亦构砖。有十二门，四隅作浮图。城内有居人数万家，铅锡为瓦。佛寺百余区，其堂宇皆错以金银，涂以丹彩，覆以锦罽。王宫设金银二钟，寇至，焚香击之，以占吉凶。有巨白象，高百尺，讼者焚香跪象前，自思是非而退。有灾疫，王亦焚香对象跪，自咎。妇人当顶作高髻，饰银珠琲，行持扇，贵家者傍至五六。男女七岁则落发，止寺舍，依桑门，至二十有不达其法，复为民。其衣服悉以白氎为朝霞，绕腰而已。不衣缯帛，云出于蚕，为其伤生故也。其俗好生恶杀。无桎梏，有罪者束五竹捶背，重者五，轻者三，杀人则死。无膏油，以蜡杂香代炷。以金银为钱，形如半月。与诸蛮市，以白氎、琉璃罂缶相易。

他们有着独特的音乐和优美的舞蹈。（中国史籍对这些都有

① 伯希和:《交广印度两道考》，第 153 页。
② G. H. 卢斯:《古代骠族》，JBRS，第 27 期（1937 年），第 249 页。
③ 同上书，第 250 页注释 3。
④ 马端临:《文献通考 · 四裔考》。

详尽的记载。）

在整个公元9世纪上半叶，南诏都控制着上缅甸。公元832年，南诏从骠国都城哈林的居民中掠走了三千骠人，以充实南诏东都柘东的人口，柘东就在今天的中国云南昆明。这是骠族衰落的开始。

卑谬城的凋敝使得蒲甘［阿利摩陀那补罗（Arimaddanapura）］从中受益，蒲甘是由若干个村庄组的城市，地理位置优越，紧靠伊洛瓦底江和钦敦江（Chindwin）的交汇处，是通往阿萨姆、中国云南和今天被掸邦占据的地区的十字路口，① 距离盛产水稻的皎施平原也不远。皎施平原是缅族的摇篮，也是这些骠族的同种兄弟势力扩张的中心。公元8世纪末、9世纪初，缅族在骠族之后沿着中国西藏的边缘迁徙而来。② 蒲甘也是缅族与孟族开始接触的地方，在那里定居的孟族相当之多。孟族向他们传授了源于印度的文字，并介绍了印度的宗教信仰。当地的编年史将该城的起源上溯到了公元2世纪，并列出了一长串可靠性存疑的首领名单，其中一个是篡位的和尚布波修罗汉（Poppa So-rahan），据说以公元638年为元年的缅历就是他创立的。查尔斯·杜鲁瓦塞尔认为，③

① J. S. 弗尼瓦尔：《蒲甘的建立》，JBRS，第1期，第2辑（1911年），第6—9页。
② R. 格兰特·布朗（R. Grant Brown）：《缅族的由来》，JBRS，第2期（1912年），第1—7页。G. H. 卢斯：《原始缅族的经济生活》，JBRS，第30期（1940年），第286—287页；《古老的皎施和缅族的到来》，JBRS，第42期（1959年），第75—112页；《缅甸历史上的原始暹罗人》，JSS，第46期（1952年），第127页。
③ 《缅甸的阿利教与密宗佛教》，ARASI（1915—1916年），第79—93页。关于"阿利"一词的词源，参阅爱德华·胡贝尔的缅甸考古局局长的评论，载BEFEO，第9期，第584页；路易斯·斐诺：《一份关于缅甸佛教的新文献》，JA（1912年7—8月号），第123—128页；彭茂田：《阿利的词源》，JBRS，第9期（1919年），第150页［以及接在这篇考释之后的讨论文章，同上书，第10期（1920年），第28页、82页、158页和160页］。

早在公元 8 世纪，佛教教派“阿利”（Ari，该教派拥有丰富的密宗仪式，包括情欲活动）就已经渗透到了蒲甘。但在 13 世纪初之前，我们并没有听说过“波吠你野”（arraññika，直译为“森林僧侣”或“林居者”，即“出家人”），也没有迹象表明这个时期的缅族已经信奉大乘教义，或已实行密宗仪式。他们的不循旧俗之处仅限于在某些节日时吃肉和饮酒。[①] 公元 849 年，随着频耶王（Pyinbya）修建城墙，蒲甘终于在历史上有了明确的记载，虽然没有碑铭方面的材料，但至少有史书记载。

根据当地的编年史，蒲甘起初是一个由十九座村庄组成的村落群，每座村庄都有自己的“纳特”（Nat），即本地的神祇。当这些村庄联合成一座城市时，国王同意臣民的意见，试图确立一个共同的“纳特”，这个“纳特”将受到所有人的崇拜。它高于所有的地方神祇，对它的崇拜将把各个部落统一成一个真正的民族。距蒲甘城不远的一座古老的火山——布波山（Mount Poppa），当时已经受到缅人的敬仰，被选中来安置一对神祇：他们是一对兄妹，在被邻国国王不公正地处死后，附身在了一棵树上，这棵树被砍倒后一直漂流到了蒲甘。摩诃祇利（Min Mahāgiri）——“大山之主”和他的妹妹东枝申（Taunggyi Shin，这个名字在缅甸语中的意思与其兄相同）的形象，就雕刻在这棵树的树干上。这个传说很有趣，因为它展示了在一座山上建立对一个神祇的崇拜，以实现宗教和领土的统一，从而形成一个民族的过程。[②]

① 丹吞（Than Tun）:《缅甸的宗教信仰，公元 1000—1300 年》，JBRS，第 42 期，第 2 辑（1959 年），第 59 页。

② 赛代斯:《印度支那半岛诸民族》（巴黎，1962 年），第 110 页。参阅貌丁昂（Htin Aung）的《大山之王》，JBRS，第 38 期（1955 年），第 82 页。

据《新唐书》记载，公元9世纪初，在骠国的属国之中，有一个弥臣王国，它于805年向中国派遣了使团，[①]并于835年被南诏侵略消灭。[②]根据同一部文献给出的路线，[③]弥臣应当位于莫塔马（Martaban），可能是在过去勃固所在的地区。[④]

在这一时期，拉曼奈底萨王国（Rāmaññadesa，即孟人的国家[⑤]）的重心西移了。一部编年史将来自直通的孪生兄弟他摩罗（Samala）和毗摩罗（Vimala）建立勃固［罕沙瓦底（Harnsavati）］的时间定在公元825年。[⑥]与其他文献提供的更早或更晚的年份相比，这个年份似乎更为可靠。[⑦]像蒲甘的情况一样，勃固的编年史也列出了一份国王的名单，[⑧]其真实性亦无法证实。婆罗门教遗迹在下缅甸仍占有重要地位，这表明在这个时期

① 伯希和：《交广印度两道考》，第172页注释1。

② 同上书，第156页注释4。

③ 同上书，第223—224页。G. H. 卢斯：《直至蒲甘覆亡时的缅甸》，JBRS，第29期（1939年），第272页。

④ 卢斯：《缅甸历史上的原始暹罗人》，第192页。

⑤ C. O. 布拉格登：《孟族和拉曼奈底萨》，JBRS，第4期（1914年），第59—60页；《孟族、拉曼、拉曼奈》，JBRS，第5期（1915年），第27页。一些阿拉伯学者认为他们可以在各种航海记述中重新发现这个词，其拼写为“Rabmā”，但是让·索瓦热在《中国与印度的关系：写于851年》（巴黎，1948年，第52页）一书中已经指出，这种比较不可能成立。

⑥ 他们是帝沙·丹玛拉贾·西哈拉贾（Tissa Dhammarāja Sīharāja）的儿子，根据传说，帝沙和他的妻子都是龙的后代［参阅J. S. 弗尼瓦尔的《罕沙瓦底史探》，JBRS，第3期（1913年），第167页］。

⑦ 梅·翁大铭（May Oung）：《缅甸年表》，JBRS，第2期（1912年），第15—16页。参阅R·哈利迪的《Lik Sming Asah》，JBRS，第7期（1917年），第205页；《Slapat Rajawang Datow Sming Rong，诸王史》，JBRS，第8期（1923年），第48页注释81。

⑧ A. P. 菲尔：《缅甸史》（伦敦，1883年），第289页。G. E. 哈维：《缅甸史》（伦敦，1925年），第368页。貌拉（Maung Hla）：《在室利差呾罗（古代卑谬）和蒲甘统治过的缅甸诸王年表》，JBRS，第13期（1923年），第82—94页。

之前，佛教在当地并不是占统治地位的宗教。信奉异教的国王帝沙（Tissa）皈依佛教，大概是因为他的王后来自莫塔马。[①]

4. 马来半岛

在马来半岛，唯一可以追溯到公元9世纪上半叶的文献是在达瓜巴发现的，距离考帕那莱的毗湿奴教塑像不远，这些塑像也许是同时代的。[②]这是一篇简短的泰米尔文碑铭，它指出，一个名为阿瓦尼－纳拉纳姆（Avani–nāraṇam）的人工湖是由南古胡达岩（Nangur–udaiyan）开凿的（根据K. A. 尼拉坎塔・萨斯特里的说法，南古胡达岩这个人在坦贾武尔地区的南古村拥有一块军事封地，并以骁勇善战而闻名），该湖处于居住在军营中的马尼基拉曼（Manikkiramam，据萨斯特里所说，这是一个商人行会）成员的保护之下。[③]由于阿瓦尼－纳拉纳姆是拔罗婆国王南迪跋摩三世（Nandivarman Ⅲ）姓氏的一部分，这位君王于公元826年至849年在位，[④]我们可以推断出这块碑铭的大致年代。这块碑铭颇值得一提，因为它与1088年刻制在苏门答腊的拉布图瓦碑铭[⑤]一样，是在外印度发现的极少数用印度方言撰写的文献之一。

---

① G. H. 卢斯:《蒲甘王朝的孟族》(仰光，1950年)。

② 阿拉斯泰尔・兰姆:《雕刻在一棵树上的三尊像：达瓜巴的考帕那莱群像考》，载《关于马来亚北部和泰国南部的早期印度教和佛教定居者的论文集》，JFMSM，n.s.，第6期（1961年），第67页注释2。

③ E. 霍尔茨（E. Hultzsch）发表在JRAS（1913年，第337页和1914年，第397页）上的译文，已被收入赛代斯的《暹罗碑铭集》，第2卷，第50页。K. A. 尼拉坎塔・萨斯特里:《钱考希卡姆的马希帕拉》(Mahīpāla of the Caṇḍakauśikam)，《东方研究集刊》，第6期（1932年）;《达瓜巴及其泰米尔文碑铭》，JRASMB，第22期（1949年），第25—30页。

④ R. 戈帕兰:《甘吉布勒姆的拔罗婆王朝史》(马德拉斯，1928年)，第138页。

⑤ 洛坤的第三块泰米尔文碑铭损坏严重，已无法利用。

这两块碑铭暗示了在南印度众所周知的那些行会的贸易活动，为我们探究印度和东南亚之间关系的性质和地理起源提供了一些线索。

5. 公元 813 年至 863 年爪哇和苏门答腊的夏连特拉王朝

据中国史籍记载，诃陵的最后两次遣使是在公元 813 年或 815 年，以及 818 年，[①]820 年和 831 年的使团是由阇婆派遣的。[②]我们知道，阇婆在公元 5 世纪时指的是爪哇岛的全部或部分地区，在 8 世纪时则是诃陵国首都的名字。公元 742—755 年，这座都城被遗弃，诃陵国都东迁到了婆露伽斯。这次迁都是信奉佛教的夏连特拉王朝在爪哇中部崛起的结果。公元 820 年阇婆再度出现，可能是因为在夏连特拉王朝的庇护下，爪哇岛中部和东部重归一统；也可能是因为，早先流亡到东部的湿婆教王公们又回到岛屿中部重掌大权了。后一种情况的可能性更大。

对于卡拉桑的创立者邦南伽兰的继承者们，除了他们的名字外，我们所知甚少。前面提到过的，公元 907 年巴里栋（Balitung）碑铭列举了帕南伽兰（Panungalan）、瓦拉克（Warak）和加隆（Garung）等几位国王，但没有告诉我们他们的宗谱关系。加隆（我们有一块他的碑铭，年份为公元 819 年[③]）可能出家修行了，这大概可以说明为何在一块 850 年的碑铭中，他的名字

① 伯希和：《交广印度两道考》，第 286 页。
② 同上书，第 286—287 页。
③ L. C. 达迈斯：《印度尼西亚的主要日期铭文列表》，BEFEO，第 46 期（1952 年），第 27 页。

变成了帕塔潘（Patapān）。①

公元 824 年在位的萨摩罗统迦王②并未出现在 907 年的碑铭的名单中，因为他是夏连特拉王室的王，是珊阇耶王朝的宗主，巴里栋就是他的继承人。鉴于名字的相似性，我们或许可以认为，他就是那烂陀特许状中提到的那个爪哇夏连特拉王之子三摩罗揭罗毗罗。

公元 907 年碑铭中提到的倒数第二位国王是比卡丹（Pikatan），我们有一块他的碑铭，年份为 850 年。③根据 J. G. 德·卡斯帕里斯的说法，他可能在公元 842 年左右开始了统治。他似乎还有两个名字——库姆巴纪（Kumbhayoni）④和贾丁尼加特（Jātiningrat）。⑤他娶了公主波罗摩陀跋陀妮（Prāmodavardhanī）为妻，她是夏连特拉萨摩罗统迦的女儿，萨摩罗统迦自己就是室利佛逝的多罗（Tārā）公主的丈夫。比卡丹统治时期最引人注目的事件，是他与他的内弟巴拉跋特拉的冲突。巴拉跋拨特拉是三摩罗揭罗毗罗（亦名萨摩罗统迦）的“幼子”。比卡丹在公元 856 年战胜了巴拉跋特拉，⑥这显然是后者流亡室利佛逝（其母多罗的祖国）的原因。那烂陀特许状（约公元 860 年）告诉我们，此时的室利佛逝由三摩罗揭罗毗罗的“幼子”（巴拉跋特拉）统治。⑦

---

① J. G. 德·卡斯帕里斯:《印度尼西亚碑铭》（万隆，1950 年，1956 年），第 2 卷，第 219 页。

② 达迈斯:《印度尼西亚的主要日期铭文列表》，第 27 页。

③ 达迈斯:《印度尼西亚的主要日期铭文列表》，第 31 页。

④ 即“投山仙人”。——译者注

⑤ 德·卡斯帕里斯:《印度尼西亚碑铭》，第 2 卷，第 289—290 页。

⑥ 同上书，第 294—297 页，以及第 1 卷，第 107—109 和 133 页。

⑦ 由于巴拉跋特拉的母亲是一个室利佛逝的公主，所以他返回的是她的祖国。

因此，阿拉伯作者伊本·库达特拔（Ibn Khordādzbeh）[①] 最早提到的阇婆格（阇婆迦）摩诃罗阇，指的是一个在爪哇统治的夏连特拉，而不是苏门答腊的夏连特拉，这一点还会在后文提到。

然而，夏连特拉势力在中爪哇的衰落（当地的印度教崇拜也复兴了，这一点在普兰巴南附近的一块公元 863 年的碑铭中得到证实[②]），却使他们在苏门答腊的地位得到了巩固，对此，在阿拉伯和波斯的文献中都有所体现。事实上，可以肯定的是，10 世纪的阇婆格就是中国人所记载的三佛齐，也就是苏门答腊的室利佛逝王国。

我再重复一下，目前所知的关于公元 9 世纪中叶前后的室利佛逝的一切[③] 就是，当时金州摩诃罗阇是爪哇国王三摩罗揭罗毗罗（即萨摩罗统迦）的"幼子"巴拉跋特拉，也是一位拥有"爪哇之王，众多神雄的诛斩者"之号的夏连特拉的孙子。这位祖父可能就是喀卢拉克碑铭中的僧伽罗摩檀那阇耶，也就是洛坤碑铭第二面上提到的那个夏连特拉。由于其母亲多罗的关系，这位摩诃罗阇又是达摩色图国王的外孙。一位学者曾试图将达摩色图考据为孟加拉的波罗王朝的达摩波罗（Dharmapāla），[④] 然而他更有

① 这位作者的著作可以上溯到 844—848 年，他只是说，"阇婆格国王是南海诸岛之王，被称为大君"。费琅：《8 至 18 世纪阿拉伯人、波斯人和土耳其人所写的与远东有关的游记和地理文献》（巴黎，1913 年），第 23—24、29—30 页；《苏门答腊的室利佛逝帝国》，JA（1922 年 7—9 月号），第 52—53 页。K. A. 尼拉坎塔·萨斯特里：《室利佛逝史》（马德拉斯，1949 年），第 62 页。

② 贝伦（Pereng）碑铭。N. J. 克罗姆：《印度化爪哇史》（海牙，1931 年），第 165 页。

③ 幸亏希拉南德·萨斯特里（Hirananda Shastri）发表了那烂陀特许状。见《德瓦波罗迭瓦的那烂陀铜牌》，载《印度碑铭学》，第 17 期（1924 年），第 310—327 页。

④ W. F. 斯塔特海姆：《苏门答腊历史上的爪哇时期》（梭罗，1929 年），第 9—12 页。

可能是那位下令修筑神庙、刻制洛坤碑第一面的室利佛逝王。[①]这位巴拉跋特拉无疑就是室利佛逝的第一位夏连特拉君主。他派人到印度的那烂陀修建了一座寺院，[②]国王提婆波罗（Devapāla）在其统治的第39年（约公元860年），[③]将许多村庄赠给了这座寺院。这笔布施是一份特许状的主题，特许状中还包含了前几页中提到的那些世系的信息。

① K. A. 尼拉坎塔·萨斯特里:《室利佛逝》，BEFEO，第 40 期，第 267 页。

② 关于这座寺院在那烂陀遗址中的位置，参阅 F. D. K. 博世的《那烂陀大寺的特许状》，TBG，第 65 期（1925 年），第 509—588 页。

③ 德·卡斯帕里斯:《印度尼西亚碑铭》，第 2 卷，第 297 页。

第八章

吴哥和室利佛逝王国的全盛时期（9世纪末至11世纪初）

1. 吴哥王国（公元877—1001年）

阇耶跋摩二世和阇耶跋摩三世出人意料地沉寂了一段时间。此后，因陀罗跋摩于公元877年掌权，他恢复了前吴哥时期的先王们刻制碑铭的传统。或许我们应该将这一可喜的情况归功于他的导师婆罗门湿婆苏摩（Śivasoma）的影响，此人是阇耶跋摩二世的贵戚，[①]又是著名印度哲人、正统婆罗门教的复兴者商羯罗（Sankarāchārya）的弟子。[②]看来因陀罗跋摩与他的两位先王并没有血缘关系。后来几代国王的统治时期，系谱学家们都试图将他说成阇耶跋摩二世的岳父母的孙子或侄孙，[③]但他的碑铭中并无这样的记载。他是毕底邠陀罗跋摩王的儿子，接他母亲那

① 他是阇耶跋摩二世的舅舅，国王阇延陀罗蒂伯迪跋摩的孙子。

② 赛代斯:《柬埔寨碑铭集》，第1卷，第37页。参阅K·A·尼拉坎塔·萨斯特里的《桑格拉年代考》，载《亚洲研究集刊》，马德拉斯，第11期，第285页。

③ 巴特和贝加尼:《占婆和柬埔寨的梵文碑铭》，第361页。赛代斯:《巴克赛–占克龙碑铭》，JA（1909年5月至6月），第485页;《柬埔寨碑铭集》，第4卷，第88页。

边的关系，他是纳里伯迪因陀罗跋摩（Nṛipatīndravarman）王的曾外孙；对这两位所谓的君主，我们不知其详。[1] 他的妻子因陀罗提鞞（Indradevī）是补什迦罗娑的后代，因此他获得了统治商菩补罗的权利，而他的两位先王对这个地方不一定真正行使过统治权。因陀罗跋摩继续居住在诃里诃罗洛耶（罗洛），在他统治的第一年，即公元877年，便着手在首都北面修建因陀罗塔塔迦（Indrataṭāka），这是一个巨大的人工湖，如今已经干涸，古建筑洛莱就修建在它的中央。这个湖既符合宗教的仪式，又有实际的用途：在旱季，它可充作水库，用于灌溉。因陀罗跋摩为他的继承人们树立了一个榜样，我们将看到他们越来越用心地规划越来越大的水库，旨在有储雨季的漫流水，并在适当的时候将其分流到首都周围的稻田。[2] 公元879年，他把神牛寺的六座灰泥砖塔[3] 奉献给了他的父母、外祖父母、阇耶跋摩二世及其王后的塑像，这六尊塑像被奉若神明，是按湿婆和提鞞的形象塑成的。[4] 最后，在公元881年，他为第一座大型石质建筑举行了落成典礼，该建

---

① 巴特和贝加尼:《占婆和柬埔寨的梵文碑铭》，第361页。赛代斯:《柬埔寨碑铭集》，第1卷，第24页。皮埃尔·杜邦:《真腊的解体和吴哥时期柬埔寨的形成》，BEFEO，第43期，第17页。

② 维克多·戈卢布:《吴哥诸王时期的城市水利和农业水利》，载《印度支那经济公报》（1941年）。B. P. 格罗利埃（B. P. Groslier）:《吴哥：人类与石头》（巴黎，1956年）;《印度支那，各种艺术的汇合处》（巴黎，1961年），第94页及其后文。

③ 该建筑物的古名为波罗蜜首罗，此名是阇耶跋摩二世的谥号。这些塔建造在因陀罗塔塔迦以南的一个巨大的四边形的东部，可能跟阇耶跋摩二世的普里（purī）是一致的。这座建筑物上的梵文碑铭已由巴特和贝加尼（见前引书，第18页）发表。提供了一长串奴仆名单的那些高棉文碑铭，已由艾蒂安·艾莫尼尔做过分析，见《柬埔寨史》（巴黎，1900—1904年），第2卷，第439页，并转载于《汇编》第4卷之中。

④ 赛代斯:《柬埔寨的尊人为神考》，BCAI（1911年），第40页。

筑是为国王林伽因陀罗首罗（Indreśvara）而修筑的，根据习俗，这个名字将伊湿伐罗（湿婆）神的名字与修建该建筑的国王的名字结合在了一起。这座建筑就是位于神牛寺以南的巴孔金字塔。①

因陀罗跋摩的统治期虽然短暂，却似乎颇为和平。他的势力范围从朱笃（Chaudoc）地区一直延伸到乌汶（Ubon）西北部地区。在朱笃，他在巴央的古老神庙里向湿婆奉献了一座毗玛那（vimana）；②而在乌汶，据一块公元886年的佛教碑铭记载，他是当时在位的国王。③他的导师湿婆苏摩肯定地说，在对外事务方面，“他的统治，就像中国、占婆和爪哇国王们高傲头颅上佩戴的茉莉花冠”，④这种说法显然是夸大其词，但也让人对这一时期柬埔寨的外交范围有了一些了解。

因陀罗跋摩于公元889年去世，谥号为伊湿伐罗路迦。他的儿子耶输瓦特纳（Yaśovardhana）继位，其母亲因陀罗提毗是毗耶陀补罗（扶南）、商菩补罗和阿宁迭多补罗那些古老王族的后裔。因此，这位新王恢复了前吴哥时代的正统世系，⑤这一世系曾因阇耶跋摩二世、三世和因陀罗跋摩的统治而中断。此外，他的导师是婆罗门瓦玛希瓦（Vāmaśiva），这位婆罗门出身于阇耶

① 在巴孔的发掘工作表明，在那座因陀罗首罗林伽神庙（未建完或已毁坏）的遗址上，金字塔的顶部有一座新塔，是12世纪加建的。金字塔底部的八座灰泥砖塔和毗邻的建筑，与这座神庙是在同一时期建造的。巴孔的那些碑铭已由巴特和贝加尼（见前引书，第310页）和赛代斯（见《柬埔寨碑铭集》，第1卷，第31页）发表。

② 巴特和贝加尼：《占婆和柬埔寨的梵文碑铭》，第313页。

③ 埃里克·塞登法登：“对暹罗东部四省柬埔寨古迹明细册的补充”，BEFEO，第22期，第63页。

④ 赛代斯：《柬埔寨碑铭集》，第1卷，第43页。

⑤ 赛代斯：《吴哥第一批国王的世系传说》，BEFEO，第28期，第124页及其后文；《关于水真腊》，BEFEO，第36期，第1页及其后文。

跋摩二世委派负责天王礼拜仪式的那个权势赫赫的国师家族，[①]而且通过其导师湿婆苏摩，他还和伟大的印度哲学家商羯罗有联系。

耶输跋摩一世的统治没有辜负上述两支先祖的期望，他实现的建筑计划也成为他的继承者们的典范。

就在即位的同年，即公元 889 年，他在王国各省兴建了百余座净修林（āśrama），这些净修林位于古代神庙或人们常去拜谒的圣地附近。每座净修林都包括一座王家御用楼阁（rājakuṭī），供国王在出巡时使用。[②]这些楼阁皆是些竹篱茅舍，我们知道大约十几处遗址，每处都有一块石碑，石碑的一面是用普通的梵文字体书写的铭文，另一面的铭文内容相同，但用的是北印度字体（前天城体），类似于一个世纪前引入爪哇的字体。[③]贝加尼称这些石碑为“石质海报”，它们的内容基本上都是一样的，不同之处仅仅是净修林所供奉的神灵的名字。碑文首先是一份耶输跋摩的详细家谱和对这位国王的颂词（照颂词作者所说，国王雄才大略，智勇双全），而后，它以国王敕令（śāsana）的形式列出了一系列净修林的戒律，统称为耶输陀罗摩（Yaśodharāśrama）。

公元 893 年，耶输跋摩在因陀罗塔塔迦（他父亲在首都以北挖掘的大湖）的中央修建了一座神庙。它由四座砖塔组成，与神

---

① 他是阇耶跋摩二世的国师，湿婆迦伐利耶的外甥孙。路易斯·斐诺:《萨多科陀姆碑铭》，BEFEO，第 15 期，第 2 辑，第 80 页和 89 页。参阅赛代斯和皮埃尔·杜邦的《萨多科陀姆、桑德山和柏威夏山碑铭考》，BEFEO，第 43 期，第 62 页。

② 赛代斯,《耶输陀罗摩初探》，BEFEO，第 32 期，第 84 页及其后文。

③ 关于这种字体的特征，参阅奥古斯特·巴特所写的按语，见巴特和贝加尼的《占婆和柬埔寨的梵文碑铭》，第 346 页。

牛寺的砖塔一样，旨在收藏国王的父母和祖父母的塑像，[①]这就是今天名叫洛莱的那座古迹，正如我前面所说，它会令人想起诃里诃罗洛耶的名字。

耶输跋摩在这个首都居住的时间并不长，很可能从即位之日起，他就计划将天王神庙和权力的中心迁往别地。萨多科陀姆碑铭写道：[②]"国王兴建了耶输陀罗补罗城，并将天王从诃里诃罗洛耶带走，安放在新首都。而后，国王兴修了中央山。湿婆斯拉玛（Śivāśrama，导师瓦玛希瓦的别名）大人在山巅上竖立了神圣的林伽。"

很长一段时间以来，人们都认为这段文字指的是吴哥城（Angkor Thom）和巴戎寺的建立。但菲利普·斯特恩在一本已成为经典的专著中证明，[③]一座建造和装饰得像巴戎寺这样的古迹不可能追溯到9世纪末，而我则已经证明，吴哥城如今的外貌不会早于12世纪末。[④]据维克多·戈卢布考证，耶输跋摩修建的这座城市呈一个巨大的四边形，其西侧和南侧的双重夯土城墙至今依然可见，还有一条护城河，如今已经变成了稻田；东侧则是早已改道的暹粒河。[⑤]巴肯山标志着四边形的中心，山顶上有一座金

① 同上书，第319页。参阅艾莫尼尔所分析的高棉文碑铭，见《柬埔寨史》，第2卷，第450页，并转载于《汇编》第4卷之中。

② 斐诺：《萨多科陀姆碑铭》，第89页；赛代斯和杜邦：《萨多科陀姆、桑德山和柏威夏山碑铭考》，第113页。

③ 《吴哥的巴戎与高棉艺术的演变》（巴黎，1927年）。

④ 《巴戎寺的年代》，BEFEO，第28期，第81页。

⑤ 《巴肯山与耶输跋摩的城市》，BEFEO，第33期，第319页；《在巴肯山周围进行的新研究》，BEFEO，第34期，第576页。由于这条河是从古伦山流下来的，有学者曾考虑，这座圣山对吴哥的作用是否与宗教城市美山对茶侨的作用类似，因为茶侨河就是从美山冰斗流下来的（2月10日会议，JA，1939年4—6月号，第281页）。

字塔形的建筑物，其建筑风格就是那个时期的。一块碑铭指出，这座建筑中藏有耶输陀雷希弗勒（Yaśodhareśvara）林伽。①

是什么原因引发了这次迁都，并决定了新城址的位置？

诃里诃罗洛耶城里已经挤满了前几位国王统治期间建造的建筑物，显然已不适合这位年轻的君主实现自己的城市规划。此外，如果像我认为的那样，立有国王林伽的寺庙都要成为其修建者的陵墓，那么每次王位更迭时，在林伽易名或被一座新林伽取代的同时，②寺庙也必须重建。而且，耶输跋摩可能想要在一座天然的山冈上为耶输陀雷希弗勒林伽筑起神庙，以超越他父亲的因陀罗首罗，这一点也不奇怪。然而，诃里诃罗洛耶附近可供选择的山冈只有三座，其中博山（Phnom Bok）太高，不适合作为城市的中心，而猪山（Phnom Krom）离大湖又太近。剩下的只有巴肯山，其高度和面积都很符合国王的意图，这无疑就是他选择这里的原因。而在另外两座山上，他仅仅各修了一座献给三相神的三重神庙。③

耶输跋摩忙于规划新都，并修建了一条道路与故都相连。这条道路从新都的东门出发，最终可达他父来挖掘的人工湖因陀罗塔塔迦的东北角。与此同时，他又在新城的东北方向挖掘了另一个人工湖，一个长7000米、宽1800米的巨大水库。该水

---

① 赛代斯：《巴肯山的一块新碑铭》，BEFEO，第11期，第396页。关于巴肯山的象征意义，见让·菲约扎的《印度宗教中的宇宙神话》，第七届宗教史大会会议录（阿姆斯特丹，1950年），第135页；《巴肯山古迹的象征意义》，BEFEO，第44期（1954年），第527—554页。

② 菲利普·斯特恩：《高棉人的庙山、林伽崇拜与天王》，BEFEO，第34期，第611页。

③ 莫里斯·格莱兹（Maurice Glaize）：《猪山的清理工作》，BEFEO，第40期，第371页。

库取名耶输陀罗德达格（Yaśodharataṭāka），有一道坚固的土堤环绕，耶输跋摩派人在大堤四角上设置了石碑，碑上有用前天城体字体刻写的长篇梵文碑铭，再一次记载了他的家谱，以及更多的赞美之词，并进一步讴歌了他的丰功伟绩。① 在这片广阔水域（今已干涸，名为东巴赖）的南岸，国王为不同的教派修建了一系列寺院，② 他的宗教兼收并蓄，使他能够将其恩典分施各派。为湿婆教派、波输钵多派和苦行者派（Tapasvins）建造了湿婆梵天（Sivaite Brāhmaṇāśrama）；③ 为般阇罗陀派、薄伽梵派（Bhāgavatas）和萨特瓦塔派（Sāttvatas）建造了毗湿奴神殿（Vishnuite Vaishṇavāśrama）；④ 并且可能还为佛教兴建了一座大雄宝殿（Saugatāśrama），它的石碑被从原址移走了，现已在吴哥城的提琶南（Tép Pranam）发现。⑤

在柏威夏供奉西哈利斯瓦拉（“绝顶之湿婆”）和在湿婆补罗［桑德山（Phnom Sandak）］供奉拔陀利首罗的两座湿婆教寺庙，⑥ 也是在耶输跋摩统治时期开始修建的。

耶输陀罗补罗的所在地直到15世纪都始终是柬埔寨的首都，这足以说明耶输跋摩统治时期的重要性，虽然他的政治功绩

---

① 这些碑铭已由巴特和贝加尼发表，见前引书，第413页及其后文。

② 关于这些教派，参阅查尔斯·艾略特爵士（Sir Charles Eliot）的《印度教和佛教：历史概要》（伦敦，1921年），第2卷。

③ 也就是G. 特鲁韦（G.Trouve）发掘的普雷寺（Prei Prasat）遗址。见他的《对普雷寺的研究》，BEFEO，第32期，第113页。那里的一块碑铭已由巴特和贝加尼发表，见前引书，第418页。参阅赛代斯的《耶输陀罗摩初探》，第85页。

④ 也就是喀纳普寺（Prasat Kamnap）遗址。参阅G. 特鲁韦的《对普雷寺的研究》，第113页。该寺中的碑铭已由我整理发表，见《耶输陀罗摩初探》，第89页。

⑤ 赛代斯:《提琶南石碑》，JA（1908年3—4月号），第203页。

⑥ 在亨利·帕芒蒂埃的《高棉古典艺术》（巴黎，1939年，第136页和第270页）中，有对这两座建筑物的描写。

绝大部分都未载于史册。他的那些用两种字体书写的碑铭覆盖了一片相当广阔的区域，北起下寮，[①]南至尖竹汶[②]与河仙（Hatien）地区[③]之间的暹罗湾海岸。不久前，人们根据一篇 12 世纪的文献，认定一场针对占婆的战事是他发动的，但实际上，这场战役发生在 12 世纪。[④]他侄子罗贞陀罗跋摩（Rājendravarman）的一篇碑铭[⑤]指出，耶输跋摩王国的边界是苏克什玛－卡姆拉塔斯（Sūkshma-Kāmrātas，在缅甸海岸）、大海（暹罗湾）、占婆和中国。这里的"中国"应该是指南诏，因为在公元 9 世纪下半叶，一部中国史籍明确提到南诏与柬埔寨接壤。[⑥]该碑铭中关于在一次海战中"击败数千艘挂白帆的船只"的记载，[⑦]可能与占人印度尼西亚人的新一轮入侵有关。

耶输跋摩的统治在公元900年左右结束，[⑧]谥号为帕拉姆湿婆路迦（Paramaśivaloka）。[⑨]

他的两个儿子先后继承了王位。关于他们，我们所知甚少。

---

① 胡埃塔莫（Huei Thamo）碑。见巴特和贝加尼的前引书，第 389 页。
② 帕尼埃（P'aniet）碑。
③ 古埃波列（Kuhea Preah）碑。见巴特和贝加尼的前引书，第 388 页［被称为多东山（Phnom Trotoung）碑］。
④ 赛代斯：《摩诃因陀罗补罗（Mahīdharapura）王朝的新年代和家谱资料》，BEFEO，第 29 期，第 316 页。
⑤ 赛代斯：《巴克赛－占克龙碑铭》，第499页；《柬埔寨碑铭集》，第4卷，第88页。
⑥ 亨利・马伯乐：《8 至 14 世纪安南与柬埔寨的边界》，BEFEO，第 18 期，第 3 辑，第 32 页。参阅乔治・马伯乐的《公元 960 年前后印度支那的政治地理》，Et. Asiat. EFEO，第 2 辑，第 94—95 页。
⑦ 巴特和贝加尼，前引书，第 492 页注释 3。
⑧ 赛代斯：《关于吴哥王朝几位国王就位年代的新证据》，BEFEO，第 43 期，第 13 页。有一块碑铭提到，902 年的一份法令是帕拉姆湿婆路迦制定的（赛代斯：《柬埔寨碑铭集》，第 5 卷，第 151—152 页）。
⑨ 艾莫尼尔：《柬埔寨史》，第 3 卷，第 139 页。

长子曷利沙跋摩一世（Harshavarman Ⅰ）于912年在扶南古都进行了一次捐赠，[①]他是巴肯山下的巴塞占克龙（Baksei Chamkrong）小庙山的建立者。[②]922年时他显然还在位，[③]但不久后便去世了，谥号为律陀罗路迦。

关于幼子伊奢那跋摩二世，我们只知道他的谥号为帕鲁马律陀罗路迦（Paramarudraloka）。925年看起来是他在统治，[④]但据说从921年起，[⑤]他的一个舅舅便“离开了耶输陀罗补罗城，到贡开（Ch'ok Gargyar）统治，并带走了天王”。[⑥]看来这个舅舅很可能篡夺了王位，因为此人以阇耶跋摩四世的名义在统治吴哥。晚些时候的一部文献将这个舅舅即位的年份定在928年。[⑦]这也许是伊奢那跋摩二世驾崩的日期，幸亏他死了，这位舅舅才最终得以摆出一副合法君主的姿态来。

阇耶跋摩四世在今天的贡开建造了他的新王宫，[⑧]靠近由他亲自设计的一个大湖。他用巨大的建筑来装点这个地方。[⑨]其中最

---

① 巴特和贝加尼，前引书，第551页。参阅赛代斯的《摩诃因陀罗补罗王朝的新年代和家谱资料》，第127—128页。

② 赛代斯:《巴克赛－占克龙碑铭》，第500页。

③ 赛代斯:《贡开的年代》，BEFEO，第31期，第17页。

④ 赛代斯:《伊奢那跋摩二世的年代》，JGIS，第3期（1936年），第65页。

⑤ 赛代斯:《贡开的年代》，第12页。由多位达官贵人在吴哥东部建造的那座毗湿奴教古迹——豆蔻寺（Prasat Kravan）可以上溯到这一年。

⑥ 斐诺:《萨多科陀姆碑铭》，第90页；赛代斯和杜邦:《萨多科陀姆、桑德山和柏威夏山碑铭考》，第119页。

⑦ 尼克苦塔（Prasat Neang Khmau）碑铭，见赛代斯的《柬埔寨碑铭集》，第2卷，第32页。参阅赛代斯的《贡开的年代》，第17页。

⑧ 贡开意为“光荣之岛”。它是“gargyan”（今为Kokī）这个词的异体，后者是龙脑香科的坡垒（Hopea）树的名称，通常人们是用它的越语名字“sao”。

⑨ 帕芒蒂埃:《高棉古典艺术》，第15页及其后文。关于贡开的碑铭，参阅赛代斯的《柬埔寨碑铭集》，第1卷，第47—71页。

引人注目的是那座五层的大金字塔，人们至今仍可在其顶端见到国王林伽特里布瓦内希弗勒（Tribhuvaneśvara）的台座，台座上的铭文将这座林伽称作"kamrateng jagat ta rājya"，意为"王权之神"。这座林伽在 35 米的高台之上，铭文称此为"一个无与伦比的奇迹"。[①] 这座恢弘壮丽的建筑无疑成了天王观念中的一次创新，[②] 在它建成大约二十年后，这座新的都城又被遗弃了，王国还于旧都。

阇耶跋摩四世——其谥号为帕拉马湿婆帕达（Paramaśivapada）——娶了耶输跋摩的一个姐妹阇耶提鞞，[③] 并生下一个儿子，后者在公元941年继位，[④] 号曷利沙跋摩二世，但他只统治了两三年，谥号布勒默路迦（Brahmaloka）。

耶输跋摩的另一个姐妹，准确地说是姐姐，名叫摩醯因陀罗提鞞（Mahendradevī），嫁给了一个名叫摩醯因陀罗跋摩（Mahendravarman）的人。系谱学家们把他与前吴哥时期柬埔寨的那些遥远王朝联系了起来，但这种联系相当牵强且极其可疑。[⑤] 摩醯因陀罗跋摩是拔婆补罗（也就是古代真腊的核心）的首领，拔婆补罗在阇耶跋摩一世去世后仍独立存在。这段婚姻诞下了一个儿子，名叫罗贞陀罗跋摩。因此，罗贞陀罗跋摩既是阇耶跋摩四世和耶输跋摩的侄子，又是曷利沙跋摩二世的表兄（碑铭说是

---

① 赛代斯：《柬埔寨碑铭集》，第 1 卷，第 68—71 页。

② 赛代斯：《柬埔寨神性王权崇拜的真正创立者》，载 R. C. 玛兹穆德编的《斯瓦米·维韦卡南达百年纪念册》（加尔各答，1964 年）；《贡开金字塔在高棉庙山演变过程中的作用》，载《帕拉纳维塔纳纪念册》。

③ 赛代斯：《柬埔寨碑铭集》，第 1 卷，第 75 页。

④ 同上书，第 260—261 页。

⑤ 同上书，第 74 页。

“兄弟”)。

曷利沙跋摩二世英年早逝，无论是自然原因还是其他原因，[1]其结果是导致权力落入了罗贞陀罗跋摩手中。罗贞陀罗跋摩当时也很年轻，但他的权利似乎比他的舅舅和表兄更大，因为他通过其父继承了拔婆补罗的遗产。他即位后立即致力于恢复吴哥时期的传统，重返耶输陀罗补罗定居，并带回了天王。[2]“正如姑奢［Kuśa，罗摩（Rāma）和悉达（Sītā）的儿子］为阿约提亚所做的那样，他恢复了废弃已久的圣城耶输陀罗布利（Yaśodharapurī），建造了一座带有金碧辉煌的神庙的王宫，把圣城变得恢弘壮丽、引人入胜，就像世界上的因陀罗大神的宫殿一样。”[3]这段话也许指的是空中宫殿最初的样子，如前所述，[4]它位于耶输陀罗补罗（以巴肯山为中心）的南北轴线和耶输陀罗德达格（东巴赖）的东西轴线的交点处，因此，也就是位于耶输跋摩一生两大功业的交汇处。

耶输跋摩在他父亲因陀罗跋摩开掘的因陀罗塔塔迦的中央修筑了洛莱神庙，以纪念其按照湿婆和乌玛的容貌神话了的父母。罗贞陀罗跋摩效法耶输跋摩，于公元952年在他舅舅挖掘的耶输陀罗德达格中央修建了一座名叫东湄奔寺（Eastern Mébon）的寺庙。在呈梅花形排布的五座砖塔中，他分别安放了按湿婆和乌玛

① 事实上，他是罗贞陀罗跋摩的弟弟，据比粒寺石碑的记载，他在继承王位时也非常年轻。见赛代斯的《柬埔寨碑铭集》，第1卷，第75页。

② 斐诺：《萨多科陀姆碑铭》，第91页。赛代斯和杜邦：《萨多科陀姆、桑德山和柏威夏山碑铭考》，第120页。

③ 赛代斯：《巴琼寺碑铭》，JA（1908年9—10月号），第239页（该碑铭译文已经过更正）。

④ 斯特恩：《吴哥的巴戎》，第55页。

的形象雕塑的父母塑像、毗湿奴神像和梵天神像，并在中央一座砖塔中安放了国王林伽罗贞陀雷希弗勒（Rājendreśvara）。林伽可能只是暂居于此，正等待在修复好的城市中为它建一座专门的寺庙。和巴孔神庙一样，这个建筑群由八座塔楼围绕着，每座塔中供奉着一个湿婆林伽。[①] 九年之后，也就是公元 961 年，这次可能是效法因陀罗塔塔迦以南的神牛寺，他在耶输陀罗德达格以南建造了比粒寺庙山。庙山中央是罗贞陀罗珀德雷希弗勒（Rājendrabhadreśvara）林伽，这个名字既令人想到国王，也让人想起婆多利神，后者是在柬埔寨人的摇篮——福寺这座古老神庙里受人崇拜的一种民族神。在庙山高坛的四座角塔里分别藏有：另一座名为罗贞陀罗跋梅希弗勒（Rājendravarmeśvara）的林伽，它是“为了国王的昌盛而竖立的，仿佛这是国王本身的实体”；一尊毗湿奴罗贞陀罗维希弗鲁伯（Vishṇu Rājendraviśvarūpa）的塑像，用来纪念罗贞陀罗跋摩的一位远祖；一尊湿婆罗贞陀罗跋默代维希弗勒（Śiva Rājendravarmadeveśvara），以纪念先王曷利沙跋摩二世；以及为其舅母阇耶提鞞，即曷利沙跋摩二世的母亲而立的一尊乌玛像。最后，庙山上还有湿婆的八种化身（mūrti）。[②]

同罗贞陀罗跋摩的名字有关或是可以追溯到他统治时期的建筑很多。其中大多数都是由官员或高级婆罗门建立的，这些人一定是利用了国王的年幼，在宫廷中谋得了拥有特权的地

① 湄奔石碑，已由路易斯·斐诺发表,《吴哥碑铭》，BEFEO，第 25 期，第 351 页。参阅赛代斯的《吴哥第一批国王的世系传说》，第 137 页注释 1。

② 赛代斯:《柬埔寨碑铭集》，第 1 卷，第 73 页及其后文。湿婆的八种化身为：地、水、火、风、空、日、月、祭祀。——译者注

位。这种由高官贵族摄政的局面在下一位国王的统治时期仍在继续，而且无疑是出于同样的原因：国王在即位时年纪尚小。在罗贞陀罗跋摩朝的重要人物中，当首推拉贾库拉摩诃特里（Rājakulamahāmantri），即“王室的伟大顾问”，他似乎曾担任过摄政王或首相的职务；[①]其次是婆罗门湿婆差利耶（Śivāchārya），自伊奢那跋摩二世以来，他一直作为“hotar”（皇家牧师）为国王们服务；[②]最后一位是使者（chāra）卡凡德拉立玛塔那（Kavīndrārimathana），国王委派他负责王宫和东湄奔寺的营造。[③]卡凡德拉立玛塔那是位佛教徒，他令人在巴琼寺（Bat Chum）的三座塔上镌刻了梵文铭文。巴琼寺是在他监督下修建的，用以供奉佛陀、金刚手和般若（Prajñā）的塑像。按年代编排，这些碑铭介于提琶南碑（记述了耶输跋摩修建一座佛教净修林的情况）和西托寺（Vat Sithor）碑之间。它们证明大乘佛教在某些群体中一直存在，信奉湿婆教的统治者并不吝于从大乘佛教的信徒中选拔官员。

关于罗贞陀罗跋摩治下柬埔寨的政治史，碑铭告诉我们的，就是“他的光芒烧毁了那些敌对的王国，占婆首当其冲”。[④]这可

---

① 他的名字在阇耶跋摩五世的铭文中仍有出现。

② 斐诺：《吴哥碑铭》，第362页。他属于一个国师家族，我们通过提布代寺（Vat Thipdei）碑铭知道了他。在《献给莱维先生的印度学文集》（巴黎，1911年，第213页）中发表这一铭文时，我曾认为可以将这位湿婆差利耶考证为在萨多科陀姆碑中作为天王仪式大祭司出现的另一位同名婆罗门（斐诺：《萨多科陀姆碑铭》，第91页）。但路易斯·斐诺已经指出了做这样的考证所面临的困难（《吴哥碑铭》，第365页。）关于这个问题，见L. P. 布里格斯的《湿婆差利耶的家系和继承人》，BEFEO，第46期，第177页。

③ 赛代斯：《巴琼寺碑铭》，第251页。

④ 赛代斯：《巴琼寺碑铭》，第245页。

能是暗指他在公元 950 年左右兴师征讨占婆的举动，在这场远征中，正如我们将在下文中看到的，[①]高棉军队夺走了芽庄波那加塔中的金像。

罗贞陀罗跋摩的统治于公元 968 年结束，谥号为湿婆路迦（Śivaloka）。在他统治的最后一年，即公元 967 年，梵天耶若婆罗诃（Yajñavarāha）在伊湿伐罗补罗［Iśvarapura，即女王宫（Banteay Srei）］兴建了特里布弗纳默赫希弗勒（Tribhuvanamaheśvara）寺，他是曷利沙跋摩一世的孙子，在女王宫石碑的高棉文铭文中，他被称为“导师”［（Steng An'）Vraḥ Guru］。[②]在下一位国王统治时期被晋升至圣师（Kamrateng an' Vraḥ Guru）高位的，可能就是这位婆罗门学者。无论如何，一位拥有这一尊衔的高级官员出现在了阇耶跋摩五世的众多碑文之中，似乎在阇耶跋摩五世执政之初发挥过主要作用。

阇耶跋摩五世是罗贞陀罗跋摩的儿子，在公元 968 年即位时他还非常年轻，因为直到六年后的 974 年，他才在圣师的指导下完成了学业。[③]他的统治历时三十余年，其间的政治史与几位先王一样鲜为人知。在他的统治期间，部分时间用在了建造新王宫，这座新王宫名叫阇延陀罗纳格里（Jayendranagarī），其建筑工程在公元 978 年时仍在进行。[④]宫殿的中心以“金山”或“金角”［Hemagiri，Hemaśṛingagiri，这是弥鲁（Meru）山的古典名

① 见下文，本书第 200 页。

② 赛代斯：《柬埔寨碑铭集》，第 1 卷，第 148 页。关于女王宫，参阅《法国远东学院考古论文集》，第 1 辑，《伊湿伐罗补罗神庙》（巴黎，1926 年）。赛代斯：《女王宫的年代》，BEFEO，第 29 期，第 289 页。

③ 赛代斯：《柬埔寨碑铭集》，第 2 卷，第 65 页。

④ 赛代斯和杜邦：《萨多科陀姆、桑德山和柏威夏山碑铭考》，第 383 页和 386 页。

称］为标志。我们曾试图把这座“金山”的位置定在茶胶，即位于东巴赖西岸以西的那座未完成的庙山，①但这处古迹最早也只能追溯到 11 世纪初。

阇耶跋摩五世将他的姐妹因陀罗拉什弥（Indralakshmī）嫁给了印度的婆罗门迪瓦卡拉巴塔（Divākarabhaṭṭa），后者出生在印度的亚穆纳河畔，主持建造了一系列湿婆教建筑。②在阇耶跋摩五世统治期间，我们看到两个“外来的”婆罗门（paradeśa），可能是印度人，买下土地建起了湿婆教神庙。③碑文显示，达官显贵们大多和国王本人一样，都是官方信奉的湿婆教的信徒。然而，与先王们执政时的情形一样，仍有一些高官信奉佛教。这些碑铭④让我们对这里佛教的情况有了一定的了解。从教义方面看，它以瑜伽宗继承者的面目出现，是经过基尔提旁底他（Kīrtipaṇḍita）的努力而在柬埔寨恢复起来的“空和执的真谛”（pure doctrines of the void and of subjectivity）的代表，但在实际情况中，它借鉴了印度教仪式的部分术语，主要涉及对观自在菩萨

① 吉尔伯特·德·科勒尔·雷穆萨，维克多·戈卢布和赛代斯：《达盖弗（Tà Kèv）的年代》，BEFEO，第 34 期，第 401 页。参阅赛代斯的《巴芳的年代》，BEFEO，第 31 期，第 18—22 页；赛代斯和杜邦：《萨多科陀姆、桑德山和柏威夏山碑铭考》，第 383—384 页、411 页。

② 暹粒的恩科塞寺（Preah Einkosei，巴特和贝加尼：《占婆和柬埔寨的梵文碑铭》，第 77 页）和姆鲁普雷的康普斯寺（Prasat Komphüs，赛代斯：《柬埔寨碑铭集》，第 1 卷，第 159 页。）

③ 斐诺：《萨多科陀姆碑铭》，第 94 页。赛代斯和杜邦：《萨多科陀姆、桑德山和柏威夏山碑铭考》，第 131 页。

④ E. 塞纳特（E. Senart）：《柬埔寨的一块佛教碑铭》，RA（1883 年），第 82 页。赛代斯：《印度支那佛教的一份重要文献：西托寺碑》，载《日本佛教研究》，第 4 期（1942 年），第 110 页；《柬埔寨碑铭集》，第 6 卷，第 195 页。亨利·克恩：《关于马德望佛教碑铭的序言》，VMKAWAL（1899 年），第 66 页。赛代斯：《柬埔寨碑铭集》，第 2 卷，第 202 页。

的崇拜。[1]

阇耶跋摩五世于1001年去世，谥号为帕拉玛维拉路迦（Paramavīraloka）。他的侄子优陀耶迭多跋摩一世（Udayādityavarman I）继位，但只统治了几个月。[2]

从因陀罗跋摩到阇耶跋摩五世，几代国王的统治持续了一个多世纪，总体上构成了一段盛世，部分对应于中国历史上唐末至五代十国的混乱时期。在这段稳定的历史时期，吴哥文明形成了其独有的面貌，并确立了自己的特征，这些特征一直延续到14世纪它衰落的时候。吴哥文明在印度支那半岛中部的文化演变中发挥了重要的作用，对湄公河及湄南河流域的诸泰族王国都产生了巨大的影响。这里不详细描述这个文明，况且艾蒂安·艾莫尼尔已经根据他掌握的资料开始了这项工作。[3]就其本质而言，碑铭算不上是完整的资料，关于当时人们的生活、物质文明、[4]信仰和习俗，碑铭没有直接告诉我们任何事情。直到13世纪末，也就是柬埔寨衰落的前夕，才能从中国使臣周达观的记述中找到柬埔寨及其居民生活的生动写照。9至11世纪的碑铭告诉我们的，主要是当时官方宗教的高级僧侣和宫廷阶级的情况，因为他们的活动都专注于修造宗教建筑。写在兽皮或棕榈叶上的档案或文献均已荡然无存；由于除了几座桥之外，所有的高棉建筑物都是宗

---

① 路易斯·斐诺:《印度支那的世尊观自在》，Et. Asiat，EFEO，第1期，第227页。

② 赛代斯:《优陀耶迭多跋摩一世的碑铭》，BEFEO，第11期，第400页。F. D. K. 博世在《般度（Pāṇḍawa）家族的末裔》[BKI，第104期（1948年），第541—571页]一文中，试图将优陀耶迭多跋摩一世考证为巴厘的国王邬达耶纳（Udāyana）。

③ 《柬埔寨史》，第3卷，第530—598页。

④ 关于这个问题，见乔治·格罗斯利尔的《柬埔寨人研究》（巴黎，1921年）。

教建筑，刻在这些建筑上的铭文首先是宗教性质的，所以我们只得通过这样一面失真的镜子来研究吴哥文明。

国王[①]是"举国上下的主宰"，是整个国家政治组织的中枢，是一切权力的源泉，并集一切权力于一身。但不应该就此把吴哥的统治者描述成绝对的专制君主，可以随心所欲、无法无天。恰恰相反，他受贵族阶级的规则和朝纲法度的约束；他是法律和既定秩序的维护者，是所有诉讼者提交裁决的案件的最终裁判者。[②]由于碑铭本身的性质，它们告诉我们的高棉文明主要是宗教方面的，所以它们将国王描述为宗教的保护者，是那些捐赠者托付给他的宗教建筑的维护者。他进行祭祀，举行一切祈求神明保佑国家的宗教仪式，他保卫国家免受外敌侵犯，并强制全体臣民尊重社会秩序，即对各种姓或行业团体之间的划分，以此来确保内部安定。我们不确定他是否被视为王国所有土地的最高所有者，但我们看到他分配闲置的土地，并认可土地交易。对君主来说，统治就是"享用王国"（就像总督"享用"他的省份一样），与其说他是一个行政管理者，不如说他更像一个活在世上的神。他那高墙围绕城壕拱卫的都城，代表了被脉轮（Chakravāḷa）的山脉和海洋环绕着的宇宙的一个缩影。[③]都城的中心是一座代表弥鲁山的庙山，山顶上是由一个婆罗门从湿婆神那里领受的国王林

① 罗伯特·冯·海涅－格尔登：《东南亚的国家观念和王权观念》，FEQ，第2卷（1942年），第15—30页。让·英伯特（Jean Imbert）：《高棉政治制度史》（金边，1961年）。

② 罗伯特·林格特：《从碑铭中看印度在法律方面对占婆和柬埔寨的影响》，JA，第237期（1949年），第273—290页。

③ 罗伯特·冯·海涅－格尔登：《东南亚的世界观和建筑形式》，载《维也纳亚洲艺术期刊》，第4期（1930年），第28页。

伽——天王（kamrateng jagat ta rājya）。我们不清楚，这座包含着“王权的本质”，即国王的“神我”的林伽，是由历代国王代代相承、始终唯一的，① 还是说每位国王在即位时祝圣、并以自己的名字命名（如因陀罗首罗、耶输陀雷希弗勒、罗贞陀雷希弗勒等等）的，都是各自的林伽，随国王一起成为天王。每一位有足够时间和财力的国王都会在他的首都中心建造自己的庙山，我们有理由认为，在每一位国王去世后，那座属于他个人的寺庙就成了他的陵墓。② 国王死后会得到一个谥号，指明他往什么天（svargata）而去，又变成了什么神。

国家的统治权掌握在贵族寡头的手中，重要的职位全都为王族成员所把持。国王的国师、天王礼拜仪式的大祭司和年轻王子们的导师等职位，都被保留给几个大祭司家族的成员，在这些家族内部，职位是按女系传承的，因此正常的继承人是被继承者的姐妹的儿子，或被继承者的弟弟。婆罗门家族常常同王族联姻。婆罗门和刹帝利之间的结亲似乎很频繁，这两个种姓代表了知识阶层和印度文化，构成了一个凌驾于大众之上的独立阶级。但是我们不应据此就断言这个贵族阶层在种族上已不同于其他人口。

---

① 竖立在贡开金字塔上，碑铭中称作“代表王权的林伽”（kamrateng jagat ta rājya）的那座巨大林伽，被阇耶跋摩四世从吴哥带走，后来又被罗贞陀罗跋摩带回吴哥。此说即使不是不可能，至少也是不大可能的。11 世纪时，碑铭中谈到了一个金林伽。

② 赛代斯：《对神化了的王权的崇拜——古代柬埔寨伟大建筑物的灵感来源》，载《研讨会论文集》，罗马东方丛书，第 5 卷（罗马，1952 年），第 1 页。关于王室继承的原则，学界众说纷纭。参阅伊芙琳·波雷 - 马伯乐的《那伽索玛新探》，JA，第 238 期（1950 年），第 237 页；《柬埔寨人的土地习俗研究》，第 1 卷（巴黎，1962 年），第 152—182 页。赛代斯：《古代柬埔寨的王权继承惯例》，BSEI，n.s.，第 26 期（1951 年），第 117—130 页。

在王室成员中，甚至在僧侣中，最常见的还是高棉名字。出自这个贵族阶层的那些铭文，是唯一流传下来的文学作品，让我们了解到他们的梵文文化的发展程度。这种文化时常随着印度婆罗门的到来而不断更新，这方面的情况上文已有述及。

这些铭文向我们介绍了一套完整的官员体系，这表明行政管理体制已经相当发达。国王座下的官员有：大臣、将军、谋士、监察官、省长、区长、村长、间长、司库、徭役吏，以及其他一些职衔尚不太清楚的官员。这些官员被分为四类，但分类的标准不明。

我们对农民和村民的生活了解甚少，只知道他们被大批派往神庙、寺院或者净修林中服徭役，由于统治阶级的虔诚，这类建筑遍布全国。碑铭中连篇累牍地列出了这些奴隶的名单，我们对他们的了解也仅限于这些名字，而且往往不堪入耳（“狗”“猫”“败类”“臭虫”），这说明他们鄙陋卑微，遭人蔑视。这些名字经受住了岁月的风吹雨打，并传诸后代。

统治阶级的宗教信仰从未统一过。[①]在公元9世纪和10世纪，湿婆教占主导地位。直到12世纪，毗湿奴教才异军突起（与当时在印度发生的情况相同），强大到足以催生出吴哥窟这样有重大意义的伟大建筑群。至于佛教，一直都有信徒，而且到接下来的几个世纪，我们将看到诸如苏利耶跋摩一世，尤其是阇耶跋摩七世这样一些伟大的国王正式赞助了佛教。各种宗教并行不悖，有时甚至发展成了一种真正的诸说融合（这在雕塑和碑铭中都有

① 卡玛莱斯瓦尔·巴塔查里亚：《古代柬埔寨的婆罗门教信仰》（巴黎，1961年）。

所体现），[①] 这并不是柬埔寨所特有的现象。[②] 这种现象可以从外印度的社会结构中得到解释。正如西尔万·莱维十分正确地指出的那样："在印度支那半岛和印度尼西亚，婆罗门教的存在丝毫没有对佛教造成威胁。湿婆教和毗湿奴教与佛教一样，都是舶来品，对这片土地来说都是外来的。作为一种优雅精致的文化，国王、宫廷和贵族都能接受它们；当时这并不是一种在大众中深入人心的文明。那里的社会生活照旧进行，并不关心《摩奴法典》（*Manu*）和婆罗门教的其他准则。但在印度，情况则不同：婆罗门教对社会秩序负有责任，二者浑然一体。"[③] 这就解释了为何在印度视佛教为不能容忍的异端。而在柬埔寨，直到 13 世纪阇耶跋摩七世笃信佛教之后，[④] 这种现象才初露端倪。

从公元 9 世纪到 12 世纪末，一系列不间断的证据表明，存在着一种对一些塑像的崇拜，这些塑像具有婆罗门教和佛教神佛的特征，但塑像的名字却让人想起一些已故的，甚至还在世的人

① 赛代斯：《提琶南石碑》，第 205 页；《巴琼寺碑铭》，第 223—225 页。至于接下来几个世纪，有图尔寺（Tuol Prasat）碑铭，见赛代斯：《柬埔寨碑铭集》，第 2 卷，第 97 页；路易斯·斐诺：《圣剑寺（Preah Khan）碑铭》，BEFEO，第 4 期，第 673 页；赛代斯：《达勃珑石碑》，BEFEO，第 6 期，第 70 页注释 4。

② 我们将在爪哇看到对湿婆－佛陀的崇拜。

③ 《印度与世界》（巴黎，1928 年），第 121 页。

④ 路易斯·德·拉瓦莱－普桑在《印度诸王朝及其历史》一书（第 334 页）中写道："实际上，把印度人的'宽容'说成'尊重他人的信仰'、'给予自己不赞成的信仰和实践的自由'，这是一种误解。任何一个印度统治者，如果不是极端玩忽职守的，都不可能不惩'恶'扬'善'，因为在印度，即使季节的更迭也取决于人的德行。给人这种印象的是这样一个事实：作为一般规则，统治者像他们的臣民一样（也像受过教育的婆罗门一样，事实上，他们不相信任何神），崇拜所有的神，相信所有的礼拜仪式都有用：国王向佛教徒捐赠，向婆罗门捐赠……就像中世纪的君主们给各种宗教教派捐赠一样，他们每个人都有自己选择的神。"

物的称号和面貌。

古代柬埔寨留给我们的毗湿奴、湿婆、诃里诃罗、拉克什米（Lakshmī）[①]、雪山神女，以及各种菩萨的无数塑像中，只有极少数是"非人格化"地表现着这些印度教和佛教众神的形象。其中绝大多数都是帝王将相、达官显贵的形象，都是按照他们已经化为或者在离开尘世后将要化为的神灵的相貌塑就的。这些雕像的名字通常由他们本人的名字和他们所化为的神的名字融合而成，这些名字清楚地表明了这种个人崇拜。[②]

高棉的大多数伟大建筑，都是献给贵族阶级的这种崇拜的。它们并非源于普通百姓的虔诚，而是国王、王公或豪门贵胄们的建筑，用作陵墓，供奉已故的父母和祖先。那些将被置于其中接受崇拜的人还在世时，这些建筑就开工了，有些人甚至亲自指导修建。[③]

这些建筑物的用途解释了它们在建筑上的象征意义。[④]印度诸神居于山巅，并在飘飘然的宫殿间飞来飞去。金字塔形的建筑，显然是力图使人们想到大山。由于缺少高大的金字塔，五座呈梅花形排布的神庙便可使人联想到弥鲁山五峰。至于那些缥缈的宫殿，只需一个装饰着迦楼罗（garuḍas，即大鹏金翅鸟）的底座，便足以立即引发人们的联想。

以上就是这种文明的基本特征。从艺术的角度看，9世纪和

① 拉克什米（Lakshmī），又译作吉祥天，是印度教的财富和幸运女神，毗湿奴的配偶。当毗湿奴以各种化身下凡时，拉克什米也会以相应的化身伴随。——译者注
② 赛代斯：《论柬埔寨的尊国王为神》，第28页；《为了更好地了解吴哥》（巴黎，1947年），第44—67页。
③ 赛代斯：《高棉的纪念性大建筑物的丧葬用途》，BEFEO，第40期，第315页。
④ 赛代斯：《为了更好地了解吴哥》，第86—120页。

10 世纪的古伦、罗洛和巴肯神庙，以及贡开、东湄奔寺、比粒寺、女王宫和克良（Khleang）的宏伟建筑标志着一个巅峰，能出其右者，唯有吴哥窟。

关于这个时期湄南河下游地区的情况，我们没有任何资料，这里是陀罗钵底王国的故地。唯一一份出自该地区的文献，是在阿瑜陀耶岛上发现的一块用梵文和高棉文书写的碑铭。[①] 该碑铭上所注日期为 937 年，讲述了一个名为了贾纳夏补罗（Chānāśapura）的王公家族的历史：[②] 该世系的第一位国王是巴格达特（Bhagadatta），然后，不知隔了几代之后，是桑达罗帕罗克罗玛（Sundaraparākrama）和他的儿子桑达罗跋摩（Sundaravarman），最后是国王纳罗帕底西哈跋摩（Narapatisiṃhavarman）和芒格拉跋摩（Mangalavarman），两人都是桑达罗跋摩的儿子。碑铭的作者芒格拉跋摩将一尊提鞞像奉为圣物，塑像是他母亲的形象。这些名字在柬埔寨的碑铭中是找不到的，但那块列出了奴隶名单的高棉文碑铭证实，在该地区被并入柬埔寨之前的七十五年，高棉人已经取代了公元 7 世纪时占领着该地区的孟族人。

2. 因陀罗补罗的占族王朝

占婆的历史经过 20 年的文献空白期，在公元 875 年突然出现了一个新王朝统治了北方，[③] 都城在因陀罗补罗（今广南省）。

---

① 赛代斯:《阿瑜陀耶的一块新碑铭》，JSS，第 35 期（1944 年），第 73 页。

② 另一些碑铭中也提到了这个世系。赛代斯:《有关印度支那中部历史的一些新的石刻材料》，JA，第 246 期（1958 年），第 127—128 页。

③ 路易斯·斐诺:《第一块东阳石碑》，BEFEO，第 4 期，第 84 页。

与此同时，中国史家们又一次改换了这个国家的名字，叫占城［占婆补罗（Champāpura）］。①

因陀罗补罗王朝的创始人在登基时号为因陀罗跋摩（二世），他自己的名字原叫拉克什因陀罗·布米希弗勒·格拉玛斯瓦明（Lakshmīndra Bhūmīśvara Grāmasvāmin）。这样做是为了让人们把他当作传说中的祖先优罗阇（Uroja）的后裔，并给自己的祖父律陀罗跋摩和父亲跋陀罗跋摩都加上了国王的称号，但又在其碑文中强调："王权既不是他的祖父传给他的，也不是他父亲传下来的，而是由于命运的独宠以及他在无数前世中获得的功德，他才登上了占婆的王位。"因陀罗跋摩二世可能是在王国重臣的请求下被毗建陀跋摩三世指定为王的，因为毗建陀跋摩三世无嗣而终。②因陀罗跋摩二世的统治似乎很太平，公元877年，他向中国派遣了使臣。在此之前两年，即公元875年，他建造了一座宏伟的佛教建筑，这是大乘佛教在占婆存在的第一个证据。这座佛寺就是拉克什因陀罗洛盖首罗寺（Lakshmīndralokeśvara），名字仍然来自其建立者。该寺就是如今美山东南的东阳佛教遗址。③

因陀罗跋摩二世死后得到的谥号为帕拉玛布达路迦

① 乔治·马伯乐在《占婆史》（巴黎，1928年）第6页中误写为"Tch'eng cheng"。

② 关于因陀罗跋摩的祖父和父亲究竟是真正的统治者，还是他本人就是王朝的缔造者，这个问题一直是路易斯·斐诺（《广南碑铭》，BEFEO，第4期，第96页；《印度支那碑铭》，BEFEO，第15期，第2辑，第126页；对马伯乐《占婆史》的评论，BEFEO，第28期，第288页）和乔治·马伯乐（《占婆史》第110页注释5）之间争论的主题，在我看来，后者的意见更有说服力；我认为，这位国王在叙述他即位的情形时所用的措辞是很明确的。

③ 亨利·帕芒蒂埃的《安南的占族古迹说明细册》（巴黎，1909—1918年，第1卷第439页）中对此有描述。关于东阳大乘佛教的特殊之处，参阅斐诺的《印度支那的世尊观自在》，第232页。

（Paramabuddhaloka），继位者是侄子阇耶辛诃跋摩一世（Jaya Siṃhavarman Ⅰ）。关于后者，我们只知道两个与他有关的年代：公元 898 年和 903 年。他统治期间塑造了一些被尊为神的塑像，这两个日期就是记述此事的铭文中提到的。[①]大约在同一时期，特里布瓦纳提鞞王后的一个亲戚，波克隆·皮利赫·拉贾瓦德拉（Po Klung Pilih Rājadvāra）前往爪哇［耶婆提补罗（Yavadvīpapura）］朝圣（siddhayātrā），[②]在接下来的三位国王的统治时期，此人一直身居高位。他此行或许就是爪哇对占族艺术的影响的开始，这一时期的姜美（Khương Mỹ）和美山都都有体现。[③]

这位官员留下的碑文记述了阇耶辛诃跋摩一世的继承人是他的儿子阇耶阿克提跋摩（Jayaśaktivarman）。我们对这位继任者知之甚少，只知道他的统治时间很短。接下来在位的跋陀罗跋摩二世，我们不清楚他同其前任有什么亲戚关系，他的即位似乎很不顺利。公元 908 年和公元 910 年，都是他在掌权。[④]

碑铭赞美了跋陀罗跋摩二世的儿子因陀罗跋摩三世的文学和哲学知识，[⑤]因陀罗跋摩三世于公元918年在芽庄的波那加塔供奉

---

① 班兰（Ban-lanh）碑铭（斐诺注疏,《广南碑铭》，第99页）和朱砂（Châu-sa）碑铭（爱德华·胡贝尔注疏,《东阳王朝的石刻》，BEFEO，第 11 期，第 282 页）。

② 爱德华·胡贝尔在翻译仁瓢碑（Nhan-biêu）时（《东阳王朝的石刻》，第 299 页），把这个表达翻译成“获取巫术”。关于 siddha-（或 siddhi-）yātrā 这个词，它指的是到一个特别神圣的、充满了神奇力量的地方去朝圣。

③ 菲利普·斯特恩:《占婆艺术》（巴黎，1942 年），第 66—68 页和第 109 页。关于中国可能的影响，见皮埃尔·杜邦的《东阳佛教风格中的中国因素》，BEFEO，第 44 期（1951 年），第 267—274 页。

④ 爱德华·胡贝尔发表的富良（Phu-luong）碑铭和乐成（Lac-thanh）碑铭，《东阳王朝的石刻》，第 283 和 285 页。

⑤ 巴特和贝加尼:《占婆和柬埔寨的梵文碑铭》，第 247 页。

了一尊准提菩萨（Bhagavatī）金像。他的统治长达四十多年，其间，公元950年左右，他击退了高棉人对芽庄地区的一次进犯，①虽然金像被“为贪婪和其他邪恶所支配”的入侵者偷走，但罗贞陀罗跋摩的高棉军队最终还是一败涂地。②因陀罗跋摩三世死于959年左右，在此之前，他有足够的时间恢复与中国的关系，这种关系因唐末和五代的混乱而中断了，公元951年、公元958年③和公元959年，他几次向后周朝廷派出了使团。④

因陀罗跋摩三世的继任者，阇耶因陀罗跋摩一世（Jaya Indravarman Ⅰ），于公元960年向宋太祖送去了礼物，这两位君王恰好在同一年登基。公元962—971年，相继五次的遣使证明了两国关系的持续性。⑤公元965年，阇耶因陀罗跋摩一世修复了十五年前被高棉人劫掠过的波那加塔，并在那里安置了一尊女神石像。⑥

公元972年，占婆的王位上出现了一位新国王。我们没有关于他的碑文，但根据中文音译波罗蜜首罗跋摩推测，应该是“Parameśvaravarman”。⑦在与中国的关系方面，他表现得非常重

① 关于这场战役的最早记载是在952年的那块湄奔石碑上（第146节，斐诺：《吴哥碑铭》，第346页）。

② 巴特和贝加尼，前引书，第260页。

③ 根据田坂兴道的意见（《占婆的伊斯兰教》，载《东方学》，第4期，1952年，第52页），占婆使节莆诃散是一个名叫阿布哈桑的穆斯林，这是我们掌握的占婆存在伊斯兰教的最早证据。在1902年至1907年发现、并由保罗·拉韦斯（Paul Ravaisse）释读的阿拉伯文碑铭（见《占婆的两块古阿拉伯文碑铭》，JA，第20期，1922年，第247页）证明，在10世纪中叶，占婆存在着一个享有一定自治权的穆斯林居留地。

④ 马伯乐：《占婆史》，第119页。

⑤ 同上，第120页。

⑥ 巴特和贝加尼，前引书，第260页。

⑦ 马伯乐：《占婆史》，第121页注释1。

视，在公元 972—979 年，他向中国派遣了至少七个使团。他是第一位与独立的越南人国家大瞿越（Đại Cồ Việt）王国[①]发生冲突的占族国王，当时大瞿越国刚刚摆脱中国的统治，由于独立的丁（Đinh）王朝的缔造者于公元 979 年被暗杀，吴（Ngô）朝一名在占婆避难的成员便请求波罗蜜首罗跋摩帮助他重新夺回其家族在公元 939 年至 965 年占据过的王位。于是在公元 979 年，一支海上远征军出发前往丁朝国都华间（Hoa Lư），[②]但在途中遭遇了一场风暴，只有占城国王的船只幸免于难。[③]

翌年，一场宫廷阴谋将一位名叫黎桓（Lê Hoàn）的重臣推上了大瞿越的王位，他是前黎朝（Nhà Tiền Lê）[④]的开国之君，黎桓即位后立即派遣使节前往占婆。占王波罗蜜首罗跋摩干了件蠢事，他把大瞿越的来使投入狱中，于是黎桓组织了一次报复性的远征，占城国王因此丧失了生命，占婆国都也于公元 982 年被摧毁。占城新国王的中文名字似乎为因陀罗跋摩（四世），他及时从因陀罗补罗，逃亡到其王国的南部。公元 985 年，他在那里向中国皇帝求援，但没有得到回应。

在此期间，一个名叫刘继宗（Lưu Kế Tông）的越南人在占婆北部攫取了政权。公元 983 年，他成功地抵抗了黎桓的入侵。在因陀罗跋摩四世死后，他正式自封为占婆王，并于公元 986 年将他即位一事通报给了中国朝廷。这个外族人的统治导致了当地居

---

① 以及后文提到的“大越”都是“越南帝国”的国号。公元 968 年丁朝建立，直到 1054 年李朝改国号；1054 至 1400 年国号为“大越”。——译者注

② 在今天的宁平（Ninh-binh）省。

③ 亨利·马伯乐:《唐朝的安南都护府》，BEFEO，第 10 期，第 678 页。

④ “大瞿越”的一个朝代，在丁朝与李朝之间。——译者注

民大批外逃，其中一些人逃亡到了中国的海南和广州。①

公元 988 年，占城人团结在了一位本族人的周围，并在毘阇耶（位于今天的平定省）拥戴他即位，次年，刘继宗这个越南篡位者去世，占人便宣告他为国王，号诃梨跋摩二世。刚刚即位，他的王国北部便在公元 990 年遭到了越南新一轮的入侵。之后占婆终于迎来了短暂的和平，标志是：公元 991 年，诃梨跋摩二世在美山竖立了伊奢那婆陀首罗（Iśānabhadreśvara），② 992 年与中国皇帝互赠了礼品，同年还解救了被关押在东京的 360 名占族战俘。接着，占婆与黎桓再度兵戎相见，这一次是因为公元 995 年和 997 年，占人沿着王国北部边境不断发动袭击。

诃梨跋摩二世将国都迁回了因陀罗补罗，但他的继任者最终还是于 1000 年放弃了这个易攻难守的都城，迁居平定地区的毘阇耶。③ 关于这位继任者，我们仅仅知道一个不完整的名字——杨普俱毗荼室离 *(Yan Pu Ku Vijaya Çri—)，④ 此人自公元 999 年起在位。占婆始终遭受着北方邻国日益强大的压力，从 11 世纪开始，尽管有过一些复兴，但占婆的历史始终只不过是一部印度文明在中国文明面前步步退却的历史。

---

① 碑铭资料对整个这一时期都毫无记载，只有通过中文史籍，我们才对它有所了解。参阅马伯乐的《占婆史》，第 121 页及其后文。

② 美山碑铭，见斐诺的《广南碑铭》，第 113 页。关于这块碑铭的年代，参阅路易斯·斐诺的《爪哇的波罗蜜首罗跋摩一世的碑铭》，BEFEO，第 15 期，第 2 辑，第 49 页，以及马伯乐的《占婆史》，第 126 页注释 3。

③ 也许在一个以平林（Binh-lam）塔为标志的地方，该塔似乎可以追溯到 11 世纪。阇班（Chaban）城堡可能标志着日后佛逝所在的位置，因为标志着这座城堡中心的铜塔可以追溯到 13 世纪（斯特恩,《占婆艺术》，第 71—72 页）。

④ 马伯乐:《占婆史》，第 129 页。

3. 爪哇的马打兰王国

前面谈到，在普兰巴南附近有一块公元 863 年的湿婆教碑文，可能与对投山仙人的崇拜有关，[①]这表明了信奉佛教的夏连特拉王朝在爪哇中部的衰落。10 世纪初兴建的普兰巴南印度教建筑群，[②]也证实了这一点。但这并不意味着佛教从这个地区完全消失了：婆罗浮屠、普劳桑（Plaosan）和萨吉万（Sajivan）[③]的佛教建筑物都证明了情况恰恰相反，而且有许多迹象表明佛教和印度教之间的相互包容，在某些情况下甚至相互融合，这种情况在爪哇和在柬埔寨也同样明显。

860 年和 873 年，阇婆遣使来朝，《新唐书》对此的记载是我们了解这个国家及其居民情况的主要资料：[④]

> 木为城，虽大屋亦覆以栟榈。象牙为床若席。
>
> 出瑇瑁、黄白金、犀、象……有文字，知星历……
>
> 有毒女，与接辄苦疮，人死尸不腐。[⑤]
>
> 王居阇婆城。其祖吉延东迁于婆露伽斯城，旁小国二十八，

---

① 亨利·克恩：《散论》（海牙，1913—1929 年），第 6 卷，第 277 页。N. J. 克罗姆：《贝伦碑铭》，BKI，第 75 期（1919 年），第 16 页。R.Ng. 普尔巴扎拉卡：《群岛地区的投山仙人》（莱登，1926 年），第 45 页。

② N. J. 克罗姆：《印度化爪哇文化导论》（海牙，1923 年），第 1 卷，第 440 页；《印度化爪哇史》（海牙，1931 年），第 172 页。

③ 克罗姆：《印度化爪哇文化导论》。第 2 卷，第 4 页；《印度化爪哇史》，第 171 页。

④ 威廉·彼得·格勒内维特：《马来群岛和马六甲简志》（巴达维亚，1876 年），第 13 页。

⑤ 关于印度的“毒女”（vishakanyakā），参阅查尔斯·亨利·陶尼（C. H. Tawney）的《故事汇编》[N. M. 彭泽尔（N. M. Penzer）编，伦敦，1924—1928 年]，第 2 卷，第 275 页。

莫不臣服。其官有三十二大夫，而大坐敢兄为最贵。①

从碑铭中我们得知：

公元856—860年，有一位号“护世天王”（Lokapāla）的人，有时人们认为他与拉凯·卡柔望义（Rakai Kayuwangi）是同一个人；②

公元863—882年，有拉凯·卡柔望义，王号萨查诺沙哇栋卡（Sajjanotsavatunga）；③

公元887年，有拉凯·古伦望义（Rakai Curunwangi），他也可能跟拉凯·卡柔望义是同一个人；④

公元890年，有一个名为拉凯·利穆斯·帝阿·德文德勒（Rakai Limus dyaḥ Devendra）的人，当时可能统治着东部；⑤

公元896年，有拉凯·哇杜胡玛琅（Rakai Watuhumalang）。⑥

所有这些王公都在普兰巴南附近的克杜平原留下了碑铭。马打兰王国的中心便被确定在这一带，现代的日惹城也坐落于此。

① 也许是达剎的名字的音译，他在公元915年继承巴里栋之前，在901年左右便作为朝廷要员出现在这个国家的特许状之中了。参阅普尔巴扎拉卡的《群岛地区的投山仙人》，第110页。

② L. C. 达迈斯:《碑铭释录》，TBG，第83期（1949年），第1—6页;《将爪哇日期转换为欧洲日期的方法》，BEFEO，第45期（1951年），第21—23页。

③ L. C. 达迈斯:《注有日期的印度尼西亚碑铭录》，BEFEO，第46期（1952年），第34—43页。

④ 这个考证是由N. J. 克罗姆提出的［见F. W. 斯塔佩尔编辑的《荷属东印度史》（阿姆斯特丹，1938—1940年），第1卷，第168页］，L. C. 达迈斯对此提出了异议（见《碑铭释录》，第22页;《注有日期的印度尼西亚碑铭录》，第42页），但J. G. 德·卡斯帕里斯却进一步肯定了这个考证结果，见《来自帕劳桑罗（Tjandi Plaosan-Lor）的简短铭文》，载《考古局新闻：印度尼西亚共和国考古局公报》，第4辑（1958年），第22页。

⑤ W. F. 斯塔特海姆:《考古笔记》，BKI，第90期（1933年），第269页。达迈斯:《注有日期的印度尼西亚碑铭录》，第43页。

⑥ 达迈斯:《注有日期的印度尼西亚碑铭录》，第43页。

追溯过往，马打兰这个名字曾被用于珊阇耶的王国，在10世纪被采纳为这个国家的正式国名，该国将这个岛屿的中部和东部统一在同一王权下，从此这个国家不再仅指爪哇东部。由于该地区南部的所有古迹都是用于丧葬的，因此这些统治者的克拉通（kraton，即王宫）可能位于更北的地方。[①]

随着巴里栋国王的出现，我们走出了一段总体来说混沌不清的时期，又能脚踏实地了。某些迹象使我们认为，巴里栋来自该岛东部，并通过婚姻获得了对中爪哇的统治权。[②]在他统治时期刻制的碑铭中，即公元899—910年，[③]首次出现了马打兰这个名字。看来，巴里栋曾计划通过他与前朝的关系（可能确实有过，也可能是虚构的），恢复信奉湿婆教的传统，这一传统曾被信奉佛教的夏连特拉王朝那段历史插曲打断。[④]

公元913年左右，达刹（Daksha）王继承了巴里栋的王位，[⑤]此人曾作为高级官员（rakryan ri Hino，mapatih i Hino）之一[⑥]出现在他前任的特许状中。和巴里栋一样，达刹将爪哇的中部和东部

---

① W. F. 斯塔特海姆:《考古笔记》，BKI，第89期（1932年），第278页；第90期（1933年），第287页。

② 克罗姆:《印度化爪哇史》，第187页。

③ 这些碑铭把他称为“Rakai Watukura”，即东方的巴里栋大人以及“Śrī Iśvarakeśava Utsavatunga”（或中部的“Samarottunga Dharmodaya Mahāśambhu”）。至于这些碑铭的列表及其年代，见达迈斯的《注有日期的印度尼西亚碑铭录》，第42—51页。

④ 克罗姆:《印度化爪哇史》，第191页注释1。R. 戈里斯:《马打兰王朝的统一》，《巴达维亚皇家艺术与科学协会年鉴》（维特瑞登，1929年），第1卷，第202页。

⑤ 关于这个日期，见达迈斯的《注有日期的印度尼西亚碑铭录》，第25页；《使用珊阇耶纪元的碑铭的年代》，BEFEO，第45期（1951年），第42页及其后文。

⑥ 克罗姆:《印度化爪哇史》，第188页。他的全名是达克夏巴胡瓦伊拉普拉蒂帕克夏克夏耶（Dakshottama Bāhuvajratipakshakshaya）。

都纳入了自己的管辖范围，也是居住在日惹地区。也许正是他派人在普兰巴南建造了古建筑罗洛颜格朗（Loro Jonggrang），作为其前任的陵庙。[①]巴里栋来自东爪哇，这解释了为何该建筑群的艺术风格会同爪哇东部的艺术如出一辙。[②]无论如何，达刹创立了珊阇耶纪元（起始于公元717年3月18日），这一纪元已被两块石刻碑铭证实，一块的日期为910年（在他继任前），另一块为913年。[③]

达刹王在位的时间很短，他的继任者土洛栋（Tuloḍong）和瓦瓦（Wawa）也是如此。

土洛栋的统治时期，我们知道的是公元919年至921年，似乎他仍同时统治着爪哇中部和东部地区。[④]公元919年，拉凯·诃卢［Rakai Halu，即辛多克大人（Lord Siṇḍok）］[⑤]这个名字出现在他的一块碑铭之中，辛多克大概是达刹的孙子，十年后他登上了王位。

瓦瓦于公元927年至928年在位。[⑥]他的宰相仍是辛多克。

① 戈里斯：《马打兰王朝的统一》，第206页。
② 同上书。W. F. 斯塔特海姆：《考古笔记》，BKI，第90期（1933年），第267页。
③ “这种新纪元以昔日一位伟大的统治者的名义创立，使达刹和珊阇耶之间有了特殊关系（亲戚关系？），这个假说变得可以接受了。”达迈斯：《使用珊阇耶纪元的碑铭的年代》，第62页。
④ 克罗姆：《印度化爪哇史》，第194页［土洛栋大人拉凯拉扬（Rakai Layang），善人至尊阿努罗迦顿伽（Śrī Sajjanasanmatānuragatungadeva）］。参阅H. B. 萨加尔的《卡威乌克姆登（Kawi Oorkomden）研究的地理导论》，BKI，第105期（1949年），第107—110页。达迈斯：《注有日期的印度尼西亚碑铭录》，第52—55页。
⑤ 克罗姆：《印度化爪哇史》，第196页。
⑥ 关于这个年代，见达迈斯的《注有日期的印度尼西亚碑铭录》，第54—57页。他的全名为瓦瓦大人拉凯潘卡亚（Rakai Pankaja），室利毗阇耶罗迦那磨顿伽（Śrī Vijayalokanāmottunga）。

发现石刻资料的地点表明，在瓦瓦统治时期，王国的行政中心已经东迁，然而，我们还不能确定该岛的中部地区是否已经被放弃了。但无论如何，他的所有碑铭都仅出自东爪哇。

据称（不论确切与否），大约在公元 927 年，瓦瓦出家为僧，法号瓦吉希弗勒（Vāgīśvara）。[①] 即使真的遁入空门了，他可能仍保持着名义上的权力，因为他的继任者辛多克第一次发号施令[②]的时间是公元 929 年。

辛多克的即位标志着马打兰王国的首都最终迁移到了东部的塞梅鲁（Smeru）山和威利斯（Wilis）山之间。这次迁都，在考古学方面表现为中爪哇的衰落、继而被放弃，以及东爪哇建筑的激增。迁都的原因尚不完全清楚。[③] 有学者认为，可能是一场地震或流行病摧毁了该岛的中部地区；[④] 也有人提出假设，认为是一个总督在东爪哇自立门户，进而吞并了宗主国，[⑤] 就像真腊即柬埔寨人的诸侯国对扶南所做的那样；还有人设想，是因为夏连特拉王朝从苏门答腊反攻回来，或者至少是因为爪哇的统治者们想要远离那些危险的对手，因为这些人总是企图收复他

① W. F. 斯塔特海姆：《公元 927 年关于瓦吉希弗勒王的记载》，TBG，第 75 期（1935 年），第 420 页。

② 室利伊舍那毗讫罗摩达尔摩统伽代弗（Śrī Iśānavikrama Dharmottungadeva）。

③ 详见《东南亚研究所新闻通讯》（第 6 期，1948 年 3 月）中的讨论，其中引用了伯特伦·施里克（Bertram Schrieke）的研究《中爪哇古典印度 - 爪哇文化的终结》，《第 22 届殖民地地理学家假期讲习班报告集》（阿姆斯特丹，1941 年）。

④ 贾恩·威廉·艾泽尔曼（J. W. Ijzerman）：《苏拉卡塔（Soerakarta）和日惹城附近的古物描述》（巴达维亚，1891 年）。

⑤ 彼得·简·维特（Pieter Jan Veth）：《爪哇：地理，民族学，历史》（哈勒姆，1896 年），第 1 卷，第 45 页。J. L. A. 布兰德斯：《荷属东印度百科全书》（海牙，1895—1905 年），第 3 卷，第 132 页。

们古老的权力摇篮。① 但有一点是确定的：放弃中爪哇并不意味着精神上的断裂，在东爪哇统治的国王们仍然祈求马打兰的诸神保佑。

尽管如我之前所说，辛多克可能是达刹的孙子，但直到13世纪初，王号为室利伊夏纳（维格勒默特莫敦格代弗）[Śrī Iśāna（vikramadharmottungadeva）] 的辛多克仍被视为该岛东部爪哇王权的缔造者。他将都城迁往东部的结果是室利佛逝再次进犯爪哇岛西部，我们将看到，苏门答腊这个的王国于公元942年又在那里将一个巽他王子捧上了王位。② 辛多克留下的碑铭多达二十余块，分别立于公元929—948年，③ 它们是研究爪哇组织形式和制度的宝贵资料。这些碑铭都发现于布兰塔斯（Brantas）河谷上游，我们也许可以将该地区的几座建筑物［在贝拉汉（Belahan）、贡恩·冈西尔（Gunung Gangsir）和桑加里提（Sangariti）等地］都归功于辛多克。④ 然而，这些建筑无一能与其先王们在克杜平原上修建的建筑媲美。

爪哇文《罗摩衍那》的创作时间最晚是在辛多克统治之时

---

① 克罗姆：《印度化爪哇史》，第208页。J. L. 摩恩斯：《室利佛逝、爪哇和迦陀诃》，TBG，第77期（1937年），第411页和第442页。

② F. D. K. 博世：《茂物地区的马来文碑铭》，BKI，第100期（1941年），第49—53页。

③ 关于这两个日期，见达迈斯的《碑铭释录》，第26页；《注有日期的印度尼西亚碑铭录》，第56—63页。尽管有如此丰富的碑铭，但辛多克的历史真实性，甚至他的存在仍然受到了C. C. 伯格的质疑［参阅《爪哇的编史工作》，载D. C. E. 霍尔的《东南亚的历史学家》（伦敦，1961年），第18页］。

④ 克罗姆：《印度化爪哇文化导论》，第2卷，第27—35页，第307—309页。

期，[①]而且尽管他的碑铭和建筑都具有明显的印度教特征，我们仍然认为桑巴拉苏里耶瓦拉纳（Sambharasūryāvaraṇa）编纂的《大乘真言圣典》（*Sang hyang Kamahāyānikan*）是他统治时期的作品。[②]这是一部密宗佛教的论著，对于了解爪哇的佛教和解释爪哇的建筑学和图像学均具有不可估量的价值。

据1041年的一份爱尔棱加（Airlanga）的碑文记载，[③]辛多克的继承人是他的女儿伊沙诺栋卡威查耶（Iśānatungavijayā），她和一位号"护世天王"的人结了婚。

他们的儿子玛库达旺夏跋达拿（Makuṭavaṃśa vardhana）继承了王位。我们将在后面看到，他的女儿马亨德拉达（Mahendradattā）嫁给了巴厘的一位王子，除此之外，我们对玛库达旺夏跋达拿便一无所知了。

8世纪或9世纪的巴厘岛已经出现了一些佛教的痕迹，可能源自爪哇或苏门答腊，但也可能直接来自印度。辛多克在爪哇即位之前不久，巴厘岛出现了第一批注有日期的文献资料。公元896年和911年的两篇铭文上没有任何国王的名字，但914年的一块

---

① R.Ng. 普尔巴扎拉卡：《古爪哇语〈罗摩衍那〉年代考》，收于《荷属东印度群岛皇家语言、土地和民族学研究所纪念集》（海牙，1926年），第265页；《古爪哇语〈罗摩衍那〉》，TBG，第72期（1932年），第151页。克里斯蒂安·霍伊卡斯（Christiaan Hooykaas）起初认为可以将爪哇文《罗摩衍那》的作者定为一位名叫瑜伽自在天（Yogīśvara）的诗人[《古爪哇语罗摩衍那叙事诗》（海牙，1955年），VKI，第16期]，但他在一篇文章中放弃了这一假设，他指出这篇诗的灵感直接来自梵文的《跋底诗集》（Bhaṭṭikāvya）[《古爪哇语〈罗摩衍那〉：形式与内容堪称典范的叙事诗》（阿姆斯特丹，1957年），VKNAWAL，第65期，注释1]。

② 由J. 卡茨（J. Kats）释读出版（海牙，1910年），并由库尔特·沃尔夫（Kurt Wulff）译为德文（哥本哈根，1935年），见《历史－哲学必知》，第21辑，第4卷。参阅克罗姆的《印度化爪哇史》，第219页。

③ 达迈斯：《注有日期的印度尼西亚碑铭录》，第62页注释8。

碑铭是以厄蒂伯迪室利盖瑟里弗默大人（adhipati Śrī Kesarivarma）的名义刻制的。[①] 次年出现了乌格拉犀那（Ugrasena，915—939）的第一批碑铭，他统治着辛哈曼德瓦（Siṃhamandava），或称辛哈德瓦拉补罗（Siṃhadvālapura）。这些铭文揭示了一个印度化了的巴厘社会，它独立于爪哇之外，使用一种该岛特有的方言，同时信奉佛教和湿婆教。[②]

公元 953 年的一块碑铭上提到了一个国王，他的名字中有一个部分为阿耆尼（Agni）。

从公元 955 年开始，巴厘的碑铭都出自一个王朝，该王朝所有国王的名字都以哇尔玛德哇（-varmadeva）结尾：[③]

公元 955 年，达巴宁特拉哇尔玛德哇（Tabanendravarmadeva）和苏珀德里加弗默提鞞（Subhadrikävarmadevī）；

公元 960 年，詹特拉巴耶辛哈哇尔玛德哇（Chandrabhayasiṃhavarmadeva）；

公元 975 年，查纳沙杜哇尔玛德哇（Janasādhuvarmadeva）；

公元 984 年，室利威查耶玛哈提鞞（Śrī Vijayamahādevī）。[④]

然后，从 989—1011 年，碑铭都是以邬达耶纳［Udāyana，

---

① L. C. 达迈斯：《沙努尔（Sanur）之柱》，BEFEO，第 44 期（1947—1950 年），第 121—128 页；《注有日期的印度尼西亚碑铭录》，第 82—83 页。“adhipati” 在我国佛经中译为“增上”，意为“势力强大者”。——译者注

② W. F. 斯塔特海姆：《巴厘的古文物》（新加拉惹，1929 年），第 1 卷；《印度对古巴厘艺术的影响》（伦敦，1935 年）。R. 戈里斯：《一些用古巴厘语写成的文献资料》，载《爪哇》，第 16 期（1936 年），第 88—101 页。

③ 参见 L. C. 达迈斯对 R. 戈里斯发表在 BEFEO 上的一篇关于这个王朝的文章［第 50 期（1962 年）第 482—483 页］的评论。

④ 达迈斯在《注有日期的印度尼西亚碑铭录》（第 85 页注释 5）中，提出将这位女王考证为辛多克的那个名叫室利伊沙诺栋卡威查耶的女儿。

达尔摩达耶纳哇尔玛德哇（Dharmodāyanavarmadeva）］国王和马亨德拉达［顾纳勃里耶达尔玛巴特尼（Guṇapriyadharmapatnī）］王后的名义树立的，正如前文所说，后者是辛多克的孙子玛库达旺夏跋达拿的女儿。这次同爪哇人的联姻使得印度教如潮水般涌进了巴厘，也引入了爪哇文化，特别是密宗教。此外还有一个结果是 1001 年[①]爱尔棱加的降生，他是爪哇未来的君主，其历史将在下一章中讲述。

关于婆罗洲岛（渤泥），[②]来自中国史籍的最古老资料也可以追溯到这个时期（公元 977 年）。我们记得，婆罗洲很早就受到了印度文化的影响。

还是让我们回到爪哇的问题吧。

公元 990 年左右，玛库达旺夏的儿子（或女婿）达玛瓦恩萨·特古·阿南塔维克拉玛（Dharmavaṃsa Tguḥ Anantavikrama）[③]上台掌权。在他统治期间，《摩诃婆罗多》的第四卷——《毗罗陀篇》（Virāṭaparva）在公元 996 年被创做出来。达玛瓦恩萨开始推行针对室利佛逝的进攻政策，至少根据公元 992 年爪哇和室利佛逝使节向中国朝廷提供的信息来看是这样的，他们谈到了三佛齐受到阇婆的侵犯，两国之间经常处于战争状态。[④]我们将在第九章中看到，爪哇人在990年前后的那次侵略，[⑤]可能导致了苏门答

① 同上书，第 62 页注释 5。

② 格勒内维特：《马来群岛和马六甲简志》，第 108 页。

③ 达迈斯：《注有日期的印度尼西亚碑铭录》，第 63 页。

④ 格勒内维特：《马来群岛和马六甲简志》，第 18 页和 65 页。费琅：《苏门答腊的室利佛逝帝国》，JA（1922 年 7—9 月号），第 18—19 页。

⑤ L. C. 达迈斯：《关于达玛瓦恩萨讨伐三佛齐的记载》，载《第二十二届国际东方学家大会论文集》（伊斯坦布尔，1951 年），第 323 页。

腊王国的反击。我们有充分的理由相信，爪哇人这次侵略代价惨重：苏门答腊于1016年至1017年出征，爪哇国王身亡命殒，爪哇王宫也沦为了废墟。

4. 三佛齐，即苏门答腊的室利佛逝王国

N. J. 克罗姆在《印度化爪哇史》一书中，[①] 非常准确地描绘了苏门答腊这个王国为保护其特权地位而不得不采取的措施。在群岛的这一地区，可供航海者选择的港口非常有限，因为可停靠的港口必须具备以下条件：是一个具有一定文明程度的地区的中心；优越的地理位置；有一个受到良好保护的港口（例如河口处）和安全的锚地。想要占有并保卫这样一个停靠港，必须不停地依靠武力。为了保持垄断地位，这个港口的主人必须使他的对手们保持中立，或使他们从属于自己，以便腾出手来控制海峡贸易，使海峡两岸都能感受到他的赫赫声威。

在那些精明的阿拉伯 - 波斯商人看来，[②] 阇婆格摩诃罗阇之所以威重令行，就因为掌控着这几个海峡的两岸。在他们的记述中，"摩诃罗阇同时统治着卡拉（Kalah，在克拉地峡以北的马来半岛）[③] 和斯里布扎（Sribuza，即室利佛逝、巨港、苏门答腊）"

① 《印度化爪哇史》，第113—114页。

② 关于这些文献，参阅费琅的《8至17世纪阿拉伯、波斯和土耳其人所写的与远东有关的游记和地理文献》（巴黎，1913—1914年）。亦见费琅的《苏门答腊的室利佛逝帝国》，第56—57页。

③ 关于卡拉，见让·索瓦热编译的《中国与印度的关系：写于851年》（巴黎，1948年），第43页；O.W. 沃尔特斯：《单马令》，BSOAS，第21期（1958年），第602页；保罗·惠特利：《黄金半岛》（吉隆坡，1961年），第224页及其后文。关于卡拉的地理位置，参阅S. Q. 法蒂玛（S. Q. Fatimi）的《探寻卡拉》，JSEAH，第1期，第2卷（1960年），第65页。

这句话被反复提及。以下是其中一位商人在公元916年左右的记载：①

阇婆格城与中国隔海相望。两地间的距离走海路需一个月，若顺风则用时更少。这座城市的国王号为摩诃罗阇……据说该城市的周长为 900 帕勒桑（parasangs）。② 此外，这位国王还统治着数不清的岛屿，这些岛屿散布在 1000 帕勒桑，甚至更大的范围内。在他所统治的这些地方中，有一个叫作斯里布扎的岛，周长为 400 帕勒桑；还有一个岛叫拉米（Rāmī，即苏门答腊北部的亚齐），周长是 800 帕勒桑……滨海之国卡拉也是摩诃罗阇领地的一部分，它位于中国和阿拉伯的航道之间……从阿曼来的船只就停靠在这个港口，到阿曼去的船只亦从该港启航。摩诃罗阇的权威遍布诸岛。他自己居住的岛屿极为肥沃，人烟辐辏。一个可靠的报道称，这个国家的公鸡在日出时啼叫，犹如在阿拉伯的情形一样，鸡鸣犬吠之声在这个国家达 100 余帕勒桑的大地上彼此呼应，因为那里的村庄毗连，连绵不断……

公元 995 年，地理学家马苏迪（Mas'ūdī）夸大其词地谈到"阇婆格诸岛（包括卡拉、斯里布扎和中国海上的其他岛屿）之王的王国。其历代国王都被称为摩诃罗阇。摩诃罗阇的帝国人口

---

① 这里所用的材料，部分是根据阿布·扎耶德·哈桑（Abu Zayd Hasan）为补充《中国与印度的关系》一书而收集的材料。编译该书的让·索瓦热是一位卓越的阿拉伯语言文化研究者，不幸英年早逝。他去世之前曾诚恳地向我指出，"阿拉伯人用来称呼室利佛逝帝国的名称'Sribuza'是不存在的；根据最古老的阿拉伯语音译方法（在该方法中，外文中的'v'被译为'b'，'j'译为'z'；我们还可以举出很多这样的例子），'Sribuza'应当被理解为'Srvja'。它确实正好可以音译'Śrīvijai（ya）'，但当然没有元音符号；最后一个音节的省略可能是偶然的，但也可能是有意的，因为'-ya'这个音节可能被当作了阿拉伯语中不写出的词尾'-ya'。"

② 一帕勒桑（parasang）约等于 6.25 千米。

众多，并拥有雄兵百万。即使乘最快的船，也没有人能在两年内遍游那些有人居住的岛屿。他们的国王所拥有的香料和芳香物质之多，是其他任何国王都不能比拟的。他的土地上出产樟脑、沉香、丁香、檀香、麝香、小豆蔻、荜澄茄等”①。

对中国人来说，“室利佛逝”已经变成了“三佛齐”，②从公元904年或905年开始，它数次遣使中国。据说中国同印度的所有贸易都要经过这个无可争议的海峡主宰者的领地。③然而，在室利佛逝成为一个经济大国之后，它似乎忽视了公元7世纪时曾吸引中国求法僧义净前来的那些精神价值。事实上，当爪哇的国王们正在他们的岛屿上四处修造宗教建筑时，室利佛逝的统治者们却忙于掌控海峡贸易，很少花心思去建造恒久的建筑物，他们只给我们留下了一些无足轻重的砖塔和为数极少的碑铭。

在室利佛逝诸王中，《宋史》④提到了公元960年的悉利胡大霞里檀和962年的室利乌耶，这两个名字可能是同一个名字“Śrī Udayāditya”（varman）的不同音译。⑤有关公元971年、972年、974年和975年几次遣使的记载均未提到国王的名字。980年和

① 费琅：《8至17世纪阿拉伯，波斯和土耳其人所写的与远东有关的游记和地理文献》，第109—110页；《苏门答腊的室利佛逝帝国》，第63页。

② 这个音译还没有得到完全令人满意的解释。鄂卢梭试图把“三”解读为应该读作“室”（即Śrī）的一个汉字的误译（《编年史》，BEFEO，第23期，第477页），但这一说法显然未能说服汉学家们。总之，“佛齐”和“vijaya”很一致。

③ 971年在广州开设的南馆接待的外国人中就有三佛齐人（柔克义：《14世纪中国同东印度群岛和印度洋沿岸的关系和贸易考》，TP，第15期，1914年，第420页注释1）。980年，《宋史》提到三佛齐蕃商至潮州（汕头）。985年，《宋史》提及来自三佛齐的一个纯商业使团。格勒内维特：《马来群岛和马六甲简志》，第64页。

④ 格勒内维特：《马来群岛和马六甲简志》，第62—68页。费琅：《苏门答腊的室利佛逝帝国》，第15—22页。

⑤ 摩恩斯：《室利佛逝、爪哇和迦陀诃》，第457页。

983 年的使节据说受一位名叫夏池的国王的派遣，夏池在马来语中作“Haji”，只是一个普通的国王头衔。公元 983 年，就是在夏池治下，“僧法遇自天竺取经回，至三佛齐，遇天竺僧弥摩罗失黎，语不多命，附表愿至中国译经”。①

《宋史》记载：“端拱元年（公元 988 年），遣使蒲押陀黎贡方物。淳化三年（992 年）冬，广州上言：‘蒲押陀黎前年自京回，闻本国为阇婆所侵，住南海凡一年，今春乘舶至占城，偶风信不利，复还。乞降诏谕本国。’”

我们看到，同年，即公元 992 年，爪哇使节给中国带来了与此相符的信息，说他们的国家不断与三佛齐交战，但他们没有说的是侵略是由爪哇发动的。② 也许是由于中国提供的一定程度上的庇护，或者仅仅是默许，鼓励了室利佛逝对爪哇进行报复，这个问题将在下一章中讨论。

5. 缅甸

在本章所论述的这个时期，缅甸编年史继续为蒲甘和勃固编写着国王的名单，③ 但由于缺乏碑铭或中国史籍方面的交叉印证，这些名单都无法得到核实。这些编年史显然是从传说和民间故事中借取了材料。例如，它们在公元 931 年将篡位者良吴苏罗汉

---

① 《宋史》，卷四百九十《天竺》。

② 根据 L. C. 达迈斯的研究［《胡荣兰吉（Hujung Langit）碑铭的年代》，BEFEO，第 50 期，1962 年，第 284 页］，在苏门答腊南部一块用古马来语刻写的碑铭（年代为 997 年）中，可以看出有爪哇的影响。这种影响大概是这次战役的间接后果。

③ A. P. 菲尔：《缅甸史》（伦敦，1883 年），第 280 页。G. E. 哈维：《缅甸史》（伦敦，1925 年），第 364 和 368 页。貌拉：《在室利差呾罗（古代卑谬）和蒲甘统治过的缅甸诸王年表》，JBRS，第 13 期（1923 年），第 93 页。

（Nyaung-u So-rahan）推上了蒲甘的王位。他是一个老园丁，据说杀了国王登科（Theingo，即 Singho），因为后者摘了他园子里的黄瓜。[①] 然而，同样的故事也被用来解释当代柬埔寨王朝的起源，而且这个故事还有其他多种版本。[②]

据缅甸编年史记载，[③] 这个篡位的园丁在公元 964 年被宫错姜漂王（Kunsho Kyaungphyu）推翻，后者是合法继承人的代表，他娶了前任的三位王后。但在公元 986 年，园丁和两个前王后生的两个儿子将宫错姜漂王诱骗到一座寺庙，将其擒拿并逼他出家，然后对外称，国王热衷于佛教，已经削发为僧。在位六年后，两兄弟中的哥哥基梭（Kyiso）在一次狩猎中丧生。弟弟叟格德（Sokkate）于公元 992 年继位，但在 1044 年被宫错姜漂王与第三位王后生的儿子杀死。这个儿子就是著名的阿奴律陀（Aniruddha），他的历史将在第九章中讲述。

---

① 哈维：《缅甸史》，第 18 页。
② 同上书，第 315 页。参阅爱德华·胡贝尔的《成了国王的弑君园丁》，BEFEO，第 5 期，第 176 页；R. 巴拉达（R. Baradat）：《桑雷人，柬埔寨西部的原始民族》，BEFEO，第 41 期，第 11 页。
③ 哈维：《缅甸史》，第 19 页。这位作者给出的日期似乎太早，因为按这些日期，叟格德统治的时间太长了，而且阿奴律陀也将活到近百岁。

第九章

三位伟大的国王：柬埔寨的苏利耶跋摩一世、爪哇的爱儿棱加和缅甸的阿奴律陀（11 世纪的前 75 年）

1. 柬埔寨：苏利耶跋摩一世（1002 年至 1050 年）与向西扩张；优陀耶迭多跋摩二世（1050 年至 1066 年）

无论是高棉的碑文还是中国的史籍，都没有说明苏利耶跋摩一世登上柬埔寨王位的原因。这位出身太阳世系的君主与其先王们的亲属关系，大概纯系官方谱系学家们的杜撰。15 至 16 世纪在清迈写的关于湄南河上游诸小国的晚期编年史，只提及了高棉在湄南河流域的势力扩张。更何况，过分相信这些资料未免有些轻率。

11 世纪头十年的高棉碑铭显示，当时有三位国王同时在位。他们之间的关系尚不清楚，但想必是彼此是对立的。

阇耶跋摩五世的外甥优陀耶迭多跋摩一世于 1001 年即位，他的碑铭已知的仅有两块，分别来自贡开[①]和姆鲁普雷[②]。同年，湄

① 赛代斯:《贡开的年代》，BEFEO，第 31 期，第 15 页注释 2。

② 柏汗寺的石碑。赛代斯:《优陀耶迭多跋摩一世的碑铭》，BEFEO，第 11 期，第 400 页。

公河上松博的一块碑铭[①]以及磅同附近的另一块碑铭[②]都提到了一位王子，名叫苏利耶跋摩，号为“甘特万”（kaṃtvan），这个称号表明他的母系有着王室血统。[③]在上述地区，还有他刻制于次年，即1002年的两块碑铭。[④]1003—1006年，出现了一位名叫阇耶跋罗跋摩（Jayavīravarman）的国王，他的铭文声称，[⑤]他从1002年起就在吴哥的王位上了。此后，苏利耶跋摩便在国都成了无可争议的统治者。1011年，他令人在王宫入口处的亭阁门洞上刻下了效忠的誓言，文末是一长串达官贵人的署名。[⑥]

从这些铭文中我们可以知道，[⑦]1001年优陀耶迭多跋摩一世的即位，导致了阇耶跋罗跋摩和苏利耶跋摩之间的争斗。前者至少在1003年到1006年间统治过吴哥，后者则在柬埔寨东部雄霸一方。1005年至1007年，苏利耶跋摩领导了一次大规模的远征，导致许多圣地毁于兵燹，上述碑铭对此也有所记载。[⑧]其中一块

---

① 赛代斯:《吴哥第一批国王的世系传说》，BEFEO，第28期（1956年），第142页。

② 罗邦洛密（Robang Romeas）的碑铭。吉尔伯特·德·科勒尔·雷穆萨，维克多·戈卢布，赛代斯:《茶胶的年代》，BEFEO，第34期，第422页。

③ 赛代斯:《柬埔寨碑铭集》，第6卷，第9页注释3。

④ 雷穆萨，戈卢布，赛代斯:《茶胶的年代》，第422页。

⑤ 同上书，第423页，并见赛代斯的《柬埔寨碑铭集》，第1卷，第189页。L. P. 布里格斯在《高棉帝国与马来半岛》[FEQ，第9期（1950年），第285页注释125]一文中，认为阇耶跋罗跋摩即优陀耶迭多跋摩之兄那罗波帝毗罗跋摩（Narapativīravarman）（柏汗寺的石碑，见上文，注释2）。他接受了F. D. K. 博世将那罗波帝毗罗跋摩考据为巴厘国王那罗塔玛（Narottama）的假设。

⑥ 赛代斯:《柬埔寨碑铭集》，第2卷，第205页及其后文。

⑦ 雷穆萨，戈卢布，赛代斯:《茶胶的年代》，第424页。

⑧ 同上书，第425页；赛代斯和杜邦:《萨多科陀姆、桑德山和柏威夏山碑铭考》，第122页。

写道："群雄逐鹿，他脱颖而出。"①这场战争持续了九年，②苏利耶跋摩在吴哥即位应当是在1010年前后。但是，后来在他的碑文中，他把自己即位的日期提前到1002年，也就是优陀耶迭多跋摩一世死亡或下落不明的那一年。

苏利耶跋摩一世声称自己的母系是因陀罗跋摩的后裔，③并通过妻子毗罗拉克什弥（Vīralakshmī），把自己与耶输跋摩的儿子们联系起来。④前一个说法无从证实。至于第二个说法，毗罗拉克什弥这个名字似乎表明这位王后与阇耶跋罗跋摩有某种亲属关系。在此，我们看到了通过与先王的妻子或女儿结婚，⑤从而使自己的权力合法化的又一例证。

苏利耶跋摩一世给予佛教的恩典使他得到了涅槃波多（Nirvāṇapada）的谥号。然而，他对佛教的支持丝毫没有影响对天王的崇拜，这体现了我们前面谈到的诸说融合。萨多科陀姆碑铭写道：⑥"在他统治期间，（天王的祭司）家族成员一如既往，为天王举行仪式。"苏利耶跋摩一世甚至从这个家族中挑选出大祭司湿婆差利耶的一个侄子，名叫娑陀湿婆（Sadāśiva），让他还俗，把自己的一个姨子许配给他，并将他提升到坎斯滕·室利－阇延陀罗槃底多（Kaṃsteng Sri Jayendrapaṇḍita）的显位，这是娑陀湿婆

① 路易斯·斐诺：《圣剑寺碑铭》，BEFEO，第4期，第676页。
② 雷穆萨，戈卢布，赛代斯：《茶胶的年代》，第427页。
③ 赛代斯：《提布代寺的两块碑铭》，见《献给莱维先生的印度学文集》（巴黎，1911年），第216页。
④ 同上书，并见《柬埔寨碑铭集》，第1卷，第196页。
⑤ 皮埃尔·杜邦认为，更可能是与先王的女儿结婚。见《真腊的解体》，BEFEO，第43期（1943—1946年），第43页注释2。
⑥ 斐诺：《萨多科陀姆碑铭》，第91页。赛代斯和杜邦：《萨多科陀姆、桑德山和柏威夏山碑铭考》，第121页。

一生辉煌功业的起点，他在后来的君王统治时期更加飞黄腾达。娑陀湿婆－阇延陀罗槃底多继承了叔叔开创的事业，“重建了国王兴兵时被毁的建筑。”①

我已提到过，苏利耶跋摩一世在吴哥即位时，一些官员进行了庄严的宣誓，誓词镌刻在宫殿的入口处。显然，茶胶的空中宫殿（特别是该寺的拱形长廊）的竣工②以及王宫各入口处亭阁（gopuras）的建造，③也是他即位的标志。其他可以归功于他的重要建筑还有奇梳山寺（Phnom Chisor）、④柏威夏寺⑤和磅斯外（Kompong Svay）的圣剑寺⑥的部分建筑，以及马德望附近的瓦埃（Vat Ek）和巴塞（Baset）的纪念建筑。⑦其中，奇梳山寺的名称让人想到该寺所在山丘的旧称［苏利耶波伐多（Sūryaparvata），即“太阳之山”或“苏利耶（跋摩）之山”］。所有这些建筑都与那些身居高位的婆罗门学者的名字有关，多亏了碑铭，我们才得知了他们的存在。⑧

可能是在1012年或此后不久，苏利耶跋摩一世觉得受到了威胁，便向罗贞陀罗注辇一世（Rājendrachoḷa Ⅰ）求援，并赠给对

① 同上书。

② 雷穆萨，戈卢布，赛代斯：《茶胶的年代》，第401页。

③ 亨利·马沙尔在《吴哥城王宫入口处的亭阁》一文中曾对此做过描述。Et. Asiat. EFEO，第2卷，第57页。

④ 乔治·格罗斯利尔：《奇梳山寺》,《高棉的考古与艺术》，第1卷（巴黎，1921年），第65页。

⑤ 亨利·帕芒蒂埃：《高棉古典艺术》（巴黎，1939年），第1卷，第338页。

⑥ 亨利·莫热：《磅斯外的圣剑寺》，BEFEO，第39期，第197页。

⑦ 艾蒂安·卢内·德·拉容奇埃：《柬埔寨古迹明细册》（巴黎，1902—1911年），第3卷，第427和432页。

⑧ 艾蒂安·艾莫尼尔：《柬埔寨》（巴黎，1900—1904年），第3卷，第500—502页。

方一辆马车。[1] 根据 R. C. 玛兹穆德的说法，[2] 威胁无疑来自建都于迦陀诃（Kaṭāha）的室利佛逝王摩诃毗阇耶滕伽跋摩（Māravijayottungavarman）。我们将看到，不久之后，罗贞陀罗注辇一世便对室利佛逝发动了首次讨伐。

关于高棉人在湄南河流域的扩张，在清迈撰写的各种巴利文编年史，如《差玛提鞞世系》（Chāmadevīvaṃsa，写于 15 世纪初）、[3]《佛教史》（Jinakālamālī，成书于 1516 年）[4] 和《宗教本源志》（Mūlasāsana），[5] 都对此作了如下记载：一位名叫阿特罗沙多迦［Atrāsataka，又作特罗巴迦（Trābaka）、巴迦（Baka）］的哈里奔猜（南奔）国王，出兵攻打处于优支陀庶迦伐帝［Ucch'iṭṭhachakkavatti，又作优支达遮迦伐帝（Ucch'itta-）或优奇陀遮迎伐帝（Ucchitta-）］统治下的罗斛（华富里）。就在两位君主准备开战之际，那空是贪玛叻（Siridhammanagara，即洛坤）的国王苏吉多［Sujita，或作耆波迦（Jīvaka）、婆罗罗阇（Vararāja）］率领一支强大的军队水陆并进，来到罗斛城下。面对这个准备坐收渔利的第三者，两个死对头向哈里奔猜的方向逃跑。优支陀抢先到达，在那里自立为王，并娶了已经乘船南撤的对手阿特罗沙多迦的妻子。洛坤王苏吉多，则自立为罗斛之王。三年之后，他的继任者，或者可能是他的儿子[6] 甘菩遮罗阇（Kambojarāja）再次讨伐哈里

① 《印度碑铭学年报》（1949—1950 年），第 4 页。

② 《罗贞陀罗注辇王的海外远征》，AA，第 24 期（1961 年），第 341 页。

③ 赛代斯：《关于老挝西部政治和宗教历史的文献》，BEFEO，第 25 期，第 158 页。卡米尔·诺顿：《暹罗编年史》（巴黎，1926—1932 年），第 2 卷，第 34—35 页。

④ 赛代斯：《关于老挝西部政治和宗教历史的文献》，第 80 页。

⑤ 该书可能早于另外两部著作。曼谷编注本，1939 年，第 182—183 页。

⑥ 据《差玛提鞞世系》，见赛代斯的《关于老挝西部政治和宗教历史的文献》，第 159 页。

奔猜的优支陀，但不幸失败，不得不逃回都城。

如我们所见，这出小剧有三个主要角色：两个争夺罗斛所有权的敌对国王，[①] 以及一个来自南方的陌生国王，后者在罗斛称王，从而结束了两位对手的争夺战。他的继任者“柬埔寨人之王”后来又向在新国家安身的前罗斛王发动了一场不成功的远征。我们认为可以把这位甘菩遮罗阇（即“柬埔寨人之王”）确定为苏利耶跋摩一世，因为，即使上述编年史中提到的柬埔寨与孟人王国哈里奔猜之间的冲突是虚构的，也不能否定苏利耶跋摩一世时期柬埔寨向大湖以西进行过扩张，他在这一地区留下的碑铭特别多。在此之前，这片区域一直处于抛荒或略有开垦状态，高棉人通过建造寺院或将闲置土地授予私人等方式，对这些新领土进行了开发。[②] 为寺庙服务的村庄应运而生，人们通过灌溉工程耕作土地。

华富里的一组碑铭证实了高棉人在 11 世纪占据着湄公河下游，[③] 其中至少有一块是来自苏利耶跋摩一世。那么，当时这位吴哥国王的统治权或宗主权向北延伸了多远呢？据当地的编年史记载，高棉人占领了整个湄南河流域和湄公河流域，直到清盛（Chiangsaen）或更远的地方，[④] 但能确定是受高棉影响的考古遗迹，都没有超出湄公河上的琅勃拉邦 [⑤] 和湄南河上的素可泰 – 宋

① 11 世纪初，在被柬埔寨吞并之前，罗斛仍然是一个独立的国家（是陀罗钵底的继承者？），《宋史》在记录 1001 年的历史时曾提到过它（见伯希和的《交广印度两道考》，第 233 页）。

② 杜邦：《真腊的解体》，第 68—70 页。

③ 赛代斯：《暹罗碑铭集》（曼谷，1924—1929 年），第 2 卷，第 21—31 页。

④ 乔治・马伯乐：《公元 960 年前后印度支那的政治地理》，Et. Asiat. EFEO，第 2 辑，第 94—103 页。诺顿：《暹罗编年史》，第 1 卷。

⑤ 保罗・莱维：《佛教传入琅勃拉邦的行迹》，BEFEO，第 40 期，第 411 页。

加洛（Sawankhalok），而且这些遗迹还都是 11 世纪以后的。对于苏利耶跋摩一世时代的研究，谨慎的做法是以华富里碑铭提供的细节作为依据。一块 1022 年至 1025 年的碑铭告诉我们，在苏利耶跋摩一世的统治下，属于两个佛教流派［大乘的比丘和长老部（sthavira）的比丘］的僧侣与修行瑜伽的婆罗门（tapasvi yogi）在罗斛居住在一起。另一块高棉文碑铭是毗湿奴教的，该碑上所注的年代已佚，但它应该可以追溯到差不多同一时期。"简而言之，碑文向我们证明，高棉帝国奉行的各种宗教在罗斛都有它们的祭司和圣所，但在华富里，佛教寺院和佛像占首要地位，这证明，即使在高棉的统治下，华富里的佛教仍保持着它在陀罗钵底王国时期所拥有的重要地位。"①

1050年初，②苏利耶跋摩一世去世，谥号涅槃波多。他的继任者是优陀耶迭多跋摩二世。新国王将杜利·真（Dhūli Jeng，意为"脚上的尘埃"）·佛·迦罗登·安·室利·阇延陀罗跋摩（Vraḥ Kamrateng An' Śrī Jayendravarman）这个称号授予天王仪式的前首席祭司娑陀湿婆－阇延陀罗槃底多，这已差不多是个国王的头衔了。娑陀湿婆娶了前王后毗罗拉克什弥的一个妹妹，并成为新国王的导师。③

毫无疑问，正是在这位出身于显赫的天王祭司家族的贵人的启发下，优陀耶迭多跋摩二世决定为国王林伽新建一座比先王们

---

① 赛代斯：《暹罗碑铭集》，第 2 卷，第 10 页。

② 根据罗卢寺（Prasat Roluḥ）碑铭（艾莫尼尔：《柬埔寨》，第 2 卷，第 326 页；赛代斯：《柬埔寨碑铭集》，第 7 卷），这个日期是印度旧历 971 年法尔古纳月（Phalguna，阳历 2 月至 3 月）上半月的第 8 天。

③ 斐诺：《萨多科陀姆碑铭》，第 93 页；赛代斯和杜邦：《萨多科陀姆、桑德山和柏威夏山碑铭考》，第 121 页和第 126 页。

建造的都更加壮丽的庙山。“鉴于在诸神所在地南瞻部洲（Jambudvīpa）的中央耸立着一座金山（弥鲁山），他便在自己城市的中心建起了一座金山，以示效仿。在这座金山山顶的一座天光闪耀的金庙里，他竖起了一座金制的湿婆林伽。”① 这座“表示三界”的建筑无疑就是巴芳寺，② 在13世纪末中国使臣周达观说它“望之郁然”。③ 这座神庙标志着一座城市的中心，该城的轮廓与今天吴哥城的城郭大致吻合。只是当时这座国都还没有那些红土筑成的坚固城墙，因为这些城墙是阇耶跋摩七世的杰作。但城内已经有纵横的沟渠，这些沟渠网已被重新发现。④

与此同时，优陀耶迭多跋摩二世还下令在国都西面挖掘了一个巨大的人工湖。这个湖泊长 8 千米，宽 2.2 千米，它比耶输跋摩的耶输陀罗德达格，即东巴赖湖还要大，后者当时可能已经出现了干涸的征兆。他令人在西巴赖湖中心的小岛上建了一座寺庙，并在庙旁安放了一尊巨大的青铜雕像，代表在大洋水面上小憩的毗湿奴神在宇宙中沉睡的形象。⑤

优陀耶迭多跋摩二世统治的十六年里纷扰不宁，一系列动乱此起彼伏。桑格拉马（Sangrāma）将军受命指挥平定叛乱，巴芳寺墙基上的一块梵文石碑⑥ 对这位将军的战功作了史诗式的描述。

① 巴特和贝加尼：《占婆和柬埔寨的梵文碑铭》，第 139 页。
② 赛代斯：《巴芳寺年代考》，BEFEO，第 31 期，第 18 页。
③ 伯希和翻译及编辑的《真腊风土记笺注》，BEFEO，第 2 期，第 142 页。
④ 维克多·戈卢布：《吴哥城的双重围墙与通道》，Cahiers EFEO，第 14 期（1938 年），第 33 页；《吴哥诸王时期的城乡水利》，《印度支那经济通报》（1941 年），第 5 页。
⑤ BEFEO，第 36 期，第 611 页，图版 93。
⑥ 因戈寺（Preah Ngok）碑铭，见巴特和贝加尼的《占婆和柬埔寨的梵文碑铭》，第 140 页。乔治·马伯乐：《统帅桑格拉马》，《印度支那杂志》，第 1 卷（1904 年），第 8 页。

巴芳寺是一座国王林伽庙，这位得胜还朝的将军还向它奉献了战利品。

1051 年，该国南部地区爆发了第一次起义，首领是阿罗文多罗多（Aravindahrada），他“深谙射术，领导着一支英勇的军队，牢牢控制着南方的半壁疆土”。被桑格拉马打败后，义军“仓皇逃往占婆城”。

1065 年，也就是优陀耶迭多跋摩二世统治的最后一年，又发生了两次叛乱。在西北地区，[①]“国王一个能干的宠臣，被国王委任为将军的骁勇英雄，名叫甘沃（Kaṃvau），他被荣耀蒙住了双眼，以怨报德，暗中谋划背叛对他恩重如山的那个人，他率军开出了城市。”在击伤了桑格拉马的颈部后，他身中三箭而亡。

不久之后，在东部，一个名叫斯尔瓦特（Slvat）的人和他的弟弟悉底迦罗（Siddhikāra），以及另一个名叫沙散帝蒲伐那（Saśāntibhuvana）的武士，又策动了新的叛乱。桑格拉马很快就制服了他们，并通过各种虔诚的布施来庆祝他的胜利。

我们不知道优陀耶迭多跋摩二世的谥号。1066 年，他的弟弟曷利沙跋摩三世继承了王位。[②]

2. 1000 年至 1074 年的占婆

在第八章中谈到，面对越南人在北方的逐步推进，占婆的国都第一次沦陷。到了 11 世纪，越南的压力日益加剧，迫使占族放弃了北部数省。关于 11 世纪占婆的情况，直到这个世纪中叶，都没有碑铭方面的材料出土，历史学家只能依靠中国和越南方面

① 艾莫尼尔：《柬埔寨》，第 3 卷，第 507 页。
② 赛代斯：《柬埔寨碑铭集》，第 1 卷，第 222 页。

的资料。

占婆王杨普俱毗阇耶（Yang Pu Ku Vijaya）于10世纪末即位，于1000年撤出了因陀罗补罗（广南），迁居昆阇耶（平定）。[①]1004年至1005年，他遣使中国，通报了这次迁都。[②]

1010年之前，一位新王继位，他的中文名字似乎是诃梨跋摩（三世）的音译，他在位十余年。[③]

1018年，波罗蜜首罗跋摩二世[④]遣使中国。三年后，即1021年，这位占婆王看到自己国家的北部边境，也就是现在的广平（Quangbinh），遭到了李太祖（Lý Thái Tổ，越南李氏王朝的建立者）的长子（李）佛玛（Lý Phật Mã）的进攻。1028年佛玛继承了王位，号李太宗。这一次占族被打败，并在1026年遭受了新一轮的入侵。

1030—1041年，毗建陀跋摩四世在位，他的统治情况不详，但显然动荡不安。1042年，他的儿子阇耶辛诃跋摩二世[⑤]向中国朝廷请求册封。翌年，他洗劫了大越的沿海地区。为了复仇，李太宗准备从海路讨伐占婆，并于1044年御驾亲征。两军首战于今日的承天（Thừa Thiên）一带，占人几乎片甲不归，占王也在战场上被斩首。李太宗一路推进到昆阇耶，占领该城，掳走了后宫嫔妃。[⑥]

阇耶辛诃跋摩二世的继任者是个贵族家庭出身的武士，即位

① 见上文，原书第125页。
② 乔治·马伯乐：《占婆史》（巴黎，1928年），第132页。
③ 同上书。
④ 这个名字是根据中文记载转译而来，但可靠性存疑。同上书，第132页。
⑤ 这个名字同样是从中文转译而来，可靠性同样存疑。同上书，第134页。
⑥ 同上书，第134—136页。

时的王号为阇耶波罗蜜首罗一世（Jaya Parameśvaravarman Ⅰ）。随着他的统治，碑铭又开始在南方出现了。1050 年，“邪恶不驯，专干坏事，一向反叛其君”的宾童龙人拒不承认他，因此，阇耶波罗蜜首罗一世派他的外甥瑜婆罗阇·室利提婆罗阇·摩诃舍那钵底（Yuvarāja Śrī Devarāja Mahāsenāpati）前去降服了宾童龙人。[①] 为了祝捷，瑜婆罗阇在博克朗加赖（Po Klong Garai）山上建起一座林伽，还树立了一根凯旋柱。[②] 同年，国王着手重建芽庄的波那加塔，并向该寺下放了一批奴隶，其中有高棉人、中国人、普坎人（Pukāṃ，蒲甘的缅人）和暹人（暹罗人或泰人）。[③] 为了同北方邻国保持良好关系，阇耶波罗蜜首罗一世于 1050 年至 1056 年间三次遣使中国，1047—1060 年五次遣使大越。[④]

关于下一任国王跋陀罗跋摩三世，我们只知道他统治的时间很短，1061 年时是他在位。[⑤] 同年年底，他的弟弟律陀罗跋摩三世接替了他。

律陀罗跋摩三世于 1062 年遣使中国，于 1063 年、1065 年和 1068 年三次遣使大越。但自即位之初，他就在筹划一场针对大越的战争，并在 1068 年底发动了进攻。大越国王李圣宗迅速反击，亲率舰队直抵占婆国都附近的室利皮奈［Śrī Banoi，即今天的归仁（Quy Nhơn）］。他击败了据城抵抗的占婆军队。律陀罗跋摩三世连夜出逃，他的子民们便开城投降，李圣宗兵不血刃地进入

① 路易斯·斐诺：《宾童龙》，BEFEO，第 3 卷，第 645 页。
② 同上书，第 646 页。
③ 艾蒂安·艾莫尼尔：《占婆碑铭初探》，JA（1891 年 1—2 月号），第 29 页。
④ 乔治·马伯乐：《占婆史》，第 138—139 页。
⑤ 同上书，第 139—140 页。

了毘阇耶。“李圣宗立即派兵捉拿逃跑的占婆王，后者在柬埔寨境内被擒，沦为了阶下囚（1069 年 4 月）。翌月，李圣宗在占婆王宫里大宴群臣，为显示自己已经彻底战胜了占婆王并使他一无所有，他在龙庭的台阶上跳盾牌舞，踢毽子。与此同时，他忙不迭地向宋神宗报知了他得胜和俘获占婆王的消息。李圣宗下令统计毘阇耶的户籍，结果显示该城共有人口 2560 多户。而后，城、郊房屋全被他下令焚毁。”①

李圣宗将律陀罗跋摩三世及其家眷掳至东京，但在 1069 年释放了他们，条件是占婆放弃北部三省，大约相当于今日的广平和广治（Quang-tri）。我们不知道这位占婆国王获释归来后，是否在这个残破不堪疆域缩小了的国家恢复了统治。能肯定的是，那个建立于 1044 年的王朝，在 1074 年左右与律陀罗跋摩三世一起消逝了。

3. 室利佛逝及其与坦贾武尔的注辇王朝的关系（1003 至 1030 年）

第八章中已经谈到，在 10 世纪的最后十年，室利佛逝遭到爪哇人的侵犯，并向中国请求保护。11 世纪初，国王朱罗摩尼跋摩提婆（Chūḷāmaṇivarmadeva）继续与中国保持着良好的关系，在其统治期间，法称（Dharmakīrti）大师撰写了《现观庄严论》（Abhisamayālankara）。②1003 年，“其王思离朱啰无尼佛麻

① 同上书，第 141—142 页。
② 后来的中国西藏佛教改革者阿底沙将这部著作译成藏文，取名为《难解见论》（Durbodhāloka）。他在藏译本的副标题中写道，此书作于“末罗瑜祇里和金洲的室利朱罗摩尼跋摩提婆和室利毗阇耶那伽罗统治期间”。感谢让·纳杜慷慨提供的资料。

调华遣使李加排，副使无陁李南悲来贡，且言本国建佛寺以祝圣寿，愿赐名及钟。上嘉其意，诏以‘承天万寿’为寺额，并铸钟以赐。”[①]1004 年、1008 年、1016 年、1017 年和 1018 年，还有其他室利佛逝使臣陆续前往中国。[②]

与此同时，大约在 1005 年，室利佛逝王效仿其先王巴拉跋特拉在孟加拉修建的那烂陀寺院，在那耆波多那［Nāgīpaṭṭana，即位于科曼德尔海岸的尼加波坦（Negapatam）］建造了一座以他的名字命名的佛寺——朱多摩尼跋摩毗诃罗（Chūḷāmaṇivarmavihāra）。[③]朱罗罗阇罗阇一世（Choḷa Rājarāja Ⅰ）将一个大村庄的收入奉献给了该寺。

朱罗摩尼跋摩提婆对当时的两个大国——中国和坦贾武尔的注辇王朝[④]（后者尽管相距遥远，但它会成为，后来也的确成了危险的敌人）的友好态度，使他的儿子摩诃毗阇耶滕伽跋摩（Māravijayottungavarman）能够腾出手来对付爪哇，报复后者公元 992 年的那次入侵。如果 1016 年发生在爪哇的那场灾难（我们对此所知甚少）真的是室利佛逝复仇的结果，那么摩诃毗阇耶滕伽

---

① W. P. 格勒内维特：《马来群岛和马六甲简志》（巴达维亚，1876 年），第 65 页。亦见费琅的《苏门答腊的室利佛逝帝国》，第 19 页。

② O.W. 沃尔特斯：《单马令》，BSOAS，第 21 期（1958 年），第 604 页。

③ 该庙直至 19 世纪中叶可能还存在（沃尔特·艾略特爵士：《尼加波坦以前被称为‘中国塔’，或阇纳塔的佛寺》，《印度文物》，第 7 卷，1878 年，第 224 页），但在 1868 年被耶稣会会士摧毁了。参看 K. V. 苏布拉曼亚·埃耶（K. V. Subrahmanya Aiyer）的《莱登的大图版》，《印度碑铭》，第 22 卷，第 229 页。关于它的建造年代，请参阅 K·A·尼拉坎塔·萨斯特里的《室利佛逝史》，第 76 页。

④ 关于注辇王朝（科罗曼德尔海岸，即朱罗曼荼罗就因之而得名，它在公元 9 世纪中叶的崛起是以拔罗婆王朝的衰落为代价的），可参阅路易斯·德·拉瓦莱·普桑的《印度诸王朝及其历史》，第 271 页。

跋摩的复仇真可谓十倍奉还。1008 年时摩诃毗阇耶滕伽跋摩确实已经在位，因为在那一年他向中国进贡了。[①]

一块被称为“莱登大特许状”的著名碑铭[②]（刻制于 1014 年即位的罗贞陀罗注辇一世治下[③]）告诉我们，新一任的注辇王为他父亲罗阇罗阇献给朱多摩尼跋摩毗诃罗寺的村庄颁布了一道诏书。该碑文将摩诃毗阇耶滕伽跋摩称作“夏连特拉家族的后裔，室利佛逝和迦陀诃的国王［泰米尔碑铭称迦陀诃为吉荼罗（Kiḍāra）］”。这里同时提到了室利佛逝（巨港）和迦陀诃（马来半岛上的吉打），令人吃惊地证实了阿拉伯地理学家提供的证据，他们说阇婆格的国王就是斯里布扎和卡拉（克拉）的主人。帝国的两极，苏门答腊和马来半岛，在这两种情况下都是一回事：国王掌控着海峡的两岸。

但是，室利佛逝诸王为了维持自己的特权地位而不得不采取的扩张政策和商业手段，注定了他们很快会与注辇的海上霸权迎头相撞。在室利佛逝完成对爪哇的入侵之后不久，冲突就爆发了，此时已经不需要再与注辇通好了。

早在 1007 年，罗阇罗阇一世就吹嘘自己征服了 12000 个岛

---

① 《宋史》中将其名字简称为思离麻啰皮，即室利·摩罗毗的译音，有关这个名字和其先王姓名的考证，见赛代斯的《室利佛逝王国》，BEFEO，第 18 期，第 7 页。

② 这份碑铭已由苏布拉曼亚·埃耶发表，见《莱登的大图版》，第 213 页。参阅 K. A. 尼拉坎塔·萨斯特里的《室利佛逝》，BEFEO，第 40 期，第 281 页。

③ 依据尼拉坎塔·萨斯特里的《室利佛逝史》，第 79 页注释 3。

屿。①十年后，他的儿子罗贞陀罗注辇一世可能对迦陀诃，②即苏门答腊的夏连特拉人在半岛的领地进行了首次袭击。③即使确有其事，那也只不过是 1025 年大规模进攻的前奏，罗贞陀罗注辇于 1030—1031 年竖立在坦贾武尔的碑铭对此役有着详细的记载。④铭文中说，继派遣了“大批战船进入波涛汹涌的大海，俘虏了吉打兰（Kadāram）国王僧伽罗摩毗阇瑜滕伽跋摩（Sangrāmavijayottungavarman）”之后，罗贞陀罗注辇一世相继征服了以下地区：⑤

① R.C. 玛兹穆德：《古代印度在远东的殖民地，第二部分：金洲》（达卡，1937 年），第 171 页。尼拉坎塔 · 萨斯特里认为这里可能是指马尔代夫。见他的《注辇王朝》（马德拉斯，1935—1937 年），第 1 卷，第 220 页，以及《室利佛逝史》第 79 页注释 13。

② 玛兹穆德：《古代印度在远东的殖民地》，第 2 卷，第 171 页注释 2。尼拉坎塔 · 萨斯特里对这次远征的真实性提出异议，声称玛兹穆德的论证是无根据的，见《注辇王朝》第 1 卷，第 254 页和《室利佛逝史》第 79 页注释 13。但是，玛兹穆德在《罗贞陀罗注辇王的海外远征》一文中为自己的论点提出了碑铭方面的新论据。见 AA，第 24 期（1961 年），第 338—342 页。

③ 《宋史》中提到的于 1017 年遣使中国的这位国王名叫霞迟苏勿吒蒲迷，即哈吉沙木陀罗仆弥（Haji Samudrabhūmi），意为“苏门答腊王”（见 W. P. 格勒内维特的《马来群岛和马六甲简志》，第 65 页；费琅：《苏门答腊的室利佛逝帝国》，第 19—20 页。）根据 N. J. 克罗姆的《苏门答腊释名》（BKI，第 100 期，1941 年，第 5—25 页），苏门答腊是苏婆那（Suvarṇa）的同义词，可能因为它与须文答剌（Samudra）的近似而流行开来，须文答剌是位于该岛北部的一个港口的名称。

④ 该铭文发表在 E. 霍尔茨的《南印度碑铭》（马德拉斯，1891 年）第 2 卷，第 105 页，和《印度碑铭》，第 9 卷，第 231 页。参阅赛代斯的《室利佛逝王国》，第 4—5 页，第 9 页及其后文；以及尼拉坎塔 · 萨斯特里的《室利佛逝》，第 286 页。

⑤ 赛代斯曾对这一名单做过研究，见《室利佛逝王国》，第 9 页；G. P. 鲁法埃尔（G. P. Rouffaer）：《公元 1400 年的马六甲贸易中心》，BKI，第 77 期（1921 年），第 76 页及其后文；费琅：《苏门答腊的室利佛逝帝国》，第 45 页；R. C. 玛兹穆德：《古代印度在远东的殖民地》，第 2 卷，第 175 页及其后文。在碑铭中，每个名字总伴有一个别名，但这些别名的史料价值是非常值得怀疑的，因为这些别名无异是在玩同音异义的地理术语的游戏。这里举两个例子：大来大科拉（Talaittakkolam）的意思是“被热衷于学问的伟人们称赞”，因为在泰米尔语中“kalai”即“知识”，“takkor”即“学者”。另外，婆来般度卢（Vaḷaippandūru）是说“同时拥有耕地和荒地”，因为“vilaippu”即“播种”，“tūru”即“荆棘”。

室利佛逝（巨港），

班内［Paṇṇai，即苏门答腊岛东岸的巴内（Panai），面向马六甲］，

末罗游（7 世纪时叫末罗瑜，即占碑），

摩日罗亭（Māyiruḍingam，中国人称之为日罗亭，[①]在马来半岛某处），

伊凌牙斯加（Ilangāśogam，龙牙犀角），

摩保琶来［Māppappālam，即波帕罗（Papphāla），僧伽罗的《大史》（Māhavaṃsa）说它位于勃固沿海］，

梅维林邦伽［Mevilimbangam，西尔万·莱维[②]考证其为迦摩浪迦（Karmaranga），或洛坤地峡的迦摩楞迦（Kāmalangka）］，

婆来般度卢［Vaḷaippandūru，可能是占婆的宾童龙，[③]该词的前半部可能来自泰米尔语“Valai”，即“要塞”；也可能来自占语“palei”，即“村庄”］，

大来大科拉（Talaittakkolam，托勒密的著作和《弥兰陀王问经》中称为塔科拉，位于克拉地峡），

摩单马令迦（Mādamālingam，中文为单马令，[④]其中心在洛坤），

① “摩”（Mā-）字在这里和这个列表中的其他单词中，都相当于梵文词汇“摩诃”（mahā），意为“大”。P. 惠特利在《黄金半岛》第 71 页中考证，摩日罗亭位于洛坤附近。

② 西尔万·莱维:《印度的前雅利安人和前达罗毗荼人》，JA（1923 年 7 月至 9 月），第 43 页。但 P. 惠特利在《黄金半岛》第 200 页中，批驳这一考证是“异想天开”，他似乎将迦摩楞迦考证为龙牙犀角（第 257 页）。

③ G. P. 鲁法埃尔:《公元 1400 年的马六甲贸易中心》，第 78 页和第 81 页。J. L. 摩恩斯:《室利佛逝、爪哇和迦陀诃》，TBG，第 77 期（1937 年），第 468 页。P. 惠特利在《黄金半岛》第 200 页中否定了这一考证。

④ 1001 年，一个“丹眉流”曾遣使中国（伯希和:《交广印度两道考》，第 233 页）。关于这个实际上是由丹流眉（“丹眉流”可能是录事者的笔误）派遣的使团，以及关于这些不同地名之间可能存在的关系的复杂问题，可参见 O. W. 沃尔特斯的《单马令》，第 587—607 页，以及 P. 惠特利的《黄金半岛》，第 65—67 页。

伊兰无里德沙［Ilāmurideśam，阿拉伯人称之为拉木里（Lāmu-rī），马可·波罗叫它兰布里（Lambri），[①]位于苏门答腊的北端］，

摩那迦婆兰（Māṇakkavāram，尼科巴群岛），

吉打兰（吉打）。

我们不确定这份名单是否是以征服的先后为序，但如果是这样的话，那么它表明，注辇国王在攻击了群岛的首都室利佛逝（即巨港），并俘虏了僧伽罗摩毗阇瑜滕伽跋摩国王之后，占领了苏门答腊东海岸的一些地方，接着夺取了国王在马来半岛上的各个领地，[②]继而占据了亚齐和尼科巴群岛，最后拿下了大陆上的首都吉打。这次袭击或许也给半岛上的马来人留下了印象，因为他们的史书记载，泰米尔国王罗阇朱兰［Raja Cholan，或苏兰（Suran）］摧毁了天定河（Dinding River）畔的恒伽那伽罗（Ganganagara）和柔佛河支流楞球河（Lengiu）上的一座堡垒，最终占领了单马锡（Tumasik），即后来的新加坡所在地。[③]

无论如何，罗贞陀罗注辇一世的远征似乎并未产生持久的政治后果。最多只能说，俘虏僧伽罗摩毗阇瑜滕伽跋摩国王的结果，是使一位新王登上了王位。这位新王于 1028 年遣使中国，《宋史》称他为室利叠华，即"Śrī Deva"（这个名字无疑是不完整的）。[④]

---

① 关于这个地名，参阅 H. K. J. 戈温（H. K. J. Cowan）的《拉木里》，BKI，第 90 期（1933 年），第 422 页。

② 宾童龙（潘郎）不在这一范围之内，但关于婆来般度卢的考证根本不可靠。但 O. W. 沃尔特斯对上述观点提出了质疑（《单马令》，第 601 页），他认为上面所列的一些地方，特别是单马令，可能是独立的国家。

③ 约翰·莱登（John Leyden）译：《马来编年史》（伦敦，1821 年）。

④ W. P. 格勒内维特：《马来群岛和马六甲简志》，第 65 页。费琅：《苏门答腊的室利佛逝帝国》，第 20 页。

然而，室利佛逝受到的打击使它与老对手接近起来：我们将看到它和爪哇重归于好，可能甚至还通过联姻来巩固了这一关系。

前面已提到，在朱多摩尼跋摩统治时期，法称居住在室利佛逝。在摩诃毗阇耶滕伽跋摩统治时期，他仍住在那里，因为根据中国西藏史学家布顿（Bu-ston）的记载，[①] 从1011年到1023年，在达摩波罗王统治时期，阿底沙（Atīśa）“曾从学于金洲岛[②] 上的佛教部派首领法称”。达摩波罗这个名字与我们从中国史籍和当地碑铭中所了解到任何一个室利佛逝王的名字都不相符。也许这是摩诃毗阇耶滕伽跋摩或他的继任者的头衔（其意为“护法者”）。[③]

无论如何，大乘佛教在苏门答腊继续存在了很长一段时间，这一点在西海岸的塔巴努里（Tapanuli）得到了证明：那里有一尊1024年的路迦那他（Lokanātha），也就是观自在菩萨的雕像，它立在两尊度母像之间；[④]11世纪初的一份尼泊尔图像学手稿也证明，室利佛逝补罗（Śrīvijayapura）的一尊路迦那他雕像在佛教界享有盛名。[⑤]

---

① 萨拉特·昌德拉·达斯（Sarat Chandra Das）译：《雪域的印度学者》（加尔各答，1893年），第50页。

② 1030年左右，阿尔比鲁尼（Al-Bīrūnī）说，阇婆格群岛在印度被叫作苏瓦尔地（Sūwarndīb，即金洲，参阅费琅的《苏门答腊的室利佛逝帝国》，第64页），这与阿底沙提供的论据相符。

③ 这位被中国西藏人称为“金洲的法护宗师”的达摩波罗王，也可能是阿底沙和迦摩拉罗克希多（Kamalarakshita）的老师，以及与《入菩萨行论》（Bodhisattvacaryāvatāra）相关的各种著作的作者（感谢让·纳杜慷慨提供的资料）。

④ J. L. A. 布兰德斯：《巴达维亚协会董事会会议记录》（1887年），第176页。

⑤ 阿尔弗雷德·富歇：《印度佛教图像学研究》，载《高等研究院图书馆馆刊》，第13卷（巴黎，1900年），第105页和第193页注释23。

4. 爪哇：爱尔棱加（1016 年至 1049 年）

上文已经谈到，巴厘的国王邬达耶纳娶了爪哇公主马亨德拉达，也就是辛多克的曾孙女。他们在 1001 年左右生下一个儿子，就是爱尔棱加，他在少年时期就应邀[①]与当时统治着东爪哇的国王的一个女儿订婚。[②]1016 年的悲剧事件发生时，他就在这位国王的宫廷里。[③]这场灾祸导致都城被毁和国王身死，至于祸因，就像 75 年前都城从爪哇中部迁移到东部的原因一样，众说纷纭。最有可能和最为人们接受的推测是，由于室利佛逝与印度和平相处，并且或多或少地得到了中国的保护，于是在 1016 年对爪哇 992 年的那次入侵进行了报复。事实上，爪哇的再度崛起，也确实与苏门答腊王国在 1025 年遭到注辇侵袭[④]而暂时衰弱的时期相吻合。然而，室利佛逝在 1016 年的作用可能仅限于挑起或支持爪哇国的一场内乱。兵祸的元凶实际上是乌罗哇利（Wurawari）的一位王子，人们认为他来自马来半岛，[⑤]但他可能只是一个地方首领而已。[⑥]

---

① 也许正是这件事情使他得到了“爱尔棱加”这个名字，这个名字最有可能的意思是“越过水的人”，即穿越分隔爪哇和巴厘岛的海峡。参阅 R.Ng. 普尔巴扎拉卡的《爱尔棱加》，《爪哇》，第 10 期（1930 年），第 163 页，其中对此前所有的解释作了综述。

② 康奈尔 · C. 伯格：《关于〈阿周那的婚姻〉，爱尔棱加的生命历程和婚礼之歌》，BKI，第 97 期（1938 年），第 49—64 页。

③ 这一日期由 L.C. 达迈斯确定，见《主要印度尼西亚碑铭的年代清单》，BEFEO，第 46 期（1952 年），第 64 页注释 2。以爱尔棱加的名义刻制的碑铭的年代从 1019 年延续到 1042 年（同上书，第 62—65 页）。

④ P. V. 范 · 斯坦因 · 卡伦费尔斯：《达摩旺夏宫廷的征服者》、《考古学报告》（1919 年），第 156 页。

⑤ 鲁法埃尔：《公元 1400 年的马六甲贸易中心》。

⑥ N. J. 克罗姆：《印度化爪哇史》（海牙，1931 年），第 241—242 页。

正如记述1016年事件的爪哇碑铭所载，[①]在遭受“溃败”（pralaya）之后，当时年仅16岁的小爱尔棱加到瓦纳吉里（Vanagiri）山中的隐居者们那里避难，在那里住了四年。耆宿名流和婆罗门们前来恳求他作为其岳父的继承人接受王权。1019年，他正式加冕为室利摩诃罗阇·拉恺·诃卢·室利·罗吉首罗·达摩旺夏·爱尔棱加·阿南达维克拉通加德瓦（Śrī Mahārāja Rakai Halu Śrī Lokeśvara Dharavaṃśa Airlanga ananttavikramottungadeva）。当时，他所统治的还只是爪哇岛北部的泗水和岩望（Pasuruhan）之间的一小块领土。他还得再等待十年左右，才能光复旧物。1025年注辇的入侵大大削弱了室利佛逝，这无疑加速了爱尔棱加收复失地的进程。

有可能早在1022年，爱尔棱加就在巴厘继承了父亲的王位，1016年的灾祸并未波及巴厘。[②]但此事尚无定论，因为1022年至1026年在巴厘留下碑铭的达摩旺夏跋达纳·马拉卡塔潘卡亚塔诺通加德瓦（Dharmavaṃśavardhana Marakaṭapank ajasthānottungadeva）显然是另一个人，他也许是以爱尔棱加的名义统治此地的总督。[③]

1028—1029年，爱尔棱加开始在爪哇南征北战，以收复被众多竞争者瓜分了的王国。看来，他首先攻打了比希玛普拉巴瓦（Bhīshmaprabhāva），后者是一个国王的儿子；接着，爱尔棱加于1030年讨伐文克尔［Wengker，位于茉莉芬（Madiun）平原

① 亨利·克恩：《现存于加尔各答印度博物馆中的槟榔岗（泗水）的石碑》，《散论》（海牙，1913—1929年），第7卷，第83页。B.R. 查特吉：《印度与爪哇》（加尔各答，1933年），第2卷，碑铭，第63—74页。R.Ng. 普尔巴扎拉卡：《加尔各答碑铭中的梵语十四行诗》，TBG，第81期（1941年），第424—437页。

② W. F. 斯塔特海姆：《考古学评论》，BKI，第92期（1934年），第200—201页。

③ 伯格，《关于〈阿周那的婚姻〉》，第82页。

上］的毗阇耶王酋，使之暂时受挫。1031 年，他打败了阿驮摩波努陀（Adhamāpanuda），并焚毁了他的住所。1032 年，他将一个“拥有可怕的力量，活似女魔王（rākshasī）的女人”赶出了国家，并“用他火蛇般的舌头”烧毁了爪哇南部地区。同年，他大概还得和乌罗哇利的君主作战。至于文克尔的君主毗阇耶，他被打得落荒而逃，“抛弃了妻儿、财宝和王辇”。他被自己的部下俘获，于 1035 年被处死。①

1037 年，爱尔棱加“踩着敌人的头颅，登上了饰有珠宝的雄狮宝座”。由于国家的版图扩大了许多，所以他在东爪哇的卡胡里潘（Kahuripan）建立了新都，目前我们尚不知道该城的具体位置。

在节节获胜之后，爱尔棱加建造了普昌甘寺（Puchangan，梵文为 Pūgavat，意为“槟榔山”）。该寺并非像人们认为的那样是建在槟榔岗（Penanggungan）②，而是建在布兰塔斯河三角洲的普昌甘山上。③ 该寺于 1041 年落成，④ 可能正值他的一个王妃去世之际，从 1030—1041 年，爱尔棱加的诏书中曾提到过这位王妃，称她为宫廷第一显贵（Rakryan mahāmantri i Hino）。⑤ 她的名字叫僧伽罗摩毗阇耶·达摩普拉沙多栋卡提鞞（Sangrāmavijaya Dharmaprasādottungadevī），与 1025 年被注辇人突袭并俘虏的室利佛逝王僧伽罗摩毗阇瑜滕伽跋摩的名字非常相似。在这些事件发生后不久，爪哇出现了一位名字让人联想起苏门答腊封号

① 亨利·克恩：《散论》，第 7 卷，第 83 页。
② G. P. 鲁法埃尔：《巴达维亚协会董事会会议记录》（1909 年），第 180 页。
③ 斯塔特海姆：《考古学评论》，第 406 页。
④ W. F. 斯塔特海姆：《贝拉汉的雕像》，《爪哇》（1938 年），第 307 页。
⑤ 伯格：《关于〈阿周那的婚姻〉》，第 92 页。

的王后。1035年，爱尔棱加建立了一座名为室利毗阇耶湿罗摩（Śrīvijayaśrama）的寺院，[①]这似乎都表明，随着室利佛逝的衰颓和爱尔棱加的掌权，这两个对手之间的关系有所缓和。至于那个和室利佛逝王同名的王妃与爱尔棱加之间的关系，最可能的事实是，她是僧伽罗摩毗阇瑜滕伽跋摩的女儿，爱尔棱加于1030年左右娶她为妻。[②]从这时起，这两个长期敌对的国家之间出现了某种平衡，室利佛逝在群岛西部保持着政治优势，[③]而群岛东部则是爪哇的势力范围。然而，当时的资料显示，爪哇的商业关系也延伸到了西部。碑铭中[④]提到了克林人（羯陵伽的印度人）、阿利亚人（Ārya，非达罗毗荼族的印度人）、戈拉人（Gola，孟加拉的高迪人）、僧伽剌人（Singhala，僧伽罗人）、迦罗那多迦人（Karṇaṭaka，坎纳达人）、朱利卡人（Cholika，科罗曼德尔的注辇人）、马利亚拉人（Malyala，马拉巴尔人）、班底稽罗（Paṇḍikira，潘地亚人和盖拉人）、达罗毗荼人（泰米尔人）、占婆人（占人）、勒孟人（Remen，孟人或拉米人，即亚齐的马来人）和克弥尔人（Kmir，高棉人），他们一定是通过位于泗水湾的布兰塔斯河口或更靠北的厨闽（Tuban）附近港口，到达爱尔棱加的各属地的。

碑铭中提到了三个教派：湿婆（湿婆教）、输伽多（Sogata，

---

① 克罗姆：《印度化爪哇史》，第262页。

② 伯格：《关于〈阿周那的婚姻〉》，第64页。我们认为她也可能是僧伽罗摩毗阇瑜滕伽跋摩的遗孀。根据前面提到过的惯例，爱尔棱加也可能娶她，以便使他对室利佛逝的要求合法化。

③ 甚至达到了爪哇岛的西部，因为直到13世纪初，巽他仍然是室利佛逝的附庸国。F. D. K. 博世的《一块巽他语的马来碑铭》，BKI，第100期（1941年），第49—53页。

④ 亨利·克恩：《散论》，第3卷，第71页；第7卷，第30页。克罗姆：《印度化爪哇史》，第264页。

佛教）和利希（Ṛishi，苦行者），或称输伽多、摩醯首罗、大梵天（Mahābrāhmaṇa）。这证明佛教和湿婆印度教在爪哇和平共处，就像在同一时代的柬埔寨一样。然而，正如他的继任者们后来所做的那样，爱尔棱加将自己描绘成毗湿奴的化身。

爱尔棱加可能从 1042 年开始成为教徒，同时仍大权在握。他于 1049 年去世，[①] 被葬在槟榔岗东坡一个叫作“贝拉罕（Belahan）浴场”的地方。以前，人们能在那里看到一座美丽的毗湿奴雕像，骑着迦楼罗，两边各一座拉克什米的塑像，它们分别代表着国王和他诸多妃嫔中的两位，此外还有一块刻有年表的石头，以字谜的形式给出了塞迦历 971 年这个年份，即公元 1049 年。[②]

爱尔棱加的统治不仅在政治上成绩显赫，在文学活动上也成就卓然，[③] 但一些作品被错误地归到他的统治时期，而这些作品实际上是在他的前任达尔玛旺夏·德古·阿南达威格拉莫（Dharmaṃśa Tguḥ Anantavikrama）统治期间创作的，爱尔棱加被错认成了这位先王。不过几乎可以肯定的是，诗人甘瓦（Kaṇva）于1035年写成的《阿周那的婚姻》（Arjunavivāha），[④] 的确是为爱尔棱加与苏门答腊公主的婚姻而写的贺诗。[⑤]

爱尔棱加死前，将他的王国一分为二，这种裂土封疆在理论上一直持续到了印度化爪哇时代的结束。这样一个致力于实现国

---

① 斯塔特海姆:《考古学评论》，第 196 页。
② 同上书。也见《贝拉汉的雕像》，第 299 页。
③ 关于用古爪哇语创作的文学，参阅 H. B. 萨加尔的《印度对爪哇和巴厘文学的影响》（加尔各答，1934 年）。
④ R.Ng. 普尔巴扎拉卡编注的《〈阿周那的婚姻〉注疏》，BKI，第 82 期（1926 年），第 181 页。
⑤ 伯格:《关于〈阿周那的婚姻〉》，第 19 页。

家统一的人何以采取这样的措施，人们有各种各样的猜测。据我们所知，爱尔棱加没有确立王储，[①]因此可以推测，他是为了避免两个同为庶出且权利相当的孩子在他死后发生冲突，所以才决定在生前就为他们做出裁决。[②]

两个儿子分别成立了戎牙路（Janggala）和班查鲁（Panjalu）这两个王国，两国之间的边界或许是至今还能看到废墟的一堵墙（在卡威山和该岛南部海岸之间），[③]或许是布兰塔斯河。[④]戎牙路位于东部，领土包括玛琅和布兰塔斯三角洲地区，以及泗水、南望（Rembang）和岩望的港口，以爱尔棱加的国都卡胡里潘为都。班查鲁位于西部，更为人知的名字是谏义里（Kaḍiri），其国土包括谏义里（Kediri）和茉莉芬的王宫，以及通往泗水湾的出海口。它的首都是达哈，也就是今天的谏义里。事实上，尽管戎牙路具有优先权，并且是爱尔棱加王国理论上的继承者，但它很快就被班查鲁吞并了。[⑤]

关于巴厘岛，我们有1050年至1078年间的一些碑铭，[⑥]出自

---

① 除非康奈尔·C. 伯格（同上文，第92页）的假设得到证实。根据这一假设，摩诃曼特里·依·希诺·室利·沙玛拉毗阇耶达摩……苏巴那……乌栋加德瓦（Mahāmantri i Hino Śrī Samaravijayadharma ... suparṇa ... uttungadeva）这位从1037年起在爱尔棱加的契书中取代苏门答腊公主的人，正是他的儿子。

② 克罗姆:《印度化爪哇史》，第272页及其后文。

③ N. J. 克罗姆:《印度化爪哇文化导论》（海牙，1923年），第2卷，第50页。

④ 斯塔特海姆:《考古学评论》，第101页。

⑤ 关于戎牙路，我们只有一些年代不详的碑铭资料，特别是1060年（？）的一项关于灌溉工程的敕令，那是由国王拉凯·诃卢、领主居鲁·室利·萨玛罗沙哈·卡纳克沙纳·达摩旺夏·吉蒂辛哈·查廷塔卡栋加德瓦（Juru Śrī Samarotsāha Karṇakeśana Dharmavaṃśa Kīrtisiṃha Jayāntakatungadeva）共同颁布的。

⑥ P. V. 范·斯坦因·卡伦费尔斯:《巴厘的碑铭》，VBG，第66期，第3辑（1926年）。W. F. 斯塔特海姆:《巴厘的古文物》（新加拉惹，1929年），第1卷，第190页。达迈斯:《主要印度尼西亚碑铭的年代清单》，第88—93页。

一个被称为阿那翁苏（anak wungśu）的人，即“小儿子”（巴拉跋特拉）或“女婿”。他是爱尔棱加的亲戚的可能性比较大，也许是他的弟弟或妹夫。

5. 室利佛逝与注辇王朝（1067 年至 1069 年）

关于 1030—1064 年在室利佛逝发生的事情，没有石刻资料存世。1064 年，在占碑以西的索洛克（Solok）的一座玛卡拉（makara）塑像上，刻下了一个别处未曾见过的名字达摩毗罗（Dharmavīra）。这座塑像的风格似乎受到了爪哇艺术的影响。[①]

1067 年，三佛齐的最高级官员之一到达中国，《宋史》称其为地华伽啰，[②]即底伐迦罗（Divākara）的规范译名。有些作者[③]倾向于它是提婆俱多（Devakula）的音译，他们的根据是：十年后的 1077 年，遣使去中国的注辇国王注辇·罗贞陀罗提婆俱罗滕伽（Rājendradevakulottunga，又称俱罗滕伽一世）在《宋史》

① J. L. A. 布兰德斯：《尼布先生发来的关于詹比安（Djambische）古物的照片的说明》，TBG，第 45 期（1902 年），第 128 页；《巴达维亚协会董事会会议记录》（1902 年），第 34 页。克罗姆：《印度化爪哇文化导论》，第 2 卷，第 425 页。

② 格勒内维特：《马来群岛和马六甲简志》，第 66 页。费琅：《苏门答腊的室利佛逝帝国》，第 20 页。O. W. 沃尔特斯曾在 1963 年 12 月 4 日的一封信中善意地向我指出，格勒内维特在写到室利佛逝于 1067 年遣使中国时犯了一个错误，确切的年代应当是马端临所说的 1077 年。同年，注辇也向中国派出了使团。

③ S. 克里希纳斯瓦米·艾扬格（S. Krishnaswami Aiyangar）：《罗贞陀罗，甘加康达（Gangaikonda）的注辇王》，《印度史杂志》，第 2 卷（1922—1923 年），第 353 页。R. C. 玛兹穆德：《古代印度在远东的殖民地》，第 2 卷，第 186 页。尼拉坎塔·萨斯特里：《室利佛逝》，第 290 页。然而，在他的《室利佛逝史》中（第 84 页注释 22），萨斯特里放弃了这一假设，重新将这个名字解释为底伐迦罗，因为他不再相信俱罗滕伽在即位前曾到海外旅行。

中被指以几乎相同的名字（地华加罗）。[①] 他们认为，这两段记载指的是同一个人物，他是罗贞陀罗注辇的女儿和文吉（Vengī）[②] 的罗阇罗阇一世所生，在 1070 年登上注辇王朝的王位之前，可能曾在室利佛逝担任要职。他本人在统治初期的第一批铭文中似乎也暗示了这样一个背景。

无论如何，在 1067 年遣使之后的第二年，注辇王朝再度入侵马来半岛。曾指挥 1025 年远征的罗贞陀罗注辇的儿子或孙子毗罗罗贞陀罗（Vīrarājendra），在他统治的第七年，即 1068—1069 年，“为前来寻求他的援助和庇护的国王征服了吉打兰，并将被征服的国家交还给这位国王”。[③] 室利佛逝国王也许正是听从了他的注辇大臣提婆俱多的劝告[④]——假如这一考证确实无误的话——才吁请毗罗罗贞陀罗前来帮助镇压半岛上的叛乱或分裂阴谋。会不会也是因为室利佛逝宫廷中有一位注辇顾问，而且注辇王也愿意为了室利佛逝而出兵讨逆，才使得中国史家认为 1068—1077 年“注辇役属三佛齐”呢？[⑤]

---

① 夏德和柔克义：《赵汝适：他对 12 至 13 世纪中国和阿拉伯贸易的研究》（圣彼得堡，1911 年），第 100 页。

② 为戈达瓦里河（Godavari）与克里希纳河（Krishna）之间的地区。

③ 关于此文的正确解释，参阅尼拉坎塔·萨斯特里的《室利佛逝》，第 289 页注释 1。

④ 鉴于地华伽啰在 1067 年代表三佛齐前往了中国，我不明白 S. K. 艾扬格（《古代印度》，伦敦，1911 年，第 130 页）和萨斯特里（《室利佛逝》，第 290 页）怎会认为提婆俱多，即后来的罗贞陀罗提婆俱罗滕伽会在毗罗罗贞陀罗的远征中来到马来亚，因为这次远征要到第二年才会发生。值得一提的是，萨斯特里已经放弃了这一推论。

⑤ 马端临：《文献通考 · 四裔考》。萨斯特里在《室利佛逝史》中（第 84 页）就此写道，“这只能解释为是室利佛逝使臣大肆歪曲的结果。这些使节可能代表了在这个国家一时占上风的一方，并攻击求助于注辇国王毗罗罗贞陀罗的另一方。”

6. 缅甸：阿奴律陀（1044 年至 1077 年）

G. E. 哈维写道：[①]“当我们书写一部严肃的缅甸史时，必须把像阿奴律陀这样的君王的统治分为两部分：第一部分是原始资料，例如，表明确有其人以及记载他所作所为的碑铭；第二部分则是有关阿奴律陀的传说。”现在还不到书写这样一部历史的时候，在下文中，取自最近才开始被利用的碑铭中的资料，[②]就与传说中离奇度最少的内容交织在一起了。[③]

我们在第八章的末尾谈到，阿奴律陀[④]是宫错姜漂王和他的三位王后之一所生，这位王后曾嫁给过弑君的园丁。他的青年时代是在父亲被软禁的寺院中度过的。一天，他和他的表兄弟、国王叟格德发生了争执，两人在蒲甘附近的敏加巴（Myinkaba）单独格斗，阿奴律陀杀死了叟格德。王位因此空缺，阿怒律陀把它奉还父亲，但他的父亲宁愿留在寺院里。

1044 年，阿奴律陀成为国王。[⑤]他开拓了蒲甘王国的疆

---

① 《缅甸史》（伦敦，1925 年），第 17 页。

② G. H. 卢斯和他的学派在最新一期的《缅甸研究学会会刊》上发表了这篇碑铭。彭茂田和卢斯在 1933 年至 1959 年期间，以《缅甸铭文集》为题（仰光大学东方研究出版物，第 2—6 辑）出版了五部宏伟的碑铭影印本，涵盖了从 1131 年至 1364 年这一时期。这个集子构成了这一研究小组的工作基础。

③ 在《琉璃宫史》中有摘要，该书已由彭茂田和卢斯译为英文（伦敦，1923 年）。

④ 这个词的缅甸语发音与巴利语阿拏卢陀（Anuruddha），即“安宁、平和”相对应，但在他的还愿匾上（ARASB，1906 年，第 10 页；1912 年，第 19 页；1915 年，第 15 页），他被称为阿尼律陀（Aniruddha），即“势不可当的”。

⑤ 各种文献中关于阿奴律陀年代的记载各不相同，这里采用的年代是基于碑铭而定的［查尔斯·杜鲁瓦塞尔和查尔斯·奥托·布拉格登主编的《缅甸碑铭》（仰光，1919—1936 年），第 1 卷，第 4 页］，历史学家通常以此为权威。参阅貌拉的《在室利差咀罗（古代卑谬）和蒲甘统治过的缅甸诸王年表》，JBRS，第 13 期（1923 年），第 82—94 页。

域，起初，该国的领土范围非常小。在内政方面，他最突出的两项成就，一是在首都以东出产水稻的皎施平原建立了灌溉系统，皎施后来成为缅甸北部的粮仓；①二是使国家改崇上座部佛教。②

据传说，上座部佛教传入蒲甘，是1057年对善法城（即直通，在勃固）的战争的结果。

下缅甸，即孟人地区，是最早皈依佛教的地区之一。但在这一地区也发现了许多印度教的遗迹，这证明了佛教并非那里唯一的宗教。11世纪上半叶，为躲避霍乱，或者也可能是为了躲避苏利耶跋摩一世的高棉军队，大批孟人从哈里奔猜来到这里。有人推测，③佛教可能就是由他们带来的，至少也是由于他们的到来而得到了加强。这种假设不无可能。

当佛教在印度开始衰落时，孟人仍然与南印度［建志，即康吉弗兰（Conjeevaram）］和上座部佛教的圣地锡兰保持着宗教联系。1056年，僧阿罗汉（Shin Arahan）④来到蒲甘，他是直通的一个婆罗门的儿子，显然还是建志教派的弟子，他使国王接受了他的教义。

① J. A. 斯图尔特（J. A. Stewart）:《皎施的灌溉工程，了解缅甸史的钥匙》，JBRS，第12期（1921年），第1页。
② 关于缅甸的佛教，参阅丹吞的《缅甸的宗教信仰，公元1000—1300年》，JBRS，第42期（1959年），第47—69页，以及《缅甸的宗教建筑，公元1000—1300年》，同上书，第71—80页。
③ H. G. 夸里奇·韦尔斯:《阿奴律陀与直通的传说》，JRAS（1947年），第152—156页。
④ 僧阿罗汉是个称号，他的法名大概是悉罗菩提（Silabuddhi）或达摩陀悉（Dhammadassi）（《琉璃宫史》，第71—72页、74页）。

阿奴律陀希望取得一部巴利文佛经，[①]于是派了一位大臣前往直通，但遭到了直通王摩俱多（Makuṭa）的拒绝。[②]于是阿奴律陀出兵讨伐这个不通情理的邻国。1057 年，经过三个月的围攻之后占领了直通城。[③]他在城中找到了 30 部《三藏经》（*Tripiṭaka*），并把这些佛经和国王摩俱多及其大臣、僧侣和一大批工匠一起带回了蒲甘。

从政治角度看，征服直通的结果是使整个三角洲[④]和该地区的印度化小国[⑤]全部归顺于蒲甘，从而为缅人打开了通往海洋的道路；从文化方面看，结果则是使蒲甘改信上座部佛教，并导致了密宗大乘佛教的衰落，后者不得不将其庙宇迁往郊外。总而言之，这次征服使更优秀的孟人文化对相对原始的缅族产生了影响。被掳至蒲甘的众多直通俘虏，将他们的文学、艺术，特别是文字传授给了缅人。用孟文字母书写的第一块缅文碑铭刻制

① 我们对孟人的历史所知甚少。1906 年，W. 施密特在《维也纳学院报告集》（第 151 卷）中发表了一部孟族编年史《斯拉巴罗阇旺》（*Slapat Rājāwang datow smim rong*，即《国王的历史》），并附有译文。R. 哈利迪最近的译本见 JBRS，第 13 期（1923 年），第 1 页。《须陀摩婆底王系和狮王王史》（*Sudharmavatīrājavaṃsa*）和《达摩支提传》（*Siharājarājavaṃsa*）于 1910 年在帕克拉特出版，《正法经》（*Dhammachetikathā*）则于 1912 年出版，这些文献有待翻译。

② 这位国王通常被称作摩奴诃（Manuha），这是释读错误所致。参阅 C. W. 邓恩（C. W. Dunn）的《J. A. 斯图尔特博士》，JBRS，第 32 期（1948 年），第 89 页。

③ 杜鲁瓦塞尔和布拉格登：《缅甸碑铭》，第 1 卷，第 6 页。

④ 也许只有勃固是个例外，编年史上并没有提到它。哈里奔猜的勃固移民先是在直通定居，当阿奴律陀征服该城的时候，他们便奔向勃固避难（赛代斯：《关于老挝西部政治和宗教历史的文献》，第 24 页、80 页）。

⑤ 室利差呾罗（Śrīkshetra，卑谬）和位于仰光地区的四个小国：波伽罗伐帝（Pokkharavatī）、帝利诃鸠婆（Trihakumbha）、阿悉檀阇那（Asitanjana）和罗摩那伽罗（Rammanagara）。杜鲁瓦塞尔和布拉格登：《缅甸碑铭》，第 1 卷，第 6 页。

于 1058 年，也就是征服直通后的第二年。[①] 蒲甘最古老的两座寺院——难帕耶寺（Nan-paya）和摩奴诃寺（Manuha），便是由被俘的摩俱多国王在 1060 年左右建造的。[②]

阿奴律陀无疑是一位伟大的征服者，他不满足于对整个伊洛瓦底江流域的统治，又出兵攻打邻国。遗憾的是，涉及他远征的都是一些传说故事，真正的历史资料却寥寥无几。他向西征服了若开的北部，似乎已经推进到吉大港。[③] 在柬埔寨方向，湄南河上游的泰族小国的编年史称，[④]他曾在此打过一仗，尽管当时的高棉史料中对此无任何记载。在北方，他已经越过八莫（Bhamo），直抵南诏的大理，以求获得一颗佛牙舍利，可是仅带回了一尊碧玉佛像。[⑤] 有一个事实是确凿的：从南方的伊洛瓦底江口到北方的孟密镇，都发现了以他名义刻制的还愿匾。[⑥]

阿奴律陀的威名一直传到了锡兰，锡兰国王阇耶巴忽一世

① 这块碑铭的可靠性（见《在上缅甸收集到的最早碑铭》，仰光，1913 年，第 1 号）是有争议的。彭茂田和卢斯的《缅甸铭文集》第一卷中并未收入这篇碑铭。参阅杜鲁瓦塞尔和布拉格登的《缅甸碑铭》，第 1 卷，第 67 和 73 页。

② V. C. 斯科特 · 奥康纳（V. C. Scott O'Connor）:《曼德勒和缅甸历史上的其他城市》（伦敦，1907 年），第 245、249、283—285 页。莱昂 · 德贝烈:《远东的印度化建筑》（巴黎，1907 年），第 283 页。关于蒲甘建筑的综述，见雷金纳德 · 勒梅的《缅甸佛教艺术的发展》,《皇家艺术研究学会会刊》，第 97 期（1949 年），第 535—555 页，以及卢佩温（Lu Pe Win）的《蒲甘导游图》（仰光，1955 年）。

③ 哈维:《缅甸史》，第 29—30 页。

④ 赛代斯:《关于老挝西部政治和宗教历史的文献》，第 113—114 页。

⑤ 哈维:《缅甸史》，第 30 页。

⑥ ARASB，1906 年，第 10 页；1912 年，第 19 页；1915 年，第 15 页。吴妙（U Mya）:《缅甸的还愿匾》（仰光，1961 年），第一部分（缅文版，附复制件）。

（Vijayabāhu Ⅰ，1055 年或 1056 年至 1110 年或 1111 年）[①] 先是向他请求军事援助以击退注辇人的入侵，[②] 而后，在成功地独自抵御注辇人进犯之后，阇耶巴忽于 1071 年向阿奴律陀索求僧侣和佛经，以恢复战争造成的破坏。[③] 蒲甘满足了这一要求，作为回礼，缅甸使臣带回了一枚著名的锡兰佛牙的复制品，它被安放在宏伟的瑞喜宫（Shwezigon）中，这座寺院于 1059 年左右就开始兴建，[④] 但直到江喜陀（Kyanzittha）统治时期才竣工。

1077 年，阿奴律陀死于一次狩猎事故。他留下了一个幅员辽阔的王国，从八莫直到莫塔马，横跨若开北部和丹那沙林北部地区，并由一系列设防固若金汤的城市拱卫着；[⑤] 他留下了一个信仰上座部佛教，在艺术和文化方面因受孟族影响而开化起来了的王国，一个有能力在印度支那半岛扮演强国角色的王国。

在本章中，我们重点介绍了苏利耶跋摩一世、爱尔棱加和阿奴律陀三位国王。他们的统治产生了意义重大的政治后果，在他们统治期间，爪哇复兴，孟人在湄南河和伊洛瓦底江流域的势力

---

① 关于这些年代，参阅塞内拉特·帕拉纳维塔纳（Senerat Paranavitana）:《帕奈卡杜瓦（Panākaḍuva）铜板上的阇耶巴忽一世特许状》,《锡兰碑铭》，第 5 卷（1955 年），第 10 页及其后文;《锡兰史》（科伦坡，1960 年），第 2 卷，第 419 和 436 页;《简明锡兰史》（科伦坡，1961 年），第 187 和 198 页。

② 《小史》（Cūlavaṃsa），第 58 章，威尔海姆·盖格（Wilhelm Geiger）译（科伦坡，1953 年），第 1 卷，第 202 页。

③ 同上书，第 60 章，第 214 页；C. 拉萨纳亚格姆·穆达利亚尔（C. Rasanayagam Mudaliyar）:《波罗那鲁瓦的毗阇耶仆呼碑铭》，JRASCB，第 29 期（1924 年），第 274 页;《锡兰碑铭》，第 2 卷，第 246 页，253—254 页。

④ 《琉璃宫史》，第 87 页。奥康纳:《曼德勒和缅甸历史上的其他城市》，第 247 页。莱昂·德贝烈:《远东的印度化建筑》，第 255 页。G. H. 卢斯认为 Shwezigon（瑞喜宫）中的 zigon 是 zibon 之讹，zibon 即阇耶蒲迷（Jayabhūmi），见他的《蒲甘王朝时的孟族》（仰光，1950 年），第 13 页。

⑤ 《琉璃宫史》，第 96—97 页。

被高棉人和缅人取代。此外，这一时期还标志着占族在越南面前步步后退，他们将北部部分省份让与了越南人。因为 10 世纪因爪哇人的入侵，室利佛逝在这一时期也开始出现衰落的迹象，注辇人的侵袭又使局面雪上加霜。缅甸、柬埔寨和爪哇从此成为外印度历史上的三大主角。

第十章

柬埔寨的摩悉陀罗补罗王朝，缅甸的蒲甘王朝以及爪哇的谏义里王国（11 世纪末和 12 世纪的前 75 年）

1. 柬埔寨：摩悉陀罗补罗王朝的早期诸王（1080 年至 1112 年）

曷利沙跋摩三世于 1066 年登上了柬埔寨的王位，他忙于修复在前朝战争中被毁的建筑。[①]1074 年到 1080 年，他自己也与占人反目，据说占婆王诃梨跋摩四世“在苏摩首罗（Someśvara）击败了柬埔寨军队，活捉了指挥这支部队的柬军统帅（Senāpati）室利难陀跋摩提婆（Śrī Nandavarmadeva）王子”。[②]也许就是趁此役战胜之机，占婆国王的弟弟邦（Pāng），即后来的国王波罗摩菩提萨埵（Paramabodhisattva），“前去（柬埔寨）夺取了商菩补罗城（即湄公河上的松博），摧毁了城中所有的寺庙，并把他

① 奥古斯特·巴特和亚伯·贝加尼:《占婆和柬埔寨的梵文碑铭》，第 176 页。艾蒂安·艾莫尼尔:《柬埔寨史》（巴黎，1900—1904 年），第 3 卷，第 508 页。赛代斯:《柬埔寨碑铭集》，第 1 卷，第 221 页。
② 路易斯·斐诺:《美山碑铭》，BEFEO，第 4 期，第 928 页。

俘获的高棉人分献给室利伊奢那婆陀首罗（Śrī Iśānabhadreśvara，在美山）的各个寺庙。”①

“1076 年，中国人决定讨伐东京，并说服了东京的邻国占婆和柬埔寨一同参战。当郭逵的军队由谅山直下河内时，占婆人和柬埔寨人入侵了义安（Nghệ An）。中国人的失败导致盟友被迫撤退，但我们不了解占军和柬军的动向。”②

曷利沙跋摩三世的谥号为沙陀湿婆波多（Sadāśivapada）。③ 1080 年，阇耶跋摩六世继承了他的王位。④ 据阇耶跋摩六世的外甥苏利耶跋摩二世的碑铭记载，⑤ 阇耶跋摩六世的家谱与苏利耶跋摩一世建立的王朝，或是之前的历代王朝之间都没有任何亲缘关系。他是来自克悉顶陀罗伽摩（Kshitīndragrāma，这个地方在别的文献中从未出现过）的希勒尼厄跋摩（Hiraṇyavarman）与希勒尼厄罗什弥（Hiraṇyalakshmī）的儿子。后来，阇耶跋摩七世的碑铭说，阇耶跋摩六世是摩悉陀罗补罗（Mahīdharapura）的贵族，⑥ 这座城市的方位尚待考定。他大概是个地方高级官员，乘优陀耶迭多跋摩二世任内动荡不安、中央权力有所削弱之际，在北方地获得

① 同上书，第 945 页。

② 亨利·马伯乐：《8 至 14 世纪安南与柬埔寨的边界》，BEFEO，第 18 期，第 3 辑，第 33 页。

③ 见三隆的碑铭（赛代斯：《柬埔寨碑铭集》，第 4 卷，第 175 页）。艾莫尼尔在《柬埔寨史》（第 2 卷，第 391 页）中的错误解读，使得曷利沙跋摩三世的统治被推到 1089 年，这就使人不得不将阇耶跋摩六世视为一个篡位者，在曷利沙跋摩统治吴哥时，他大概统治着柬埔寨北部。

④ 见比粒寺碑铭。参阅赛代斯的《关于吴哥王朝几位国王就位年代的新证据》，BEFEO，第 43 期（1943—1946 年），第 14 页。

⑤ 见龙山（Phnom Rung）石碑（赛代斯：《柬埔寨碑铭集》，第 5 卷，第 297 页）。

⑥ 赛代斯：《达勃珑石碑》，BEFEO，第 6 期，第 72 页；赛代斯：《摩诃因陀罗补罗王朝的新年代和家谱资料》，BEFEO，第 29 期，第 297 页注释 1。

了一定的独立地位，在那里，他和他的继任者们留下的建筑格外多。看来，在实现其计划的过程中，他得到了僧侣底伐迦罗槃帝多（Divākarapaṇḍita）的帮助，后者曾一度为曷利沙跋摩三世效劳，后来又与新国王和衷共济，为阇耶跋摩六世和他的两个继任者主持过加冕仪式，并从他们那里获得了相当于王室的头衔。[①]

目前还不能确定阇耶跋摩六世是否曾经统治过吴哥，那里只有一块未完成的碑铭曾提到过他，[②]而曷利沙跋摩在吴哥则可能有一位名叫尼波顶陀罗跋摩（Nṛipatīndravarman）[③]的继承者，后者在那里一直统治到1113年左右。事实上，我们将看到，苏利耶跋摩二世声称在这一年他从两位国王的手中夺取了权力。一位是他的叔叔陀罗尼因陀罗跋摩一世（Dharaṇīndravarman Ⅰ），他也没有在吴哥建筑群中留下碑铭；[④]引人注意的是另一位国王，人们倾向于他就是曷利沙跋摩三世的继承者，在12世纪的前十年里一直在首都掌权。

---

① 艾莫尼尔:《柬埔寨史》，第1卷，第395—396页；第3卷，第510页。柏威夏寺和桑德山的两块相近的碑铭都提到了他的生平，这两篇碑文发表在赛代斯和杜邦的《萨多科陀姆、桑德山和柏威夏山碑铭考》，第134—154页。

② 位于比粒寺。除了侬万（Nom Van）的一块1082年的碑铭外，阇耶跋摩六世留下的碑铭目前只有两块：第一块是1101年的，立于吴哥西北50千米处的波列普农（Preah Phnom）（赛代斯:《柬埔寨碑铭集》，第3卷，第121页）；第二块于1106年立于该国最南部的达山（Phnom Da）（同上书，第5卷，第278页）。

③ 赛代斯:《柬埔寨碑铭集》，第6卷，第294页。

④ 以他的名义立的碑铭分别来自北部的桑德山（1110年，赛代斯:《柬埔寨碑铭集》，第6卷，第300页）和披迈寺（1109年，赛代斯:《披迈寺碑铭》，BEFEO，第24期，第345页）；来自吴哥西北30千米处的波罗萨特禄寺（Prasat Trau，1109年）（赛代斯:《柬埔寨碑铭集》，第3卷，第97页），以及来自柬埔寨最南部的巴央山（1107年，同上书，第1卷，第267页）。阇耶跋摩六世和陀罗尼因陀罗跋摩一世的碑铭在南方地区的发现，使我有必要修改我先前对这两人势力所及地区的观点（《摩诃因陀罗补罗王朝的新年代和家谱资料》，第299—300页）。但无论如何，他们的主要建筑都位于北部。

人们对阇耶跋摩六世的统治知之甚少。他的继任者们的碑铭，特别是婆罗门底伐迦罗的碑铭中将他的名字与桑德山寺、柏威夏寺和福寺等湿婆教古迹，[①]以及佛教庙宇披迈（Phimai）寺的一些建筑联系在一起。他的谥号为波罗摩竭伐利耶波多（Paramakaivalyapada）。

在阇耶跋摩六世的两个兄弟中，弟弟本已获得瑜婆罗阇（Yuvarāja），即法定继承人的封号，但他过早地去世了，[②]所以于1107年继承王位的是哥哥陀罗尼因陀罗跋摩一世。[③]如前所述，为其加冕的就是底伐迦罗。据一篇碑铭记载，“他对王位并无所图，当国王，也就是他的弟弟归天之后，只是出于怜悯之情，他才对失去庇护者的民众的祈求让步，谨慎地统治着这片土地。”[④]他继续前朝的建筑工程和捐赠计划，并因袭传统，甚至娶了毗阇因陀罗拉克什弥（Vijayendralakshmī）王后为妻，此前，她先是嫁给了未及即位就去世了的王位继承人，然后又嫁给了阇耶跋摩六世。[⑤]

陀罗尼因陀罗跋摩在位五年后，同一块碑铭记载，他的甥孙“还很年轻，在学业将成之际，认识到了他的家族对王室荣誉的渴望，然而，当时这个家族还受制于两位主人”。[⑥]这就是苏利耶跋摩二世，我们将在下文中谈到他辉煌的一生。

---

① 在亨利·帕芒蒂埃的《高棉古典艺术》（巴黎，1939年）中，对这些寺院均有描述。

② 赛代斯：《摩诃因陀罗补罗王朝的新年代和家谱资料》，第302页。

③ 见桑德山的碑铭（赛代斯：《柬埔寨碑铭集》，第1卷，第267页，以及第3卷，第121页。）

④ 路易斯·斐诺：《班塔（Ban That）碑铭》，BEFEO，第12期，第2辑，第26页。

⑤ 赛代斯：《摩诃因陀罗补罗王朝的新年代和家谱资料》，第302页注释1。

⑥ 斐诺：《班塔碑铭》，第27页。

2. 1074 年至 1113 年的占婆

1074 年，占婆王子淡（Thāng）[即毗湿奴摩帝（Vishṇumūrti），又称摩陀婆摩帝（Mādhavamūrti）或提婆达摩帝（Devatāmūrti）] 称王，王号诃梨跋摩（四世），[①] 其父是椰子家族 [那利吉罗梵沙（narikelavaṃśa）] 的后裔，其母来自槟榔 [迦罗慕迦跋娑（kramu-kavaṃśa）] 家族。在执政之初，他就击退了越南人的一次进犯，[②] 而且如前所说，他还战胜了高棉人，将战火一路烧到敌人的领土上，直抵湄公河畔。1076 年，他有些不情愿地加入了以中国为首的反大越联盟（指北宋讨伐交趾），第二年，他却向大越纳贡。[③]

诃梨跋摩四世在统治期间将大部分时间都用于“恢复占婆昔日的荣耀”，[④] 他重建了占婆补罗和辛诃补罗（Siṃhapura，位于广南），并在美山进行了大量的布施。1080 年，他为九岁的儿子瓦（Vāk）王子举行了加冕仪式，号为阇耶因陀罗跋摩（二世），自己则隐退并于次年去世。[⑤]

由于年幼的国王“不知治国之道，事事有悖国规”，[⑥] 所以即位不到一个月，就必须找一位摄政王。这项责任落在了国王的叔叔头上，他就是在先王统治时从高棉人手中夺取了商菩补罗的邦亲王。他以波罗摩菩提萨埵的称号加冕为王。显然，这已经属于篡位，因为在他统治了六年之后，王侄阇耶因陀罗跋摩二世的党

① 斐诺:《美山碑铭》，第 937—938 页。
② 乔治 · 马伯乐:《占婆史》(巴黎，1928 年)，第 143 页。
③ 同上书，第 145 页。
④ 斐诺:《美山碑铭》，第 940 页。
⑤ 马伯乐:《占婆史》，第 147 页。
⑥ 斐诺:《美山碑铭》，第 949 页。

羽重占优势，并于 1086 年通过军事政变将他重新扶上了王位。[①] 在王叔波罗摩菩提萨埵掌权期间，每年都向大越进贡，[②] 并镇压了一向桀骜不驯的宾童龙的自治企图。[③]

一俟复位，阇耶因陀罗跋摩二世就恢复了与中国的关系。另外，直到 1091 年，他都定期向大越进贡。此后进贡曾中断数年，他为此受到了斥责，于是 1095 年到 1102 年，他又恢复了向大越的纳贡。然而，1103 年，在一名越南流亡者的煽动下，他相信自己能够收复 1069 年失去的占婆北方三省，于是再度中断向大越进贡，并对这几个省发动了进攻。起初战事颇为顺利，但胜利只维持了几个月。[④] 此后，他一直和平地统治到 1113 年左右，继续重建诸位先王的建筑，并在美山有所营建。

3. 缅甸：继承阿奴律陀的蒲甘诸王（1077 年至 1112 年）

关于阿奴律陀的后裔在蒲甘的统治，后来的编年史记述了众多轶事，有的是浪漫的传奇，有时则是丑闻。总之，都已经超出了历史的范畴。借助碑铭，我们可以确定他们即位的日期，以及他们的建筑的年代，这些建筑使他们的首都成为印度支那半岛最丰富的考古遗址之一。[⑤]

阿奴律陀死于 1077 年，他有两个儿子：一个是他在即位之

---

① 马伯乐:《占婆史》，第 148—149 页。

② 马伯乐:《占婆史》，第 148 页。

③ 艾蒂安 · 艾莫尼尔:《占婆碑铭初探》，JA（1891 年 1 月至 2 月号），第 33—36 页。

④ 马伯乐:《占婆史》，第 150 页。

⑤ 丹吞最先利用了这批碑铭资料，见《缅甸的历史，公元 1000—1300 年》，载《缅甸历史学会通报》，第 1 卷（1960 年），第 39—57 页。

前娶的妻子所生，名叫修罗（Sôlu）；[①] 另一个是与印度人或若开人王后槃车伽耶尼（Panchakalyāṇī）所生，名叫江喜陀，[②]但他的亲生父亲可能是一个负责护送王后到蒲甘去的官员。[③] 江喜陀很小的时候，在阿奴律陀下令进行的“屠杀无辜者”事件中险些丧命，[④]后来又被怀疑是摩尼旃陀（Maṇichanda）王后的情夫而被驱逐出宫。摩尼旃陀即旃陀提鞞（Chandadevī），是勃固王的女儿。[⑤]

修罗在碑铭中被称为“莽鲁郎”（Mang Lulang），即“年轻的国王”，于 1077 年即位。[⑥] 即位后，他就和他的继母勃固公主结婚，并赐封她“金乌”（Khin U）的头衔。然后他召回了江喜陀，但后者很快又因为同样的原因而被遣回了流放地。[⑦] 江喜陀万夫莫当的名声使他再次被召回，协助镇压修罗的同母兄弟雅曼坎（Ngayaman Kan）的叛乱，[⑧]国王曾委托雅曼坎治理过勃固。尽管有江喜陀的襄助，修罗还是未能逃脱败局，在经历了几起传奇性的事件之后，被叛军所杀。[⑨]

---

① 《琉璃宫史》，彭茂田和 G. H. 卢斯译（伦敦，1923 年）。

② G. E. 哈维:《缅甸史》（伦敦，1925 年），第 316 页。查尔斯·杜鲁瓦塞尔和查尔斯·奥托·布拉格登主编的《缅甸碑铭》（仰光，1919—1936 年），第 1 卷，第 4 和 155 页。

③ 《琉璃宫史》，第 66 页。事实上，江喜陀在他的任何一块碑铭中都未声称自己是阿奴律陀的后裔；他只是肯定自己的父母属于太阳族。

④ 巫师们曾对阿奴律陀预言，一个注定要统治国家的孩子即将诞生。同上书，第 67 页。

⑤ 同上书，第 93 页。

⑥ 他的王号可能是巴吉罗婆罗那（Bajrābharaṇa），在一些还愿匾和一块在墨吉（Mergui）发现的碑铭上都出现过这个称号（路易斯·斐诺:《暹罗和马来半岛的碑铭》，BCAI，1910 年，第 153 页。）

⑦ 《琉璃宫史》，第 100 页。

⑧ 同上书，第 101 页［又作拉曼坎（Raman Kan）］。

⑨ 同上书，第 104 页。

江喜陀于1084年继承了修罗的王位，[①]碑铭中称他为“梯林莽”（Thiluing Mang），[②]即蒂兰（T'ilaing，位于密铁拉东北部）的国王。他首先必须从勃固的孟人手中夺回他的王国。雅曼坎在后来建起了阿瓦（Ava）城的地方盘踞下来，筑垒固守。江喜陀在盛产水稻的皎施平原上集结部队，向蒲甘进军，毫不费力地击溃了勃固人。雅曼坎死于撤退的途中。[③]

随后，可能是在1086年，[④]德高望重的僧阿罗汉为江喜陀加冕。他的王号为特里布婆那帝耶·达摩罗阇（Tribhuvanāditya Dhammarāja），从此往后，蒲甘王朝的所有国王都采用这个王号。他继先王之后，也娶了勃固的金乌为后，[⑤]此举也许能使蒲甘国王对孟族国家的统治权合法化。江喜陀唯一的女儿瑞因梯（Shwe-einthi），是他在加冕前所娶的王后阿比耶陀那［Abeyadana，阿婆耶罗檀那（Abhayaratanā）］所生，瑞因梯与修罗的儿子修云（Sôyun）结婚。[⑥]他们生了一个儿子，也就是未来的阿隆悉都［Alaungsithu，即阇耶苏罗一世（Jayasūra Ⅰ）］。他一出世，江喜陀就宣布其为国王，同时宣布自己以他的名义摄政。[⑦]此外，在

---

① 杜鲁瓦塞尔和布拉格登:《缅甸碑铭》，第1卷，第4和89页。

② 通常用来指称他的名字——江喜陀（Kyanzittha），其实是迦兰伽沙（Kalan cacsa）一词的讹读，该词的意思是“战士－官员”。

③ 《琉璃宫史》，第104页。

④ ARASB（1916—1917年），第19页；杜鲁瓦塞尔和布拉格登:《缅甸碑铭》，第1卷，第4页。无论如何，不会晚于1093年（《缅甸碑铭》，第3卷，第3页）。

⑤ 《琉璃宫史》，第105页。

⑥ 至少《琉璃宫史》是这么说的。但丹吞在《缅甸的历史，公元1000至1300年》（第47页）中推测，这个女儿实际上嫁给了孟人国王摩俱多（Makuṭa）的曾孙那伽曼（Nāgasman）。因此，他们的儿子阿隆悉都按父系是孟族，按母系则是缅族，这就使他具备了江喜陀不具备的那种合法地位。

⑦ 《琉璃宫史》，第105页。

其父阿奴律陀当朝时被流放期间，还与在森林里遇到的一位隐士的侄女沙布罗（Sambhulā）生了一个儿子。[①] 后来这名女子来到宫中，[②] 江喜陀将她立为第四位王后，封号为特里罗迦伐多悉迦（Trilokavataṃsikā，缅文为 U Sauk Pan），[③] 并委派其子罗阇鸠摩罗（Rājakumāra）管辖丹那伐帝（Dhaññavatī，若开北部），封号阇耶吉塔罗（Jayakhettara）。[④]

蒲甘的阿难陀（Ananda）寺［其名取自“阿难多般若”（Anantapaññā）一词，意为“无穷智慧”］是江喜陀的杰作，仅这一座寺庙就足以使他名垂千古。据传说，[⑤] 该寺是模仿甘达哈马达纳（Gandamādana）山上的难陀木罗（Nandamūla）石窟建造的。也有学者试图将这座传说中的石窟同奥里萨的乌德耶吉里寺（Udayagiri）联系起来，[⑥] 国王也许是从为逃避对佛教的迫害而来到缅甸的印度僧侣那里听说了这座寺庙。但也有可能，位于孟加拉北部的帕哈尔普尔（Paharpur）寺才是阿难陀寺借鉴的原型。[⑦] 然而，当他的杰作于 1090 年竣工时，这位建筑师却未能逃脱厄运：他和一个孩子一起被活埋，充当了寺庙的守护神。[⑧]

在江喜陀统治期间还建成了瑞喜宫塔，里面存放着他最重要

① 同上书，第 93 页。
② 同上书，第 107 页。
③ 杜鲁瓦塞尔和布拉格登：《缅甸碑铭》，第 1 卷，第 5 页。
④ 同上书，第 6 页。
⑤ 《琉璃宫史》，第 110 页；莱昂·德贝烈：《远东的印度化建筑》，第 265 页。
⑥ 哈维：《缅甸史》，第 40 页。
⑦ 查尔斯·杜鲁瓦塞尔：《蒲甘的阿难陀寺》，载《印度考古调查论文集》，第 56 期（1937 年）。S. K. 萨拉斯瓦蒂（S. K. Saraswati）：《蒲甘的寺庙》，JGIS，第 9 期（1942 年）。
⑧ 哈维：《缅甸史》，第 41 页。

的碑铭，[1]他还对印度的菩提伽耶（Bodhgaya）寺进行了修缮。[2]此外，江喜陀也大兴水利，在1101—1102年建造了一座新宫殿，[3]并用当时仍被视为文明语言的孟文刻写了大量碑铭。[4]

无疑，菩提伽耶寺的修复者、阿难陀寺的建造者是一个狂热的佛教信徒，他在阿难陀寺中放置了一座呈祈祷姿势的自己的雕像。[5]有时，他甚至会亲自劝人改变信仰，他曾给一位途经缅甸的注辇王公送去一份由他自己创作并书写在金箔上的关于三宝的文章，使对方皈依了佛教。[6]但在他的统治时期，我们仍能发现许多印度教的痕迹，[7]婆罗门也仍在宫廷的王家仪式上发挥着主导作用。[8]江喜陀对孟人怀有很大的敬意，他的碑铭均用孟文撰写，雕塑风格与建筑装饰也都是仿效孟人的，这些都是证明。

1103年，江喜陀向中国派出了《宋史》中提到的第一个缅甸使团。[9]三年后，即1106年，蒲甘“遣使入贡，诏礼秩视注辇。尚书省言：‘注辇役属三佛齐，故熙宁（1068—1077年）中敕书

---

① 杜鲁瓦塞尔和布拉格登：《缅甸碑铭》，第1卷，第90页。

② 同上书，第1卷，第154和164页。

③ 同上书，第3卷，第5页。这座建筑是按毗湿奴教的惯例建造的，其功劳应归于孟人（丹吞：《缅甸的历史，公元1000—1300年》，第46页）。

④ 杜鲁瓦塞尔和布拉格登：《缅甸碑铭》，第1卷，第74页。为阿难陀寺装饰陶板上取自《本生经》的画面所作的解释性说明，就是用孟文写的。它们发表在《缅甸碑铭》，第2卷；参阅爱德华·胡贝尔的《蒲甘阿难陀寺的浅浮雕》，BEFEO，第11期，第1—5页。

⑤ 莱昂·德贝烈：《远东的印度化建筑》，第267页。

⑥ 杜鲁瓦塞尔和布拉格登：《缅甸碑铭》，第1卷，第164和165页。

⑦ 尼哈拉尼安·雷：《缅甸的婆罗门教诸神：印度艺术和图像学的一章》（加尔各答，1932年）。

⑧ 杜鲁瓦塞尔和布拉格登：《缅甸碑铭》，第3卷，第4页。

⑨ 夏德和柔克义：《赵汝适：他对12至13世纪中国和阿拉伯贸易的研究》（圣彼得堡，1911年），第59页。我不知道G. E. 哈维（《缅甸史》，第43页）说这个使团走到中国云南便打道回府的依据是什么。

以大背纸，缄以匣襆，今蒲甘乃大国，蕃王不可下视附庸小国。欲如大食、交趾诸国礼，凡制诏并书以白背金花绫纸，贮以间金镀匣银管籥，用棉绢夹襆缄封以往'，从之”。[1] 我之所以全文引用这段话，是因为这显示了蒲甘王国真正的创立者阿奴律陀掌权仅仅六十二年之后，在历来注重规范外国君主的尊卑等级的中国朝廷中所享有的地位。

江喜陀死于 1112 年或之后不久，因为，可能就是在他罹患使他丧命的疾病时，他的儿子罗阇鸠摩罗（特里罗迦伐多悉迦王后所生）铸造了一尊金佛像，并用四种文字（巴利文、骠文、孟文和缅文）镌刻了一篇碑文，这就是蒲甘南部的摩耶支提（Myazedi）寺的柱子上那篇极为珍贵的碑铭。[2]

4. 1078 年至 1109 年的印度尼西亚；谏义里王国

从 11 世纪的最后二十五年到 12 世纪的前十年，史料中关于三佛齐的唯一记录，是《宋史》中提到的它在 1078 年至 1097 年间向中国派遣的一系列使节。[3] 此外，在苏门答腊岛西海岸的巴罗斯附近发现的泰米尔文碑铭也显示了该岛与南印度之间的关系。这块碑铭注的日期是 1088 年，由一个强大的南印度商人行会所立。[4]1089 年至 1090 年，应吉荼罗国王之请，朱罗俱罗滕伽一世（Choḷa Kulottunga Ⅰ）授予了室利 · 夏连特拉 · 朱多摩尼跋

---

① 《宋史》，列传卷二百四十八。
② 杜鲁瓦塞尔和布拉格登:《缅甸碑铭》，第 1 卷，第 1 页。
③ W. P. 格勒内维特:《马来群岛和马六甲简志》（巴达维亚，1876 年），第 66—67 页。费琅:《苏门答腊的室利佛逝帝国》，第 21—22 页。
④ 拉布图瓦碑铭。K.A. 尼拉坎塔 · 萨斯特里:《苏门答腊的泰米尔商会》，TBG，第 72 期（1932 年），第 314 页。

摩毗诃罗（Śrī Śailendra Chūḍāmaṇivarmavihāra）寺一份新的特许状，[①]这就是1005年左右夏连特拉·朱罗摩尼跋摩提婆下令在尼加波坦修建的那座寺庙。[②]

关于这一时期的爪哇和巴厘岛的资料，也算不上丰富。

11世纪时，中国关于爱尔棱加的王国已经一分为二之事似乎知之甚少，因此我们可以推断，唯一留有碑铭的谏义里王国占据了沿海的所有港口，因此对于中国商人们来说，阇婆就单指谏义里。该国曾于1109年遣使中国。[③]

关于谏义里的碑铭为数众多，从中可以了解到各位国王的名字和年代，但其他具有史料价值的内容就少之又少了。特里古纳（Triguṇa）创作关于克利须那的传说的史诗《克利须那耶那》（Kṛishṇāyana）[④]就可以追溯到这个时期，查科陵（Chandi Jago）[⑤]和帕纳塔兰陵（Panataran）[⑥]的浅浮雕也都表现了这一题材。

1098年，在巴厘岛出现了一位名叫萨卡伦杜吉拉纳（Sakalen-

① 名为“莱登小特许状”的碑铭，由K. V. 苏布拉曼亚·埃耶发表于《印度碑铭》，第22期（1934年），第267页。参阅K.A. 尼拉坎塔·萨斯特里的《室利佛逝》，第299页。

② 关于他改信上座部佛教之后这座寺院（vihāra）的历史，请见塞内拉特·帕拉纳维塔纳的《尼加波坦和南印度的上座部佛教》，JGIS，第11期（1944年），第17—25页。

③ 格勒内维特：《马来群岛和马六甲简志》，第19页。

④ H. B. 萨加尔：《印度对爪哇和巴厘文学的影响》（加尔各答，1934年）。

⑤ J. L. A. 布兰德斯：《东邦（Toempang）公鸡陵（Tjandi Djago）》（海牙，1904年），第77页。

⑥ N. J. 克罗姆：《印度化爪哇文化导论》（海牙，1923年），第2卷，第250页。P.V. 范·斯坦因·卡伦费尔斯：《前往帕纳塔兰的奎师那乘（Kṛṣṇāyana）》，TBG，第64期（1925年），第196页。

dukiraṇa）的公主，她的完整头衔[①]表明了她和爱尔棱加家族之间存在着王朝递嬗上的联系。[②]

据《宋史》记载，1082 年，渤泥（位于婆罗洲西海岸）国王室利摩诃罗阇（Śrī Mahārāja）向中国派出了使团。[③]

5. 柬埔寨：从苏利耶跋摩二世就位（1113 年）到占人占领吴哥（1177 年）

在柬埔寨，苏利耶跋摩二世即位的年代，恰好与占婆王阇耶因陀罗跋摩二世和蒲甘王江喜陀去世的时间相同。如果我们能对这些国家之间的关系了解得更清楚一些，也许就可以在这两位强大君主的去世与这位雄心勃勃东征西讨的高棉王的上台之间找到因果关系。

我们已经谈到，苏利耶跋摩二世“通过统一一个双王之国而取得了王权”。[④]可以肯定，这两位国王中的一位就是陀罗尼因陀罗跋摩一世（Dharaṇīndravarman Ⅰ），“经过历时一天的战斗，毫无防备的陀罗尼因陀罗跋摩的王位被苏利耶跋摩夺走了。”[⑤]这场战斗一定非常激烈，“他（苏利耶跋摩二世）的大军如潮涌至，战场上尸山血海；他跳上敌王所乘大象的脑袋，就像神鹰迦楼罗从

① 伊沙那古那达摩·拉什明德拉·维查耶栋加提鞞（Iśānaguṇadharma Lakshmīdhara Vijayottungadevī）。

② N. J. 克罗姆：《印度化爪哇史》（海牙，1931 年），第 280 页。

③ 格勒内维特：《马来群岛和马六甲简志》，第 110 页。

④ 见福寺的碑铭。赛代斯：《新年代和家谱资料》，第 303 页、304 页；《柬埔寨碑铭集》，第 5 卷，第 292 页。

⑤ 芝伦寺（Prasat Chrung）碑铭。赛代斯：《新年代和家谱资料》，第 307 页；《柬埔寨碑铭集》，第 4 卷，第 230 页。

山顶猛扑下来杀死一条大蛇一样，杀死了敌王”。[①] 陀罗尼因陀罗跋摩一世的谥号为波罗摩尼奢迦罗波多（Paramanishkalapada）。我们对双王中另一位国王的姓名和王号则一无所知，如前所述，他可能是曷利沙跋摩三世的后裔。位高权重的婆罗门底伐迦罗在1113年为苏利耶跋摩二世加冕，[②] 从而使这次军事政变合法化。

新国王立即恢复了与中国朝廷的关系，这种关系似乎已经中断了好几代。《宋史》记载了柬埔寨在1116年和1120年派来的使者。

苏利耶跋摩二世是一位伟大的征服者，他率领高棉军队一直打到了先王们从未涉足过的地方。“他看到他想要征服的国家的国王们都来进贡。他甚至亲自进入敌国，使百战百胜的罗怙（Raghu，即罗摩的祖先）的荣耀都黯然失色”。[③] 乔治·马伯乐在《占婆史》一书中详细描述了苏利耶跋摩二世攻伐大越和占婆的情况。此只作转引：

从他夺取王位的那一刻起，苏利耶跋摩二世就开始侵扰占婆。事实上，在1123年和1124年，大越一直向在其境内逃避追捕寻求庇护的柬埔寨或占族流寇提供庇护。1128年，苏利耶跋摩二世引兵两万攻打大越。在被太尉阮公平赶出义安后，次年秋天，他派出了一支由七百多艘船只组成的舰队，劫掠了清化沿海。从那时起，他就不断地袭扰大越帝国，并经常将占婆拉入战争，不管对方情愿与否。于是，这个1131年年初还向大越国王

① 斐诺：《班塔碑铭》，第27页。
② 赛代斯：《新年代和家谱资料》，第303—304页。
③ 斐诺：《班塔碑铭》，第27页。

李神宗纳贡的国家，第二年就与高棉人一起入侵了义安。[①] 然而，他们很快就被太尉杨英珥“讨克之”。阇耶因陀罗跋摩三世不愿再继续冒险，在 1136 年向李神宗称臣。他没有参与苏利耶跋摩对大越发起的新战争（1138 年）。[②] 高棉国王此役再度失利，于是将满腔怒火转向了占婆国王。1145 年，他入侵占婆，占领了毘阇耶，成了该王国的主人。阇耶因陀罗跋摩三世在战争中不知所踪，要么沦为俘虏，要么死于乱军之中。

高棉人对占婆北部地区的占领一直持续到 1149 年，[③] 其统治的中心就在毘阇耶（平定）。1147 年，占婆新王阇耶诃梨跋摩一世（Jaya Harivarman Ⅰ）在南方的宾童龙建立了自己的政权，[④] 苏利耶跋摩二世派了一支军队去讨伐他。这支军队由高棉人和占人组成，由僧伽罗指挥，1148 年这支军队在罗阇补罗（Rājapura）溃败。[⑤] 另一支比它“强大一千倍”的大军，在毗罗补罗也是同样的下场。[⑥] 就在这个时候，苏利耶跋摩二世在毘阇耶宣告“一位刹帝利，诃梨提婆（Harideva）王子，他第一任妻子的弟弟”[⑦] 为占婆国王。阇耶诃梨跋摩一世向毘阇耶进军，并在摩喜

① 亨利·马伯乐在《8 至 14 世纪安南与柬埔寨的边界》（第 34 页）一文中解释道，“柬埔寨人可能是通过寮保（沙湾拿吉 - 顺化）的道路，翻越安南山脉经过占婆到达义安的。”

② 马伯乐认为（同上文），这次柬埔寨人必须“假道河寨（骄诺山口），或者取道穆嘉关，因为占婆拒绝让他们通过”。

③ 这次占领在占婆艺术上留下了痕迹，在洪清（Hưng Thạnh）尤为明显。参阅菲利普·斯特恩的《占婆艺术》（巴黎，1942 年），第 65 和 108 页；让·布瓦塞利埃:《占婆的雕塑艺术》（巴黎，1963 年），第 303 页及其后文。

④ 达内（Da–nê）或巴都塔布拉（Batau Tablah）的碑铭（艾莫尼尔:《占婆碑铭初探》，第 39 页）。

⑤ 斐诺:《美山碑铭》，第 965 页。

⑥ 艾莫尼尔:《占婆碑铭初探》，第 40 页。

⑦ 斐诺:《美山碑铭》，第 965 页。

沙（Mahīśa）平原上“击败并杀死了诃梨提婆，将这位国王和他所有的高棉人和占人军队全部一网打尽，他们全军覆没，无一幸免”。[①] 占王进入毘阇耶，并于1149年在那里加冕。[②] 高棉人的占领就此终结。

遭此失败后，苏利耶跋摩二世再度与大越为敌，并“于1150年发动了新的进攻，结局比以前更惨。远征军于秋天进兵，却没有考虑到季节问题。九十月暴雨成灾，在翻越武温山，即安南山脉时，军中热病蔓延。当到达义安时，军队已经十分虚弱，只得不战而退。”[③]

关于高棉王在西方的战事，湄南河上游的泰族小国的编年史中所有记载。这些编年史讲述了罗斛（华富里）的柬埔寨人和哈里奔猜（南奔）的罗曼那人（Ramaññas，孟族）之间的斗争。哈里奔猜是个湄南河上游的小国，由罗斛的孟族在公元7世纪时建立，它也曾被卷入苏利耶跋摩一世即位时的那次混乱中。由于罗斛自11世纪以来就是高棉王国的一部分，所以这里提到的“罗斛王”，要么是一位柬埔寨总督或流官，要么就是柬埔寨王本人。此外，这些编年史还通过罗斛的柬埔寨人采用了纯正的高棉语。[④] 根据这些文献记载，战争是由摩诃婆罗差提耶寺［Mahābalachetiya，即古库寺（Vat Kukut）］的建造者和南奔伟大圣物的发现者[⑤]阿迭多罗

① 同上书。

② 关于这些事件的年份，见路易斯·斐诺的《阇耶波罗蜜首罗跋摩一世的碑铭》，BEFEO，第15期，第2辑，第50页。

③ 马伯乐：《8至14世纪安南与柬埔寨的边界》，第34页。

④ 赛代斯：《关于老挝西部政治和宗教历史的文献》，BEFEO，第25期，第168页。

⑤ 同上书，第83—86页。卡米尔·诺顿，《暹罗编年史》（巴黎，1926—1932年），第2卷，第39—53页。让·Y.克莱斯：《暹罗考古》，BEFEO，第31期，第429—453页。

阇（Ādityarāja）挑起的，他继一系列不见于史载的国王之后，最晚在 1150 年左右上台。① 他一直打到了罗斛，但他的军队被高棉人打得丢盔弃甲，并被高棉人一路穷追到哈里奔猜的城墙下。由于不能攻占城池，高棉人只得班师回朝。后来他们又发动了两次征讨：第一次以与阿迭多罗阇达成一项协议而结束，高棉人在哈里奔猜东南一个名为柬埔寨伽摩（Kambojagāma）的村庄建立了定居点；但由于该协议未能获得高棉君主的批准，高棉人不得不再次出征，结果遭到了彻底失败。②

鉴于编年史未必可靠，我们不能确定这些事件是否都发生在苏利耶跋摩二世统治时期。值得注意的是，就像对占族的战争一样，柬埔寨人对湄南河上游孟族的战争也是以悲剧收场。但我们了解这些事件的资料都来自那些对柬埔寨有偏见的国家，这些资料很可能故意歪曲了事实。不管怎么说，《宋史》中的确记载了 12 世纪中期柬埔寨在印度支那半岛上的大肆扩张。③ 根据《宋史》记载，真腊（柬埔寨）北与占城（占婆）南部边界接壤，东临大海，西接蒲甘（蒲甘王国），南抵加罗希（Grahi，位于猜亚和马来半岛东海岸的万伦湾地区）。

1128 年，中国皇帝“授予名为金裒宾深④ 的真腊国王以高官厚禄，承认真腊是帝国的重要属国。”在 1131 年到 1147 年之间，“一些与商贸事务有关的困难得到了探讨和解决”。⑤

① 赛代斯:《关于老挝西部政治和宗教历史的文献》，第 23 页。

② 同上书，第 82—83 页，162—171 页。诺顿:《暹罗编年史》，第 2 卷，第 36—40 页。

③ 马端临的《四裔考》转引了这段记载。

④ 这个名字实际上是高棉国王在国书中使用的一个称号或谦称。参阅赛代斯的《新年代和家谱资料》，第 304 页。

⑤ 马端临,《四裔考》，第 487 页。

在内政方面，正如碑铭显示的那样，苏利耶跋摩二世在统治期间给奇梳山寺、桑德山寺、福寺和柏威夏寺都送上了大笔捐赠，并建造了一系列建筑，包括吴哥城的圣皮度神庙群（Preah Pithu）的主体工程，城东的周萨神庙（Chau Say Tevoda）和托玛侬神庙（Thommanon），以及高棉艺术的杰作——吴哥窟，[①]它是国王生前为自己建造的陵寝。[②]正是在吴哥窟，苏利耶跋摩二世被神化为一尊毗湿奴雕像，谥号为波罗摩毗湿奴罗伽（Paramavishṇuloka）。

波罗摩毗湿奴罗伽这个谥号标志着毗湿奴教在宫廷中受到笃信，这种笃信与其说是体现在建造供奉毗湿奴的寺庙上，不如说是体现在大多取材于毗湿奴－克利须那传说的建筑装饰上。[③]对这种比湿婆教更能激发奉献精神（bhakti），使灵魂得以超度的宗教的迷恋，在同一时期的爪哇也风靡盛行，谏义里诸王都把自己扮作毗湿奴的化身。它还与 12 世纪初印度的宗教运动同步，该运动启发了罗摩奴阇（Rāmānuja），他是现代毗湿奴教的创始人。[④]

苏利耶跋摩二世统治末期的情况不明，我们也不知道他去世的时间。以他的名义树立的最后一块碑铭是 1145 年的，[⑤]但有充分的理由相信，他是 1150 年讨伐东京战役的煽动者，因此，他的统治至少延续到了那个时候。

---

① 赛代斯:《关于吴哥窟的建造年代》，JA（1920 年 1—3 月号），第 96 页。

② 赛代斯:《高棉的纪念性大建筑物的丧葬用途》，BEFEO，第 40 期，第 339 页及其后文（附有关于这一议题的参考书目）。

③ 参阅《法国远东学院考古论文集，第 2 部分：吴哥窟的庙宇》（巴黎，1929—1932 年）中，关于装饰性雕塑和浮雕的 5 卷。

④ 勒内 · 格鲁塞:《印度哲学》（巴黎，1931 年），第十一章。

⑤ 斯拉盖寺（Vat Sla Ket）的碑铭，原碑已佚。艾蒂安 · 艾莫尼尔:《柬埔寨史》，第 2 卷，第 287 页。发表于赛代斯的《柬埔寨碑铭集》，第 6 卷，第 312 页。

苏利耶跋摩二世的去世可能再次动摇了高棉对罗斛（华富里）的宗主国地位。早在 1115 年，罗斛国就已经独自向中国派出过一个使团，当时苏利耶跋摩二世刚刚即位两年，这位年轻的国王显然还没有在属国中树立起自己的权威。1155 年，也许是由于苏利耶跋摩二世去世了，罗斛又派了一个使团，看来是想再度尝试切断对吴哥的依附关系。[①] 在暹罗的那伽罗室伐伽（Nagara Svarga，那空沙旺）地区发现的一块 1167 年的碑铭提到了一位名为达摩输迦（Dharmāśoka）的国王，他很可能统治着已获独立的罗斛王国。[②]

苏利耶跋摩二世的继任者陀罗尼因陀罗跋摩二世（Dharaṇīndravarman Ⅱ）并非他的直系后裔，而是他的表兄弟。[③] 他大概是利用宫廷政变登上王位的，这大概可以解释为什么碑铭中对苏利耶跋摩二世的最后几年缄口不提。此外，新国王是位佛教徒，[④] 尽管印度教国王对佛教持宽容态度，但印度教的正统地位毕竟由来已久，而现在，这一传统被打破了。关于这位国王的情况，我们只知道他娶了曷利沙跋摩三世的女儿朱多摩尼（Chūḍāmaṇi）公主，他们约在 1125 年生了一个儿子，后来以阇耶跋摩七世的王号

---

① 《宋史》中并未详细说明该使团的来历，书中说它来自真腊罗斛（O.W. 沃尔特斯:《单马令》，BSOAS，第 21 期，1958 年，第 605 页）。

② 赛代斯:《关于印度支那中部历史的新碑铭资料》，JA，第 246 期（1958 年），第 139 页。

③ 他的父亲摩喜陀罗底耶（Mahīdharāditya）是苏利耶跋摩二世母亲那伦陀罗拉克什弥（Narendralakshmī）的兄弟。这位王后是阇耶跋摩六世和陀罗尼因陀罗跋摩一世的一个姨妹的女儿（赛代斯:《新年代和家谱资料》，第 301 页。）

④ 阇耶跋摩七世碑铭的第十七节。赛代斯:《达勃珑石碑》，BEFEO，第 6 期，第 72 页;《吴哥的圣剑寺石碑》，BEFEO，第 41 期，第 285 页。

统治了高棉。[①]我们可以较有把握地说，磅斯外的圣剑寺的大部分建筑，都是陀罗尼因陀罗跋摩二世修筑的。

陀罗尼因陀罗跋摩二世的继任者是一个王号为耶输跋摩（二世）的人，在位年代不详，我们对他的家世也不了解。耶输跋摩二世在位期间发生了一桩戏剧性的事件，在班迭奇马寺的一块碑铭中提到了这一事件，在装饰这块碑铭的浅浮雕上也有所体现，一个在碑铭中称为罗睺的神秘人物（Rāhu，即在日食和月食时吞噬日月的阿修罗）——浅浮雕中也有其形象——袭击了国王，幸而一个年轻的王子出手相救，这位王子可能就是后来的阇耶跋摩七世的儿子。

大约在1165年，耶输跋摩二世死于一个大臣之手，后者自立为王，王号为特里布婆那帝耶跋摩（Tribhuvanādityavarman）。未来的阇耶跋摩七世当时正在占婆，他急忙赶回来保护耶输跋摩二世，他与耶输跋摩大概有些亲属关系，或者只是这一动荡时期的盟友。[②]但无论如何，他赶到时已为时太晚了。

正当这个叛乱者夺取柬埔寨的王位之时，另一个叛乱者也在1166年至1167年间夺取了占婆的王位，号称阇耶因陀罗跋摩四世。1170年，他与大越握手言和后，转而与柬埔寨作对。一块碑铭记载道：[③]"占婆国王阇耶因陀罗跋摩像十首魔王罗波那（Rāvaṇa）一样恣肆无忌，用战车运送兵马，去攻打那天堂般的国度——甘菩。"但这场战争不分胜负。于是，阇耶因陀罗跋摩

① 关于阇耶跋摩七世和他之后诸王的统治，参阅赛代斯的《新年代和家谱资料》，第304页及其后文。

② 但这一时期却建造了诸如本密列寺（Beng Mealea）和班迭桑雷寺（Banteay Samrè）等大型建筑。

③ 赛代斯:《新年代和家谱资料》，第324页。

改变了计划，企图出其不意地由海路攻取柬埔寨。远征军于 1177 年出发，在一名遇难被救的中国人的指引下，占婆舰队沿着海岸航行到湄公河口，而后溯流而上，直抵大湖。吴哥猝不及防，篡位者特里布婆那帝耶被杀，城市也遭到洗劫。在经历了二十年的内乱之后，又突发了这样一场灾难，这个国家的复苏之路势必将路漫漫其修远。

6. 1113 年至 1177 年的占婆

占婆王阇耶因陀罗跋摩二世于 1113 年左右去世，其侄子诃梨跋摩五世继位。他和平地进行统治，继续在美山大兴土木，并与中国和大越保持着良好的关系，在 1116 年至 1126 年间与它们多次互派使节。[①] 也许是因为没有合适的继承人，诃梨跋摩五世在 1133 年收养了一位出生于 1106 年的身世不详的王子，封其为瑜婆罗阇。这位王子在 1139 年以阇耶因陀罗跋摩（三世）为号继承了王位。[②]

新国王于 1140 年在美山、[③]1143 年在芽庄的波那加塔 [④] 进行了捐赠，这表明他的权威在占婆的北部和南部都得到了承认。前文已经提到，在 1131 年帮助高棉人远征义安之后，他是如何与大越媾和的，接着在 1145 年又如何遭到高棉人的入侵，并在那次入侵中销声匿迹的。

---

① 马伯乐:《占婆史》，第 151 页。
② 斐诺:《美山碑铭》，第 954 页。
③ 同上书。
④ 艾莫尼尔:《占婆碑铭初探》，第 37 页。

由于占婆的都城和大部分国土均已落入高棉人手中，[①]宾童龙人民便为新国王律陀罗跋摩四世提供了庇护，他于1145年加冕，但随即就逃往南方，从未真正行使过统治权，他的谥号是婆罗摩路迦（Brahmaloka）。[②]他的儿子罗那蒲迷毗阇耶（Ratnabhūmivijaya），即湿婆难多那（Śivānandana）王子是波罗摩菩提萨埵的后裔，曾在诃梨跋摩五世和阇耶因陀罗跋摩三世的统治时期被流放。“起初，他离开了自己的祖国，长期流落国外，经历了幸运与不幸；后来，他又回到了占婆的国土。”他曾伴随其父逃往宾童龙，当地居民于1147年拥他为王，王号阇耶诃梨跋摩一世（Jaya Harivarman Ⅰ）。[③]1148年，正是他成功顶住了苏利耶跋摩二世的进攻，于1149年从高棉王子诃梨提婆手中夺回了首都毗阇耶，并立即在那里加冕。

但他的事业才刚刚开始，因为在他十七年的统治生涯中，他一直在为维护自己的权势而浴血奋战。首先，他攻打了吉罗多人（Kirāṭas），也就是山地部落，以及“拉德人（Rade）、马达人（Mada）和其他的蛮族（蔑戾车）”，这些人都集合在他不忠的内弟般舍罗阇（Vaṃśarāja）麾下。[④]1150年，被击败的般舍罗阇向大越皇帝求援，大越皇帝从清化和义安派遣了五千人的军队去帮助他。[⑤]美山的一块碑铭写道：“耶槃那人（Yavanas，即越南人）的国王得知柬埔寨国王向阇耶诃梨跋摩挑起事端，就宣布立占婆

① 现在，人们倾向于认为，平定古迹的建筑特点以及高棉雕塑输入占婆就是因为高棉人的这次占领以及半个世纪后发生的第二次占领引起的。

② 斐诺：《美山碑铭》，第959和961页。艾莫尼尔：《占婆碑铭初探》，第39页。

③ 同上书。

④ 斐诺：《美山碑铭》，第965页。艾莫尼尔：《占婆碑铭初探》，第42页。

⑤ 马伯乐：《占婆史》，第158页。

人般舍罗阇为王；他命令好几名耶槃那将军听命于般舍罗阇，还派去了数支骁勇善战的耶槃那军队，人数达十万之众……这支大军一直挺进到达尔瓦（和拉旺）平原。阇耶诃梨跋摩统领昆阇耶全军在此迎击。双方展开了一场恶战，阇耶诃梨跋摩击败了般舍罗阇，耶槃那军队死伤惨重。”[①] 在平定这一地区后，阇耶诃梨跋摩于 1151 年征服了阿马拉瓦蒂（广南），[②] 之后又经过五年的征战，于 1160 年平定了宾童龙。[③]

大获全胜后，阇耶诃梨跋摩在王国的两大圣地——美山和波那加[④] 兴建宗教建筑。他于 1155 年向中国派遣了一个使团，并在 1152 年至 1166 年间向大越派遣了一系列使者。[⑤]

阇耶诃梨跋摩一世的宫廷中有一位重臣，名叫阇耶因陀罗跋摩，来自伽罗摩补罗（Grāmapura）。此人“精通所有的兵器；……深谙一切典则；通晓语法、占星术等等；了解所有的哲学学说，习大乘的教义等等；通解所有的法典（Dharmaśāstras），尤其熟谙《那罗陀篇》（Nāradīya）和《婆伽毗耶》（Bhārgavīya）；以法（dharma）为乐……”[⑥]1163 年至 1165 年间，他在美山进行了一些捐赠。[⑦]

我们不知道 1166 年至 1167 年间阇耶诃梨跋摩一世去逝时发生了什么。我们也不确定他的儿子阇耶诃梨跋摩（二世）是否曾

---

① 斐诺:《美山碑铭》，第 965 页。
② 艾莫尼尔:《占婆碑铭初探》，第 42 页。见马伯乐的《占婆史》，第 159 页。
③ 艾莫尼尔:《占婆碑铭初探》，第 41 页。
④ 斐诺:《美山碑铭》，第 965、966 和 968 页。艾莫尼尔:《占婆碑铭初探》，第 42 页。
⑤ 马伯乐:《占婆史》，第 160 页。
⑥ 斐诺:《美山碑铭》，第 973 页。
⑦ 斐诺:《阇耶波罗蜜首罗跋摩一世的碑铭》，第 50 页。

经在位执政。[①]无论如何，伽罗摩补罗的阇耶因陀罗跋摩成功地取代了他，并于1167年向中国朝廷请求册封。[②]

阇耶因陀罗跋摩（四世）统治初期，占婆一直与柬埔寨兵戎相见，因此，他在1170年试图向大越皇帝赠礼言和。[③]1177年，在一名遇难被救的中国人的指引下，[④]占婆"以舟师袭真腊，请和不许，杀之，遂为大仇。庆元己未（1190年），真腊大举入占城，俘其主，戮其臣仆，剿杀几无噍类，更立真腊人为主"。[⑤]

7. 1113年至1173年的缅甸

江喜陀于1112年或之后不久在蒲甘去世，他的孙子阿隆悉都［旃苏（Chan'sû），即阇耶苏罗］继承了王位，他出生于1089年，王号特里布婆那帝耶·婆伐罗达摩罗阇（Tribhuvanāditya Pavaradhammarāja）。新国王的父亲可能属孟人血统，从母系看则是阿奴律陀的曾外孙。他的统治长达55年，在即位之初，他弹压了若开南部的一场叛乱，并将他的统治延伸到了丹那沙林（Tenasserim）。[⑥]

阿隆悉都得胜回朝后，年迈的僧阿罗汉在81岁的高龄谢世。[⑦]正是他在六十多年前使阿奴律陀皈依了上座部佛教，并间接导致了对直通的征服。

---

① 马伯乐:《占婆史》，第162页。
② 同上书。
③ 同上书，第163页。
④ 根据马伯乐所引的《岭外代答》中的一段资料，见前引书，第164页。
⑤ 马端临:《四裔考》。
⑥ 《琉璃宫史》，第119页。
⑦ ARASB（1919年），第23页。

1118 年，[①] 阿隆悉都将梨耶明难（Letyaminnan）扶上了若开的王位，后者的父亲是合法国王，但被一个篡位者推翻了。为了对此举表示感谢，[②] 梨耶明难修复了印度的菩提伽耶寺。[③]

据《琉璃宫史》记载，阿隆悉都多次巡视全国各地，并兴建了各种公共设施和大批寺院。据说他曾到过马来亚、若开沿海的岛屿、吉大港，甚至可能还去过孟加拉和八莫地区的森林。早在 1115 年，他就派了一个使团去南诏，[④] 后来更是亲自前往，试图获得他的曾外祖父阿奴律陀所希求的佛牙，[⑤] 但同样未能如愿。

阿隆悉都统治期间在都城兴建的主要建筑有 1131 年的瑞古（Shwegu）寺[⑥]和1150年建的美丽的他冰瑜（Thatbyinnyu）寺［沙般奴（Sabbaññu），意为“无所不知”］。[⑦] 它们标志着从受孟族影响的时期向接下来的典型缅族时期的过渡。1154 年，缅人阿伽跋娑（Aggavarṃsa）编纂了著名的巴利文语法书《语音指南》（Saddanīti），[⑧] 这证明在上座部佛教传入一个世纪后，蒲甘已经成

① ARASB（1919 年），第 22 页。
② 《琉璃宫史》，第 120—121 页。
③ ARASB（1919 年），第 18 页。
④ ［明］倪辂:《南诏野史》，卡米尔·塞恩森（Camille Sainson）译（巴黎，1904 年），第 102 页。
⑤ 《琉璃宫史》，第 122 页。
⑥ G. H. 卢斯给出的年份是 1141 年（《瑞古塔碑文》，JBRS，第 10 期，1920 年，第 67 页），但参阅丹吞的《缅甸的历史，公元 1000—1300 年》，第 47 页。
⑦ 莱昂·德贝烈:《远东的印度化建筑》，第 278 页。V. C. 斯科特·奥康纳:《曼德勒和缅甸历史上的其他城市》（伦敦，1907 年），第 257、259 和 263 页。卢佩温:《蒲甘导游图》（仰光，1955 年），第 32 页。
⑧ 梅布尔·海恩斯·博德（Mabel Haynes Bode）:《缅甸的巴利文文学》（伦敦，1909 年），第 16 页。海默·史密斯（Helmer Smith）:《阿伽跋娑的巴利文语法》（隆德，1928 年）。

为巴利文的重要学术中心。①

《琉璃宫史》记载称，阿隆悉都与弥辛修（Minshinsô）是王后耶多那钵（Yadanabon）所生的长子因性情暴戾傲慢无礼而被流放，② 他与江喜陀国王的一个大臣之女所生的次子那罗都［Narathu，即那罗苏罗（Narasūra），］参与了政事。1167 年，③ 当 81 岁的阿隆悉都国王病倒时，那罗都毫不犹豫地要尽快置老人于死地。④ 一系列谋杀随即展开，经过三年的血腥统治，他的哥哥弥辛修、大批贵族、官员和奴仆，以及波帝迦耶（Pateikkaya）的公主都被杀害，⑤ 那罗都自己也死于公主父亲的密使之手。⑥ 临死前，为了平衡自己的悔恨之情，他还修建了蒲甘最大的寺庙——达磨衍寺［Dhammayan，亦称达摩罗喜寺（Dhamaraṃsi）］。⑦ 那罗都的儿子那罗帝因迦［Naratheinkha，那罗辛诃（Narasingha）］统治了不到三年（从 1170 年到 1173 年），就被他的弟弟那罗波帝悉都［Narapatisithu，那罗波帝阇耶苏罗（Narapatijayasūra），即阇耶苏罗二世］杀死，因为那罗帝因迦霸占了他的妻子。⑧

---

① 关于这一时期蒲甘的生活，请参阅丹吞的《缅甸的社会生活，公元 1044 至 1287 年》，JBRS，第 41 期（1958 年），第 37—47 页。

② 《琉璃宫史》，第 126 页。

③ ARASB（1919 年），第 22 页。

④ 《琉璃宫史》，第 127 页。

⑤ 这位公主被她的父亲献给了阿隆悉都王，按照惯例，似乎她后来又嫁给了那罗都。有人考证波帝迦耶（波底迦罗）位于蒲甘的西部或西南部，但它更有可能位于吉大港以北的蒂佩拉（Tipperah）地区。参阅 G. E. 哈维的《缅甸史》，第 326 页；尼哈拉尼安 · 雷:《缅甸的梵文佛教》（加尔各答，1936 年），第 93—94 页。

⑥ 《琉璃宫史》，第 133 页。

⑦ 莱昂 · 德贝烈:《远东的印度化建筑》，第 287 页。奥康纳:《曼德勒》，第 221 页。卢佩温:《蒲甘导游图》，第 48 页。

⑧ 《琉璃宫史》：第 134—138 页。

这就是《琉璃宫史》对阿隆悉都死后一系列事件的浪漫化描述。但从碑铭中，我们只能得知，阿隆悉都死于七十余岁时。他的继任者那罗都死于1165年，是被外国人暗杀，可能就是1164年入侵该国的僧伽罗人。[①]《琉璃宫史》称那罗都有个儿子名叫那罗帝因迦，在位三年，于1173年被其弟谋害。但这个那罗帝因迦似乎并不存在。事实上，我们并不知道谁是1165年至1173年间的蒲甘国王。1173年，也许是在僧伽罗人的帮助下，那罗波帝悉都登上王位，阿奴律陀的世系终于回到了王后。[②]

8. 1115年至1178年的印度尼西亚；谏义里王国

与高棉人、占族人和缅族人的波澜壮阔、异彩纷呈相比，印度尼西亚诸国在整个这一时期的历史都显得平淡无奇。

关于三佛齐王国，我们只知道《宋史》提到其国王室利摩诃罗阇曾于1156年和1178年遣使中国。[③]据马端临记载，1176年还有过一个使团，并补充说，1178年遣使中国的那位国王是在1169年开始执政的。[④]阿拉伯地理学家们继续讨论阇婆格和摩诃罗阇，但他们只是相互抄袭，并没有在前人资料的基础上增加多少内容。不过在埃德里西（Edrīsī）写于1154年的著作中，还是有一个有趣的细节："据说，每当中国兵戈扰攘、动荡不安时，每当印度暴政肆虐、混乱不堪时，中国的居民就会将他们的贸易转移到阇婆格和隶属于它的其他岛屿，与它建立关系，并同当地人

---

① 《小史》，威尔海姆·盖格译（科伦坡，1953年），第2卷，第64—70页。
② 丹吞：《缅甸的社会生活，公元1044—1287年》，第48页。
③ 格勒内维特：《马来群岛和马六甲简志》，第67页。费琅：《苏门答腊的室利佛逝帝国》，第22页。
④ 马端临：《四裔考》，第566页。

打成一片，因为当地居民公平正直，举止友善，风俗淳朴，易于做生意。正因为如此，这个岛上人丁兴旺，并常有外国人来往。”[①]

对于爪哇，我们只知道一系列谏义里国王的名字，这些名字是记在一些布施的契据上的：[②]

巴默首罗（Bāmeśvara，1117—1130 年），[③] 曾于 1129 年和 1132 年获得了中国皇帝的特权证明书。[④]

瓦尔密首罗（Varmeśvara），又名查耶巴耶（Jayabhaya，1135—1179年），[⑤]可能是巴默首罗之子。在他统治期间，诗人塞达（Sedah）从1157年开始用爪哇文撰写史诗《婆罗多之战》（Bhāratayuddha），[⑥] 这是一部关于摩诃婆罗多的战斗故事，最终由塞达的兄弟、《诃利世系》（Harivaṃśa）的作者巴努鲁（Panuluh）完成，[⑦]《诃利世系》是一部关于毗湿奴的传说集。

---

① 费琅：《苏门答腊的室利佛逝帝国》，第 66 页。

② N. J. 克罗姆：《印度化爪哇史》，第 289—297 页。关于他们的姓名和年代，见 L. C. 达迈斯的《主要印度尼西亚碑铭的年代清单》，第 66—69 页。

③ 他的全名是：室利·巴默首罗·萨卡拉布瓦那杜蒂卡拉纳·沙尔瓦尼瓦利耶维利亚·帕拉克拉玛·迪费约栋加德瓦（Śrī Bāmeśvara Sakalabhuvanatushṭikāraṇa Sarvānivāryavīrya Parākrama Digjayottungadeva）。

④ 格勒内维特：《马来群岛和马六甲简志》，第 19 页。

⑤ 他的全名是：室利·瓦尔密首罗·玛杜苏达那瓦塔拉宁迪达·苏利辛哈·帕拉克拉玛·迪查约栋加德瓦（Śrī Varmeśvara Madhusūdanāvatārānindita Suhritsingha Parākrama Digjayottungadeva）。

⑥ 已由 J. G. H. 坎宁（J. G. H. Gunning）编辑发表（海牙，1903 年）。参阅 H. B. 萨加尔的《印度对爪哇和巴厘文学的影响》，第 249 页。这首诗充满了对当时历史事件的影射。参阅康奈尔·C. 伯格的文章，收于 F. W. 斯塔佩尔编辑的《荷属东印度史》（阿姆斯特丹，1938—1940 年），第 2 卷，第 62—64 页。约翰娜·范·卢赫伊岑－德·列伍（J. E. van Lohuizen-de Leeuw）：《旧爪哇历史文学的开端》，BKI，第 112 期（1956 年），第 384 页。

⑦ H. B. 萨加尔：《印度对爪哇和巴厘文学的影响》，第 261 页。

沙尔维首罗（Sarveśvara），[1]1159—1161 年在位。

阿利耶首罗（Aryeśvara），[2]1171 年在位。

格龙查利耶迪巴［Kronchāryadīpa，又名甘德拉（Gandra）］，[3]1181 年在位。

至于巴厘岛，我们只知道 1115 年至 1119 年在位的国王名叫苏拉底巴（Śūrādhipa），1146—1150 年在位的叫查耶沙蒂（Jayaśakti）。[4]

---

① 他的全名是：室利·沙尔维首罗·查那达那瓦塔拉·韦查耶格拉查沙玛·辛哈那达尼瓦利耶维利耶·帕拉克拉玛·迪查约栋加德瓦（Śrī Sarveśvara Janardhanāvatāra Vijayāgrajasama Singhanādānivaryavīrya Parākrama Digjayottungadeva）。

② 他的全名为：室利·阿利耶首罗·玛杜苏达那瓦塔拉利查耶·帕拉克拉摩栋加德瓦（Śrī Aryeśvara Madhusūdanāvatārārijaya Parākramottungadeva）。

③ 他的全名为：室利·格龙查利耶迪巴·汉达布瓦那帕拉卡·帕拉克拉玛宁迪达·迪查约栋加德瓦（Śrī Kronchāryadīpa Haṇḍabhuvanapālaka Parākramānindita Digjayottungadeva）。

④ P.V. 范·斯坦因·卡伦费尔斯:《巴厘碑铭》（巴达维亚，1926 年），第 33—35 页。

第十一章

柬埔寨的鼎盛时期，僧伽罗佛教传入缅甸以及爪哇的新柯沙里王国（12 世纪最末 25 年和 13 世纪的前三分之二）

1. 柬埔寨：阇耶跋摩七世（1181 年至约 1218 年）与吞并占婆

1177年占人的入侵使柬埔寨“陷入了无尽苦海”，[①]拯救柬埔寨这个艰巨任务就落在了阇耶跋摩七世肩上。

因他的父亲陀罗尼因陀罗跋摩二世的关系，他是苏利耶跋摩二世的外甥；因他母亲，即曷利沙跋摩三世的女儿朱多摩尼的关系，他是在几乎整个 11 世纪一直统治这个国家的王室的后裔，该王朝因女性方面的传承，而与前吴哥时代柬埔寨的国王们血脉相连。他最迟出生于 1125 年，[②]苏利耶跋摩二世统治时期，他应该是在相当年轻的年龄娶了阇耶罗阇提鞞（Jayarājadevī）公主，

① 空中宫殿的碑铭。见赛代斯的《柬埔寨碑铭集》，第 2 卷，第 117 页。

② 关于他的生平详情，参阅赛代斯的《摩诃因陀罗补罗王朝的新年代和家谱资料》，第 304—328 页；《为了更好地了解吴哥》（巴黎，1947 年），第 176 页及其后页。B. R. 查特吉曾写了一篇文章，题为《阇耶跋摩七世：柬埔寨的最后一位伟大君主》，载《印度史讨论会文集》（加尔各答，1939 年），第 377—385 页。

她似乎对他有很大的影响。

阇耶跋摩曾离开柬埔寨，率军征讨占婆，但出征的年代不详。到了毘阇耶（平定）城，他得知父亲去世、耶输跋摩二世登基，以及特里布婆那帝耶跋摩最终篡夺了王位。“他日夜兼程赶回援救耶输跋摩国王，”空中宫殿的石碑上写道。我们也可以认为，他这样做也是为了夺取王位。碑文继续写道：“但是，由于耶输跋摩已经被篡位者夺走了王位和性命，阇耶跋摩就留在了柬埔寨等待时机，以拯救这块灾难深重的土地。”这一等就是十五年。

当占人的入侵使这个国家摆脱了篡位者的统治之后，阇耶跋摩意识到时机已经到来。但在称王之前，他必须先把国家从侵略者手中解救出来。他发动了一系列针对占人的战争，特别值得一提的是一场海战，使柬埔寨获得了彻底解放。[①] 在巴戎和班迭奇马寺的墙壁上，都有逼真的画面描绘了这场海战。

到了1181年，也就是1177年占人入侵的四年后，柬埔寨终于恢复了安宁，阇耶跋摩加冕为王。接着，他着手修复首都，在城市四周修筑了护城河和城墙，也就是今天的吴哥城的城垣。[②]

据马端临的《文献通考·四裔考》记载，阇耶跋摩在占人入侵时曾“誓必报怨”。经过十八年的韬光养晦，他终于实现了这一誓言。

但是，在履行誓言向占人发动战争之前，他不得不先应付一场在莫良（位于今马德望省的南部）爆发的内乱。[③] 为了平息叛

---

① 赛代斯:《关于用以解释班迭奇马寺和巴戎寺内廊浅浮雕的方法的若干建议》，BEFEO，第32期，第76—78页。

② 赛代斯:《巴戎寺的年代》，BEFEO，第28期，第88—89页。

③ 赛代斯:《若干建议》，第80页注释1。

乱，他向一位逃亡到柬埔寨的年轻的占婆王子寻求帮助，美山的一块占文碑铭①中对此作了如下描述：

塞迦历1104年（公元1182年），年少的毗多难陀那（Vidyānandana）王子去了柬埔寨。柬王见他拥有注定命运不凡者的全部的33个标志，对他产生了兴趣，像对待一个王子一样教他各门学问和各类兵器。当他在柬埔寨生活时，该国的莫良城中麇集了一群本已被招安的歹人，他们发动了反抗柬王的暴乱。柬王看到王子精通各种兵器，就派他统率柬军前去莫良平叛。王子为平定叛乱，立下了汗马功劳。国王因他的英勇表现赐予了他瑜婆罗阇的尊号，并赏给他柬埔寨王国所有的绿鬓朱颜和珍馐美馔。

这个年轻的占婆王子是阇耶跋摩复仇占婆的工具。经过多年的“韬晦”，他在1190年确保了大越皇帝李高宗的中立，为雪耻报仇做好了充足的准备，②只需静候良机。同年，占婆王阇耶因陀罗跋摩·翁·瓦杜（Jaya Indravarman ong Vatuv）再度入侵，为他提供了期待已久的机会。③

阇耶跋摩是否御驾亲征了占婆？对此我们并不确定，尽管芽庄波那加塔的碑铭说他“占领了占婆的首都，夺走了所有的林伽”。④但无论如何，他把军队的指挥权交给了年轻的占婆王子毗多难陀那。王子攻占了占婆都城毘阇耶（平定），并将俘获

① 路易斯·斐诺：《美山碑铭》，BEFEO，第4期，第974页。

② 艾蒂安·艾莫尼尔：《柬埔寨史》（巴黎，1900—1904年），第3卷，第527页。

③ 斐诺：《美山碑铭》，第975页。乔治·马伯乐在《占婆史》第161页中认为，这位阇耶因陀罗跋摩·翁·瓦杜即发动了1177年入侵的伽罗摩补罗王——阇耶因陀罗跋摩（四世）；路易斯·斐诺在《阇耶波罗蜜首罗跋摩一世的碑铭》一文中（第50页注释2）对这一考证的正确性提出了质疑，但这一考证很可能是正确的。

④ 艾蒂安·艾莫尼尔：《占婆碑铭初探》，JA（1891年1月至2月号），第48页。

的占王阇耶因陀罗跋摩押解回了柬埔寨。毗多难陀那将阇耶跋摩七世国王的姐夫英（In）亲王扶上了占婆的王座，后者的王号为苏利耶阇耶跋摩提婆（Sūryajayavarmadeva）。至于毗多难陀那，则在南方的宾童龙建立了一个王国，王号为苏利耶跋摩提婆（Sūryavarmadeva）。就这样，占婆被两个国王瓜分，其中一个国王是柬王的亲戚，另一个则是他的封臣。但这种局面并未维持多久。毘阇耶爆发了一场起义，阇耶跋摩七世的姐夫被赶回了柬埔寨，占婆王子罗苏婆底（Rashupati，即阇耶因陀罗跋摩五世）取代了他的位置。毗多难陀那，即潘郎的主人苏利耶跋摩提婆，利用这次暴动摆脱了柬埔寨国王的枷锁，并为了自己的利益重新统一了占婆。他先后杀死了两个阇耶因陀罗跋摩，其中一个来自毘阇耶（即罗苏婆底），另一个则是柬埔寨的前阶下囚，阇耶跋摩七世很可能将他派去对付毗多难陀那。

到 1192 年，毗多难陀那 – 苏利耶跋摩提婆已经“无人反对”地统治着这个统一的国家。[①]1193 年和 1194 年，阇耶跋摩七世曾试图使他重新归顺，但没有成功。[②]直到 1203 年，占王的那个受雇于柬埔寨的叔父瑜婆罗阇・翁・檀那婆底伽罗摩（Yuvarāja ong Dhanapatigrāma）才成功地将其驱逐。[③]毗多难陀那 – 苏利耶跋摩提婆向大越皇帝请求庇护，尽管 1199 年时越皇还曾给他封号，但此时也不理会他；他消失得无影无踪。自 1203 年至 1220 年，占婆是高棉的一个行省，由瑜婆罗阇・翁・檀那婆底伽罗摩

① 美山的一块碑铭叙述了这些事件。该碑铭已由斐诺译出，见《美山碑铭》，第 975 页。

② 同上书。

③ 同上书，第 940 页。关于此事的年代，请参阅乔治・马伯乐的《占婆史》，第 367 页。

管辖。不久，阇耶诃梨跋摩一世的孙子，都赖州（Turai-vijaya）的庵舍罗阇（Angśarāja）也参与了政事，他在阇耶跋摩七世的宫廷中长大，并于1201年被封为瑜婆罗阇。[①]1207年，庵舍罗阇率领柬埔寨军队，在缅甸和暹罗军队的配合下攻打大越。[②]1226年他成为占婆的国王，王号为阇耶波罗密首罗跋摩二世。在他的统治时期，高棉艺术继续对平定的占婆艺术产生着一定的影响。[③]

阇耶跋摩七世与东部邻国的争端并没有阻止他将帝国的疆域向北方和西方扩张。柬埔寨最北部的碑铭，即1186年立于与万象隔河相对的湄公河上的塞丰（Sai Fong）碑铭，就是他统治时期留下的。

赵汝适于1225年列出了真腊属国的名单（但部分录自1178年的《岭外代答》）说明，[④]当时柬埔寨至少在名义上对马来半岛的一部分乃至缅甸行使着宗主权。1191年的一块阇耶跋摩碑铭[⑤]告诉我们，他每天净手的水是由“以苏利耶婆多（Sūryabhaṭṭa）为首的婆罗门们、爪哇国王、耶槃那人的国王和占人的两个国王”提供的。婆罗门苏利耶婆多大概是宫廷婆罗门的首领。耶槃那人的国王则是指大越皇帝，他于1175年即位，号李高宗，一直统治到1210年。爪哇的国王无疑是指卡默首罗（Kāmeśvara）。至于占人的两个国王，如前所述，一个是指阇耶跋摩七世的姐

① 艾莫尼尔:《占婆碑铭初探》，第48页。
② 同上书，第51页。
③ 菲利普·斯特恩:《占婆艺术》(巴黎，1942年)，第66—68页，第108—109页。
④ 夏德和柔克义:《赵汝适：他对12至13世纪中国和阿拉伯贸易的研究》(圣彼得堡，1911年)，第53—54页。
⑤ 即圣剑寺的碑铭。见赛代斯的《吴哥的圣剑寺石碑》，BEFEO，第41期，第299页。

夫、毘阇耶（平定）的国王苏利耶阇耶跋摩提婆；另一个是宾童龙（潘郎）的国王苏利耶跋摩提婆，也就是曾受阇耶跋摩七世庇护的毗多难陀那王子。我们知道，进贡水是表示效忠，占婆的两位国王可能确实曾如此表忠，但爪哇和耶槃那的国王却不太可能这么做。

阇耶罗阇提鞞去世后，国王将第一王后的头衔授予了她的姐姐因陀罗提鞞，因陀罗提鞞的"学问超越了哲学家"，国王曾任命她为一所佛教寺院的首席教师，她在那里为妇女们授课。正是她用完美的梵文撰写了颂扬她妹妹的空中宫殿碑铭，①我们关于阇耶跋摩七世生平的大部分资料都取自这篇碑铭。

我们不知道阇耶跋摩七世去世的确切日期，②但他可能一直统治到了 1218 年左右。他的谥号是摩诃波罗摩苏伽多（Mahāparamasaugata）。③

阇耶跋摩是个体型肥胖、五官线条分明的人，头发向后梳成一个小发髻。这些细节在浅浮雕上刻画得很清楚，在显然是表现同一个人物的四座雕像上都有反映，④因此大致可以肯定，它们都是阇耶跋摩七世的肖像。⑤

① 发表在赛代斯的《柬埔寨碑铭集》，第 2 卷，第 161 页。

② 在《新年代和家谱资料》一文中（第 328 页），我认为可以得出这样的结论：一个 1200 年派往中国的柬埔寨使团，是由一位"统治了 20 年"的国王派出的，因此阇耶跋摩七世当时肯定还在位。但是，这个使团实际上是由柬埔寨的属国真里富派出的。见 O.W. 沃尔特斯的《单马令》，BSOAS，第 21 期（1958 年），第 606 页。

③《法国远东学院考古论文集》，第 1 辑，《伊湿伐罗补罗神庙》（巴黎，1926 年），第 91 页注释 2。

④ 参阅赛代斯的《若干建议》一文的参考书目，第 71 页及其后页。

⑤ 赛代斯：《高棉艺术中的肖像》，RAA，第 7 期（1960 年），第 179 页。

通过这些内容异常丰富的传记资料，可以看到一个精力旺盛、雄心勃勃的人物形象，他在经历了多年的等待和考验之后，将他的国家从废墟中拯救出来，并使它的势力达到了顶峰。碑铭表明他是一个狂热的佛教徒，这种信仰来自他父亲陀罗尼因陀罗跋摩二世。他父亲与信奉印度教的传统决裂，并在“释迦牟尼宗教的甘露中得到了满足”。[①] 他们信奉的是大乘佛教。对世尊观自在的崇拜是大乘信仰的核心；个人，无论是死者还是生者，都是以这位悲天悯人的菩萨的形象得以神化。

虽然我们很难怀疑阇耶跋摩七世本人是佛教徒，但我们注意到，婆罗门仍然在宫廷中发挥着不容忽视的作用。吴哥城的一块碑铭[②] 为我们描绘了一位婆罗门学者的奇特形象，他“得知柬埔寨有很多深谙《吠陀》的杰出学者，便来到这里炫耀他的学问”。他名叫曷利希克沙（Hṛishīkeśa），属于婆罗门氏族婆罗伐阇（Bhāradvāja），来自那罗波帝德沙（Narapatideśa），此地“有可能与缅甸有关，因为当时正是那罗波帝悉都（Narapatisithu）统治着缅甸”。[③] 阇耶跋摩七世任命他为首席祭司（purohita），并赐封号阇耶摩诃波罗陀那（Jayamahāpradhāna）。他后来继续为阇耶跋摩七世的两位继任者效力。

阇耶跋摩七世的个性在碑铭中只是略有反映，而在他设计的建筑作品中却得到了充分的体现。他的杰作包括吴哥城及其城墙、护城河、五座城门，以及城中央的巴戎寺；在都城周围，他

① 赛代斯：《吴哥的圣剑寺石碑》，第 285 页。

② 路易斯·斐诺：《吴哥的碑铭》，BEFEO，第 25 期，第 402 页。《法国远东学院考古论文集》，第 1 辑，第 102 页。

③ 斐诺：《吴哥的碑铭》，第 396 页。

留下了斑黛喀蒂寺、达勃珑寺、圣剑寺、龙蟠寺（Neak Pean），以及一大批相对不那么著名的寺庙；在柬埔寨西北部，他留下了班迭奇马寺、磅湛的诺戈寺和巴地的达勃珑寺，几乎所有这些建筑的特点，都是筑有装饰着巨大人面的塔楼；[①]他的建筑杰作还包括那些设置在长长的夯土道路上的凉亭，其中很多道路可能是他开辟的，以及分布在王国各地的 102 所医院。鉴于这些工程如此宏大，我们可能会自问，在某些情况下，他是否只是接手了前任诸王留下的工程，并将它们归功于自己；或者恰恰相反，他的继任者们是否未能完成他已开始建造的建筑。前一种假设难以成立，因为从吴哥窟的缔造者苏利耶跋摩二世统治末年到阇耶跋摩七世统治初期，这个国家一直风雨飘摇、动荡不安，很难有余力营建大型建筑群。第二种猜测倒还有几分可能，但前提是，正统湿婆教的短暂复辟发生在他的第二位继承人阇耶跋摩八世（13 世纪下半叶）即位之前。这次复辟破坏了许多文物，阇耶跋摩七世建造的寺院也遭到损毁。

从建造年代来看，这些建筑中最早的可能是斑黛喀蒂寺，它建在首都以东的古迪旧址上，其正东是一个风景如画的盆地，一年四季都充满了水，人们称之为“斯拉斯朗”（Sras Srang），即“王家浴池”。由于没有记载该寺古名的石碑，我们可以推测斑

① 关于它们所表现的含义，参阅艾莫尼尔的《柬埔寨史》，第 3 卷；艾蒂安・卢内・德・拉容奇埃:《柬埔寨古迹明细册》（巴黎，1902—1911 年），第 3 卷；由让・考马耶（Jean Comaille，1912 年）、亨利・马沙尔（1928 年）、亨利・帕芒蒂埃（1936 年）、莫里斯・格莱兹（1948 年）等人编写的《吴哥考古指南》。亦参阅让・布瓦塞利埃的《关于阇耶跋摩七世统治时期艺术的思考》，BSEI，第 27 期（1952 年），第 261—270 页；菲利普・斯特恩:《关于巴戎寺风格的高棉寺庙的问题和阇耶跋摩七世》，载《第二十一届国际东方学家大会论文集》（巴黎，1948 年），第 252 页。

黛喀蒂一词就是普尔瓦达伽达（Pūrvatathāgata），即碑铭中说的“东方的佛陀”。①

罗阇毗诃罗（Rājavihāra）寺，即今天的达勃珑寺，紧邻斑黛喀蒂寺，它围墙的东南角几乎要碰到斑黛喀蒂寺的西北角了。达勃珑寺建于 1186 年，用于供奉王太后阇耶罗阇朱多摩尼（Jayarājachūḍāmaṇi）的塑像，这座塑像将她塑成了般若波罗蜜多（Prajñāpāramitā，即“到彼岸的智慧”，神奇的诸佛之母）的形象。此外，寺中还供奉着国王的导师阇耶曼伽罗陀（Jayamangalārtha）的像。②

达勃珑寺建成五年后，即 1191 年，国王在都城北部为阇耶室利（Jayaśrī）寺举行了落成仪式，该寺今称圣剑寺，当时用于供奉国王的父亲陀罗尼因陀罗跋摩二世的塑像，他被神化成观自在菩萨的形象，名叫阇耶跋摩首罗世尊（Jayavarmeśvara）。③

据圣剑寺基座的石碑记载，在该寺的附属建筑中，有一座名为罗阇耶室利（Rājyaśrī）的小庙，它建在寺院东部开凿的巨大人工湖的中央。这座寺庙以龙蟠寺的名字为人所知，被碑文描述为“一座卓异的小岛，从池水中汲取魔力，并能净化那些来到这里的人身上的罪孽与污浊”。这是无热恼池（Anavatāpta）在建筑上的表现，根据印度传说，它位于喜马拉雅山脉的边缘，湖水从兽头形状的石像中涌出。④

大约从 1190 年开始，开始对原有的寺院进行了大规模改建，

① 赛代斯：《吴哥的圣剑寺石碑》，第 298 页注释 2。
② 赛代斯：《达勃珑石碑》，BEFEO，第 6 期，第 75 页。
③ 赛代斯：《吴哥的圣剑寺石碑》，第 288 页。
④ 路易斯·斐诺和维克多·戈卢布：《龙蟠寺的象征主义》，BEFEO，第 23 期，第 401 页。

特别是新建了人面塔和回廊。在阇耶跋摩七世统治末期，班迭奇马寺和巴戎寺的建造工程开始了，巴戎寺是吴哥窟的中心寺庙，位于重建起的都城的正中央。值得注意的是，该寺以及该城长达十二千米的城墙都是新建的。尽管在施工过程中，由于原计划有过两次甚至三次修改，[①]导致我们对巴戎寺最初的建筑象征意义已经不太清楚，但可以肯定，城中央的高地相当于旧都中心的山丘。然而，在中央神庙中供奉的并不是历代先王那样的黄金林伽（代表天王），而是一尊巨大的佛王（Buddharāja）石像。[②]这座雕像不仅是湿婆教天王的佛教替代品，也是建造该寺的国王被神化了的雕像，他的相貌特征无疑也可以在人面塔上看到，他是世尊观自在菩萨三磨钵耽目佉（Samantamukha）的形象，“他在每个方向都有一张脸”。[③]巴戎寺的内外走廊上都刻满了浅浮雕，它们是了解 12 世纪高棉人的物质生活的不可多得的材料。[④]

---

① 亨利·帕芒蒂埃:《巴戎寺在施工过程中的改动》，BEFEO，第 27 期，第 149 页;《高棉古典建筑的建造》，BEFEO，第 35 期，第 281 页。赛代斯:《巴戎寺的发掘》，ABIA，第 12 期（1937 年），第 42 页。

② 1933 年出土。见《专栏》，BEFEO，第 33 期，第 1117 页。

③ 保罗·穆斯:《吴哥城的象征主义》，CRAIBL（1936 年），第 57 页;《从日本看吴哥》，载《法国 - 亚洲》，第 175—176 期（1962 年），第 521 页。人面装饰大概来源于印度，义净在有关那烂陀的记载中证实了这一点（亨利·帕芒蒂埃:《班迭奇马寺的浮雕》，BEFEO，第 10 期，第 206 页注释 1）。让·布瓦塞利埃在《巴戎寺艺术中的金刚手》（载《第二十二届国际东方学家大会论文集》，伊斯坦布尔，1951 年，第 324 页）一文中认为，这些人面是持金刚的像，表现正在说法的世尊观自在的金刚手的形象。

④ 已由印度支那考古团发表。见亨利·迪弗（Henri Dufour）和查理·卡尔波（Charles Carpeaux）的《吴哥城巴戎寺的浅浮雕》（巴黎，1910 年）。

刻在巴戎寺入口处的铭文还表明，[1]它是万神殿一类的建筑，对王族的崇拜和对国内各省的崇拜都集中在这里。正如拥有城墙和中央高地的都城是宇宙的缩影一样，巴戎寺是王国的缩影。

由巴戎寺出发，四条轴向大道向四方延伸。它们都是在第五条大道的基础上修建的，这条大道是前几代统治者的遗产，从旧王宫的入口开始，一直向东延伸。这五条大道通往五座雄伟的城门，每座城门都再现了中央庙宇的基本主题，也就是朝向东西南北四方的人面塔。城门外，通往城市的堤道两侧是蛇（nāgas）形的栏杆，这些栏杆象征着彩虹，在印度传说中，彩虹是连接人间和天界的纽带，王城则是天界在地上的代表。[2]

在圣剑寺石碑上列举的阇耶跋摩七世的众多宗教建筑中，[3]有二十三尊名为阇耶佛陀摩诃那多（Jayabuddhamahānātha）的雕像，它们被分别保存在许多城市，其中的华富里、素攀、叻武里、佛丕（Phetchaburi）和芒新（Muang Sing），如今都在暹罗境内。[4]这些雕像的名字让人想起国王的名字。也许正是为了供奉这些雕像，各省才建造出来一些寺庙，其风格使我们可以将其归于阇耶跋摩七世统治时期，例如，磅湛的诺戈寺和巴地的达勃珑寺。[5]至于班迭奇马寺，[6]则是为了纪念阇耶跋摩七世的一个儿子室利陀罗

---

① 赛代斯：《巴戎寺的碑铭》，BEFEO，第 28 期，第 104 页；《阇耶跋摩七世时的寺庙碑铭》，BEFEO，第 46 期，第 97 页。

② 保罗·穆斯：《阇耶跋摩七世时期的吴哥》，IAL，第 11 期（1937 年），第 65 页。马尔蒂·拉萨内（Martti Räsänen）：《彩虹 - 天桥》，载《东方研究》，第 14 期（1950 年），第 1—11 页。

③ 赛代斯：《吴哥的圣剑寺石碑》，第 295—296 页。

④ 芒新属于老挝，原作者此处记载有误。——译者注

⑤ 卢内·德·拉容奇埃：《柬埔寨古迹明细册》，第 1 卷，第 37 页，92 页。

⑥ 同上书，第 3 卷，第 391 页。

俱摩罗（Śrīndrakumāra）王子和他的四位战友而建，这四人曾救过王子的命，特别是在对魔王罗睺的战斗以及讨伐占婆的远征中。

圣剑寺的石碑[①]中提到了121座“带炉火的房子”，即驿站。它们彼此相距约15千米，是阇耶跋摩七世沿着遍布王国的道路修建的；其中，57座位于从吴哥通往占婆首都（潘郎或是平定的毘阇耶）的道路上，17座（目前已发现了其中的8座）分布在从吴哥到披迈（位于呵叻平原）的道路上，44座在连接一些城市的环形道路上，这些城市的位置尚不确定；另有一座在奇梳山，其余两座的所在地尚待考订。一个世纪后，这个驿站系统依然存在，中国使臣周达观在游记中写道：“大路上自有歇脚去处，如邮亭之类。”[②]

在建造这些驿站的同时，还兴建了遍布全国各地的102所医院。[③]由于在一些医院的原址发现了刻在基石上的梵文碑铭（内容都基本相同），[④]我们可以确定其中15所医院的位置。由于在另外17座布局相仿的建筑物中也发现了类似的碑铭，而且它们的年代似乎也属于这一时期，因此可以说，在阇耶跋摩七世的102所医院中，我们已经发现了30多所的遗址，即接近总数的三分之一。[⑤]

这些刻在基石上的碑文为我们提供了关于这些机构的有趣信息，它们都得到治病救命菩萨——药师琉璃光如来（Bhaishajyaguru Vaidūryaprabhā）的保佑，这个名字意为“闪耀着绿宝石光芒的

① 赛代斯:《吴哥的圣剑寺石碑》，第296—297页。亦见赛代斯的《12世纪末的驿站》，BEFEO，第40期，第347页。

② 伯希和翻译及编辑的《真腊风土记笺注》，BEFEO，第2期，第173页。

③ 这是达勃珑寺石碑提供的数字。见赛代斯的《达勃珑石碑》，第80页。

④ 路易斯·斐诺:《塞丰的梵文碑铭》，BEFEO，第3期，第18页。

⑤ 赛代斯:《阇耶跋摩七世的医院》，BEFEO，第40期，第344页。

药仙”，他在中国[①]至今仍是受信奉的佛之一。[②]

概括地说，以上便是阇耶跋摩七世的业绩。对于一个已被苏利耶跋摩二世的开边战事和大兴土木弄得筋疲力尽的民族来说，这着实有些令人不堪重负，从此这个民族再也无力反抗邻国的进攻。

2. 缅甸：那罗波帝悉都（1173 年至 1210 年）与僧伽罗佛教的传入

据《琉璃宫史》记载，那罗波帝悉都（那罗波帝阇耶苏罗，即阇耶苏罗三世）在杀死其兄那罗帝因迦（那罗辛诃）之后，于 1173 年在蒲甘为冕为王。由于这场谋杀是他本人策划的，因此，他首先要洗脱自己凶手的罪名，并清除先王的主要谋臣。[③]但碑铭对这些事件只字未提，尽管这并不意味着这些都纯属臆测。

在那罗波帝悉都统治的初期，他与锡兰国王波罗迦罗摩仆呼一世（Parākramabāhu Ⅰ）的代表发生了纠纷。这个代表被安置在三角洲的一个港口，大概即勃生港（Bassein），那罗波帝悉都一怒之下，监禁了僧迦罗的使者和商人，扣押货物，甚至劫持了一位经缅甸前往柬埔寨的锡兰公主。结果，波罗迦罗摩仆呼于 1180 年发动了一场报复性袭击。由于风暴突起，僧迦罗舰队被冲散。其中一艘在卡迦底波（Kākadīpa，意为“乌鸦岛”）登陆，另外五艘到达俱苏弥（Kusumi，勃生），而载着远征军指挥官的那艘船则到了波帕罗。僧迦罗人上岸后大肆劫掠、四处纵火、滥

① 赛代斯：《12 世纪末柬埔寨的医药救济》，载《法国远东医学杂志》（1941 年 3—4 月号），第 405 页。

② 伯希和：《药师琉璃光如来》，BEFEO，第 3 期，第 33 页。

③ 《琉璃宫史》，彭茂田和 G. H. 卢斯译（伦敦，1923 年），第 138—139 页。

杀无辜，并掳走了大批人口。①

但这次突袭并未阻止锡兰与缅甸此后在宗教方面关系的加强。佛教僧侣的领袖、僧阿罗汉的继承者般他求（Panthagu），在那罗都国王犯下了最初的罪行之后，就于 1167 年离开蒲甘，隐居锡兰，② 在那罗波帝悉都即位后不久，他又回到了缅甸。1173 年过后没多久，他就在蒲甘去世，终年 90 岁。显然，他也曾宣扬过僧迦罗佛教的卓越之处，当时波罗迦罗摩仆呼一世（1153—1186 年在位）正重振僧伽罗佛教，他以前曾认承大寺派（Mahāvihāra）佛教为正宗。③ 般他求的继承人，一位名叫乌多罗阇婆（Uttarajīva）的孟人，于 1180 年来到锡兰，④ 与他同来的还有一群僧人，他们肩负着向该岛国王表达亲善的使命。⑤ 一行人中有一个名叫车波多（Chapaṭa）的二十岁的年轻孟族沙弥，他留在锡兰生活了十年，于 1190 年带着另外四名僧侣一同回国，这四人和他一样，都是按照大寺派的仪式受戒的；其中一个叫多摩林陀（Tāmalinda），是柬埔寨国王（大概就是阇耶跋摩七世）的儿子。⑥

他们的返回是缅甸教派分立的起因，我们应该还记得，缅甸原有的教派是由建志学派的信徒僧阿罗汉所创建的。这是僧迦罗佛教正式传入印度支那半岛的开端。⑦ 车波多又名沙陀摩觉帝

---

① 《小史》，第 76 章，威尔海姆 · 盖格译（科伦坡，1953 年），第 2 卷，第 65—70 页。
② 《琉璃宫史》，第 133 页。
③ 《小史》，第 78 章，第 103 页。
④ 《琉璃宫史》，第 142 页。
⑤ 《小史》，第 76 章，第 70 页。
⑥ 《琉璃宫史》，第 142 页。
⑦ 关于这些事件，参阅杜成诰（Taw Sein Ko）的《卡利亚尼（Kalyani）碑铭初探》，载《印度文物》，第 22 期（1893 年），第 17 和 29—31 页。

波罗（Saddhammajotipāla），著有一系列巴利文著作，其中，以巴利文语法书《经集论疏》（Suttaniddesa）和《僧吉波伐那纳》（Sankhepavaṇṇanā）最为著名，后者是对题为《摄阿毗达摩义论》（Abhidhammatthasangaha）的玄学纲要的注疏。①

属同一教派的另一位孟族僧人达摩毗罗娑（Dhammavilāsa），法名舍利普多（Sāriputta），是缅甸第一部法律汇编《达摩毗罗娑法典》（Dhammavilasa Dhammathat）的作者，该书在孟族地区用巴利文撰写，并因 18 世纪的缅文译本而闻名于世。②

1197 年，那罗波帝悉都从锡兰得到了几颗新的舍利。③

那罗波帝悉都的势力范围延伸到了墨吉和掸族诸国，看来他的统治是比较和平繁荣的，这使他能够发展灌溉工程。④他在首都建了好几座庙宇，其中最主要的两座是苏罗摩尼寺（Sulamani，建于 1183 年）⑤和拘陀波林寺（Godopalin，建于 1230 年以前）。苏罗摩尼寺是孟族影响力衰落的标志。

他于 1210 年去世，在此之前，他选择其与妃子所生的幼子齐耶帝因迦［Zeyatheinkha，阇耶辛诃（Jayasiṃha）］作为继承人，⑥并成功地使他得到了地位比他高贵的哥哥们的承认。⑦

---

① 梅布尔·海恩斯·博德：《缅甸的巴利文文学》（伦敦，1909 年），第 17—18 页。

② 埃米丽·福克哈默（Emile Forchhammer）：《论缅甸法律的来源和发展》（仰光，1885 年），第 35—36 页。博德：《缅甸的巴利文文学》，第 31—33 页。

③ G. H. 卢斯：《关于公元 12 至 13 世纪缅甸人民的说明》，JBRS，第 42 期（1959 年），第 67 页。

④ 《琉璃宫史》，第 141 页。

⑤ 莱昂·德贝烈：《远东的印度化建筑》（巴黎，1907 年），第 271 页。奥康纳：《曼德勒》，第 269 和 280 页。卢佩温：《蒲甘导游图》，第 41 和 63 页。

⑥ 《琉璃宫史》，第 141 页。

⑦ 同上书，第 151 页。

3. 12 世纪末的印度尼西亚：室利佛逝（巨港）衰落有利于末罗游（占碑）

上文谈到的 1178 年三佛齐派往中国的使团，是《宋史》记载中的最后一个使用。周去非的《岭外代答》也成书于这一年。1125 年赵汝适撰写的《诸蕃志》[①] 援引了这部书的大部分内容。但是，在阅读《诸蕃志》时，我们得到的印象是：苏门答腊王国在 12 世纪末就开始分裂了。詹卑（占碑），即原先的末罗游，未在三佛齐的属国之列。《岭外代答》则说，从 1079 年起，詹卑先后于当年、1082 年和 1088 年按自己的意愿向中国派出了使团。[②] 尽管单马令、凌牙斯加、佛罗安、新拖、监拖、监篦和兰无里（亚齐）均被列为三佛齐的属国，但在书中都有独立的章节记载，[③] 例如，原书在写到监篦国时，就明确说它“旧属三佛齐，后因战争，遂自立为王”。[④]

因而，尽管现在说早在 1178 年室利佛逝就开始衰落了为时过早，[⑤] 但还是有必要考虑这个大岛，特别是末罗游（占碑）这个变量。也许早在这一时期，末罗游就以牺牲巨港为代价而成了摩

---

① 关于这些著作，参阅保罗 · 惠特利的“宋代海上贸易中的几种商品产地考”，JRASMB，第 32 期，第 2 辑（1959 年）。

② 夏德和柔克义：《赵汝适》，第 66 页注释 18。

③ 同上书，第 67—72 页。

④ 同上书，第 71 页。

⑤ 我在 1927 年就是这样认为的（《室利佛逝王国的衰落》，BKI，第 83 期，1927 年，第 459 页）。R. C. 玛兹穆德（《金洲》，第 197 页）和 K. A. N. 萨斯特里（《室利佛逝》，第 296 页）也建议以 1178 年为界。

诃罗阇王国的重心。[①]1183 年，一位名叫特莱罗吉亚罗阇·马利布沙那跋摩德瓦（Trailokyarāja Maulibhūshaṇavarmadeva）的国王令人在万伦湾的猜亚铸造了一尊被称为“加罗希大佛”的青铜佛像。[②] 这位国王的名字令人惊讶地联想到末罗游所使用的封号，因此我们不禁要问，在马来半岛铸造这尊塑像的是否就是末罗游的国王。

无论这个被中国人称为三佛齐的苏门答腊王国的中心是在巨港还是在占碑，在当时仍是个大国。周去非说：“三佛齐国，在南海之中，诸蕃水道之要冲也。东自阇婆诸国，西自大食、故临诸国，无不由其境而入中国者。”[③] 它还凭借同时占有海峡两岸的优势继续加强自己的力量。

关于爪哇在 12 世纪最后二十年的情况，我们只知道谏义里的两位国王的名字。

一位是卡默首罗，我们发现了他于1182年和1185年立的碑铭。[④]

---

① 这大概可以解释为什么《宋史》中“詹卑”（占碑）王这个头衔是给三佛齐王的，所根据的材料肯定是赵汝适时期的［见 W. P. 格勒内维特的《马来群岛和马六甲简志》（巴达维亚，1876 年），第 63 页；费琅：《苏门答腊的室利佛逝帝国》，第 66 页。］参阅伯希和的《15 世纪初的中国航海壮举》，TP，第 30 期（1933 年），第 376 页；J. L. 摩恩斯：《室利佛逝、爪哇和迦陀诃》，第 459 页。

② 赛代斯：《室利佛逝王国》，BEFEO，第 18 期，第 6 辑，第 34 页；《暹罗碑铭集》（曼谷，1924—1929 年），第 2 卷，第 45 页。关于其年代，参阅赛代斯的《室利佛逝王国的衰落》，第 468 页。塑像中的蛇是这一时期完成的，而佛像可能是晚些时候的（皮埃尔·杜邦：《加罗希的佛像》，BEFEO，第 42 期，第 105 页）。关于碑铭中提到的塔拉奈的摩诃赛那巴蒂（Mahāsenāpati Talānai），见赛代斯的《塔拉奈》，JGIS，第 8 期（1941 年），第 61 页。关于加罗希，见下文，本书第 297 页。

③ 周去非：《岭外代答》卷二。

④ N. J. 克罗姆：《印度化爪哇史》（海牙，1931 年），第 298 页。他的全名为：室利·卡默首罗·梯里维克拉玛瓦达纳·阿尼瓦利耶维利耶·帕拉克拉玛·迪吉约栋加德瓦（Śrī Kāmeśvara Trivikramāvatāra Anivaryavīrya Parākrama Digjayottungadeva）。L. C. 达迈斯：《主要印度尼西亚碑铭的年代清单》，第 68—71 页。

在他统治期间，塔纳孔（Tanakung）创作了关于诗律的论著《功德集》(Vṛittasanchaya)。[①] 此外，达玛查（Dharmaja）写下了《爱神的被焚》(Smaradahana)，这是一首描写被湿婆化为灰烬的爱神的诗篇，[②] 但也是一首借古喻今的诗，仅从诗的标题就足以看出这一点。[③] 卡默首罗的妻子是一位戎牙路公主，关于拉登潘吉（Raden Panji）的一组故事可能就是以这对国王夫妇的历史为基础写成的，[④] 这部作品家喻户晓，并以"伊垴"[Inao，爪哇语为"希诺"(Hino)] 为标题，流传到了泰族地区 [⑤] 和柬埔寨。[⑥]

另一位是室利卡（Śṛinga），我们有他立于 1194 年和 1205 年的碑铭，下文将以格尔达阇耶（Kṛitajaya）的名字谈到他。[⑦]

爪哇在这一时期商业兴旺，在周去非的《岭外代答》中也有所反映："诸蕃国之富盛多宝货者，莫如大食国，其次阇婆国，其

① 由 R. 弗里德里希发表于 VBG，第 22 期（1849 年）。参阅亨利·克恩的《散论》(海牙，1913—1929 年)，第 9 卷，第 70 页；H. B. 萨加尔:《印度对爪哇和巴厘文学的影响》(加尔各答，1934 年)，第 115—117 页。

② 由 R.Ng. 普尔巴扎拉卡发表和翻译的《爪哇文图书目录》，第 3 卷（万隆，1931 年）。参阅萨加尔的《印度对爪哇和巴厘文学的影响》，第 307 页。

③ 约翰娜·范·卢赫伊岑 – 德·列伍:《旧爪哇历史文学的开端》，BKI，第 112 期（1956 年），第 385 页。书名中的"Samara"是国王名字的前半部分卡默（Kāma）的别称，"dahana"即指达哈，为谏义里的别名。

④ R.Ng. 普尔巴扎拉卡:《潘吉的故事》，载《爪哇文图书目录》，第 9 卷（万隆，1931 年）。R. O. 温斯泰德:《潘吉的故事》，JRASMB，第 19 期（1941 年），第 234 页。

⑤ 19 世纪初由普拉·普塔·罗埃拉（Phra Phuttha Loet La）国王创作的暹罗文剧本的一部分，已由丹隆（Damrong）亲王于 1921 年在曼谷出版，并附加了一份关于其历史的序言。参阅达尼·尼瓦特亲王的《潘吉故事的暹文译本》，载《古代印度》(莱登，1947 年)，第 95 页。

⑥ 让·穆拉（Jean Moura）:《柬埔寨王国》(巴黎，1883 年)，第 2 卷，第 416—445 页。

⑦ 达迈斯:《主要印度尼西亚碑铭的年代清单》，第 69—73 页；《碑铭释录》，TBG，第 83 期（1949 年），第 10—15 页。

次三佛齐国……”[①]

在巴厘岛，1178 年至 1181 年间的碑铭是以阇耶潘古（Jayapangus）的名义立的，[②]1204 年的碑铭由阿胝昆底计多那（Adikuntiketana）和他的儿子巴拉密首罗（Parameśvara）所立。[③] 坦帕西林（Tampak Siring）的墓地和该岛的考古胜地之一——石窟寺院，就是在这个时期修建的。[④]

4. 13 世纪上半叶的柬埔寨

阇耶跋摩七世的诸多继承人怎样在吴哥就位，历史记载非常模糊。他的子嗣颇多，我们知道的至少就有四个，即：苏利耶俱摩罗（Sūryakumāra），达勃珑碑铭的作者；[⑤]毗罗俱摩罗（Vīrakumāra），圣剑寺碑铭的作者、罗贞陀罗提鞞（Rājendradevī）王后的儿子；[⑥]……因陀罗跋摩（姓名不完整），罗斛总督、阇耶罗阇提鞞王后之子；[⑦]还有室利陀罗俱摩罗，他的塑像被供奉在中心寺院班迭奇马寺，周围是他的四名战友的塑像。[⑧] 是否就是这位室利陀罗俱摩罗，以因陀罗跋摩（二世）的王号继承了王位？但姓名相

① 周去非:《岭外代答》卷三。
② 达迈斯:《主要印度尼西亚碑铭的年代清单》，第 95 页。
③ P. V. 范・斯坦因・卡伦费尔斯:《巴厘碑铭》（巴达维亚，1926 年），第 35—59 页。达迈斯:《主要印度尼西亚碑铭的年代清单》。
④ N. J. 克罗姆:《印度化爪哇文化导论》（海牙，1923 年），第 2 卷，第 52 和 420 页。W. F. 斯塔特海姆在《巴厘的古文物》（新加拉惹，1929 年），第 1 卷，第 86、145 和 192 页中，认为该地是国王（即本书第 241 页提到的“小儿子”阿那翁苏）的埋葬处。
⑤ 赛代斯:《达勃珑石碑》，第 81 页。
⑥ 赛代斯:《吴哥的圣剑寺石碑》，第 269 和 301 页。
⑦ 赛代斯:《柬埔寨碑铭集》，第 2 卷，第 176 页。亦参见赛代斯的《新年代和家谱资料》，第 326 页。
⑧ 赛代斯:《新年代和家谱资料》，第 309—319 页。

似并不能说明什么问题。另据班迭奇马碑铭记载，[①] 他在 1165 年之前就帮助耶输跋摩二世抗击罗睺，因此很难说他能一直活到 1243 年，即因陀罗跋摩二世去世的那年。[②] 由于整个 13 世纪初期的碑铭都很匮缺，真实情况不得而知。

中国和越南的资料告诉我们，在 1216 年和 1218 年，"柬埔寨军队最后一次直下义安；他们假道占婆并伙同占婆的一支军队一起进攻；但联军仍被击败，被迫撤退"。[③]1220 年，柬埔寨人撤出占婆，[④] 重新把都赖州的占婆王子庵舍罗阇扶上了毘阇耶的王座。此人是阇耶诃梨跋摩二世的长子，如前所述，他是在阇耶跋摩七世的宫廷中长大成人的，并在高棉人入侵占婆之初返回祖国。柬埔寨的这次退却，与泰人诸小国的独立是同一时期发生的，可能都是阇耶跋摩七世去世的后果。[⑤]

赵汝适在他 1225 年撰写的《诸蕃志》中，谈及了 12 世纪最后二十五年间柬埔寨同占婆的战争，以及前者对后者的吞并。[⑥] 据他说，柬埔寨南与三佛齐的属国加罗希接壤，我们已谈到加罗希位于马来半岛临万伦湾的地区。柬埔寨的属国有：

登流眉（在马来半岛上），[⑦]

---

① 同上书。
② 斐诺：《吴哥的碑铭》，第 296 和 394 页。
③ 亨利·马伯乐：《8 至 14 世纪安南与柬埔寨的边界》，BEFEO，第 18 期，第 3 辑，第 35 页。
④ 艾莫尼尔：《占婆碑铭初探》，第 51 页。
⑤ 赛代斯：《兔年，公元 1219 年》，载《古代印度》（莱登，1947 年），第 83 页。
⑥ 夏德和柔克义：《赵汝适》，第 54 页。
⑦ 伯希和：《交广印度两道考》，BEFEO，第 4 期，第 233 页。如果这个国家确实是丹马令（这无从肯定，因为赵汝适把另一个王国称作单马令），那么它必定已经兼并了加罗希，这在 1280 年时已成事实。因为如果单马令（洛坤）还隶属于柬埔寨的话，那加罗希怎么会是三佛齐的属国。

波斯兰（在暹罗湾沿岸），

罗斛（华富里），

三泺（湄南河上游的暹族地区？），[①]

真里富（在暹罗湾沿岸），[②]

麻罗问（可能是莫良，在马德望南部），

绿洋（？），

吞里富（？），

蒲甘，

窊里（在上缅甸），

西棚（？），

杜怀浔（？）。

这份名单表明，在泰人推进的前夕，柬埔寨仍然是湄南河流域和马来半岛一部分地区的主宰。该国对缅甸的觊觎，可能是由1207年缅军曾随同柬军远征大越引起的。

关于因陀罗跋摩二世，人们只知道他死于1243年这个日期。[③]

5. 高棉人占领结束后的占婆（1220年至1257年）

阇耶跋摩七世的继承者无法维持柬埔寨帝国的统一，这一点从1220年起就在占婆体现出来了。据碑铭记载，那年“高棉人

① G. H. 卢斯反对这一考证，见《缅甸历史上的早期暹罗人·续编》，JSS，第47期（1959年），第60页。

② O.W. 沃尔特斯:《真里富》，JSS，第48期（1960年11月），第1—35页。除了1200年的使团之外，这个国家还于1202年和1205年向中国派遣过使节（沃尔特斯:《单马令》，第606页注释2）。

③ 斐诺:《吴哥的碑铭》，第296页，394页。

前往神圣的国度，占婆人则来到昆阇耶”。[①]这次主动或被迫的撤退，发生在王号为阇耶波罗蜜首罗跋摩（二世），[②]即都赖－昆阇耶的庵舍罗阇王子加冕六年之后。这位占王是阇耶诃梨跋摩一世之孙，在阇耶跋摩七世的宫廷中长大。乔治·马伯乐写道：[③]“占婆人与高棉人之间的百年战争就此结束了。此后，高棉人忙于对付新敌暹罗，不再梦想征服占婆了。此后几个世纪，高棉人将只能眼睁睁地看着占婆王国经历的事件。贪图战利品和荣誉的冒险家们成为非法集团的首领，他们竭力为各个王位觊觎者效劳，并积极参与每一场内战。”阇耶波罗蜜首罗跋摩二世统治时期的大部分时间都用于修复灌溉设施，并在历年战争的废墟上重新兴建工程。“他重建了南方所有的林伽，如扬普那伽罗（Yang Pu Nagara，芽庄波那加塔）的林伽，也重修了北方的林伽，如室利伊奢那婆陀首罗（美山）的那些林伽。”[④]

在他统治的末期，阇耶波罗蜜首罗跋摩二世与大越发生了冲突。自1225年起，大越由一个新王朝——陈氏王朝统治。越皇陈太宗就占人不断在大越沿海进行劫掠向他兴师问罪，他则答复说要求大越归还北方三省，长期以来，这三个省一直是两国不和的根源。1252年，大越皇帝亲自率兵对占婆进行了一次惩罚性的讨伐，带回了许多俘虏，包括不少达官贵人和宫娥命妇。[⑤]

占婆国王可能也死于这场冲突，因为不久之后，他的弟弟沙坎－昆阇耶（Sakañ-vijaya）的诃梨提婆王子就登上了王位。这位

① 艾莫尼尔:《占婆碑铭初探》，第51页。
② 同上书。
③ 《占婆史》，第169页。
④ 斐诺:《美山碑铭》，第976页。
⑤ 马伯乐:《占婆史》，第172页。

王子曾于1249年以瑜婆罗阇的身份率兵讨伐宾童龙。[①] 这位新国王“通晓各种知识，精通各派哲学”。[②] 他的王号为阇耶因陀罗跋摩六世，在位时间很短，于1257年被其外甥诃梨提婆刺杀。[③]

6. 缅甸：蒲甘的后期诸王（1210年至1274年）

据《琉璃宫史》记载，那罗波帝悉都在1210年去世之前，曾经选定其庶出幼子齐耶帝因迦（阇耶辛诃）为继承人。齐耶帝因迦又叫那东摩耶（Nadaungmya）。他的那些出身比他高贵的兄弟们都接受了这一选择，因为“王伞曾奇迹般地偏转”向他，他因此得到了醯路弥路这个名字，并以这个名字而闻名。此外，新国王明智地让他的兄弟们分享大权。[④] 不过，事实真相未必如此。齐耶帝因迦于1211年[⑤] 即位后，只将部分权力交给了他的大臣们。他的统治最晚至1231年，主要功绩是建造了首都的最后两座大寺院，一座是仿照印度著名的菩提伽耶寺而建的摩诃菩提寺（Mahabodhi），[⑥] 另一座是醯路弥路寺，[⑦] 建在“王伞偏转”的地方。

---

① 艾莫尼尔：《占婆碑铭初探》，第57页。关于其年代，参阅路易斯·斐诺的《阇耶波罗蜜首罗跋摩一世的碑铭》，BEFEO，第15期，第2辑，第51页。

② 斐诺：《美山碑铭》，第954页。

③ 斐诺：《阇耶波罗蜜首罗跋摩一世的碑铭》，第51页注释1。

④ 《琉璃宫史》，第153页。

⑤ 他的正式称号是特里布婆那帝耶·波伐罗达摩罗阇（Tribhavanāditya Pavaradhammarāja）。见丹吞的《缅甸的历史，公元1000—1300年》，载《缅甸历史学会通报》，第1卷（1960年），第50页。巴利文编年史《佛教史》中说，他在1203年曾为《菩提道次第》写了一部注疏（赛代斯：《关于老挝西部政治和宗教历史的文献》，第11页注释）。

⑥ 莱昂·德贝烈：《远东的印度化建筑》，第299页。奥康纳：《曼德勒》，第221、270和275页。卢佩温：《蒲甘导游图》，第44页。

⑦ 奥康纳：《曼德勒》，第260页。卢佩温认为该寺的名字是由于对一个代表帝罗迦曼伽罗（Tilokamangala）的孟语词汇的误读所致。前引书，第25页。

如果《琉璃宫史》的记载属实，醯路弥路的继承人是他的儿子侨苴（Kyôzwa），这是位笃信宗教的王子，他把实权让给了儿子乌娑那（Uzana），自己则和僧人们一起度过余生。① 但据碑铭记载，那东摩耶的继承人首先是其长子那罗辛诃乌娑那，② 后来，在 1235 年时，次子侨苴才继位，③ 后者加强了国内治安，恢复了经济。在侨苴统治期间，文学，特别是语法学的活动很活跃。④ 他死于 1250 年，其侄子（同时又是他的女婿）乌娑那继位。乌娑那在位仅四年，就死于一次狩猎事故。⑤

1256 年，乌娑那死后，他的合法继承人梯伽都 [Thingathu，辛诃苏罗（Singhasūra）] 被庶出的 16 岁的那罗帝诃波帝 [Narathihapate，那罗悉诃波帝（Narasīhapati）] 驱逐。⑥ 那罗帝诃波帝以德鲁披依（Tarukphyi）这个别号而名声在外，此名意为"在德鲁人（蒙古人）面前闻风而逃的人"。据《琉璃宫史》记载，他能登上王位，多亏了大臣耶娑提犍 [Yazathinkyan，罗阇僧罗摩（Rājasankrama）]，但这位功臣很快便被那罗帝诃波帝扫地出门，"就像那宝塔一旦竣工，脚手架就立即被拆除"。⑦ 不过耶娑提犍不久又被

---

① 《琉璃宫史》，第 155—156 页。

② 即特里布婆那帝耶 · 波代罗达摩罗阇提罗阇 · 陀那波底（Tribhavanāditya Pavaradhammarājādhirāja Dānapati），见丹吞的《缅甸的历史，公元 1000 至 1300 年》，第 51 页。

③ 即特里布婆那帝耶 · 波伐罗檗底多 · 达摩罗阇（Tribhavanāditya Pavarapaṇḍita Dhammarāja），同上书。

④ 博德:《缅甸的巴利文文学》，第 25 页。1237 年至 1248 年间，有一个僧侣代表团前往锡兰，带回了僧伽罗佛教徒，他们通过效法僧伽罗的仪式，来帮助净化了蒲甘的佛教。同上书，第 53 页。

⑤ 《琉璃宫史》，第 156—158 页。

⑥ 丹吞，前引书，第 54 页。其称号为特里布婆那帝耶 · 达摩罗阇 · 阇耶苏罗（Tribhavanāditya Dhammarāja Jayasūra）。

⑦ 《琉璃宫史》，第 161 页。

召回，以镇压莫塔马和若开地区的叛乱。[①] 关于这些说法，碑铭中未提供任何证据。

为了安置当朝王子和公主们的塑像，那罗帝诃波帝国王于1274年开始修建弥伽罗悉提寺［Mingalazedi，曼伽罗奢迭耶（Mangalachetiya）］。占卜者们预言，该寺建成之时就是王朝覆亡之日。[②] 事实上，蒲甘的确在不久之后就落入了蒙古人的手中。

7. 解体前夕的室利佛逝（1225年至1270年）

在13世纪初，尽管三佛齐已有即将分崩离析的各种征兆，但它仍然是一个大国。赵汝适列举了它的不下十五个属国：[③]

蓬丰（彭亨），

登牙侬（丁加奴），

凌牙斯加（龙牙犀角），

吉兰丹，

佛罗安（瓜拉贝琅），[④]

日罗亭（位于半岛的东部沿岸？），

潜迈拔沓（？），[⑤]

丹马令（洛坤地区），

加罗希（位于万伦湾一带），

① 同上书，第162页。

② 同上书，第171页。

③ 夏德和柔克义：《赵汝适》，第62页。费琅：《苏门答腊的室利佛逝帝国》，第13页。R. C. 玛兹穆德：《金洲》，第193页。K. A. N. 萨斯特里：《室利佛逝》，第294页。

④ 该地位于登嘉楼河上游约30英里处，在那里发现了半岛上最古老的伊斯兰教遗迹。保罗·惠特利：《产地考》，第11页；《黄金半岛》，第70页。

⑤ 惠特利：《黄金半岛》，第71—72页。

巴林冯（巨港），

新拖（西爪哇的巽他），[①]

监篦（坎珀，在苏门答腊东海岸），

兰无里（苏门答腊北端），

细兰（锡兰？）。

这份名单涵盖了万伦湾以南的整个马来半岛和印度尼西亚西部的全部地区：摩诃罗阇一直因同时占有海峡两岸（即室利佛逝到迦陀诃，或称斯里布扎至卡拉的地区）而兵强马壮。

然而，三佛齐的这种制海权似乎已经变成了一种彻头彻尾的海盗行径。赵汝适写道："其国在海中，扼诸蕃舟车往来之咽喉。……若商舶过不入，即出船合战，期以必死，故国之舟幅凑焉。"[②]

在前一章中已经谈道：到 11 世纪末，苏门答腊岛东岸的坎珀和末罗游已经摆脱了室利佛逝的控制。赵汝适在他的名单里没有进一步提到占碑或末罗游，但包括了巨港，这说明该地不再是三佛齐帝国的首都。[③] 不可否认，1230 年，帝国在马来半岛上的权威也衰落了。那一年，属于"莲花家族"（padmavaṃśa）的丹马令（洛坤）国王达摩罗阇·旃陀罗跋努（Dharmarāja Chand-

---

① 赵汝适在"三佛齐"条末写道，"其国东接戎牙路（即 Janggala）"，因此，可以看出，起初，戎牙路曾一度被班查鲁（又名谏义里）超越，在赵汝适写书的时候，即 1225 年，刚刚恢复它的优势，首都是杜马坡。这并不等于说三佛齐的属地包括爪哇岛的西部和中部，直至戎牙路的边境，因为当时赵汝适在三佛齐的属国中只列举了新拖，即巽他。赵汝适所说的戎牙路，大概是指由爱尔棱加处继承下来的整个爪哇王国。参阅 J.L. 摩恩斯的《室利佛逝、爪哇和迦陀诃》，第 410 和 414 页。

② 赵汝适:《诸蕃志》。费琅:《苏门答腊的室利佛逝帝国》，第 13 页。

③ 惠特利在《产地考》一文中（第 12 页）提醒人们注意这一观点：尽管我们尚不了解从巨港迁都至占碑的确切年代，但在 13 世纪时，这一迁都应当已经完成，因为彼时格尔达纳卡拉对苏门答腊的远征就是针对占碑的。

rabhānu）命人在猜亚，大概就是刚刚被并吞了的加罗希的旧址上镌刻了一块碑铭，[①] 其内容完全就是出自一个独立的君主之手。[②] 僧迦罗的《大史》中曾提到旃陀罗跋努，并称之为阇婆迦人的国王。在印度最南部的潘地亚人的碑铭中，[③] 以萨瓦坎（Śāvakan）的名字出现过的也应当是他。通过对这些碑铭[④] 和巴利文编年史《佛教史》（Jinakālamālī）[⑤] 的比较研究，我们可以认为，旃陀罗跋努大概是出于获得佛祖舍利或佛像的和平目的，于1247年向锡兰派遣了一个使团，结果却发生了武装冲突，其结果可能是在岛上建立了一个阇婆迦人的殖民地。1263年左右，阇多跋摩・毗罗・槃底耶（Jaṭāvarman Vīra Pāṇḍya）被召到锡兰，以平息其兄阇多跋摩・孙陀罗・槃底耶（Jaṭāvarman Sundara Pāṇḍya）于1258年在岛上建立潘地亚藩属国而引发的骚乱。他不得不与两个僧迦罗王子以及一个阇婆迦王子交战，后者大概是旃陀罗跋努之子，在锡兰即位，这次被阇多跋摩征服。旃陀罗跋努大约在1270年发动了第二次远征，这次是为了索取佛牙和佛陀的钵。他再度遭受惨败。[⑥]

丹马令是室利佛逝在半岛上最重要的属国，它与苏门答腊宗

---

① 赛代斯:《暹罗碑铭集》，第2卷，第41页。

② 如果赵汝适在列举柬埔寨诸属国时提到的登流眉就是加罗希王国的全部或一部分的话，那么当时这个国王可能是承认了柬埔寨的宗主权的。

③ 德・拉瓦莱－普桑:《从迦腻色伽到穆斯林入侵的印度诸王朝及其历史》（巴黎，1935年），第251页及其后诸页。

④ 下列著作都对这些铭文进行过讨论：N. J. 克罗姆:《室利佛逝的没落》，MKAWAL，第62期（1926年），B集第5节；赛代斯:《室利佛逝王国的衰落》，第459页；K. A. N. 萨斯特里:《室利佛逝，旃陀罗跋努和毗罗槃底耶》，TBG，第77期（1937年），第251页。

⑤ 赛代斯:《关于老挝西部政治和宗教历史的文献》，第99页。

⑥ 同上书。关于这些事件的僧伽罗史料，请见C. W. 尼古拉斯和塞内拉特・帕拉纳维塔纳的《简明锡兰史》（科伦坡，1961年），第281—289页。

主国仅仅保持着非常松散的联系。丹马令的衰落有利于大约 20 年后一位泰人征服者在半岛的征战。此外，旃陀罗跋努似乎与泰人保持着友好关系，①这也许意味着对素可泰宗主权的承认。②但是，爪哇对室利佛逝的打击是最重大的。下面将叙述 13 世纪头七十五年间的爪哇历史。

8. 爪哇：谏义里王国的终结（1222 年）与新柯沙里王国的建立（至 1268 年）③

在 13 世纪初，格尔达阇耶（即室利卡）占据着谏义里的王

---

① 赛代斯:《关于老挝西部政治和宗教历史的文献》，第 99 页。

② 这至少是 F. H. 吉尔斯（F. H. Giles）的意见,《戈拉（Koh Lak）的传说》，JSS，第 30 期（1938 年），第 18—21 页。

③ 康奈尔 · C. 伯格曾发表过一系列研究谏义里王国末期和新柯沙里王国初期的著作，在 F. D. K. 博世的《C. C. 伯格与爪哇古代史》（BKI，第 112 期，1956 年，第 1 页）一文中能找到这些著作的一览表。他最后的，也是最重要的一篇这方面的学术著作，刊载在 VKNAWAL 的第 69 卷第 1 期上，题目为《五重佛陀的王国》。毫无疑问，许多读者会问，我为什么不引用伯格的这些博学的肯定很有价值的学术作品。原因就在于，它们已经超出了"反映史实"的范畴。这些著作的目标并不是通过利用当时的当地文献和可靠的外国资料来重建各种事件的脉络。伯格坚持的是这样的原则（他在《爪哇历史学》一文中阐述了这一原则，该文载于 D. C. E. 霍尔所编的《东南亚的历史学家们》，伦敦，1961 年，第 13 页）：凡是能够根据已知的碑铭和编年史还原的历史，都不符合真实发生的历史，而只是国王和他们的史官们希望他们同时代人相信的历史。因此，伯格试图确定是哪些政治和宗教原则导致了对历史的"伪造"。这种还原历史的方法对于研究古代爪哇人的社会学和心理学有很大的意义，但对我的从本来意义而言的历史学观念来说则是毫不相干。我不愿意参与一场超出我的能力的论战，因此，谨引用 L. C. 达迈斯的一段话（《爪哇语研究》，BEFEO，第 50 期，1962 年，第 416 页）作为结束："在提出大胆的理论之前，必须先不抱成见地研究那些流传至今的文献，如果可能的话，应通过古文字学和文献学研究，尽量根据这些文献现存状况所允许的条件，从中确定具体的事实，而不是不惜一切代价地来支持自己的理论，给予那些似乎证实了自己理论的文献以独特的信任，而将那些与理论明显相悖的文献都视为捏造的资料，它们所提供的证据都必须被弃之如敝履。"

位。在他的统治末期（1222 年），一个名叫安禄（Angrok）的冒险家窃取了原先的戎牙路的大权。在此之前，他占据着玛琅东北部的杜马坡（Tumapel）。此后，安禄又见机行事，反叛了其主谏义里国王。新王朝在戎牙路的杜马坡建立，这被视为戎牙路和班查鲁（谏义里）两国重归统一的标志，它们是爱尔棱加王国的两部分。前文讲过，戎牙路其实从一开始就被谏义里吞并了，它们的合并实际上在很久以前就完成了。但是，由于旧都在戎牙路，所以当篡位者在爱尔棱加王国两部分中更为重要的那部分称王时，给人们的印象是，古老的爪哇国家的传统又百废俱兴了。

撰于 1225 年的《诸蕃志》中有关爪哇的记载，反映了 13 世纪二十年代当地的动荡局势。赵汝适记载中的矛盾之处，显然就是由于形势急剧变化而导致的。这种混乱最终在 1222 年谏义里的覆灭中达到了顶峰。

在《诸蕃志》第十四节中，赵汝适使用了阇婆这个古老的名字，他说此地又名莆家龙（北加浪岸）。这些内容大部分取自 1178 年的《岭外代答》一书，赵汝适在这一节的末尾谈到，中国为了阻止私自出口铜钱，"朝廷屡行禁止与（阇婆）贩，番商诡计，易其名曰苏吉丹"。在第十五节中，赵汝适就是以苏吉丹这个名称为标题，描述了当时的爪哇王国。

人们曾把好几个地方考证为苏吉丹，其中可能性最大的是紧邻泗水的苏卡达纳（Sukadana）。[①] 苏吉丹的领土范围很难确定，因为赵汝适所提供的材料相互矛盾，其原因在于这些材料的年代

① 伯特伦·施里克:《苏门答腊人民社会学研究序言》，TBG，第 65 期（1925 年），第 126 页注释 36。关于苏吉丹和打板，也可参阅 R. A. 克尔恩的《重新发现若尔坦？》，BKI，第 102 期（1943 年），第 549—551 页。

各不相同，最新的材料似乎是在谏义里覆亡之后的。因此，他在这节的开头说，苏吉丹西接新拖（巽他），东连打板（厨闽或杜马坡），这大致相当于除已获独立的戎牙路版图以外的谏义里领土。但在苏吉丹的属国名单中，[①]却包括了打板和戎牙路（即今乌莱加卢，布兰塔斯河三角洲上的一个港口），这里所反映的是戎牙路独立之前的情况。最后，在关于三佛齐的那章的末尾，[②]赵汝适又写道，这个国家（新拖即巽他，也在其属国之列）东接戎牙路，这就只能使人认为，戎牙路不仅获得了独立，而且还兼并了谏义里。

除了打板和戎牙路之外，赵汝适还把下列诸国列为苏吉丹的属国：[③]

在爪哇岛上的属国有：

百花园（？），

麻东（默当），

禧宁（？）

东峙（东部海岬），

在附近岛屿上的属国有：

打纲（？），

黄麻驻（？），

麻篱（巴厘？），

牛论（？），

---

① 夏德和柔克义：《赵汝适》，第83页。

② 同上书，第62页。

③ 下列各位学者都研究过这份名单：夏德和柔克义：《赵汝适》，第86页；G. P. 鲁法埃尔：《公元1400年的马六甲贸易中心》，BKI，第77期（1921年），第137页；克罗姆：《印度化爪哇史》，第309页。

丹戎武啰（婆罗洲西南部的丹戎补罗），

底勿（帝汶），

平牙夷（西里伯斯东部的邦盖），

勿奴孤（文老古）。[①]

杜马坡王国的创立者安禄的横空出世，改变了爪哇的历史。这种新面貌一直维持到印度化阶段的终结。事实上，我们对这一时期爪哇史的了解，很大程度上依赖于两部爪哇文的编年史：一部是勃拉邦加的《爪哇史颂》（Nāgarakṛitāgama，1365 年），[②] 另一部是 15 世纪末的《列王志》（Pararaton）。[③] 它们和缅甸的《琉璃宫史》一样，详细介绍了诸王及其周围人的生平、他们的私生活，以及不见于碑铭记载的宫廷丑闻和轶事。

安禄是农民的儿子，但后来他自称是湿婆·祇利因陀罗（Śiva Girīndra，意为"山王湿婆"）之子，[④] 这个称号让人想起（也许是故意的）夏连特拉的古老称号。安禄年轻时是个拦路强盗，后来为杜马坡总督通古尔阿默栋（Tungul Ametung）效力，但他谋害了总督，并娶了他的妻子德德斯（Deḍes）。[⑤] 他巩固了

---

① 关于最后这两项考证，参阅费琅的《昆仑人与古代的跨洋航行》，JA，1919 年 3—4 月号，第 281 页。

② 曾由 J. L. A. 布兰德斯发表，VBG，第 54 期（1902 年），并由亨利·克恩译出，载于《散论》（海牙，1913—1929 年），第 7 卷和第 8 卷（1919 年由克罗姆再版）。西奥多·G. Th. 皮格奥德（Theodore G. Th. Pigeaud）以《14 世纪的爪哇》为题，发行了五卷本的第三版（海牙，1960—1963 年）。

③ 曾由 J. L. A. 布兰德斯发表，VBG，第 49 期（1896 年）。N. J. 克罗姆于 1920 年再版，载 VBG，第 62 期（1920 年）。下面提到的参考文献是依据克罗姆版。

④ 《爪哇史颂》（亨利·克恩,《散论》，第 8 卷），第 7 页。

⑤ 《列王志》，第 61 页。莱登博物馆收藏的著名的般若波罗蜜多塑像，大概就是表现这个女人的。见 N. J. 克罗姆的《印度化爪哇文化导论》（海牙，1923 年），图版 54。

自己在卡维山以东的地位，然后利用格尔达阇耶国王与祭司的冲突，以罗查沙（Rājasa）为号自立为王。[①] 当时，这个祭司站在安禄这一边。

1221 年，安禄向谏义里发动进攻，在甘特尔（Ganter，该地的位置至今尚未确定）展开了一场决定性的战斗。[②] 格尔达阇耶败逃，消失得无影无踪。于是，谏义里成了杜马坡王国的一部分，该王国后来以其首都新柯沙里的名字而为人所熟知。新柯沙里起初被称为哥打拉贾（Kuṭarāja）。

罗查沙统治了 6 年，似乎一直很平静，直到 1227 年被谋杀。杀手受德德斯王后的儿子和前杜马坡总督阿努沙巴迪（Anūshapati）指使，阿努沙巴迪就此报了杀父之仇。[③]

阿努沙巴迪又名阿努沙那他（Anūshanātha）。他继承了罗查沙的王位，一直统治到 1248 年。那一年，在一次斗鸡中，他被罗查沙的庶子陀阇耶（Tohjaya）所杀。[④] 玛琅东南的基达尔陵庙（Chandi Kidal）就是阿努沙巴迪的陵寝，[⑤]这座建筑还完全保持着印度化爪哇的传统风格。

1248 年，陀阇耶在位仅仅数月，就死于宫廷叛乱之中。这次叛乱是由他的两个侄子，即阿努沙那他的儿子朗卡武尼（Ranga Wuni）和罗查沙的孙子玛希沙詹巴卡（Mahīsha Champaka）策动的。[⑥] 这两位王公共掌朝政，前者号为毗湿奴跋达拿（Vishṇuvardhana），

---

① 《列王志》，第 62 页。
② 同上书，第 63 页。
③ 同上书，第 64—65 页。
④ 同上书，第 72 页。
⑤ 克罗姆:《印度化爪哇文化导论》，第 2 卷，第 55 页。
⑥ 《列王志》，第 73—76 页。

后者号为那拉辛哈穆蒂（Narasiṃhamūrti）。[①] 毗湿奴跋达拿统治时期（1248—1268年）的主要事件是镇压了一个叫林加巴迪（Linga-pati）的人发动的叛乱。[②] 自1254年起，毗湿奴跋达拿就把实权交给了他的儿子格尔达纳卡拉（Kṛitanagara），同年，都城哥打拉贾更名为新柯沙里。[③] 毗湿奴跋达拿于1268年突然死去，他在瓦烈里［Waleri，即默烈里（Meleri），位于勿里达（Blitar）附近］被神化为湿婆的形象，在查查胡（Jajaghu，查科陵）则被神化为不空羂索菩萨（Amoghapāśa，观世音菩萨的化身之一）的形象。[④] 著名的查科陵饰有以《象耳书》（Kunjarakarṇa）、[⑤]《波罗陀后裔纪事》（Pārthayajña）、[⑥]《阿周那的婚姻》和《克里希那耶那》（Kṛishṇāyana）[⑦] 等不同的印度化爪哇诗篇为题材的浅浮雕，与以往的各座陵庙相比，它具有更为鲜明的印度尼西亚风格。[⑧] 这种伴随着原始传统回潮而出现的印度文化的衰落，是13世纪外印度的普遍现象。

除了前面提到的这种衰落的内部原因之外，我们还可以在这里作两点补充：一个原因是穆斯林入侵印度，在造成知识分子外

① 同上书，第77页。
② 《爪哇史颂》，第12页。
③ 同上书，第13页。有关这一遗址的考古文物，参阅J. L. A. 布兰德斯的《新柯沙里陵墓简介》（海牙，1909年）；克罗姆：《印度化爪哇文化导论》，第68—93页；杰西·布洛姆（Jessy Blom）：《新柯沙里的文物》（莱登，1939年）。
④ 《爪哇史颂》，第14页。参阅克罗姆的《印度化爪哇史》，第327页。
⑤ 克恩：《散论》，第10卷，第1—76页。萨加尔：《印度对爪哇和巴厘文学的影响》，第83—87页。
⑥ 萨加尔：《印度对爪哇和巴厘文学的影响》，第224—278页。
⑦ 萨加尔：《印度对爪哇和巴厘文学的影响》，第322—323页。
⑧ J. L. A. 布兰德斯：《东邦公鸡陵》（海牙，1904年）。克罗姆：《印度化爪哇文化导论》，95—136页。

流之后，[①] 导致印度各文化殖民地赖以重振的源泉一时枯竭了；另一个原因是蒙古人的征服，它导致了诸多古老的印度化王国的毁灭。这将在第十二章里介绍。

① 达拉那塔（Tāranātha）说，在印度被德罗什卡人（Turushkas）征服时（指 12 世纪末，穆罕默德·依·巴克提亚的入侵），大批佛教学者逃往蒲卡姆（蒲甘）、蒙詹（哈里奔猜？）、柬埔寨和其他地区。在这些学者中，包括桑伽摩·室利阇那、罗毗室利婆陀罗、旃陀罗迦罗笈多以及 16 位大师（mahāntas）和 200 位普通学者。参阅尼哈拉尼安·雷:《缅甸的梵文佛教》（加尔各答，1936 年），第 76、81 和 85 页。

第十二章

蒙古人征服的影响（13 世纪的最后三分之一）

13 世纪时，整个欧亚大陆都处于蒙古人战旗的覆压之下。外印度也没有躲过他们的锋芒，因为中国的忽必烈（成吉思汗的孙子）从 1260 年即大汗之位开始，就致力于使那些过去向中国宋朝称臣的外国君主们向他臣服。1271 年，他建立了新的王朝——元朝。在东南亚地区，尽管汉—蒙军队只收获了一些挫败和短暂的胜利，但他们的铁骑仍留下了深远的影响，其中最重要的是泰族强国在湄南河流域和缅甸[①]的出现，并因此而给柬埔寨、湄公河和马来半岛诸小国都带来了严重的后果。

1. 泰人

泰族来自中国云南，在很长一段时间里，人们都认为他们于公元 8 世纪时建立了南诏王国［那里的居民似乎讲的是一种藏缅语族的方言，即罗罗语（Lolo）或民家语（Min-chia）］，[②]而他

① 有关泰人散布情况的理论，参阅 L. P. 布里格斯的《泰、泰人、暹罗人和寮族等术语的出现及其在历史上的运用》，JAOS，第 69 期（1949 年），第 60—73 页；让·里斯波（Jean Rispaud）:《中国云南和缅甸的傣族史导言》，载《法国 - 亚洲》，n.s. XVII，第 166 期（1961 年），第 1849—1879 页。

② G. H. 卢斯:《缅甸历史上的古代暹罗人》，JSS，第 46 期（1958 年），第 141 页。参阅许云樵，JSSS，第 4 期，第 2 辑（1947 年 12 月号），第 11 页。

们在印度支那半岛中部和缅甸的山谷中获得独立，则是很久之后的事情了。有时，人们说“泰族的入侵”是 13 世纪时“蒙古人推进”的后果。事实上，这一“入侵”是泰族沿着大江和河流进行的缓慢渗入，并且大概已有很悠久的历史了，它是印度支那半岛特有的、居民自北向南迁徙运动的一部分。但是，在 1220 年左右，也许是在阇耶跋摩七世去世之后（略早于 1220 年），中国云南南部边境发生了大规模的动荡。根据传统的年代——在此我虽列举了这些年代，但对其可靠性持保留意见——八莫以北莫冈（Mogaung）的泰人小国大约建于 1215 年，位于萨尔温江西部支流上的小国孟奈（Moné 或 Mùang Nai）可能建于 1223 年，而阿萨姆可能是 1229 年被泰人征服的。[①] 大约与此同时，湄公河上游的景洪（Chiangrung）和侬央（Ngoen Yang，今天的清盛）的泰人首领，通过子女联姻结成了同盟。[②] 传说中的坤博隆（Khun Borom）的入侵以及大批泰人沿着南乌江（Nam U）到达琅勃拉邦地区，很可能也发生在同一时期。[③] 到 13 世纪中叶，泰人已经进入了南部山谷中的印度化高棉人、孟人和缅人的核心区。况且，蒙古人史诗般的丰功伟绩已经激发了泰人的想象力，一旦他们获得了一些政治凝聚力，他们的首领们在各自小国的内部组织方式，以及对谷地和三角洲古老印度化文化的政策上，就会竭力

① P. 勒弗尔 – 蓬塔利斯（P. Lefèvre-Pontalis）：《兰那王国或巴鲁王国的云族》，TP，第 11 期（1910 年），第 107 页。G. H. 卢斯在《缅甸历史上的古代暹罗人》一文中（第 126 页）对这些年代提出了质疑，理由是蒲甘的权势在整个 13 世纪都保持完整，并且有铭文证据表明缅甸对北部省份拥有主权。

② 卡米尔·诺顿：《暹罗编年史》（巴黎，1926—1932 年），第 3 卷，第 20 页。

③ 《帕维使团的综合研究》，第 2 卷（巴黎，1898 年），第 7—17 页。路易斯·斐诺：《老挝文学研究》，BEFEO，第 17 期，第 5 辑，第 160—164 页。

效法蒙古人。我们将会看到，13 世纪末期伟大的暹罗征服者兰甘亨（Rāma Khamhaeng）的一些碑铭，有时甚至反映了他对成吉思汗武功的致敬。在蒙古人方面，自 1253 年 1 月 17 日夺取大理、1257 年平定中国云南后，对以牺牲古老的印度化王国为代价、建立一系列泰人小国的做法也并不反感，因为他们认为这些小国更易于驾驭、更容易听命于中国。但是，这一系列政治事件的发生，与其说是由于半岛人口的突然变化，不如说是由于一个出身于泰族的领导阶层夺取了权力。在缅甸，蒙古人于 1287 年占领了蒲甘，致使缅甸王国一时消失，国土分裂成若干由泰族首领统治的小邦。在湄公河上游，一个来自清莱（Chiangrai）的泰人首领把孟人王朝赶出了哈里奔猜，并在离旧都不远的地方建立了新都清迈（Chiangmai）。素可泰在宣布独立后，迅速对外征服，结果在湄南河流域和湄公河上游地区，泰人的政府取代了高棉人的政府。

泰人是在 11 世纪才进入外印度历史的，那时的占文碑铭中曾提到暹族奴隶或战俘，他们是与中国人、越南人、柬埔寨人和缅甸人一起出现的。在 12 世纪的吴哥窟南廊大过道起点处的浅浮雕中，描绘了一组服装完全不同于高棉人的兵士，两则简短的碑铭说他们是暹人。[①] 他们很可能是湄南河中游的泰人，因为中国人在 12 世纪时就是用“暹”来称呼素可泰王国的，《元史》在记载 1282 年的一个由海道派往中国、途中曾遭占婆人拦截的使团时，首次提到了这个名称。[②]

---

① 《法国远东学院考古论文集》，第 2 辑，《吴哥的寺庙》（巴黎，1929—1932 年），图版 558、559、572、573。

② 卢斯：《缅甸历史上的古代暹罗人》，第 140 页。

吴哥窟浮雕表现的这些暹人有时被称作“蛮子”，其实他们只在穿奇装异服这一点上显得有些“野蛮”。他们应当已有社会组织，它的某些遗迹在寮族小国中依然存在，[①] 在东京和清化的封建小国中大概也有类似的情况。[②] 由于泰人长期生活在中国文明范围内的中国云南，所以不仅拥有相当先进的物质文明，而且还通过阿萨姆和中国云南之间连接印度和中国的道路而与印度和佛教有所接触。[③] 这大概就可以解释为什么孟加拉的波罗王朝和森纳王朝的艺术对湄南河流域最北部的泰族佛教艺术产生了非常明显的影响。[④] 不过，泰人一向很擅长吸收别人的长处：面对邻国和支配者的文明，他们很快就能化长处为己用，“师夷长技以制夷”。

正如我们将要看到的，泰人在湄南河流域的迅速胜利是柬埔寨王国衰微的后果，也是缅人国家在蒙古人的打击下衰败和覆灭的结果。人们越来越倾向于认为，这些胜利与其说是大规模人口迁徙的结果，毋宁说是移民逐步吞噬了当地（讲孟 – 高棉语或藏 – 缅语）居民的结果，这些移民数量越来越多，并迫使当地居民服从自己的统治。

---

① 让 · 里斯波：《傣族诸小邦的数词名称》，JSS，第 29 期（1937 年），第 77 页。P. 列维：《老挝人名地名中的同源对似词》《印度支那人文研究所学报》，第 5 期（1942 年），第 139 页。

② 皮埃尔 · 格罗辛（Pierre Grossin）：《孟人小邦：和平》（河内，1926 年）。查尔斯 · 罗伯奎恩（Charles Robequain）：《清化》（巴黎，1929 年），第 1 卷。

③ 伯希和：《交广印度两道考》，BEFEO，第 4 期，第 162 页。

④ 赛代斯：《曼谷国立博物馆考古收藏品》，AA（1918 年），第 12 期，第 31 页；《印度对暹罗艺术的影响》，IAL，第 4 期（1930 年），第 36 页。雷金纳德 · 勒梅：《暹罗佛教艺术简史》（剑桥，1938 年），第 103 页。

2. 柬埔寨：1282 年蒙古人入侵企图的失败

在柬埔寨，继承因陀罗跋摩二世的是阇耶跋摩八世，他可能并不是因陀罗跋摩二世的直接继承者。在他统治期间，蒙古人在柬埔寨出现，以一种相对和平的方式。

1268 年，大越皇帝向忽必烈抱怨柬埔寨人和占人的袭击，大汗命令他在驻缅蒙军的援助下进行自卫。①但是，仅仅过了十五年，即 1283 年，唆都元帅率领的一支蒙古铁骑便踏上了柬埔寨领土。下文将谈到，这支大军当时刚刚入侵了占婆的北部和中部。唆都元帅向柬埔寨国都派出了一个百户长和一个名叫速鲁蛮（Sulaymān）的千户长，大概是通过由广治到沙湾拿吉（Savannakhet）的道路，②但他们“竟为拘执不返”。③但柬埔寨认为还是应当谨慎些，于是在 1285 年向忽必烈纳贡。④我们将会看到，阇耶跋摩八世在与湄南河流域的泰人打交道时，就没有这么幸运了。

3. 占婆：蒙古人的入侵（1283 年至 1285 年）

在占婆，“强取王位”的诃梨提婆⑤取王号阇耶・辛诃跋摩，

① 《元史》，根据陈文玾（Trần Văn Giáp）先生的善意指教。
② 亨利・马伯乐：《8 至 14 世纪安南与柬埔寨的边界》，BEFEO，第 18 期，第 3 辑，第 35 页。
③ 根据周达观的记载。参阅伯希和翻译及编辑的《真腊风土记笺注》，BEFEO，第 2 期，第 140 页；《两道考》，第 240 页注释 5。在他去世后出版的《真腊风土记笺注》新版本（巴黎，1951 年，第 119 页及其后各页）中，伯希和对这一说法的可靠性表示了怀疑。
④ 伯希和：《交广印度两道考》，第 240 页注释 5。
⑤ 路易斯・斐诺：《阇耶波罗蜜首罗跋摩一世的碑铭》，BEFEO，第 15 期，第 2 辑，第 51 页注释 1。

后来，他在1266年加冕时改号为因陀罗跋摩（五世）。① 为了保持与大越的睦邻关系，1266年至1270年，他向大越派遣了至少四个使团。但他很快就不得不面对蒙古人的入侵。②

1278年，因陀罗跋摩受到中国北京朝廷的诏请，1280年，他再次被诏请。靠着多次遣使和大量赠送礼品，占王才躲过了这些邀请。但1281年，唆都和刘深奉命在占婆建立了蒙古人的行政机构，在王子诃梨纪特的鼓动下，占婆民众抵制了这种沦为被保护国的安排。

于是，忽必烈就组织了一次历时两年多的征讨（1283—1285年）。其细节不在本书讨论范围之内，而且也已为人们所熟知。占婆老王撤往山中。③ 越南人拒绝蒙古人假道其国，使得这场漫长又艰难，而且在远征军中也不得人心的战争大为延长。忽必烈之子脱欢对东京的入侵也转而对蒙古人不利，尽管1285年他们曾一度占领了大越首都，但最终在清化被陈仁宗击败。脱欢被赶回北方，而从南方前来同他会师的唆都，在占婆上岸后也战败被斩首。

“于是，占婆摆脱了蒙古人，后者在那里损兵折将，却没有

---

① 艾蒂安·艾莫尼尔:《占婆碑铭初探》，JA（1891年1—2月号），第58页。关于其年代，参阅斐诺的《阇耶波罗蜜首罗跋摩一世的碑铭》，第51页。

② 关于这段插曲，参阅乔治·马伯乐的《占婆史》（巴黎，1928年），第175—187页。

③ 马可·波罗曾于1285年访问过占婆［《马可·波罗游记》，L. F. 贝内德托（L. F. Benedetto）版，由阿尔多·里奇（Aldo Ricci）翻译成英文（纽约，1931年），第278页］，他说：占婆“国王年事甚高，而且没有足够的兵力抵御大汗的军队。于是，他退入坚固的要塞，设防固守，以求安全”。根据贝内德托的说法，马可·波罗的一些著作把占婆国王的名字称作阿坎巴尔（Accambale），这可能是由于混淆而造成的。A. C. 穆尔（A. C. Moule）和伯希和也赞同这一观点，参阅他们的《马可波罗：世界的描述》（伦敦，1938年），第1卷，第366页注释5。

得到多大的好处。因陀罗跋摩希望避免蒙古人卷土重来，向忽必烈派去了一个使者，使者在 1285 年 10 月 6 日拜谒了忽必烈，同时被接见的还有一位柬埔寨使者”。①

因陀罗跋摩五世当时已“年事甚高”（马可·波罗语），②不久后就去世了。

4. 缅甸：自 1271 年至蒙古人占领蒲甘（1287 年）

蒙古人于 1253 年至 1257 年吞并了中国云南。1271 年，大概是在泰人阴谋家们的怂恿之下，该省总督（大理、鄯阐等路宣慰司都元帅府）向缅甸派去一个使团，以大汗的名义命其称臣纳贡。③那罗帝诃波帝（那罗悉诃波帝）国王没有接见使团成员，他派遣一名官员携带致大汗的友好书信与他们一起回中国。

1273 年 3 月 3 日，忽必烈的一个使团由北京启程，带着一封书信来到蒲甘，信中要求缅甸派一个由王公大臣组成的代表团赴京。人们普遍认为是缅甸国王下令处死了来使，但也有可能，他们是在返途中在中国云南被害的。云南总督（大理、鄯阐等路宣慰司都元帅府）将此事报告了北京，但皇帝决定暂缓追究这次侮辱。

1277 年，缅甸人入侵了八莫上游太平江畔的“金齿国”，此前该国已臣服于忽必烈。据马可·波罗记载，缅人之所以这么

① 马伯乐:《占婆史》，第 186 页。

② 《马可·波罗游记》，第 278 页。

③ 关于缅甸和蒙古人的关系以及蒲甘王朝的覆灭，请参阅爱德华·胡贝尔的《蒲甘王朝末年》，BEFEO，第 9 期，第 633 页，特别请参考 G. H. 卢斯的《缅甸历史上的古代暹罗人》，JSS，第 46 期（1958 年），第 123 页，第 47 期（1959 年），第 59 页，以及丹吞的《缅甸的历史，公元 1000—1300 年》，载《缅甸历史学会通报》，第 1 卷（1960 年），第 39 页。本章和下文中与缅甸有关的历史和编年史资料，正是来自这两篇重要文章。

干，“是想迫使大汗再也不敢派兵进驻这一地区”。[①] 金齿国的首领向忽必烈请求保护，后者决定采取行动，并敕令边关驻军去实现他的意图。大理驻军迎头冲击缅人，在江畔将他们打败，但这只不过是一次普通的边界冲突。

“1277 年与 1278 年之交的冬季，中国发动了由纳速剌丁[②] 指挥的第二次征讨，这次占领了冈辛（Kaung-sin），该地是保卫八莫隘道的缅甸要塞。……然而，在这两次征讨中，中国军队都未能穿过由为数众多的泰族小国组成的厚重帷幕，时至今日，它们仍然把中国云南和缅甸本土分隔开来。最终的灾难直到 1283 年才发生。”[③]

正是在这一年，相吾达尔指挥了一次新的征讨。继 12 月 3 日的牙嵩羌（Ngasaungkyam）战役之后，蒙古人的军队于 12 月 9 日再次夺取了冈辛要塞，并沿伊洛瓦底河谷南进，但并没有到达蒲甘。面对中国人的步步紧逼，那罗帝诃波帝退出蒲甘，逃到了卑谬。达昂（Tagaung）被攻占之后（1284 年 1 月），建立一个中国的保护国的谈判开始了。翌年，缅王表示臣服并派遣使者去北京，使者成功地说服皇帝班师回朝。缅甸北部成为中国的征缅省，并一直保持到 1303 年；至于较靠南部的缅中省，则于 1290 年 8 月 18 日就被撤销了。

1287 年，那罗帝诃波帝国王正准备返回都城，却被他的亲生儿子僧哥速［Thihathu，悉诃苏罗（Sīhasūra）］毒死在了卑谬。

---

① 《马可·波罗游记》，第 196 页。

② 元朝著名政治家，赛典赤赡思丁的长子，回族。1292 年卒，被追封为延安王。——译者注

③ 胡贝尔:《蒲甘王朝末年》，第 679—680 页。

动乱随之而来，中国云南平章政事也不理睬撤军的命令了。

“1287年，由也先帖木儿王子率领，发动了第四次征讨，中国军队付出了相当大的代价，终于到达了蒲甘。我们不知道缅甸都城是否不战而降。”①

蒲甘的陷落在缅甸的泰人中引起了反响，下文还将谈到这一点。下面我们再看看由此而在湄南河流域的泰人中产生的反应。

5. 13世纪下半叶湄南河流域泰族的解放：素可泰王国的兴起（约1220年至1292年）

人们还记得，湄南河流域最初是孟人聚居的地方，公元7世纪时，曾是陀罗钵底王国的所在地。11世纪时，高棉人在罗斛建立了自己的势力，并于12世纪时将其统治一直扩张至哈里奔猜王国，并与阿迭多罗阇国王发生了冲突。

13世纪初期，哈里奔猜王国仍由孟人王朝统治，该国编年史中提到过的一位国王在原为哈里奔猜故址的南奔留下了一些间有几段巴利文的孟文碑铭。这位国王就是沙婆底悉提（Sabbādhisiddhi），我们有两块他的碑铭，其中提到的年份有1213年、1218年和1219年。这些碑铭叙述了一些对佛教寺院的捐赠。②其中有一座寺院叫古库寺，即阿迭多罗阇建的摩诃婆罗差提耶寺。继沙婆底悉提之后，直至泰人征服该国为止，编年史

① 同上书。在蒲甘的瑞喜宫寺附近，装饰着被称为“冠齐塔石窟”的建筑的壁画中，就描绘了一位蒙古首领和一个弓箭手的奇特形象。（ARASB，1922年，第17页图版1）

② 赛代斯：《关于老挝西部政治和宗教历史的文献》，BEFEO，第25期，第19—22页，第189—194页。罗伯特·哈利迪：《暹罗的孟文碑铭》，BEFEO，第30期，第86页。

提供了一份国王的名单。关于这些国王，我们仅仅知道他们的姓名。①

这些国王的东北邻居是依央（清盛）的寮族王公，诸王中的最后一位是孟莱（Mangrai），他生于1239年，1261年继承了其父的王位。第二年，他将国都南迁，建立了清莱。然后，他向东北和西南扩张势力，于1269年占领清孔（Chiangkhong），1273年建立了孟芳（Muang Fang）。②据一部古书记载，1287年，清莱的孟莱亲王、孟帕尧（Muang Phayao，在英河上游）的昂孟（Ngam Muang）亲王和素可泰国王兰甘亨"在一吉祥之地会晤，缔结了牢固的友好条约，然后各自回国"。③

这三位泰人首领的结盟和汉－蒙军队占领蒲甘发生在同一年，这无疑并非纯粹的巧合。我们将看到，在此后的十年里，孟莱结束了孟人对哈里奔猜的统治，并在离该城不远处建立了泰人的"新都"清迈。至于拥有更辉煌成就的兰甘亨，以下所述的只是他缔造的王朝的开端。

在湄南河中游地区，泰族，也就是他们的邻居口中的暹人，大概在很久之前便已经在那站稳了脚。④在素可泰和宋加洛尚能见到高棉人的遗址，⑤这证明高棉人至少在阇耶跋摩七世时期，也许是在苏利耶跋摩二世时期就已经扩张到了这个地区。但大约在

① 赛代斯:《关于老挝西部政治和宗教历史的文献》，第86页。

② 同上书，第87页。

③ 同上书，第88页。

④ 他们在1120年首次出现在缅甸的铭文中（被称为Rham。参阅卢斯的《缅甸历史上的古代暹罗人》，第124页）。中国于1278年以"百夷"为名，在《元史》中第一次提到泰人（卢斯，同上书，第125页）。

⑤ 让·Y.克莱斯:《暹罗考古》，BEFEO，第31期，第410—420页。

13 世纪中叶，素可泰的暹人获得了独立，写于大约一个世纪之后的一篇碑铭使我们知道了当时的情形。①

泰族王公帕蒙（Pha Muang）是孟叻（Muang Rat）的首领，②并可能是高棉统治时期素可泰的原泰人首领之子，他从柬埔寨君主那里得到了甘拉登·安·室利·因陀罗波顶陀罗迭多（Kamrateng An' Śrī Indrapatīndrāditya）的封号，并娶了高棉公主悉迦罗摩诃提鞞（Sikharamahādevī）。他和另一位泰族君王、邦扬（Bang Yang）的首领邦康陶（Bang Klang Thao）建立了友好关系。继一些情况不详的事件之后，③他们与素可泰的高棉总督发生了冲突。在攻占了素可泰的孪生城市西沙差那莱（Si Satchanalai，即今日的宋加洛）之后，两个盟友将柬埔寨总督赶出了素可泰。帕蒙让位给他的伙伴邦康陶，并将自己的封号甘拉登·安·帕·蒙·室利·因陀罗波顶陀罗迭多授予他，为他举行了国王加冕仪式。

我们不了解关于标志着素可泰的泰人取得政治独立，并导致因陀罗迭多即位的各种事件的确切年代。然而，鉴于兰甘亨（他的第三个儿子是他的第二任继承者）在 13 世纪末的二十年中在位，我们可以推定，因陀罗迭多大约于 1220 年前后加冕。后来，罗斛国似乎也脱离了柬埔寨，因为我们看到 1289—1299 年该国

---

① 赛代斯:《素可泰王朝的起源》，JA（1920 年 4—6 月号），第 233 页;《暹罗碑铭集》（曼谷，1924—1929 年），第 1 卷，第 7 和 49 页。

② 该地位置尚未确定，可能是在南萨科河的上游。

③ 可能是阇耶跋摩七世之死。R. C. 玛兹穆德在《素可泰的崛起》（JGIS，第 10 期，1943 年，第 44—51 页）中认为，帕蒙室利因陀罗波顶陀罗迭多不是别人，就是高棉国王阇耶跋摩八世的女婿，即后来的室利陀罗跋摩，因此素可泰的解放就是他与其妹夫斗争的一个插曲，时间可能是在 1275 年前。但这一假设缺乏确凿的证据。

曾遣使中国。[①] 下文将谈到，14 世纪中叶时，一位泰族王子统治着罗斛。

我们所了解的有关因陀罗迭多和他的直接继承者的情况，都来自兰甘亨 1292 年撰写的碑铭开头部分介绍的内容。[②] 此外，这篇著名的碑铭还提供了关于兰甘亨青年时期的有趣细节，在此值得一引：

我父亲名为室利因陀罗迭多，母亲名叫南颂，哥哥叫班蒙。我们五个孩子都是一母所生：三男二女。我的长兄幼年夭折。当我长大至 19 岁时，孟雀（Muang Chot）的首领坤讪宗（Khun Sam Chon）前来攻打孟达（Muang Tak）。[③] 我父亲由左方迎战，坤讪宗从右方大举进攻。我父亲的人马四散逃窜，溃不成军。而我却未逃跑，翻身跳上大象阿涅甲蓬（Anekaphon，意为“力大无穷”），冲到父亲的前头，与坤讪宗展开了一场大象决斗：我打倒了他那头名叫玛孟（Mat Muang，意为“国中黄金”）的大象，使之败下阵去。坤讪宗逃跑了。于是，父亲送我一个外号：帕兰甘亨（Phra Rāma Khamhaeng，意为“勇士兰”），因为我击败了坤讪宗的大象。

父亲在世时，我侍奉父母。只要打到一些猎物或一条鱼，就把它交给父亲；如果我摘到一只果子，不管它是酸是甜，只要美味可口，就把它送给父亲。当我猎获了大象，就把它们都献给父亲；当我攻下一座村庄或城市，就把从那里带回来的大象、男

① 伯希和:《交广印度两道考》，第 241 页。
② 赛代斯:《暹罗碑铭集》，第 1 卷，第 37 页。
③ 即现在的达府。孟佐即今天的夜速，位于达府以北。

童、女童、白银和黄金都送交给父亲。[①]

父亲去世后，哥哥还在，[②]我继续像对待父亲那样为他效力。哥哥去世后，整个王国就传给了我。

我们很快就会看到兰甘亨国王的辉煌业绩，在他的统治下，年轻的泰王国因僧迦罗佛教和高棉文明而脱胎换骨。然而，这并未使它的社会结构中那些与蒙古人相关的特征消失。

居于蒙古社会结构顶端的是“黄金家族”，大汗是其首领，大汗诸子为王公。[③]同样，在这个泰人王国中，兰甘亨是婆坤（pho khun），即诸神（khun）之父，王公和高官为卢坤（luk khun），即诸神之子。正如蒙古贵族划分了各个社会阶层，即“武士或忠诚者，他们是出色的自由民，庶民组成一般的平民，基本上都是非蒙古族人的农奴”以将他们与自己区分开来一样，[④]泰人军事贵族此时也将自己与被征服的民族区分开来，区别之大甚至已达如此地步：表示民族的“泰”一词，在暹罗语中的意思就是“自由人”，[⑤]从而将泰人与在泰人社会中被划为农奴的土著居民区分开。最后，蒙古人中能带武器者以十、百、千、万为单位，分派给贵

---

① 这段话与成吉思汗的臣民们对他的誓词非常相似，不可能是巧合：“在战场上，我们定将率先冲杀，如果我们俘获了妇女和姑娘，就把她们献给你；在田猎时，我们必将作为先锋，如果我们逮到猎物，就把它献给你”［勒内·格鲁塞：《草原帝国》（巴黎，1939 年），第 258 页］。

② 前面称之为班蒙，即“王国的保护者”；巴利文编年史中称之为波罗罗阇（Pālarāja）。见赛代斯的《关于素可泰王朝的文献》，BEFEO，第 17 期，第 2 辑，第 34—44 页。

③ 格鲁塞：《草原帝国》，第 281 页。

④ 同上书。

⑤ 这同封建时代初期“Frank”（法兰克）一词的语义演变是一样的。由于只有自由民才属于“Populus Francorum”（法兰克人），法律地位和民族名称成了同义词。参阅马克·布洛赫（Marc Bloch）的《封建社会》（巴黎，1939 年），第 390 页。

族“那颜”委任的指挥官带领。[①] 这一点在泰人的军事和行政组织中被原样照搬。[②]

我们不知道素可泰王朝创始人之子兰甘亨继承其兄班蒙王位的年代。他的碑铭[③] 仅提到了三个日期：

1283 年，发明了暹罗文字，或更准确地说，是发明了碑铭所使用的字体。“以前，这些泰语书写字母是不存在的。在羊年1205 年（即公元 1283 年），兰甘亨国王把他的全部精力和心血都用在了发明这些泰语字母上，现在，这些字母之所以存在，就是因为国王创造了它们。”我们知道，这些字母是对原始暹罗文字的改进，而这种原始暹罗文字本身，又是对 13 世纪高棉草书的改编，人们曾用它来书写泰文。[④]

1285 年，在西沙差那莱城（室利沙耆那来耶，即宋加洛）中心建造了一座窣堵波，前后用了六年时间。[⑤]

1292 年，在素可泰制成了一尊石质宝座，取名摩南悉罗波陀罗（Manangsilāpātra）：[⑥]“置宝座于此，以令天下之人均可见到室利因陀罗迭多之子，西沙差那莱和素可泰诸邦之主兰甘亨国王，

---

① 格鲁塞：《草原帝国》，第 282 页。

② H. G. 夸里奇・韦尔斯：《古代暹罗人的政府和行政机构》（伦敦，1934 年）。但这种制度也可能来源于印度。

③ 赛代斯：《暹罗碑铭集》，第 1 卷，第 37 页。

④ J. 比尔内（J. Burnay）和赛代斯：《素可泰文字的起源》，JSS，第 21 期（1928 年），第 87 页。

⑤ 可能即昌隆寺（Wat Chang Lom）。参阅克莱斯的《暹罗考古》，第 411—412 页。

⑥ 这尊宝座与石碑一同被孟固（Mongkut）国王带回曼谷，安放在王宫中，在加冕仪式上使用（见 JSS，第 17 期，1923 年，第 117—118 页，以及第 120 页和第 165 页旁边的插图）。

并可看到马族、高族、寮族以及居住在天穹之下的泰人[①]和住在南乌河与湄公河畔的泰人，前来向他致敬。”

根据这些纪年材料，可以推算出兰甘亨在1283年之前就已经取得政权。

但是，如果摩迦陀确实是在1281年夺取了莫塔马政权的话，那么显然就应该把兰甘亨就位的时间追溯到更早的时候，因为1281年时，他已经十分强大，以致能给一个处于遥远地区的受他保护的人授爵。

6. 爪哇：新柯沙里王国的末期（1269年至1292年）；1293年蒙古人的远征和满者伯夷王国的建立

爪哇国王格尔达纳卡拉，后来以湿婆佛陀的名字而闻名，他是统一后的戎牙路与班查鲁的国王，他留下的碑铭，特别是1266年和1269年的碑铭，让我们对他那个时代的行政情况有了一些了解。[②]

在国内，他不止一次地与叛乱者作战：1270年与巴亚罗阇（Bhayarāja），1280年与玛希沙朗卡（Mahīsha Rangkah）交战。[③]

对外，他向四方大规模地开疆拓土。1275年，趁着室利佛逝的衰落，他督师西征，确立了爪哇人在末罗游，[④]可能还包括巽他岛、马都拉以及马来半岛的部分地区的宗主权，因为彭亨在《爪

---

① “居住在天穹之下的泰人”可能是指生活在中国的傣人，汉语中的“天下”一词常被用以指代中国。

② N. J. 克罗姆:《印度化爪哇史》(海牙，1931年)，第328—330页。

③ 《爪哇史颂》，亨利·克恩译,《散论》(海牙，1913—1929年)，第8卷，第15—16页;《列王志》，N. J. 克罗姆辑，VBG，第62期(1920年)，第79页。

④ 同上书。

哇史颂》中被列为格尔达纳卡拉的属地之一。[1]

在苏门答腊建立了自己的权威之后，格尔达纳卡拉转向巴厘岛，1284 年，他俘虏了巴厘国王并将其带回爪哇。[2] 格尔达纳卡拉自以为相当强大，尤其是觉得自己离中国相当遥远，足以抗拒蒙古人的要求，对方从 1279 年起就一直要求爪哇送一名王室成员至北京为质。中国于 1280 年和 1281 年派去的使团均一无所获。1289 年，忽必烈的使者似乎受到了爪哇人的虐待，为了报复这一侮辱，大汗于 1292 年决定出师讨伐爪哇。[3] 下文将谈到这次远征。

在泗水，可以看到格尔达纳卡拉的塑像是按照不动如来（Buddha Akshobhya）的面貌塑成的。[4] 历史资料中对他的评价大相径庭，在《爪哇史颂》和《列王志》这两部史籍中，他时而被描写成聪慧的文士，时而被说成酒鬼。可以肯定的是，他是一位伟大的国王，他因热衷于将爪哇的统治扩张到邻国而引人瞩目，也因其对佛教密宗时轮派（kālachakra）的虔诚而闻名遐迩。时

---

① 《爪哇史颂》，第 17 页。根据 N. 冯卡塔拉马纳亚（N. Venkataramanayya）在《特里布兰塔卡的威格拉莫栋加 · 拉延德拉 · 卡克拉瓦提（Vikramottunga Rājendra Cakravarti）的特里布兰塔卡（Tripurantakam）碑铭》（JGIS，第 14 期，1955年，第143—149 页）一文中的说法，该碑铭的作者，即四岛之主并非他人，就是格尔达纳卡拉。但是，此人向特里布兰塔卡神献祭的日期为塞迦历 1214 年布舍月 5 日，星期一，即公元 1292 年 12 月 15 日，这当是在格尔达纳卡拉去世之后。

② 《爪哇史颂》，第 17 页。

③ 关于这一时期的爪哇与蒙古人的关系，参阅 F. G. 克兰普（F. G. Kramp）的《孟基（Meng K'i）前往爪哇的使命和满者伯夷的建立》，载《亨利 · 克恩博士纪念文集》（莱登，1903 年），第 357 页；柔克义：《14 世纪中国与东方群岛和印度洋沿岸的关系和贸易考》，TP，第 15 期（1914 年），第 444—445 页。

④ 克罗姆：《印度化爪哇史》，第 341—342 页。转载于 TBG，第 52 期（1910 年），第 108 页。亨利 · 克恩曾发表了塑像上的碑铭，见《散论》，第 7 卷，第 190 页；B. R. 查特吉：《印度与爪哇》（加尔各答，1933 年），第 2 卷，《碑铭》，第 75 页。

轮派约于波罗王朝末期在孟加拉发展起来，然后传播到了中国西藏地区、尼泊尔和东南亚的群岛。由于它是一种虔信湿婆－跋罗伐的诸说混合宗教，到爪哇时就变成了一种对湿婆－佛陀的信仰，[①]这种信仰主要是可以救赎死者的灵魂，它在印度尼西亚的祖先崇拜中找到了最为适宜的土壤。

格尔达纳卡拉是在戏剧性的情况下去世的。他曾把一个普通百姓提拔到阿利耶·维拉罗阇（Ārya Vīrarāja）的显位，却又对他怀有戒心，便打发他到远在东方的马都拉岛任总督，[②]使之远离宫廷。另外，自 1271 年以来，谏义里的副王是个名叫查耶卡旺（Jayakatwang）的人，[③]他很可能是故王的后裔，对最高权力有觊觎之心。他与维拉罗阇结盟，并在良机到来时通知他去袭击格尔达纳卡拉。这场战役发生在 1292 年，在经历了《列王志》描述的种种曲折之后，[④]他们终于占领了王宫，并在当年的 5 月 18 日

① 格尔达纳卡拉曾为湿婆－佛陀建造了一座寺院，即查维陵庙（Chandi Jawi）。见克罗姆的《印度化爪哇史》，第 328—329 页，310—341 页；《印度化爪哇文化导论》（海牙，1923 年），第 2 卷，第 138—150 页。J. L. 摩恩斯：《佛教在爪哇和苏门答腊的鼎盛末期》，TBG，第 64 期（1925 年），第 522 页；《存于柏林的近似阿陀那利像的达尔达纳卡拉墓葬雕像》，TBG，第 73 期（1933 年），第 123 页。参阅 W. F. 斯塔特海姆的《编后语》，TBG，第 73 期（1933 年），第 292 页。关于湿婆－佛陀这种诸说混合的宗教，还可参阅亨利·克恩的《爪哇、巴厘和苏门答腊》，载于《宗教与伦理百科全书》（纽约，1910—1927 年），第 7 章，第 495 页；H. B. 萨加尔：《古爪哇文献中的湿婆－佛陀》，载《印度文化》，第 1 卷（1934 年），第 284 页；P. H. 波特：《爪哇的佛教与爪哇古代文明》，载《东罗马会议文集》，第 5 卷（罗马，1952 年），第 109 页。

② 《列王志》，第 79 页。

③ 《爪哇史颂》，第 24 页。约翰娜·范·卢赫伊岑－德·列伍：《查耶卡旺究竟是作为篡位者还是复位者而就位的？》，载《J. P. 塞令纪念文集》（阿姆斯特丹，1949 年），第 151—162 页。

④ 同上书，第 79 页。L. C. 达迈斯：《忽必烈的军队征爪哇和满者伯夷建立的年代》，载《第二十二届国际东方学家大会论文集》（伊斯坦布尔，1951 年），第 322 页。本书以下诸页中的年代即引自该文。

至 6 月 15 日间杀死了格尔达纳卡拉。

爪哇的主人查耶卡旺在某种程度上成了谏义里的一个新王国的创始人，但他只是昙花一现而已，因为蒙古人旨在惩罚格尔达纳卡拉的远征，使王位回到了它的合法所有者的手中。

新柯沙里之主查耶卡旺不久就遇到了罗登韦查耶（Raden Vijaya）的反抗，[①] 后者是玛希沙詹巴卡的孙子、罗查沙的曾孙，因此是新柯沙里王朝创始人的嫡系后代，此外，他还娶了当时刚刚死于查耶卡旺叛乱的格尔达纳卡拉国王的女儿卡耶特里[Gāyatrī，罗阇巴尼（rājapatnī）]为妻。1292 年，韦查耶由查耶卡旺之子（也是格尔达纳卡拉的女婿）阿尔达罗阇（Ardharāja）协同，指挥着一支军队，这支军队是格尔达纳卡拉生前派往北方镇压叛乱的，而查耶卡旺的军队尚未与之交锋。

韦查耶袭击了查耶卡旺的部队，并三度将其击败。但这都只是暂时的胜利，起初对韦查耶有利的局势，因谏义里援军的到来和新柯沙里陷落的消息挫伤了士气而急转直下。[②] 韦查耶被迫出逃，来到马都拉岛向维拉罗阇求援，他并不知道后者已经背叛。不过维拉罗阇经过一番算计，决定从那时起站到韦查耶一边。

在维拉罗阇的帮助下，韦查耶在一支马都拉部队的陪同下返回，在布兰塔斯河下游建立了自己的政权，[③] 这里就是满者伯夷（Majapahit）的所在地，并成了复兴后的爪哇王国的首都。

---

① 他的全名为：纳拉利亚 · 桑格拉玛威查耶（Narāya Sangrāmavijaya）（《列王志》，第 98 页）。

② 这些事件在一块 1294 年的碑铭中有详细的记述。该碑文已由 J. L. A. 布兰德斯编译发表，见《列王志》，VBG，第 49 期（1896 年），第 94—100 页。

③ 《列王志》说他当时假装臣服于查耶卡旺，但中国史籍的记载似乎与此不同。参阅 R. C. 玛兹穆德的《金洲》，第 315 页。

这一切都发生在1292年的最末几个月中，当时忽必烈已向格尔达纳卡拉发动了惩罚性远征，但他还不知道格尔达纳卡拉已经死了。在得知远征军抵达的消息后，韦查耶构思了一个绝妙的计策，即利用中国人来实现他的宏大计划。我们将在下文看到，中国舰队如何沿占婆海岸航行，却未能上岸。然后，这支舰队就经卡里马塔群岛驶往爪哇。1293年初，在小岛格兰（Gelam，位于婆罗洲西南），舰队的三位首领，即蒙古人史弼、拥有丰富海外航行经验的维吾尔人伊克穆林（即亦黑迷失）[①]和汉人高兴暂时驻泊，举行会商。在前往爪哇北岸的厨闽港会师之前，他们向新柯沙里派遣了一个使者，他带回了格尔达纳卡拉已死和韦查耶归顺的消息。

集中在泗水河口的查耶卡旺的爪哇舰队被中国人俘获，接着，中国人便开始向内陆挺进。于是韦查耶给中国人去信，请求他们协助抵御正在向满者伯夷挺进的查耶卡旺。1293年3月3日，中国人成功地阻挡了查耶卡旺的攻势，解救了满者伯夷；接着又向谏义里进军，让韦查耶殿后。经过一场漫长的血战，谏义里军队溃逃。1293年4月26日，被围困在王宫里的查耶卡旺终于缴械投降。

于是，韦查耶请求中国人准许他在中国卫兵的护送下返回满者伯夷，去寻找他已承诺奉献给大汗的贡品。实际上他是在力图摆脱其盟友，在自己的对手失败之后，这些盟友已毫无用处。1293年5月26日，韦查耶开始屠杀他的中国卫队，尔后率领其爪哇部队反过来攻打在谏义里的中国人，迫使他们撤退到战船

① 这些汉语音译均出自“Yighmiš”一词［谨得L.汉比斯（L. Hambis）的指教］。

上。5 月 31 日，中国人启程回国，同年 8 月 8 日抵达。

当中国将领们离开爪哇时，带走了大约 100 名俘虏，其中包括查耶卡旺的孩子们。至于查耶卡旺本人，则在短暂的囚禁后死在了爪哇。至此，蒙古人旨在惩罚格尔达纳卡拉的远征产生了一个意想不到的结果，即把合法继承者重新送上了王位。

满者伯夷王国的创始人韦查耶取王号为格尔达拉查沙·查耶跋达拿（Kṛitarājasa Jayavardhana）。他娶了格尔达纳卡拉的四个女儿为妻。[①] 他与格尔达纳卡拉的长女巴拉密斯瓦利·特里布婆那（Parameśvarī Tribhuvanā）王后生有一子，[②] 即卡拉吉墨特（Kāla Gemet），他于 1295 年被封为谏义里亲王，称号查耶纳卡拉（Javanagara）。[③]

满者伯夷似乎又与中国恢复了正常关系，因为我们看到史书中曾提到过格尔达拉查沙统治时期爪哇的四次遣使。[④]

在其国内，格尔达拉查沙面临着各种叛乱，因为根据 C. C. 伯格拟定的历史年表，[⑤] 以前被认为是在其继承者查耶纳卡拉统治时期发生的叛乱，实际上是发生在格尔达拉查沙统治时期。这些叛乱将在第十三章中讨论。

---

① 《爪哇史颂》，第 28—29 页。R.Ng. 普尔巴扎拉卡:《四件铜器考》，TBG，第 76 期（1936 年），第 380—381 页。

② 此结论出自普尔巴扎拉卡发表的一篇铭文（《四件铜器考》，第 381 页），但与《列王志》中的说法（第 92 页和第 123 页）截然不同，后者称查耶纳卡拉的母亲是苏门答腊公主达拉珀塔（Dara Peṭak），是爪哇人在一次远征后从末罗游带回来的。

③ 《爪哇史颂》，第 31 页。

④ 柔克义:《14 世纪中国与东方群岛和印度洋沿岸的关系和贸易考》，第 446 页。

⑤ 《满者伯夷最早的编年史》，BKI，第 97 期（1938 年），第 135 页。

7. 马可 · 波罗时代的苏门答腊及其属国；伊斯兰教的传入

在占碑河畔的上巴当哈里（upper Batang Hari）发现的一块碑铭，① 提供了关于爪哇控制了苏门答腊的确凿证据。据该碑铭记载，1286 年，四名爪哇官员将一尊不空羂索菩萨的塑像（在查科陵，格尔达纳卡拉的父亲就是被神化为不空羂索菩萨的形象）从爪哇（爪哇蒲迷）带到了黄金国（苏勿吒蒲迷）。根据摩诃罗阇提罗阇 · 室利 · 格尔达纳卡拉 · 威格拉玛达摩栋卡德瓦（Mahārājadhirāja Śrī Kṛitanagara Vikramadharmottungadeva）的命令，这尊佛像被竖立在达磨奢罗耶（Dharmāśraya），它使末罗游国中的臣民（prajā）无不欢天喜地，尤其是其国王摩诃罗阇 · 室利玛 · 特里布婆那罗阇 · 毛利跋摩德瓦（Mahārāja Śrīmat Tribhuvanarāja Maulivarmadeva）。②

爪哇对其西邻的统治与泰人对马来半岛的征服发生于同一时期，孟族的编年史早在 1280 年之前就曾暗示过这次征服。③ 另外，据《元史》记载，1295 年，“暹人（暹罗人，即素可泰的泰人）与麻里予儿（末罗游）旧相仇杀。” ④

即使爪哇人和泰人没有采取联合行动，至少也是同时行动

① 即帕当梧槽（Padang Rocho）的碑铭，曾由 N. J. 克罗姆发表于 VMKAWAL，第 5 集，第 2 卷（1916 年），第 306 页。参阅费琅的《苏门答腊的室利佛逝帝国》，第 179—181 页。

② 关于这尊塑像，参阅 C. M. 普莱特（C. M. Pleyte）的《关于 Padang-tjandi 的一些印度教雕像》，TBG，第 49 期（1906 年），第 171 和 177 页；克罗姆：《印度化爪哇文化导论》，第 131—133 页；F.M. 施尼策：《印度化苏门答腊考古》（莱登，1937 年），图版 15；《被遗忘的苏门答腊诸王国》（莱登，1939 年），图版 4。

③ C. O. 布拉格登：《摩诃罗阇的帝国》，JRASSB，第 81 期（1920 年），第 25 页。

④ 伯希和：《交广印度两道考》，第 242 页。

的，很快就使室利佛逝同时丧失了在群岛和大陆上的属地，并夺走了它对马六甲海峡和巽他海峡的控制权。与此同时，苏门答腊王国开始感受到印度－马来文化解体这个新因素的影响。到 1281 年，通过商人传播的伊斯兰教已经在苏门答腊取得了相当大的进展，因为这一年，中国朝廷都选择了让名叫速鲁蛮和沙姆苏丁的穆斯林出使末罗游。[①] 十年之后，马可·波罗在描述苏门答腊最北部的八儿剌克（Perlak）时写道：[②]“在费尔莱克（Ferlec）王国，人们都曾是偶像崇拜者，但由于撒拉逊（Saracen）商人时常乘船出入该王国，当地人如今已经皈依了穆罕默德。”此外，1297 年去世的马利克·阿－沙莱苏丹（Sultan Malik al-Sāleh）的墓志表明，约在同一时期，小国须文答剌（Samudra）已经伊斯兰教化了。[③]

在紧接着关于占婆的章节之后，马可·波罗用短短的一段话谈到了爪哇，他称之为“世界上最大的岛屿”，他本人并未到过爪哇。他关于群岛的情况写于蒙古人的远征之前，因为他说爪哇人“不向世界上的任何人交纳贡赋”，而且“由于路途遥远，海途多险，大汗始终未能征服该岛。”[④] 倘若是在 1293 年的征讨之后，马可·波罗不可能写出这句他后来在写到马来半岛和苏门答腊时又重复过的话，因为，1293 年伊克穆苏奉旨讨伐

---

① 伯希和：《交广印度两道考》，第 326 页。
② 《马可·波罗游记》，第 278 页。
③ 《荷属东印度考古局报告》（1913 年），第 1 页。R. O. 温斯泰德在《巴塞编年史》（JRASMB，第 16 期，第 2 辑，1938 年，第 25 页）一文中说，巴塞是第一个接受伊斯兰教的马来王国，时间在 13 世纪下半叶。
④ 《马可·波罗游记》，第 279—280 页。

爪哇，“又遣郑珪诏谕木来由诸小国，皆遣其子弟来降”。[①]

在写到桑杜岛（Sondur）和康杜岛（Condur，昆仑岛）之后，马可·波罗谈到洛恰克（Lochac）王国，即马来半岛上的龙牙犀角：[②]“其地远僻，无人能来侵，故不向任何人纳贡。如果有人能到达该地，则大汗就会立即将其全部征服。”[③]

接着，他又写到朋丹（Pentan，宾坦岛）和麻里予儿城：“其城宏大而美观，各种物品和香料的贸易十分繁盛。”[④]

看来，马可·波罗并不知道麻里予儿城已经在苏门答腊岛上，他称之为“小爪哇”。他还列举了“小爪哇”上的八个王国，它们各有自己的国王和语言。他到过其中的六个国家。除最后一个国家外，其余五国都在该岛的最北部。这六个国家是[⑤]：

费尔莱克（八儿剌克）。正如我们所知，马可·波罗证实在此地有穆斯林，“但仅限于城市居民，而山地居民的生活如同禽兽”。[⑥]

巴斯曼（Basman，即西南沿海的巴萨曼）。马可·波罗写道：“当地人没有任何法律，除非是像野兽那样的法律。他们自称臣属于大汗，但由于地处遥远，乃至大汗的军队无法到达，因而不

① 伯希和：《交广印度两道考》，第326—327页。《元史》在其他地方明确指出，它们是南巫里、速木都剌、不鲁不都、八剌剌和木来由［W. P. 格勒内维特：《马来群岛和马六甲简志》（巴达维亚，1876年），第30页］，正好是马可·波罗提到的那些国家。

② 费琅：《马六甲、末罗瑜和麻里予儿》，JA（1918年7月至8月），第138页。

③《马可·波罗游记》，第280页。

④ 同上书，第281页。

⑤《马可·波罗游记》，第282—288页。

⑥ 即中国人称的八剌剌。《元史》也称其为别里剌，说它于1284年遣使中国（柔克义：《关系和贸易考》，第439页）。参阅伯希和的《15世纪初的中国航海壮举》，TP，第30期（1933年），第308页注释3。

纳贡赋。”[①]

苏门答腊（须文答剌，即巴塞）。[②]“马可·波罗阁下曾因气候恶劣，无法继续前行，因而在此停留了五个月”。这个威尼斯人在此饮用过棕榈酒，其味“胜过葡萄酒和任何其他饮料”。

达果延（Dagroian）。马可·波罗描述了那里吃人肉的仪式。[③]

兰布里（兰无里，即亚齐）。他提到那里的“长尾巴的人”。[④]

班卒尔（Fansur，即位于西部沿海的巴鲁斯）。它是樟树和面包树之国，这种树的粉可以制面包，“马可·波罗曾多次食用过”，觉得“其味甚美”。

此后，马可·波罗还谈到尼科巴群岛、安达曼群岛和锡兰。

看来，马可·波罗并未想到他所横越的是一个帝国的废墟，75 年前，赵汝适还将这个帝国视为控制着海峡两岸的一个伟大的商业中心。这时已不是摩诃罗阇大君的帝国，而成为每一个都“自成王国”的八个国家了。马可·波罗提到的六个王国确实只不过是聚集在苏门答腊岛北端角落里的一些小国。他仅简略地提到，而且大概未曾到过的末罗游，却仍然是个相当重要

---

① 伯希和在《马可·波罗游记诠注》（巴黎，1959—1963 年），第 1 卷，第 86 页，“巴斯曼”条的注释中认为，马可·波罗既未到过巴斯曼，也没有到过班卒尔（见下文）。

② 该国约建立于 1250 年，曾于 1294 年遣使中国（伯希和：《交广印度两道考》，第 327 页和注释 4）。

③ 达果延可能是抄录者的笔误，原名应当是达棉（Damian），即今天的塔米昂（Tamiang，位于德利和亚齐之间）。《爪哇史颂》称之为图米杭（Tumihang），中国史籍则叫它毯阳或淡洋（伯希和：《交广印度两道考》，第 328 页，以及费琅：《马六甲、末罗瑜和麻里予儿》，第 65 页）。毯阳曾于 1294 年遣使来华。

④ 中国人所记载的南巫里亦曾于 1284 年（柔克义：《关系和贸易考》，第 439 页）和 1294 年（伯希和：《交广印度两道考》，第 327 页和注释 3）来朝。

的国家，它曾于1299年和1301年遣使中国。① 但是，1275年爪哇的远征剥夺了室利佛逝继承者对海峡的控制权，爪哇人在单马锡（即今新加坡）定居，大概也可以追溯到这一时期。② 他们曾在那里立了一块爪哇文石碑，可惜已经被毁。③

我们可以说，在13世纪末，摩诃罗阇的帝国（即室利佛逝，或称阇婆格、三佛齐）已不复存在。唯一一个曾成功地同时控制了群岛和半岛的国家也随之消失了。这个国家的强盛和得以长期存在的原因就在于：它同时掌握着海峡的水道和半岛上的陆路，成为西方与中国海之间贸易的绝对主宰。它的衰落是由暹罗和爪哇同时从其两翼施加压力造成的，暹罗夺走了它的陆上属国，爪哇则夺取了它对群岛和海峡的掌控权。造成其衰落的原因之一是其苛刻与唯利是图的商业政策，从而造成了敌对和冲突。伊斯兰教使印度的精神遗产最终破产，而这种精神财富在公元7世纪时曾得到中国求法僧义净的赞赏。

8. 13世纪末期泰族的素可泰王国：兰甘亨

到1292年，兰甘亨已经在一大批泰人部落中建立了霸权地位。他竖立石碑、并向蒙古人的朝廷奉献金字表文的事，很可能就发生在这一年。④ 在他的碑铭上有一篇后记，看来是在后来刻

---

① 伯希和：《交广印度两道考》，第243和328页。

② 中国人称之为单马锡。伯希和：《交广印度两道考》，第345页注释4。

③ G. P. 鲁法埃尔：《公元1400年的马六甲贸易中心》，第35—67页，370—372页，404—406页。关于马六甲建立之前的新加坡历史，参阅W. 琳恩涵的《14世纪的新加坡诸王》，JRASMB，第20期（1927年），第117—126页；关于单马锡，请参阅罗兰·布拉德尔的《龙牙门和单马锡》，JRASMB，第33期（1950年），第37—51页。

④ 伯希和：《交广印度两道考》，第242页。

写的，其中详细介绍了兰甘亨的征服：

兰甘亨是全体泰人的首领和君主。他是教导全体泰人的导师，使他们真正懂得了功罪与法律。在生活在泰地的所有人中，他的学问、知识、果敢、胆略、体魄和精力都是无与伦比的。他战胜了许多拥有宏伟城池和大批战象的敌人，他征服的疆土向东一直到沙拉銮（披集）、颂奎（彭世洛）、伦（隆塞）、巴柴，包括湄公河两岸的沙卡，并超越了标志着边界的万象和文坎。他征服的疆土向南延伸到空提（在甘烹碧和那空沙旺之间的滨河上）、佩列（北榄坡）、素攀那喷、叻武里、佛丕、是贪玛叻（洛坤）、直到作为边界的大海。他所征服的疆土向西扩展到孟雀（夜速）、罕沙瓦底（勃固），直到作为边界的大海。他征服的疆土向北扩展到孟普列（帕府）、孟曼、孟普叻（在难河上），在湄公河对岸则直至孟乍瓦（琅勃拉邦）才算边界。

他使这些国家的所有居民都遵纪守法，无一例外。[①]

这种对被征服地区的列举并非夸大其词，而是可以通过各种外国的原始资料来证明。

素可泰对湄南河和湄公河流域的前高棉属地的征服，显然是这场战争的结果。蒙古人于 1296 年派往柬埔寨的使者周达观曾谈到这场战争：“近与暹人交兵，遂皆成旷地。”[②]

泰人自旃陀罗跋努时期就开始进入马来半岛，[③]但他们对该地的最终征服当在 1294 年左右。事实上，1295 年觐见中国朝廷

① 赛代斯：《暹罗碑铭集》，第 1 卷，第 48 页。

② 周达观：《真腊风土记》。

③ 在当地的传说中，可能留有关于这一进入的痕迹。参阅 F. H. 吉尔斯的《戈拉的传说》，JSS，第 30 期（1938 年），第 1 页。

的暹罗使者得到了一块金符，并有一个中国使团随他回国。《元史》还写道："以暹人与麻里予儿旧相仇杀，至是皆归顺，有旨谕暹人：'勿伤麻里予儿，以践尔言。'[①]"看来，为了指挥这场战役，兰甘亨有一段时间待在佛丕，因为《元史》记载，中国皇帝于1294年7月"诏谕暹国王敢木丁（Kamrateng，高棉王号）来朝"[②]之前，提到必察不里城的敢木丁在当年6月份时曾遣使来贡。[③]

兰甘亨向西的扩张——待谈及缅甸时将对此进行更为详尽的研究——起源于一次浪漫的奇遇。据传说，洞温（Donwun，在直通附近）有个祖上是泰人的年轻商人，名叫摩迦陀（Makatho）。有一天，他来到素可泰为国王服务。他非常聪明，很快就得到了宠信并成为宫廷总管。他趁国王不在，勾引了他的一个女儿，并一起私奔到莫塔马。在那里，他几经曲折，终于杀害了缅甸总督阿梨摩（Aleimma）并取而代之。这些事件可能是发生在1281年，也就是在蒲甘陷落之前。在成为莫塔马的统治者之后，摩迦陀向兰甘亨讨封。兰甘亨饶恕了他诱拐女儿之事，并赐给他泰族的封号：昭法雷（Chao Fa Rua）。[④]缅甸的编年史称他伐丽流（Wareru），下文还将谈到他。

兰甘亨的碑铭称其北部边界为琅勃拉邦，实际上该地位于素可泰的东北。其国的正北和西北部毗邻地区掌握在两个泰族君主手中，他们是帕尧的首领昂孟和清莱的首领孟莱。1287年，即蒲甘陷落的那一年，他们与兰甘亨结为同盟。

---

① 《元史》卷二百一十、列传第九十七。

② 同上书。

③ 与伯希和的通信（1928年3月10日的来信）。

④ C. 哈杜因（C. Hardouin）：《暹罗史传说：摩迦陀的传说》，载《印度支那杂志》（1904年2月号），第121页。

兰甘亨本人也卷入了一桩风流韵事：他与昂孟的一位妻子发生了关系。[①] 昂孟曾将奸夫抓获，但为是否要处死他而犹豫不决，因为他惧怕两国之间会从此结下大仇。于是，昂孟决定请他们共同的朋友、清莱的君王孟莱进行仲裁，后者成功地使这两位情敌言归于好，代价是诱奸者兰甘亨要偿付 99 万枚贝币作为罚款。三位君王共饮血酒，重申结盟的誓言，这体现出他们民族内部的团结意识，这使得泰族首领在其扩张时代具有强大的力量。

《元史》把中国和暹罗之间的最早的外交往来上溯到 1282 年，它还提到 1292 年、1294 年、1295 年、1297 年、1299 年，[②] 直至 1323 年的暹国遣使。我们不知道 1294 年中国皇帝的诏令是否确被遵从，该诏书令暹王“或有故，则令其子弟及陪臣入质”。[③]

暹罗的传说称，帕銮（Phra Ruang）——暹罗人将素可泰初期诸王混为一谈，尽管这个名字更多的是专指兰甘亨——曾亲自前去中国一次，也可能是两次，并从那里带回了陶瓷艺术。[④] 在这一点上，该传说也许拥有部分的真实性，因为素可泰和宋加洛的一些瓷窑几乎毋庸置疑是中国人建立的。[⑤]

1292 年的碑文对兰甘亨的政府作了描述，值得全文转引：

---

① 诺顿：《暹罗编年史》，第 3 卷，第 30—34 页。

② 伯希和：《交广印度两道考》，第 240—243 页。卢斯，“缅甸历史上的古代暹罗人”，第 140 页（《元史》在 1299 年 6 月 15 日提到了素可泰城的名字）。

③ 《元史》、本纪，卷十八。

④ 让·巴蒂斯特·帕莱戈瓦（Jean Baptiste Pallegoix）：《泰王国简述》（巴黎，1854 年），第 2 卷，第 66 页。C. 诺顿：《关于暹罗和柬埔寨的传说》（曼谷，1939 年），第 21—23 页。

⑤ 关于素可泰和宋家洛的陶瓷，参阅雷金纳德·勒梅的《暹罗中北部的陶瓷器皿》，载《伯林顿杂志》，第 63 期（1933 年 7—12 月号），第 156—166 页，第 203—221 页；帕亚那空帕拉（P'raya Nak'on P'ra Ram）：《泰国的陶器》，JSS，第 29 期（1937 年），第 13 页。

兰甘亨国王在世时，素可泰城繁华兴隆。这是一个鱼米之乡，领主们不向他们的臣民收税，后者成群结伙地赶着牛，或骑着马，沿着大路去做买卖。任何人想买卖大象或马匹、从事金银买卖，均可为之。如果一个平民、一个贵族或是一个首领患病、死亡或失踪，他祖上传下来的房子，他的衣服、大象、家庭、谷仓、奴隶及其祖上传下的槟榔树和蒌叶都会传给他的孩子。如果平民、贵族或首领中出现不和，国王会在经过彻底的调查后，为他的臣民们做出公正的裁决；国王从不纵容小偷和接收赃物的人；当他看到别人的大米，并不垂涎；看见他人的财富，也不嫉妒。无论谁骑着大象来找他，请他保护自己的土地，他都给予援助；如果外来者既没有大象、马匹，也没有仆役、妻室和金银，国王就把这些都赐给他，使他感到如同在自己的国家里一样。如果国王俘获了敌人的官兵，他既不杀害，也不殴打他们。在王宫的门洞里悬挂着一口钟，如果国中居民有任何抱怨，或任何使之有肺腑之痛、精神不宁的事情想向国王陈述，这并不困难：他只要敲响那口挂钟就行了。每当兰甘亨听到钟声的召唤，就会询问申诉者，并公正地做出判决。①

接着，碑铭描述了素可泰城的三重围墙、四座城门和标志着该城中央的池塘，说那“是一片美妙的水塘，池水清澈甘美，如同旱季的湄公河水”。碑铭还提到城里的寺庙，以及城西的波吠你野静修林（达攀新寺），从那伽罗室利达摩罗阇（洛坤）来的学者摩诃陀罗就住在那里；城东有一个大湖；城北是一座市场（talat pasan，即“集市”）和一座菩萨庙（当是高棉人建的帕沛銮

① 赛代斯:《暹罗碑铭集》，第44—45页。

寺）；[1]城南有座丘陵（銮岛），可怕的帕卡蓬神（Phra Khaphung）就住在那山上，[2]“它高于全国一切神祇，只要统治素可泰国家的任何一位君主虔诚地崇拜它，为它供奉祭祀，那么这个国家就会安定繁荣；但是，如果国君不按规定敬奉和祭祀这位山神，那么这位山神就不再保护和重视这个国家，这个国家就将衰落。”这些泛灵论的仪式并不妨碍国王和他的人民使用巴利语信奉上座部佛教，在兰甘亨的继位者统治时期，上座部佛教越来越受到僧伽罗正统教义的影响。“兰甘亨国王，素可泰的君主，以及王子和公主，男人和女人，贵族和首领，无论等级，不分性别，无一例外地虔信佛教，遵循雨季退省的箴言。雨季结束时，则举行为期一个月的‘格廷’仪式（Kathin，向和尚布施袈裟）”。其中，以在城西波吠你野静修林举行的这种仪式规模最大，人们从那里回城时形成了一支欢乐而喧闹的队伍。“格廷”结束时，恰好就是“燃灯节”。这种习俗起源于印度（在印度称为底波利或底波伐

① 克莱斯：《暹罗考古》，第 417 页。

② 卡蓬（Khpong）是一个高棉语词，意思是“山峰”。帕卡蓬是指高地之君，山巅之主。这个名字让人立刻联想到“纳特”，即缅甸的神祇摩诃祇利，如前所述，此神住在位于蒲甘东南的圣山——布波山上，标志着许多政治实体（各自都有其神祇）在一个首领（即蒲甘的首领）的领导下重新团结起来，我们已经看到，在扶南国因之而得名的那座山上，据说有一位强大的神祇在那里称王，它也象征着各民族在唯一的君主，即“山王”的领导下的联合。高棉国王阇耶跋摩二世于公元 802 年在古伦山上建造了国王林伽，这与此前一个世纪分裂的国家重归统一正好同时。因此，我们可以认为，素可泰的帕卡蓬神（“高于全国一切神祇”的山巅之主），与缅甸布波山上的摩诃祇利、高棉古伦山上的国王林伽一样，都扮演着王国保护者和统一者的角色。这种崇拜在巫术 – 宗教层面实现了被兰甘亨征服和统一的领土的整合。它是一种在王城附近的高地上支配所有地方神的国家之神。在兰甘亨统治时期，对帕卡蓬的崇拜纯属万物有灵论，但在接下来的几个世纪中，这种国家崇拜与佛教融合在一起，“高于全国一切神祇”的强大神祇变成了佛陀的化身，并与佛像合为一体了（赛代斯：《印度支那半岛诸民族》，第 136 页）。

利），[①]中国使臣周达观曾描述过这个时期吴哥的燃灯节。“这座素可泰城有四座大门，无边的人群拥向这些大门，进城观看国王点燃蜡烛和放烟火，素可泰城挤满人群，几乎把城市撑破”。

9. 泰族的兰那王国：清迈的建立（1296 年）

在兰甘亨试图建立起泰人对从琅勃拉邦到洛坤的印支半岛中部（碑铭中未提到的罗斛，即华富里除外，它于 1289—1299 年曾向中国派遣了一系列使者）的人民的统治时，[②]他的盟友，于 1262 年创建清莱城的孟莱，把孟人赶出了哈里奔猜（南奔）。

早在 1288 年，也就是蒲甘陷落、孟莱与兰甘亨和昂孟结盟的第二年，孟莱就向哈里奔猜派去了一个密使。这个密使骗取了孟人国王伊巴（Yiba）的信任，伊巴把税务官的职权交给了他。当他用苛捐杂税使居民们怒不可遏时，就给孟莱通风报信。于是，后者于 1291—1292 年向哈里奔猜城进军，并像摘取一颗成熟的果子那样拿下了这座城市。[③]孟族国王逃到了他儿子居住的克隆（Khelang，南邦旧址），在一次收复哈里奔猜城的不成功尝试中，他的儿子被杀，伊巴逃亡到了彭世洛（Phitsanulok）。[④]

1296 年，孟莱在哈里奔猜以北二十多千米的滨河畔建起了清迈城，其意为“新城”。孟莱和他的两个盟友早在 1292 年就选定

---

① 直到 19 世纪，暹罗仍在庆祝燃灯节。参阅 H. G. 夸里奇 · 韦尔斯的《暹罗国的庆典》（伦敦，1931 年），第 288—294 页。

② 伯希和：《交广印度两道考》，第 241—243 页。

③ 赛代斯：《关于老挝西部政治和宗教历史的文献》，第 88 页。诺顿：《暹罗编年史》，第 3 卷，第 34—44 页。我采用了巴利文编年史《佛教史》中的年代。

④ 赛代斯：《关于老挝西部政治和宗教历史的文献》，第 90 页注释 1。诺顿：《暹罗编年史》，第 3 卷，第 61 页及其后诸页。

了这个地方，并主持建造了清迈寺，作为该地的标志。[①]新城的前程辉煌，它不仅是政治中心，也是文化中心，[②]直到今天仍是泰国的第二大城市。以这座新城为首都的国家在巴利文编年史中被称作庸那（Yonaraṭṭha）或庸那迦罗陀（Yonakaraṭṭha，即“永族的王国”），也叫宾伽罗陀（Bingaraṭṭha，滨河王国），[③]这就是泰族的兰那国，也是中国人在《元史》中第一次提到的八百媳妇，日期为 1292 年 10 月 11 日。[④]

据清迈编年史记载，孟莱曾到了勃固，在那里和一位公主结婚，然后去缅甸，从那里带回了一些工匠，[⑤]但在孟人和缅甸方面，我们没有见到关于这些旅行的任何记载。

10. 13 世纪末缅甸的泰族

蒲甘陷落之后，伊洛瓦底江流域陷入无政府状态，建立在缅甸王朝废墟上的泰人小国名义上由中国管辖。在此，不可能对这些泰人小国的历史作详细介绍。大体说来，缅甸成三分之势：南部是孟人聚居的三角洲，由摩迦陀统治，摩迦陀又叫昭法雷或伐丽流，他于 1281 年在莫塔马建立了自己的政权；北部的上缅甸，即未来的阿瓦王国所在地，仍由蒲甘的国王的后裔在泰族三兄弟

---

① 赛代斯:《关于老挝西部政治和宗教历史的文献》，第 89 页注释 1。诺顿:《暹罗编年史》，第 3 卷，第 54—61 页。清迈寺的碑铭，载于《帕维使团的综合研究》，第 2 卷，第 308 页。

② 赛代斯:《泰人国家的巴利文著作考》，BEFEO，第 15 期，第 39 页。

③ 宾伽罗陀专指清迈地区，而庸那迦罗陀指以清莱为中心的古代小国（赛代斯:《关于老挝西部政治和宗教历史的文献》，第 91 页注释 2）。

④ 伯希和:《交广印度两道考》，第 244 页注释 4。卢斯:《缅甸历史上的古代暹罗人》，第 186 页。

⑤ 诺顿:《暹罗编年史》，第 3 卷，第 47—52 页。

的保护下进行统治，这三兄弟分别是阿散哥也［Athinkhaya，阿散吉耶（Asaṃkhyā）］、阿剌者僧吉兰［Yazathinkyan，罗阇散吉兰（Rājasaṃkram）］和僧哥迷［Thihathu，悉诃苏罗（Sīhasūra）］。三兄弟的父亲是一个泰人首领，他因与家庭不和，于1260年到敏桑（Myinsaing）定居，并在那里结了婚；东南部的锡唐河上，还有一个1280年建立的东吁（Toungoo）王国。

前面已提到，1287年，被蒙古人撵出蒲甘的那罗帝诃波帝，在卑谬被其儿子僧哥速（辛诃苏罗）毒死。[①] 此后，僧哥速清除了他为数不少的弟兄，并试图夺取罕沙瓦底（勃固），但他在这次尝试中丧生，该城仍在总督多罗跋（Tarabya）手中，早在蒲甘陷落之前，他就在该城取得了独立。[②]

莫塔马的泰人首领摩迦陀，又叫伐丽流，他和多罗跋有共同利益，他们彼此娶对方的女儿为妻。两个盟友一致行动，将缅人总督赶走后占领了三角洲，但他们之间很快就出现了不和，伐丽流不得不清除他的对手。在他成为勃固的唯一国王之后，继续住在莫塔马，并于1313年死在那里，是被多罗跋的孩子（也是他自己的外孙）们杀害的。著名的《伐丽流法典》（Wagaru Dhammathat）就是由伐丽流编纂的，[③]它可能是《摩奴法典》传入暹罗的最古老载体之一。[④]

---

① 请勿将这位缅甸王公与同名的泰人三兄弟之一混为一人。

② A. P. 菲尔：《缅甸史》（伦敦，1883年），第64页。G. E. 哈维：《缅甸史》（伦敦，1925年），第75页。

③ 由约翰·贾尔汀（John Jardine）发表，《伐丽流王的〈摩奴法典〉：原文、译文和注释》（仰光，1892年）。参阅埃米丽·福克哈默的《论缅甸法律的来源和发展》（仰光，1885年），第36—42页。

④ 罗伯特·林格特：《古代暹罗法律中的印度影响》（巴黎，1937年）。

在这一时期，该国的中部和东部又发生了什么呢？

僧哥速（悉诃苏罗）在勃固被害之后，蒲甘的王位又回到曾经反抗过他的哥哥㤭苴（二世）手中，㤭苴二世回到蒲甘，并在那里再次建立了缅甸政府，并于 1289 年 5 月底在那里加冕即位。[①]1297 年，他派遣长子（僧诃波底）前往中国代他受封。但北京朝廷显然奉行的是“分而治之”的政策，因此它尽可能多地为地方首领加冕。正因为如此，中国朝廷于 1297 年授予缅甸国王一颗银印和封号，同时也授予三兄弟中的长兄阿散哥一块信符。兄弟三人共同管理着盛产水稻的皎施地区，自 1294 年起，他们都逐步窃取了国王的称号。

三兄弟曾由他们的父亲介绍给国王那罗帝诃波帝，国王给他们各人均委以使命。他们在㤭苴（二世）时期仍然受到王室的宠信，国王委派他们管理敏桑、米加耶和宾莱三省。在 1284 年至 1289 年的王位空悬时期，他们占领了皎施地区的很大一部分地盘。国王的恩宠并没有得到善报，因为在阿散哥接受信符的当年，即 1297 年 7 月，他就抓走了国王，把他囚禁在敏桑。

于是，全国叛乱蜂起：从 1289 年开始，三角洲的孟人就已起来反抗，1289 年，北方的部落也纷纷起义。蒲甘城被造反者们洗劫一空，陷于一片火海。阿散哥让逊位国王的儿子邹聂（Zo-nit）继位，但形同虚设。邹聂于 1299 年 5 月 8 日首次接受群臣觐

① 其王号为特里布婆那帝耶 · 婆伐罗槃帝多 · 达摩罗阇（Tribhavanāditya Pavarapaṇḍita Dhammarāja）。此后的历史和大事年表，基本上以卢斯（《缅甸历史上的古代暹罗人》）和丹吞（《缅甸的历史，公元 1000—1300 年》）的著作为依据。

见，碑铭中称他为貌卢朗（Mang Lulang）。[①]5月10日，三兄弟将侨苴国王和他的儿子僧诃波底处死。另一位王子鸠摩罗迦什波（Kumārakassapa）是邹聂的对手，他逃到中国，并于1300年6月22日在那里称王。在他的鼓动下，中国人于1300年秋季沿伊洛瓦底江河谷而下，对缅甸发动了第五次，也是最后一次讨伐。1300—1301年冬季，远征军包围了敏桑，阿散哥也和两个兄弟重贿蒙古人的参谋，成功地解了敏桑之围。中国军队和鸠摩罗迦什波一起撤退，1303年4月4日，征缅省被撤销，邹聂和他的儿子邹蒙聂（Zo-moun-nit）在名义上继续统治着蒲甘。

11. 13世纪末期的柬埔寨：周达观的描述（1296年）

我们已经看到，在中国使者周达观1296年出使柬埔寨前不久，柬人与素可泰人之间发生了一场灾难性的战争，兵燹遍及全国。在发生这些事件时，阇耶跋摩八世年事已高，一块碑铭记载说：[②]"由一个衰老国王支撑着的国土，遭受着（敌人带来的）无数痛苦的磨难。"根据14世纪的两块碑铭，[③]1295年，阇耶跋摩八世退位，并将王位传给了与其长女室利陀罗蒲卑首罗朱多（Śrīndrabhūpeśvarachūdā）结婚的室利陀罗跋摩（Śrīndravarman）亲王。[④]但是，根据次年到达柬埔寨的周达观所提供的证据，这次王位的转移实际上有着更多的戏剧性。

---

① 其王号为特里布婆那帝耶 · 波伐罗达摩罗阇（Tribhavanāditya Pavaradhammarāja）。

② 《法国远东学院考古论文集》，第1辑，《伊湿伐罗补罗神庙》（巴黎，1926年），第89页。

③ 同上书，第105页。巴特和贝加尼：《占婆和柬埔寨的梵文碑铭》，第584页。

④ 《伊湿伐罗补罗神庙》，第80—81页。

周达观写道："新主乃故国主之婿，元以典兵为职。其妇翁爱女。女密窃金剑，以往其夫，以故亲子不得承袭。尝谋起兵，为新主所觉，斩其趾而安置于幽室。"[①] 事实上，室利陀罗跋摩的一则碑铭谨慎地暗示了他就位前的这场竞争，"以往，各方土地同时蔽于一群国王的白色华盖之下，遭受着太阳的炙烤；现在，在（新国王的）唯一的白色华盖的遮盖下，土地再也感觉不到丝毫炽热。"[②]

我们掌握的关于阇耶跋摩七世的继承者们的少量史实都是从碑铭中获得的。这些碑文由婆罗门学者们撰写，他们似乎想恢复前几个世纪的大祭司家族的传统，这一传统被陀罗尼因陀罗跋摩二世、阇耶跋摩七世，以及他们妻子的佛教狂热打断。可能正是在这场湿婆教正统教义的短暂复辟中，发生了对阇耶跋摩七世时代建筑的大肆破坏。结果，装饰在寺院墙壁和柱子上的无数佛陀浮雕刻像被铲掉，代之以林伽或是正在祈祷的苦行者的浮雕像。

根据碑铭中关于阇耶跋摩八世的统治的少量记载，以及他的谥号波罗蜜首罗波多[③] 来看，这些破坏行为的部分责任当归咎于他。他的一位妻子，即遮罗跋帝罗阇提鞞（Chakravartirājadevī）王后，是阇耶跋摩七世时从缅甸前来，并被授予阇耶摩诃波罗陀那称号的那位婆罗门的女儿。这位婆罗门的嫂子嫁给了一个称号为阇耶曼伽罗陀（Jayamangalārtha）的学者，与他生有一子，被授予与其父相同的头衔。阇耶跋摩八世对这个身为王后表亲的孩子非常宠爱，1295 年，也就是他自愿或被迫退位的那一年，他让人在

① 周达观:《真腊风土记》,"国主出入"部分。

② 《伊湿伐罗补罗神庙》，第 89 页。

③ 同上书，第 80 页。

都城建立了一座寺庙，[①]在里面供奉了小阇耶曼伽罗陀的塑像。这个小阇耶曼伽罗陀活了一百多岁，到阇耶跋摩八世的第二个继承者统治时期才去逝。[②]此外，据柬埔寨的最末一块梵文碑铭，即吴哥窟大碑铭记载，另一位叫毗耶娑毗（Vidyeśavid）的婆罗门学者，也是婆罗门沙伐耆那牟尼（Sarvajñamuni）的后代，后者"生在阿利耶德沙（即印度），出于虔诚而来到甘菩"。[③]毗耶娑毗是阇耶跋摩八世的国师，就是他根据阇耶跋摩八世的要求，给后者的女婿室利陀罗跋摩加冕。[④]

但是，当周达观在柬埔寨居留时，当地已有僧迦罗佛教（我们还记得，阇耶跋摩七世的一个儿子曾到锡兰去学习僧迦罗佛教）的信徒和僧侣。周达观于1295年作为中国使者的随从被派往柬埔寨，试图让它称臣纳贡。1296年2月20日，他由温州（浙江）出发，1297年8月12日返回中国。[⑤]"据他说，这次出使非常成功，柬埔寨臣服；但是，大概由于他与出使之事的关系过密，使人不能完全相信他所说的话。事实上，1296年出使之后，两国间并无官方定期往来的任何记载"。[⑥]

周达观这次旅行的主要成果是编写了著名的《真腊风土记》，对历史学家来说，这比他获得的贡品更为重要。该书在1819年

① 亨利·马沙尔：《吴哥寺庙考古指南》（巴黎，1928年），第136—138页。莫里斯·格莱兹：《吴哥寺庙群》（西贡，1914年），第179—180页。

② 路易斯·斐诺：《吴哥的碑铭》，BEFEO，第25期，第395—406页；《伊湿伐罗补罗神庙》，第95—106页。

③ 巴特和贝加尼：《占婆和柬埔寨的梵文碑铭》，第579页。

④ 同上书，第584页。关于这一碑铭，请参阅下文，本书第371—372页。

⑤ 伯希和：《真腊风土记笺注》，第141页。

⑥ 同上书，第131页。

由J. P. 阿贝尔·雷穆萨（J. P. Abel Rémusat）译成法文，[①]1902年，伯希和又重新翻译了一遍。[②]

真腊或称占腊，也叫做甘孛智或澉浦只。在介绍了该国的地理位置后，周达观扼要叙述了他的行程：从中国到湄公河口，然后沿大湖的一条支流溯流而上，经查南（磅清扬）、佛村（菩萨）抵达首都附近的码头干傍。他笔下的城市状况与阇耶跋摩七世的都城，即今吴哥城完全一致，有城墙和护城河，有五座城门，门前有带有蛇形栏杆的大桥，城中央有金塔（巴戎寺）、金塔以北一里处有铜塔（巴芳寺），巴芳寺以北一里多则是王宫；在城外，他提到的建筑有：城南的鲁般塔（巴肯山寺）和鲁般墓（吴哥窟）、城东的东池（东巴赖）、城北的北池（文列芝达，或称圣剑寺的水池）以及池中央的龙蟠寺。

接着，周达观描述了各种类型的住所，首先是王宫："其内中金塔（空中宫殿），国主夜则卧其下，土人皆谓之中有九头蛇精，乃一国之土地主也。系女身，每夜则见，国主则先与之同寝交媾。"

谈到服装，他指出西洋织物最为时髦，并对国王的服装记载如下："人惟国主可打纯花布。头戴金冠子，如金刚头上所戴者；或有时不戴冠，但以线穿香花，如茉莉之类，周匝于髻间。项上戴

---

① 《新旅游年鉴》，第3卷；在《新版亚洲文集》第1卷中重印（巴黎，1829年），第100—152页。

② 《真腊风土记笺注》，第123—177页。参阅赛代斯的《关于周达观的注释》，BEFEO，第18期，第9辑，第4页；《关于周达观的新注释》，TP，第30期（1933年），第224页。在伯希和去世后出版的文集第三卷（巴黎，1951年）中，发表了有大量注释的《真腊风土记》新译本。在此，凡与旧译本相比有改进之处的，均采用了新译本的内容。

大珍珠三斤许。手足及诸指上皆带金镯、指展，上皆嵌猫儿眼睛石。其下跣足，足下及手掌皆以红药染赤色。出则手持金剑。”

在写到“丞相、将师、司天”等官员和官吏们时，周达观非常准确地指出了柬埔寨行政机构的贵族寡头特征。他说官员们“大抵皆国戚为之，否则亦纳女为嫔。”他证实了碑铭资料中有关金银轿杠和金银伞柄等表示等级尊严的资料：“金伞柄以上官，皆呼为巴丁，或呼暗丁（mrateng，amteng），银伞柄者，呼为厮辣的（creshthin）。”

周达观说柬埔寨有三个宗教派别：班诘（paṇḍita），即婆罗门，“但见其如常人打布之外，于项上挂白线一条，以此别其为儒耳。”苧姑［暹语作昭古（chao ku），意为“大师”，是对佛教僧侣的通称］“削发穿黄，偏袒右肩，其下则系黄布裙，跣足”。他们崇拜的神祇“正如释迦佛之状，呼为孛赖（Preah）”，他们“每日一斋”“所诵之经甚多，皆以贝叶叠成。”八思惟［（ta）pasvin，即苦行僧］崇拜林伽，“所供无别像，但止一块石，如中国社坛中之石耳”。

周达观对“粗丑而甚黑”的当地居民的风俗表示了一定的轻视，但他也看到贵族妇女“多有其白如玉者”。据他所载，“国主凡有五妻，正室一人，四方四人”，这还不包括成百上千的嫔妃。

周达观用很长的篇幅描述了一种叫做“阵毯”的仪式，这一仪式旨在“摘取”适婚少女的贞操。“阵毯”一词来源不明，而且周达观亦不保证他的描述的准确性，因为这种仪式“不容唐人见之，所以莫知其的”。

看来，奴婢几乎都是来自“野人”，即“山中之人”，他们能听懂常用的话语，还有的“野人”则“不属教化，……巡行于山”。

书中把高棉语与汉语作了比较，非常精确地指出了它的特征：高棉语中的词序与汉语相反，修饰词接在被修饰词的后面。书里列举的各类词汇，如数词和亲戚的称谓等，都是很容易辨认和还原的。周达观还提到，当时人们用粉笔在染黑的皮革上写字，尽管我们尚未发现这类书写物的任何样品，但无疑，现代被称作“克朗”（krang）的黑纸，就是由这类黑皮革演变而来的。

接着，饶有趣味的一章介绍了十二个月的节日，但在中国历和柬埔寨历的月份顺序之间似乎有些含糊不清之处。周达观提到一个灯火节，这应当是和死者有关的节日。现在，在新年时还有“抛球”活动，同时还伴有男女青年的轮番歌唱。新年时，还要浴佛，国王登楼观看群众，这是人口普查的一种形式，过去在暹罗也有这种做法。在标志着收获结束的农业庆典中，则要焚烧稻谷。

在谈到法律时，周达观写道：“民间争讼，虽小事，亦必上闻。”此外，他只写到了酷刑和折磨。

关于疾病，他提到了麻风病：“或谓彼中风土有此疾，曾有国主患此疾，故人不之嫌。”

写到殡葬仪式时，他说人们差不多都陈尸于田野之中。他又说：“亦渐有焚者，往往皆唐人之遗种也。……国主仍有塔葬埋，但不知葬身与葬骨耳。”

接着，周达观讲到了农业。他提到了浮稻，接着描述了该国的地形、物产和贸易，称当地人喜爱中国商品，还写了柬埔寨的植物和动物。他描述了柬人的家具和器皿，这些简陋的器物一直沿用至今，还有车辆、轿子和船只（小船和独木舟）。

在90个省中，周达观列举了真蒲、查南、巴涧、莫良、八薛、蒲买、雉棍、木津波、赖敢坑、八麻里等省。今天，其中只有少数省份还可辨认出来。①

“每一村，或有寺，或有塔。人家稍密，亦自有镇守之官，名为买节（mé stot？），大路上自有歇脚去处，如邮亭之类，其名为森木（Saṃnak）。”

在介绍了收集人胆（当柬埔寨成为法国的保护地时仍有人干此事）、洗浴和军马②的细节之后，周达观用国王的出巡作为全书结尾，这一段很值得全文照录：

余宿留岁余，见其出者四、五。凡出时，诸军马拥其前，旗帜鼓乐踵其后。宫女三五百，花布花髻，手执巨烛，自成一队，虽白日，亦点烛。又有宫女皆执内中金银器皿及文饰之具，制度迥别，不知其何所用。又有宫女，手执标枪标牌为内兵，又成一队。又有羊车、马车，皆以金为饰。其诸臣僚国戚，皆骑象在前。远望红凉伞不计其数。又其次则国主之妻乃妾媵，或轿或车，或马或象，其销金凉伞何止百余。其后则是国主，立于象上，手持金剑；象之牙亦以金套之。打销金白凉伞凡二十余柄，其伞柄皆金为之。

其四国拥簇之象甚多，又有军马护之，若游近处，止用金轿子，皆以宫女抬之。大凡出入，必迎小金塔、金佛在其前，观者皆当跪地顶礼，名为三罢（sampeah），不然则以貌事者所擒，不

① 查南即磅清扬，今天，那里的淡水虾仍然像周达观时期的那样肥美（“查南之虾，重一斤已上”）；莫良即今莫良；蒲买大概是披迈；其余各地至今尚未考出。

② “右手执标枪，左手执战牌”，这与浮雕中显示的情况一致。但是，当周达观补充说柬埔寨“别无所谓弓箭炮石甲胄之属”时，他就错了，除非与建造吴哥窟的时期相比，柬埔寨的武器装备发生了严重退步。彼时，战士们都身披甲胄，而且在巴戎寺时期，还有来自中国的奇特的弩炮（保罗·穆斯：《巴戎寺的弩炮》，BEFEO，第29期，第331—341页。）

虚释也。每日国主两次坐衙治事，亦无定文。凡诸臣与百姓之欲见国主者，皆列坐地上以俟。少顷闻内中隐隐有乐声，在外方吹螺以迎之。

闻止用金车子，来处稍远。须臾，见二宫女纤手卷帘，而国王已仗剑立于金窗之中矣。臣僚以下皆合掌叩头。螺声绝，方许抬头。国主随亦就坐。闻坐处有狮子皮一领，乃传国之宝。

言事既毕，国主寻即转身，二宫女复垂其帘，诸人各起身。以此观之，则虽蛮貊之邦，未尝不知有君也。

12. 13 世纪末的占婆

1283 年，当马可·波罗途经占婆时，占婆王因陀罗跋摩五世年事已高，不久即去世了。他的继承者是王子诃梨纪特，其王号为阇耶辛诃跋摩（三世），越南人称之为制旻（Chê Mân）。[①]

1292 年，一支蒙古舰队为报复爪哇人对忽必烈特使的侮辱及降服苏门答腊诸小国而南下，阇耶辛诃跋摩三世以强硬的态度，阻止了该舰队在占婆海岸登陆。[②]

阇耶辛诃跋摩三世娶了爪哇公主塔帕希（Tapasī）为后，之后，又渴望得到一位越南公主。1306 年，他以割让海云关以北的占婆两省为代价，[③]换来了越皇陈英宗之妹玄珍（Huyên Trân）为妃，赐号波罗蜜湿婆利（Parameśvarī）。[④]

① 乔治·马伯乐:《占婆史》，第 188 页。
② 同上书，第 392 页。
③ 同上书，第 189—190 页。
④ 艾蒂安·艾莫尼尔:《波萨的占婆碑铭》，BCAl（1911 年），第 15 页。

1307年，他在潘郎修建了博克朗加赖寺（Po Klaung Gara），[①]在多乐（Darlac）修建了扬普隆寺（Yang Prong）[②]之后就去世了。

① 亨利·帕芒蒂埃，亨利·帕芒蒂埃:《安南的占族古迹说明细册》(巴黎，1909—1918年)，第1卷，第81—95页。

② 同上书，第557—559页。

第十三章

14 世纪上半叶诸印度化王国的衰落

我们在第十二章中讲述了蒙古人建立元朝后引起的政治反响。与此同时，精神领域也出现了巨大的变化。14 世纪初，梵文文化全面衰落，外印度的最后一批梵文碑铭为 1253 年的占婆碑铭、1330 年左右的柬埔寨碑铭和 1378 年的苏门答腊碑铭。在湄南河和湄公河流域，仅存的印度教和大乘佛教让位于巴利文僧伽罗正统佛教，后者由缅甸的孟人引入印度支那半岛，并由泰人进一步传播。在苏门答腊，伊斯兰教开始出现。在爪哇和巴厘岛，印度密宗受到印度尼西亚本土因素的强烈影响，至少在文学和艺术表达上是如此。

由于穆斯林对印度本土的入侵，以及与印度本土的文化交流减少，外印度历史上的印度化时期已近尾声。

1. 泰族素可泰王国的终结和阿瑜陀耶的建立（1350 年）

我们不知道兰甘亨去世的确切日期。根据《元史》的一段记载，① 他似乎死于 1295 年和 1299 年暹罗向中国的两次遣使之间。因为《元史》写道：1299 年时，“暹国主上言，其父在位时，朝

① 伯希和:《交广印度两道考》，BEFEO，第 4 期，第 243 页和第 251 页。

廷尝赐鞍辔、白马及金缕衣，乞循旧例以赐”。这份请求书遭到了部分拒绝，它似乎是出自一位新国王。然而，“兰甘亨的继承人于 1299 年之前即已登位”这一说法，看来难以和《罗阇提罗阇》（Rājādhirāja），即《八都马史》（History of Martaban）中的说法相符，这些文献谈到，1313 年伐丽流死后，他的继承人从“帕銮”那里接受了拉玛普拉帝悉塔（Rāmapraṭishtha）的封号，意为“兰选定的”。这个封号多半只可能由兰甘亨授予。① 此外，如果兰甘亨的儿子是在 1299 年以前继承父位，那么他就统治了约 50 年，对于一个我们了解甚少的国王来说，这段时间似乎太长了。最接近于事实的是，兰甘亨统治的结束略早于 1318 年，也就是八都马国王入侵土瓦和丹那沙林的日期。②

如果这个推测是准确的，那么，在越南的编年史记载的 1313 年，对占婆入侵便仍是由兰甘亨发动的。③ 为此，他的军队必须穿越原属于柬埔寨的领土，而柬埔寨要么已经失去了这些领土，要么不再有能力抵御它那可畏的邻国。

据传说，帕銮消失在了宋加洛河的激流之中。④ 但很难肯定这个传说是否有史实依据，也很难肯定它究竟是说兰甘亨，还是说他那个王朝的另外一位君王。

兰甘亨的继承人是他的儿子卢泰（Loe Thai），由于释读的错误，学者们在很长一段时间里都称他为“泰瓦泰”（Sua Thai），意为“泰族之虎”。这个谬读了的名字（idolum libri）现在还时常

---

① 丹隆亲王：《阿瑜陀耶建立前的暹罗史》，JSS，第 13 期（1919 年），第 51 页。
② 同上书，第 52 页。
③ 乔治·马伯乐：《占婆史》（巴黎，1928 年），第 196—197 页。
④ 卡米尔·诺顿：《关于暹罗和柬埔寨的传说》（曼谷，1939 年），第 26 页。

在书籍中出现。[①]

与卢泰有关的历史事件极少。

在缅甸方面，他似乎利用莫塔马出现的混乱，收复了土瓦和丹那沙林。[②] 但当他试图为因想夺取莫塔马王位而被杀的孙子复仇时，就没那么幸运了：他的军队惨遭失败，莫塔马也不再承认他的宗主权。[③]

根据年代判断，1335 年派人到印度支那山脉的饶门隘（Cua Rao Pass）迎接大越皇帝陈宪宗的，还是这个卢泰。当时，陈宪宗正在攻打哀牢（中国云南西南部）的泰族王国。[④]

卢泰在1340年左右任命其子吕泰（Lu Thai）为西沙差那莱（宋加洛）的副王。卢泰很可能死于 1347 年。[⑤] 他对佛教的虔诚和他的宗教功德使他获得了达摩罗阇或达弥迦罗阇（Dharmikarāja）的称号，其意为"虔诚的国王"。[⑥] 他的继承者们也采用了这个称号。我们应该庆幸他建造了许多佛足（Buddhapāda），即佛陀的脚印，那是模仿锡兰大佛山（Sumanakūṭa，即亚当峰）上被人崇拜的佛陀足迹而建的。[⑦]

---

① 《帕维使团的综合研究》：第 2 卷（巴黎，1898 年），第 235 页。参阅赛代斯的《关于素可泰王朝的文献》，BEFEO，第 17 期，第 2 辑，第 5 页。

② A. P. 菲尔：《缅甸史》（伦敦，1883 年），第 66 页。

③ 同上书，第 67 页。

④ 亨利・马伯乐：《8 至 14 世纪安南与柬埔寨的边界》，BEFEO，第 18 期，第 3 辑，第 35 页。

⑤ 赛代斯：《关于素可泰王朝的文献》，第 9 页和第 45 页。

⑥ 在这一点上，我采纳了帕亚那空帕拉的意见，见他的《谁是素可泰的达摩罗阇一世？》，JSS，第 28 期（1935 年），第 214 页。

⑦ 赛代斯：《暹罗碑铭集》（曼谷，1924—1929 年），第 1 卷，第 89—90 页，第 127—129 页。我赞同前注提及的那篇文章，现在我认为这些足迹是卢泰建立的，而不是他的儿子吕泰。

在卢泰统治时期，素可泰和佛教大国锡兰之间的关系更加密切了。其部分原因是一位泰族王子的活动，他身着黄袍，到印度和锡兰旅行，从那里带回了神奇的舍利。这位王子在这次旅行之后获得了摩诃陀罗·室利·室罗陀罗阇朱罗牟尼·室利·罗多那兰迦底波·摩诃沙弥（Mahāthera Śrī Sradhārājach ü lāmuni Śrī Ratanalankādipa Mahāsāmi）的称号。他是帕蒙的孙子，帕蒙曾使兰甘亨的父亲登上了素可泰的王座。这位泰族王子年轻时过着世俗的生活，他“时而行善，时而作恶，一会儿笑，一会儿哭，有时获胜，有时失败，忽而幸福，忽而痛苦，一颗不安的心在这轮回之世中来回徘徊”。大约在 30 岁时，他失去了一个儿子，这次丧亲让他明白了“这个轮回世界是动荡不稳、转瞬即逝和虚幻缥缈的”，他效法佛陀超脱尘世时的做法，先慷慨布施，然后就“斜挎着化缘钵脱离红尘，出家为僧去了”。在暹罗，直到 20 世纪还有为数不少的这类奇特的“王子和尚”。一篇来自素可泰的长篇碑文详细介绍了这位王子一生的事业，以上所引就是摘自这篇铭文。[①] 还有一篇铭文谈到的可能也是这个人物，[②] 根据那篇铭文记载，这位王子曾游历北部的孟芳、帕府、南奔、孟达，后来又到印度的“羯陵伽王国、华氏城、朱罗曼荼罗、马拉王国，一直来到楞迦岛（锡兰）以寻求珍贵的舍利”。

这两篇铭文对于这位王子建造的宗教建筑的名称含糊其词，以至于难以确定它们的位置。他曾对一座寺庙进行了重大的修复和扩建工程，这座庙宇就是素可泰的玛哈他寺（Wat Mahathat of

---

① 同上书，第 49—75 页。

② 同上书，第 145—149 页。帕亚那空帕拉:《谁是素可泰的达摩罗阇一世？》，第 218—220 页。

Sukhothai)。[①] 这项工程中有一部分是由他从锡兰带回来的工匠完成的。这是一个珍贵的材料，表明了在素可泰艺术中发现的僧伽罗影响的可能来源。[②]

卢泰的继承人是他的儿子吕泰，即西沙差那莱（宋加洛）的副王。吕泰是个文人，他在 1345 年撰写了一部佛教宇宙论巨著：《三界论》(Traibhūmikathā)，它以《帕銮三界》(Traiphum Phra Ruang) 为名流传至今，后者是在前者的基础上稍加修改，然后译为古暹罗语发行的。[③] 今天，它的现代译本仍然是暹罗和柬埔寨的佛教概念的基础。

1347 年，吕泰来到素可泰，大概由于他父亲去世，当地发生了骚乱。他攻占了城市，在那里为自己加冕，王号为室利·苏利耶跋娑·拉玛·摩诃达磨罗阇提罗阇（Śrī Sūryavaṃśa Rāma Mahādharmarājādhirāja)。[④]

一俟登上素可泰的王位，与武力征服相比，吕泰似乎更关心他的臣民们的道德和宗教。

吕泰的一篇碑铭记载道："陛下已经彻底研究了全部经典，他开始时通过婆罗门和苦行者，沿用师傅口传的方法，学习了《律藏》(Vinaya) 和《阿毗达摩》(Abhidharma)。国王从学习天文学论著入手，掌握了吠陀、各种论著和传说，通晓了法律和格言……

---

① 吕西安·福尔内罗（Lucien Fournereau）:《古代暹罗》(巴黎，1895—1908 年)，第 1 卷，第 257 页 [其中称此庙为瓦乍（Vat Jai)]。

② 雷金纳德·勒梅:《暹罗的佛教艺术》(英格兰剑桥，1938 年)，第 114—119 页。

③ 该书于 1912 年在曼谷出版。参阅赛代斯的《关于素可泰王朝的文献》，第 4—6 页;《〈三界论〉: 佛教的宇宙论和道德规范》，载《东方与西方》，第 7 期 (1957 年)，第 349 页。

④ 赛代斯:《关于素可泰王朝的文献》，第 13 页和第 45 页。

他的学问是无可匹敌的……他懂得平年和闰年，节气和二十八星宿。他运用自己的权威，改革了历法。”①

另一篇碑铭说：“这位国王以王者十诫治国。他能够怜悯一切臣民。当看到别人的稻米，他不垂涎；看见他人的财富，也不嫉妒……当他抓获犯有欺骗和犯上罪行的人，那些在他的食物里投毒、企图使他生病或死亡的人，他也从不杀死或处罚他们，而是饶恕了所有加害于他的人。他之所以收心敛性，之所以能当怒而不怒，就是因为他希望成佛，并把众生度脱轮回苦海。”②

不幸的是，这位博学而虔诚，曾修纂历法，并能以德报怨的君主，他的南方有一个野心勃勃的邻居，即罗斛王国。关于13世纪的罗斛王国，我们只知道一件史实：根据《元史》记载，它在1289—1299年向中国派出了若干使团。③按照一个尚无历史根据的传说，④一个名叫阇耶室利（Jayaśrī）的泰人首领，在佛统建国，他是清盛一位王公的后裔，招了乌通王国（Muang U Thong）的首领为婿。在素攀地区尚可见到乌通古城的遗迹。⑤1347年左右，因霍乱流行，这位乌通王子（当时已继承了岳父的王位）放弃了自己的住地，前往罗斛（华富里）以南五十千米处，湄

① 赛代斯:《暹罗碑铭集》，第1卷，第98—99页。

② 同上书，第107页。

③ 汪大渊的《岛夷志略》（1350年）提到了罗斛的属国（但其地无考），但在前一个世纪，赵汝适的《诸蕃志》将它们都列为柬埔寨的属国。

④ 丹隆亲王曾对此做过简述和讨论，见《阿瑜陀耶建立前的暹罗史》，第35—40页。

⑤ H. G. 夸里奇·韦尔斯:《走向吴哥》（伦敦，1937年），第9章（《饱受霍乱之苦的城市》），第132—146页;《陀罗钵底王国考》，JGIS，第5期（1938年），第24—30页。

南河中的一个岛上建造了一座新都，①这里也是几条大河的交汇处。1350年，他给该城取名为堕罗钵底·室利·阿瑜陀耶（Dvāravatī Srī Ayudhyā），②同年，他加冕为王，王号为拉玛铁菩提（Rāmādhipati）。此前，他曾在1349年向北方发动远征，③轻而易举地征服了素可泰和那位虔诚的国王。素可泰王爱好和平的禀性可能对阿瑜陀耶创始人的决定产生了一些影响。在丧失了独立地位后，吕泰国王越来越倾心于宗教。他建造了庙宇和寺院，接待来自锡兰的僧侣，终于在1361年出家为僧。

正是在1250年至1350年的素可泰，暹罗人奠定了自己的特色文明、制度和艺术。素可泰位于高棉影响区和孟、缅影响区的交界处。通过永河，它很容易与华富里以及湄南河下游的原高棉省份往来。此外，它坐落在通往下缅甸的路口，这保障了它和西部，特别是和锡兰的来往。

在素可泰时期，暹罗人在某些领域，特别是政治和艺术方面，表现出与高棉文明的显著区别。④另外，从阿瑜陀耶建立之时起，暹罗人就借鉴了柬埔寨人的政治组织、物质文明、书写系统和大量的词汇。暹罗的艺术家们向高棉艺术家学习，不仅根据

---

① 丹隆亲王:《阿瑜陀耶建立前的暹罗史》，第63—66页。

② 在这个名字中，我认为有可能就是中心确实是在湄南河下游的陀罗钵底王国（见上文，原书第76页）。参阅达尼·尼瓦特亲王的《堕罗钵底室利阿瑜陀耶城考》，JSS，第31期（1939年），第147页。

③ 这是《岛夷志略》中给出的日期，见爱德华·胡贝尔对Nai Thien的《缅甸对暹罗的入侵》的评论，BEFEO，第9期，第586页。关于巴利文编年史中有关这场战斗的证据，见赛代斯的《关于素可泰王朝的文献》，第40页，第43页。

④ 赛代斯:《印度支那半岛诸民族》（巴黎，1962年），第136—138页;《素可泰时期的暹罗艺术》《亚洲艺术》，第1期（1954年），第281页。关于艺术，参阅A.B.格里斯沃尔德的《关于确定素可泰艺术的年代的新证据》，AA，第19期（1956年），第240页。

自己的天赋改造了高棉艺术，而且还由于他们在与西部近邻孟人和缅人的接触，从而受到了强烈的影响。暹罗人从孟人和缅人那里接受了他们源自印度的法律传统，特别是僧伽罗佛教及其艺术传统。

2. 老挝南掌王国的建立（1353 年）

我们已经看到，到 14 世纪初，今天的暹罗领土，除了东部诸省仍属柬埔寨之外，都已在素可泰的泰人统治之下。但是，东部诸省中的一部分不久就落入了泰人家族的另一支的统治之下，他们便是所谓的老挝人。

我们还记得，在 12 世纪末，高棉人的统治沿湄公河一直扩张到了万象高地，在塞丰发现的一块阇耶跋摩七世时医院的石碑证明了这一点。亨利 · 马伯乐写道：[①]"此外，我们还知道，在 13 世纪的最后几年，万象被兰甘亨征服，从而落入暹人的统治之下，兰甘亨可能是从柬埔寨人手中夺走万象的。遗憾的是，13 世纪时的安南和中国史料对此均无记载，因而无法确定这一事实。所能肯定的是，即使在万象陷落后，在很长时期内，柬人仍是从湄公河大拐弯处起的下游地区的主人，直到 14 世纪上半叶，他们仍然占据着那片土地。唯有通过芒乍瓦（Muang Chawa，即今日的琅勃拉邦）和万象等小国的联合，组成一个相当强大的老挝国家，才将柬埔寨人赶到南方，并逐步把他们限制在如今柬埔寨人聚居的领土上。"

这个老挝国家的形成，得益于素可泰的衰微。法昂（Fa Ngum）

① 《8 至 14 世纪安南与柬埔寨的边界》，第 36 页。

建立万象王国是在1353年，[①] 即素可泰向年轻的阿瑜陀耶王国臣服的四年之后，这大概并非偶然。

路易斯·斐诺写道，[②] “当地的传说没有提到过神秘的坤洛（Khun Lo，相传为坤博隆之子）时期至14世纪之间的任何情况。它只保留了一份首领们的名单。这些首领的名字先是以‘坤’（khun）为号，后来用‘昭’（thao）作号，最后则以‘帕耶’（phraya）为称号。名单中有15个坤和6个昭。其中最后一位是昭达旺（Thao Tavang），其子为帕耶朗（Phraya Lang），他是第一位帕耶：老挝人对自己历史的记忆，就是从他开始的。”

由于治国无方，帕耶朗被放逐到山中（或根据另一传说，他被囚禁在北乌），由其子帕耶坎丰（Phraya Khamphong）取而代之。帕耶坎丰得子后，给被废黜的国王去信，询问他希望给孙子取个什么样的名字。怒不可遏的老人未作任何答复，只说了句‘费法帕’（Phi fa pha），意为‘愿天神劈了你！’接到这个回答后，帕耶坎丰二话不说，就给儿子起名‘费法’，意思是‘天神’。这个夸张的名字着实不切实际。除了非常好色，费法和他因之而得名的天神毫无共同之处，他甚至连父王的后宫嫔妃也不放过。他没有继位就被赶出了宫廷。在遭逐之前，他于1316年生了一子，即后来的帕耶法昂。

被逐的王子费法和他的儿子来到柬埔寨国王的宫廷中避难，

---

① 亨利·马伯乐（在前引书中）写道：“万象和琅勃拉邦的编年史将万象的征服归功于法昂国王，并称这些事件发生于14世纪下半叶；由于法昂国王的继任者桑森泰（Sam Saen Thai）于1404年被中国册封为宣慰使，所以老挝编年史的年代就不至于太不准确。所有这些外国文献，通过互作补充，使我们能够确定——即使不那么精确，至少也能了解个大概——柬埔寨的统治在老挝结束的年代。”

② 《老挝文学研究》，BEFEO，第17期，第5辑，第164—165页。

当时的柬王应该是阇耶跋摩底波罗蜜首罗（Jayavarmadi parameśvara），他于1327年登上吴哥王位。柬埔寨都城的一位僧侣学者抚养了年幼的法昂，老挝编年史称这个僧人为摩诃·帕斯曼·昭·帕摩诃沙玛耶（Maha Pasaman Chao，即 Phra Mahāsamana）。法昂16岁时，柬王把女儿巧（Kaeo），也称约巧（Yot Kaeo）或胶洛法（Kaeo Lot Fa）公主许配给他。后来，在一个尚未考证清楚的年份——但当在1340年至1350年——国王委派他率军夺回他祖先的王国。

老挝编年史《尼坦坤博隆》（Nithan Khun Borom）[①] 详尽地讲述了这支远征军的胜利进军，尽管其历史真实性尚待用其他材料加以证实，他们沿着湄公河谷，经巴塞、甘蒙、镇宁、华藩（在这里，经过谈判，老挝和大越将边界确定在红河与湄公河的分水线上）、西双版纳，然后直下钦栋－钦通（Chiangdong-Chiangthong，琅勃拉邦），法昂最后在这里称王。仍据此书记载，法昂随后沿湄公河溯流而上，攻打兰那并取得了胜利，兰那国国王讪帕耶（Sam Phaya）在清盛尽力抵抗之后，逃到清莱，他在那里与法昂缔结了和约。在回师途中，法昂又征服了卡族人（Kha），至此，只剩下万象了。他用一个经典的计策夺取了它：把金银满地抛撒，佯作撤军，然后乘敌兵四下捡拾这些贵重金属之机，以迅雷之势进行反击。在攻取万象之后，法昂继续向呵叻高原挺进，直至黎逸（Roi-et）；而后，在抚定了所有新征服之地后，法昂经万象返回钦栋－钦通，在那里举行了隆重的加冕仪式。根据《尼坦坤博隆》——适才已对此书作了极为简要的分析——

① 《帕维使团的综合研究》（第2卷，第1—17页）中有该书的译文。关于法昂，请参阅该书第17—38页。

的记载，法昂之所以能够轻而易举地使被征服地区的首领归顺，并获得邻国君主的友谊，是由于同出一族的感情。镇宁的使者对他说："和您一样，我们都是坤博隆的后代。"西双版纳的卢族首领笃定地说："我们因坤博隆而结成兄弟，我们之间不应以武力相争。"为了阻止法昂向呵叻高原的进军，连阿瑜陀耶国王本人也提醒法昂：他们"自从博隆以来就是兄弟"，向他奉献了一些土地，并允诺把一个女儿许配给他。这是泰人首领之间对共同民族渊源的感情的新例证，此前，这一点已经在兰甘亨身上得到了体现。

据另一份史料《蓬萨瓦丹》（Phongsawadan）记载，[①]法昂远征的路线没有那么长，他直接由镇宁到达了钦栋 - 钦通。《蓬萨瓦丹》所叙的事件顺序也有所不同：据其记载，他和大越划定国界的谈判，以及呵叻高原的战役，都是在他加冕之后才进行的。

无论如何，各种资料都认为，标志着南掌（Lan Chang）王国[②]建立的、法昂的盛大加冕礼发生在 1353 年，这个年代极可能是正确无误地流传于后世的。据我所知，唯一提到法昂的碑铭资料，见于 1359 年之后的一块素可泰的碑刻：其中讲到素可泰在湄公河上的东邻是昭帕耶法昂。[③]

法昂的即位是个重要事件，这不仅因为它标志着一个注定将在印度支那中部发挥举足轻重的政治作用的国家的诞生，而且也因为它使高棉文化和僧伽罗佛教通过柬埔寨而传入湄公河上游地

---

① 为保罗 · 勒布朗热所引用，见《法属老挝史》（巴黎，1930 年），第 41—51 页。

② 关于这一名字，参阅赛代斯的《琅勃拉邦的旧称》，BEFEO，第 18 期，第 10 辑，第 9—11 页。

③ 赛代斯:《暹罗碑铭集》，第 1 卷，第 129 页。

区。事实上，法昂即位不久，就从柬埔寨请来了一个由他过去的宗教导师摩诃巴帕斯曼（Maha Pasaman）带领的、由僧侣和工匠组成的使团。他们不仅带来了为数可观的经典，还带来了著名的勃拉邦（Phra Bang）塑像，南掌的国都就是以此命名的。当然，这个使团能够取得如此多的成就，也是因为它是在一个已被柬埔寨佛教留下烙印的地方发光发热的。[①]

3. 泰族的兰那王国

我们方才谈到了法昂对兰那的入侵，他一直进军到清莱，国王讪帕耶就在那里避难。从年代来看，讪帕耶应是指国王法尤（Pha Yu），即孟莱的重孙。

孟莱在位五十余年，约于1315年去世，[②]这成了他的继承人之间争权夺位的信号。编年史提到过孟莱的三个儿子，他废黜了长子，[③]把幼子发配到萨尔温江上游地区的泰人之中，幼子在那里建立了小邦孟东（Muang Nai，即 Moné）。[④]只留下了次子伽罗摩［Grāma，坤坎（Khun Kham）］，即阇耶桑伽罗摩（Jayasang-rāma）。他曾参加过对哈里奔猜的末王伊巴的战役。[⑤]正是伽罗摩继承了孟莱的王位，但几个月之后，他就让儿子盛富（Saen Phu）在清迈接替他的王位，把另外两个儿子分别立为孟芳和清孔之

---

① 保罗·莱维:《佛教传入琅勃拉邦的行迹》，BEFEO，第40期，第411页。
② 据《佛教史》，为1311年（赛代斯:《关于老挝西部政治和宗教历史的文献》，第91页）；据《清迈编年史》，则为1317年（C. 诺顿:《暹罗编年史》，第3卷，第74页）。
③ 诺顿:《暹罗编年史》，第3卷，第72页。
④ 赛代斯:《关于老挝西部政治和宗教历史的文献》，第92页注释2。诺顿:《暹罗编年史》，第3卷，第73页。
⑤ 诺顿:《暹罗编年史》，第3卷，第71页。

主，他自己则隐退到清莱。[①]

但是，当孟东的王子得知父王孟莱逝世的消息后，就来要求继位，或者至少是得到他的那部分遗产。盛富和他兄弟南吞（Nam Thuem，即清孔的王子）来到清莱，在他们的父亲身边避难，而他们的叔叔，即孟东王子，则占据了哈里奔猜。[②]

此后发生的事情非常混乱，在此只需指出，南吞成功地驱逐了入侵者，重新夺回了哈里奔猜。但他的父亲并未把该城交给他，而把他派往了景栋（Chiangtung），[③]并于 1322 年或 1324 年让盛富重新登上清迈的王位。[④]

盛富不久也让他的儿子坎富（Kham Fu）在清迈即位，以便能够前往清莱照顾他的父亲（阇耶桑伽罗摩）。后者死于 1325 年或 1327 年。

于是，盛富重新执掌全国。1325 年或 1328 年，他在一片当时已很古老的地方建立了以他的名字命名的清盛城。他于 1334 年去世，[⑤]其子坎富继位，他仅在位几年，就死在清莱。[⑥]

---

① 赛代斯:《关于老挝西部政治和宗教历史的文献》，第 91—92 页。诺顿:《暹罗编年史》，第 3 卷，第 74 页。

② 赛代斯:《关于老挝西部政治和宗教历史的文献》，第 92 页。诺顿:《暹罗编年史》，第 3 卷，第 75 页。

③ 赛代斯:《关于老挝西部政治和宗教历史的文献》，第 92—93 页。诺顿:《暹罗编年史》，第 3 卷，第 75—77 页。

④ 前一个日期出自《佛教史》（赛代斯:《关于老挝西部政治和宗教历史的文献》，第 93 页）；后一个出自《清迈编年史》（诺顿:《暹罗编年史》，第 3 卷，第 77 页）。

⑤ 赛代斯:《关于老挝西部政治和宗教历史的文献》，第 93 页。诺顿:《暹罗编年史》，第 3 卷，第 80 页。

⑥ 据《佛教史》，为 1336 年（赛代斯:《关于老挝西部政治和宗教历史的文献》，第 94 页）；据《清迈编年史》，则为 1345 年（C. 诺顿:《暹罗编年史》，第 3 卷，第 85 页）。

坎富的儿子法尤继承了王位，他在清莱加冕，但三年后又迁都清迈，并扩建和加固了该城。① 他在城中央建造了一座寺庙，用来安放父亲的骨灰。② 后来这座寺庙被命名为帕辛寺（Wat Phra Sing），因为帕辛（Phra Sing）或帕锡辛（Phra Sihing），即“僧伽罗佛”的塑像就安置在那里。③ 法尤去世的日期不详。④

4. 泰族统治下的缅甸

14 世纪上半叶，在缅甸的泰族诸小国中发生的事件极为复杂，在此仅选择性叙述下列事实。

在南部，伐丽流被刺是与素可泰王国发生一系列冲突的信号，前面已经提到过这些冲突。泰族首领的后代自频耶宇（Binnya U，1353—1385 年）起，就统治着罕沙瓦底（勃固），⑤ 直到 1539 年东吁的缅王夺取该城为止。

在中部，泰族三兄弟在成功摆脱了蒙古人之后，又努力与他们言归于好，并在 1303 年成功地使中国撤销了在缅甸的行省。最年轻的僧哥迷⑥ 在 1306 年确立了他的大权，于 1309 年 4 月 20 日

---

① 赛代斯：《关于老挝西部政治和宗教历史的文献》，第 94 页。

② 同上书。诺顿：《暹罗编年史》，第 3 卷，第 84—85 页。装有这些骨灰的陶罐是在 1925 年发现的（参阅《暹罗编年史》，第 3 卷，第 84 页旁的图版，以及《画报》，1925 年 9 月 5 日号，第 238 页）。

③ 在《佛教史》中曾谈到这尊神奇塑像的历史（赛代斯：《关于老挝西部政治和宗教历史的文献》，第 97—103 页）。

④ 据《佛教史》，为 1355 年（赛代斯：《关于老挝西部政治和宗教历史的文献》，第 94 页）；据《清迈编年史》，则为 1367 年（C. 诺顿：《暹罗编年史》，第 3 卷，第 85 页）。

⑤ A. P. 菲尔：《缅甸史》（伦敦，1883 年），第 67—68 页。G. E. 哈维：《缅甸史》（伦敦，1925 年），第 111—112 页。

⑥ 当时的称号为阿难多悉诃苏罗·阇耶提婆（Anantasīhasūra Jeyyadeva）。

加冕为王。[①]1310年，长兄阿散哥也死后，他和另一个哥哥继续大权在握。1312年，他选择了邦牙（Pinya），又称毗阇耶补罗（Vijayapura）为都，[②]他的后代在那里继续统治，直到1364年。

1315年，僧哥迷的一个儿子阿廷迦耶（Athinkhaya）在实皆（Sagaing）即位，[③]统治着北部和西部地区。1364年，实皆这一支的后代他拖弥婆耶（Thadôminbya）在皎施平原的伊洛瓦底江口建立了阿瓦城，[④]它在后来的五个世纪中一直是缅甸的都城。

最后，在东部，1280年建立的要塞东吁城仍然是希望躲避泰人统治的缅人的避难处。当1347年梯迦婆（Thinkhaba）在这里称王时，[⑤]它成为一个新的缅人国家的都城。1539年，正是梯迦婆的一个后裔攻占了罕沙瓦底（勃固），并在那里建立了一个强大的缅人国家。

5. 柬埔寨：碑铭中有记载的最后几位国王

周达观到达时就已在吴哥王位上的室利陀罗跋摩，直到1307年仍然在位。这一年，他“内禅给王储（瑜婆罗阇），并隐居到森林之中”。[⑥]柬埔寨最古老的巴利文碑铭[⑦]就是他于1309年（即

---

① 王号为特里布婆那帝耶·波伐罗悉诃苏罗·达摩罗阇（Tribhavanāditya Pava-rasīhasūra Dhammarāja）。

② 菲尔:《缅甸史》，第59页。哈维:《缅甸史》，第78—79页。

③ 菲尔和哈维的前引书中均称他为苏云（Sawyun）。

④ 菲尔:《缅甸史》，第63页。哈维:《缅甸史》，第80页。关于整个这一时期，参阅丹吞的《缅甸的历史，公元1300—1400年》，JBRS，第42期（1959年），第119—133页，以及丁拉陶（Tin Hla Thaw）的《公元1400—1500年的缅甸历史》，JBRS，第42期，第2辑（1959年），第135—150页。

⑤ 菲尔:《缅甸史》，第83页。哈维:《缅甸史》，第123页。

⑥ 赛代斯:《柬埔寨最古老的巴利文碑铭》，BEFEO，第36期，第15页。

⑦ 同上书，第14—21页。

退位两年之后）为纪念一座寺院和一尊佛像的落成而写的。

人们不知道这位新国王和室利陀罗跋摩的亲戚关系。有一则铭文提到他们是亲戚（vaṃśa），但未作进一步的说明。他就位时取号为室利陀罗阇耶跋摩（Śrīndrajayavarman），在位 20 年。他充实了阇耶跋摩八世在首都建造的寺院，以纪念在他统治期间去世的婆罗门阇耶曼伽罗陀，此人享年 104 岁。[①]1320 年，一支中国使团到柬埔寨购买驯象，[②]除此之外，人们不知道和室利陀罗阇耶跋摩有关的其他事件。

1327 年，阇耶跋摩底波罗蜜首罗（Jayavarmādiparameśvara）接替了他，[③]我们不了解他们之间的关系。人们几乎只是通过巴戎寺的一篇高棉文碑铭[④]和那篇据说是吴哥的梵文碑铭[⑤]才知道这位国王。实际上这块梵文碑铭来自吴哥窟东北的一个曾被叫做迦毗罗补罗（Kapilapura）的地方。[⑥]它由婆罗门学者毗耶婆提曼（Vidyeśadhīmant）撰写，[⑦]此人是柬王室利陀罗跋摩、室利陀罗阇耶跋摩和阇耶跋摩底波罗蜜首罗的侍者。这是柬埔寨的最后一块梵文碑铭。这块碑铭笼罩着湿婆教的神秘主义色彩，它表明在一个僧伽罗佛教已经大行其道的国度中，印度教在阇耶跋摩七世继承人的宫廷里找到了最后的庇护所。事实上，即使在六个世纪

---

① 路易斯·斐诺:《吴哥碑铭》，BEFEO，第 25 期，第 403—406 页。《法国远东学院考古论文集》，第 1 辑，《伊湿伐罗补罗神庙》（巴黎，1926 年），第 103—106 页。

② 伯希和:《交广印度两道考》，第 240 页注释 5。

③ 赛代斯:《阇耶跋摩底波罗蜜首罗的就位年代》，BEFEO，第 28 期，第 145 页。

④ 赛代斯:《柬埔寨碑铭集》，第 2 卷，第 187 页。

⑤ 由巴特和贝加尼发表于《占婆和柬埔寨的梵文碑铭》，第 569—588 页。

⑥ 斐诺:《吴哥碑铭》，第 365 页。

⑦ 巴特和贝加尼:《占婆和柬埔寨的梵文碑铭》，第 585—588 页。

后的今天，印度教仍未被赶走，因为在现代柬埔寨，仍是由“巴古”（Bakō），即宫廷婆罗门主持王家仪式。[①]

我们不知道阇耶跋摩底波罗蜜首罗统治了多久。1330 年遣使中国的大概就是他，[②]1335年他又紧急遣使去饶门隘，恭迎大越皇帝陈宪宗，该使团在那里还遇到了素可泰的使者。目前，不可能断定吴哥窟大碑铭中提到的最后一位君王阇耶跋摩底波罗蜜首罗，和柬埔寨编年史中从 1350 年开始提到的最初诸王之间的关系，诸王中的第一位国王的谥号为摩诃尼班（Mahānippean）或尼班巴特（Nippeanbat），即涅槃波陀（Nirvāṇapada）。目前看来，古代碑铭中记载的诸王，与编年史中的诸王之间绝对存在着空白。

有趣的是，在 14 世纪中叶，在阿瑜陀耶建立和暹罗王朝的第一位国王——他不久就把吴哥夷为废墟——加冕前夕，汪大渊在《岛夷志略》一书中仍写道：柬埔寨被通称为“富贵真腊”。[③]

6. 占婆

1307 年，“室利诃梨纪特之子”，即阇耶辛诃跋摩三世和拔释迦罗提鞞（Bhāskaradevī）王后的儿子在占婆就位，时年 23 岁。乔治・马伯乐[④]有些武断地称其为阇耶辛诃跋摩四世。越南编年史称他为制至（Chê Chi）。在位于海云关以北，为交换越南公主而割

---

① 阿德玛・勒克莱尔：《柬埔寨，世俗节日和宗教节日》（巴黎，1917 年）。关于暹罗宫廷中的婆罗门，参阅 H.G. 夸里奇・韦尔斯的《暹罗国的仪式》（伦敦，1931 年）。

② 伯希和：《交广印度两道考》，第 240 页注释 5。

③ 柔克义：《14 世纪中国与东方群岛和印度洋沿岸的关系和贸易考》，TP，第 16 期（1915 年），第 106 页。伯希和对《岛夷志略》中的这段话进行了新的、更准确的翻译，见他的《真腊风土记》新译本，伯希和遗作集第 3 卷（巴黎，1951 年），第 136 也及其后诸页。

④ 《占婆史》，第 193 页。

让给大越的几个原占婆省份中，年发生的叛乱迫使越帝陈英宗于1312年对那里发动了征讨。占婆国王在这场战事中被越军掳走，于1313年死在东京。[①]他的兄弟临危受命，以“亚侯”的身份管理国家。正因如此，大越皇帝才以占婆的宗主国和保护者的身份，在当年（即1313年）保卫了占婆，抵御了暹罗入侵。

1314年，陈英宗逊位，陈明宗即位，这使占婆“亚侯”[越南史书称他为制能（Chê Nang）]看到了机会，他试图趁机收复北方各省，并恢复独立。1318年，制能战败，逃往爪哇避难。[②]

于是，大越皇帝把一位军事首领扶上了占婆王位，越南史料称他为制阿难（Chê A-nan）。不久，制阿难就企图依靠蒙古人争取独立。1326年，他战胜越军，不再称臣。[③]此后，他的统治得到了一段时间的太平。圣方济各会修士波代诺内的奥多里克（Odoric of Pordenone）曾在制阿难统治时途经占婆，[④]他在游记中有一段提到“一个名叫占帕（Zampa）的王国，[⑤]那是个非常美丽的国度，有数量丰富的各类食物和大批的财富”。他说该国国王生了200个孩子，“因为他娶了好几位妻子，还有一大批嫔妃”。他提到经常出现在沿海的大量鱼群，说它们“来向国王致敬”。在他的记载中，最有意思的是提到了一种叫作“萨蒂”（sati）的印度习俗：“在这个国家里，当一个男人死后，人们会把他的妻子与他一同下葬，因为人们说，在另一个世界中，她也应该和丈

① 马伯乐：《占婆史》，第195页。
② 马伯乐：《占婆史》，第197—198页。
③ 同上书，第199—200页。
④ 亨利·科尔迪埃编，《14世纪波代诺内的真福修士奥多里克在亚洲的旅行》（巴黎，1891年），第187页。
⑤ 拉丁文和意大利文史料称占婆为Zampa，Zapa，Campa，Canpa和Capa。

夫一起生活。”①

1342 年制阿难去世后，他的女婿，即越南史料中所说的茶和布底（Tra–hoa Bô–dê），成功地取代了王位合法继承人制莫（Chê Mô），尽管在此之前，他不得不与制莫进行了十来年的斗争。越军为制莫助阵，但被茶和布底击败，这使后者大感振奋，于是于 1353 年试图夺回顺化地区，但他在这次行动中被击败。如果像人们认为的那样，柏柏尔旅行家伊本·巴图塔（Ibn Baṭūṭa）在他的游记中提到的塔瓦利西（Tawālisī）确实是指占婆的话，那么，他应该是在茶和布底统治期间到达占婆的。②我们不知道茶和布底的统治结束于何时。③

7. 马来半岛和苏门答腊：伊斯兰教的进展

在马来半岛上，北京朝廷于 1295 年向素可泰的泰人提出的“勿伤麻里予儿，以践尔言”的谕旨看来并未被长期遵守，如果我们相信汪大渊的记载，他在写于 14 世纪中叶的《岛夷志略》中说：暹罗“俗尚侵掠。……近年以七十余艘来侵单马锡，④攻打城池，一月不下。本处闭关而守，不敢与争”。此外，汪大渊

① 这段关于萨蒂的文字是直接从古法语翻译过来的。拉丁文中更确切地说，人们会把死者的妻子和他一起活活烧死（comburitur ejus corpus una com uxore viva）。参阅亨利·尤勒和亨利·科尔迪埃编的《古代中国见闻录》（伦敦，1913 年），第 2 卷，第 167 页中的注释。

② 山本达郎：《关于伊本·巴图塔笔下的塔瓦利西》，《〈东洋文库〉研究部论文集》，第 8 辑（1936 年），第 93 页。这一考据十分巧妙：它提出，这个名称与当时占婆使用的王号“taval”十分接近。在越南史书中，这个王号的确切译音为“茶和”（trae hoa），布底即帕蒂（pati）的音译。

③ 马伯乐：《占婆史》，第 201—203 页。

④ 单马锡即今新加坡。

还提到了其他国家，如丁家庐（丁加奴）、[①]彭坑（彭亨）、[②]吉兰丹、[③]单马令、[④]龙牙犀角（郎迦斯迦）[⑤]和其他岛屿，但他仅列举了其出产，而未提供其任何历史细节。

位于半岛东海岸的丁加奴出土了一块马来文碑铭，是关于半岛伊斯兰教化的最古老文献。[⑥]人们认为这块碑铭的年代为1326年或1327年，但它可能要更晚一些。另外，大约在1345年至1346年，德里苏丹穆罕默德·伊本·图格卢（Muhammed Ibn Toghluk）派遣的使者伊本·巴图塔，在前往中国的途中访问了哥谷罗（Kākula），[⑦]他谈到穆勒贾瓦（Mul Djāwa，他用以指代马来半岛的名称）的苏丹是个不信教者。[⑧]我们在前一章中看到，有关伊斯兰教传入苏门答腊的证据大约始于1281年。伊本·巴图塔声称他在苏门答腊苏丹国曾受到马利克·阿－扎希尔（Malik az-Zāhir）的接见，有人对此表示怀疑。[⑨]但无论如何，伊本·巴图塔的叙述中包含了一些有趣的细节。他说，苏门答腊的苏丹是

① 柔克义:《关系和贸易考》，第118页。

② 同上书，第120页。

③ 同上书，第121页。

④ 同上书，第123页。

⑤ 同上书，第125页。参阅伯希和的《15世纪初的中国航海壮举》，TP，第30期（1933年），第330页注释3。

⑥ H. S. 帕特森（H. S. Paterson）:《丁加奴的一块古马来文碑铭》，JRASMB，第2期（1924年），第252页。C. O. 布拉格登:《丁加奴碑铭考》，JRASMB，第2期（1924年），第258页。

⑦ 关于这个国家，参阅保罗·惠特利的《黄金半岛》（吉隆坡，1961年），第224—228页。

⑧ 费琅:《8至18世纪阿拉伯人、波斯人和土耳其人所写的与远东有关的游记和地理文献》（巴黎，1913—1914年），第2卷，第450页。

⑨ J. P. 莫奎特（J. P. Moquette）:《荷属东印度考古局报告》（1913年），第11页。费琅:《马六甲、末罗瑜和麻里予儿》，JA（1918年5—6月），第474—475页。但请参阅N. J. 克罗姆的《印度化爪哇史》（海牙，1931年），第396页。

沙斐仪派（Shafi'ites）的信徒，他的国家被不信教者所包围。“他经常发动战事，尤其是对不信教者开战……他的臣民也遵循沙斐仪派的礼仪；他们乐于攻打异教徒，心甘情愿地随国王出征。他们战胜了邻近的不信教者，使那些人向他们纳贡求和。”[①] 在须文答剌，即巴塞发现的最古老的墓志的年代为 1320 年。[②]

看来，伊斯兰教主要是由来自古吉拉特和坎贝（Cambay）湾的人们带入苏门答腊的，[③] 在 14 世纪中叶，它尚未征服该岛北部的所有小国。波代诺内的奥多里克曾在 1321 年[④] 提到了这些小国中的南巫里（即亚齐），他说那里“所有的妇女均为人们共有”，那儿的人“食人肉”，那里的居民“无论男女，均用烧热的小铁块在自己的脸上烫出大约 12 处烙印”。[⑤] 汪大渊则在 1350 年写到了这两个国家，称其为喃巫里[⑥] 和须文答剌，[⑦] 还记叙了淡洋[⑧]（即马可・波罗所说的达果延？）。但是，汪大渊仍旧只列举了物产，而未确述它们的政治形势。在苏门答腊岛的中部和南部，我们只

① 费琅：《游记和地理文献》，第 2 卷，第 440 页。

② H. K. J. 戈温：《关于北苏门答腊最早的伊斯兰教的一个有趣证据》，BKI，第 117 期（1961 年），第 410—416 页。

③ J. P. 莫奎特：《锦石和巴塞的墓碑与印度的此类墓碑之比较》，TBG，第 54 期（1912 年），第 536—548 页。但这一观点受到了 G. E. 马瑞森（G. E. Marrison）的质疑（《伊斯兰教传入东印度群岛》，JRASMB，第 24 期，1951 年，第 28—37 页），他证实了马来人的传统，即伊斯兰教从科罗曼德沿海传来。参阅拉丹・阿卜杜勒卡迪尔・维德乔特莫德乔（Raden Abdulkadir Widjojoatmodjo）的《荷属东印度的伊斯兰教》，FEQ，第 2 期（1942 年），第 48—49 页。

④ 科尔迪埃：《在亚洲的旅行》，第 136 页。

⑤ 同上书，第 153 页。

⑥ 柔克义：《关系和贸易考》，第 148 页。

⑦ 同上书，第 151 页。

⑧ 同上书，第 143 页。

对两个国家有所了解，一个是三佛齐，[①]汪大渊认为该国在占碑河谷，[②]即原末罗游所在的位置。正如前所述，这一地区在13世纪时就成为摩诃罗阇旧帝国的重心。另一个国家是旧港，[③]即巨港。

石刻资料表明，末罗游仍是苏门答腊唯一具有一定政治重要性的国家。面对着已经或正在伊斯兰教化的北方各苏丹国，它成了印度文化的庇护所。但它的中心离苏门答腊东海岸越来越远，逐渐将自己封闭在了靠近米南卡保（Minangkabau）的内地。

好几则碑铭都使我们了解到：在14世纪中叶，这一地区有个“金地之王”（kanakamedinīndra），[④]他是阿德瓦耶跋摩（Advayavarman）之子，名字叫阿迪耶跋摩（Ādityavarman）。1343年，他的名字就出现在一尊最初被安放在查科陵[⑤]的文殊师利菩萨的塑像上。他在这里的出现，似乎表明这位未来的国王、与格尔达拉查沙之妻罗阇巴尼王后有些亲戚关系的人，此时正生活在满者伯夷宫廷里。[⑥]

1347年，阿迪耶跋摩在末罗游补罗，命人在一尊不空羂索菩萨塑像背面刻了一条梵文碑铭。[⑦]这尊塑像是在兰巴汉发现的，帕

---

① 同上书，第134页。费琅：《苏门答腊的室利佛逝帝国》，第30页。

② 伯希和：《15世纪初的中国航海壮举》，第376页。

③ 柔克义：《关系和贸易考》，第135页。费琅：《苏门答腊的室利佛逝帝国》，第31页。

④ 亨利·克恩：《散论》（海牙，1913—1929年），第7卷，第219页。

⑤ J. L. A. 布兰德斯：《新柯沙里陵墓简介》（海牙，1909年），第99—116页。

⑥ N. J. 克罗姆：《印度化爪哇史》，第392—393页。K. A. N. 萨斯特里：《室利佛逝》，第303页。

⑦ 亨利·克恩：《帕当陵的不空羂索菩萨像铭文的拓片》，载《散论》，第7卷，第163页。B.R. 查特吉：《印度与爪哇》（加尔各答，1933年），第2卷，“碑铭”，第79—84页。

当梧槽的碑铭说，它是在 1286 年被带到爪哇的。阿迪耶跋摩在末罗游补罗的头衔是乌达亚迪耶跋摩［Udayādityavarman，或阿迪耶跋摩达亚（Ādityavarmodaya）］·普拉塔巴巴拉克玛拉延德拉·毛利玛利跋摩德瓦（Pratāpaparākramarājendra Maulimālivarmadeva）。人们从这个王号中可以看出，他试图把室利佛逝和末罗游使用的传统王号综合起来。①

此外，这则碑铭还对 14 世纪印度尼西亚的密教礼仪作了有趣的介绍，其中许多仪式至今仍在巴厘流行。②阿迪耶跋摩国王将自己视为世尊观自在的化身，与满者伯夷诸王一样，都源于时轮派的教义。③

在米南卡保的腹地帕加尔鲁莱（Pagar Ruyung）发现了另一块同一时期的碑铭，④但它对了解当时的历史没有什么意义。阿迪耶跋摩的漫长统治至少持续到 1375 年，在上述地区还发现了好几块当时的碑铭。

8. 爪哇：直至 1350 年哈奄乌禄就位时的满者伯夷王国

我们在上文中已经看到，根据一个新的历史年表，⑤格尔达拉查沙的统治——人们原先认为是和平的——其实是动乱不安

① J. L. 摩恩斯:《室利佛逝、爪哇和迦陀诃》，TBG，第 77 期（1937 年），第 457 页。

② 西尔万 · 莱维:《巴厘的梵文文献》（巴罗达，1933 年）。

③ J. L. 摩恩斯:《爪哇和苏门答腊的佛教在其最后的全盛时期》，TBG，第 64 期（1924 年），第 558—579 页。

④ 亨利 · 克恩:《米南卡保的所谓巴图贝拉贡（Batu Beragung）石刻铭文》，载《散论》，第 6 卷，第 249 页。

⑤ C. C. 伯格:《评满者伯夷最早的编年史》，BKI，第 97 期（1938 年），第 135 页。亦参阅该作者的《中爪哇的历史传说》（桑特普尔特，1927 年）。

的，过去人们认为那些叛乱是发生在他的继位者查耶纳卡拉统治时期。1295 年，格尔达拉查沙的老战友之一，当时已是王国重臣的朗卡拉威（Ranga Lawe）在厨闽地区发动了一场暴动，[①]但没有成功。接着，老维拉罗阇在位于东爪哇、紧挨马都拉岛南部的卢马姜（Lumajang）宣布独立。[②]1298 年至 1300 年，国王的另一位老战友梭拉（Sora）举起反旗，他最后失败被诛。接着，维拉罗阇的儿子南比（Nambi）撤退到伦贝（Lembah），并在那里筑垒固守。最后，在 1302 年，梭拉的同伙之一居鲁德蒙（Juru Demung）发动了叛乱。[③]

格尔达拉查死于 1309 年。在他的位于新平（Simpin）的湿婆教陵寝[④]中，发现了一尊精美的塑像，将他塑造为诃里诃罗的形象，[⑤]这座塑像现藏于巴达维亚博物馆。格尔达拉查沙之子查耶纳卡拉（即《列王志》中所说的卡拉吉墨特）当政时的王号为室利·宋达拉潘地亚德瓦迪斯瓦拉·威格拉摩栋卡德瓦（Śrī Sundarapāṇḍyadevādhīśvara Vikramottungadeva），它突出了爪哇和印度最南部的潘地亚国之间的宗教联系，[⑥]这一联系早在珊阇耶的时代就已存在。查耶纳卡拉上台两年后，那个曾给他的先王们带来许多麻烦的老维拉罗阇去世了。1312 年，国王在普瓦

---

① J. L. A. 布兰德斯编，《列王志》（VBG，第 62 期，1920 年），第 125 页。C. C. 伯格：《朗卡拉威：中世纪的传说》（威尔特弗雷登，1930 年）。

② 《列王志》，第 125 页。

③ 《列王志》，第 125—126 页。

④ N. J. 克罗姆：《印度化爪哇文化导论》（海牙，1923 年），第 159—166 页。

⑤ 同上书，图版 65。

⑥ K.A. 尼拉坎塔·萨斯特里：《投山仙人》，TBG，第 76 期（1936 年），第 502 页。参阅他的《夏连特拉起源》，TBG，第 75 期（1935 年），第 611 页。

帕塔潘（Pūrva Patapan）[①] 为已经死去二十多年的格尔达纳卡拉举行了葬礼。翌年，他父亲的另一个老对手，即 1302 年发动叛乱的居鲁德蒙去世。但是，1314 年又发生了梭拉的另一个同谋卡查比鲁（Gajah Biru）的叛乱。[②]

1316 年南比去世，卢马姜地区归顺，[③] 此后，人们以为王国终于将重归太平，但在 1319 年又发生了古迪叛乱，国王不得不仓皇出逃，在 25 名卫兵的保护下暂时撤离国都。这些卫兵是由卡查玛达（Gajah Mada）指挥的，[④] 在叙述摄政时期（1328—1350 年）时，我们还要谈到此人。

尽管编年史中记载暴乱接连不断，但满者伯夷的实力仍是显而易见的。1321 年访问过爪哇的波代诺内的奥多里克对这座岛作了有趣的描写："岛的周长足有 3000 英里，有七位加冕的国王臣服于该岛的国王。岛上人口众多，是世界上所有岛屿中第二出色的。……国王居住在一座宏伟壮观的宫殿里，……中国的皇帝，即一切鞑靼人的皇帝经常聚集军队，向该岛的国王开战，而国王总打胜仗，并把军队击退。" [⑤]

自 1325 年至 1328 年，查耶纳卡拉每年都向中国朝廷遣使，从未间断。[⑥] 其中，1325 年的使臣之一僧迦里，应当就是 1375 年的苏门答腊国王僧伽烈宇兰。1328 年，查耶纳卡拉因为诱奸一个

---

① 《列王志》，第 125 页。该地位置尚未考证清楚。N. J. 克罗姆：《印度化爪哇史》，第 345 页。

② 《列王志》，第 126 页。

③ 《列王志》，第 126—127 页。《爪哇史颂》（亨利·克恩译，载《散论》第 8 卷），第 34 页。

④ 《列王志》，第 127—128 页。

⑤ 科尔迪埃：《在亚洲的旅行》，第 161—162 页。

⑥ 柔克义：《关系和贸易考》，第 446—447 页。

贵族的妻子，而被这个贵族暗杀。[①] 帕纳塔兰陵的大部分建筑都是在查耶纳卡拉统治时期建成的。[②]

由于他身后无嗣，王冠又落到了格尔达纳卡拉的女儿罗阇巴尼·卡耶特里，即格尔达拉查沙的第一任妻子的手中。但她已出家为比丘尼，[③]于是由其女儿特里布婆那（Tribhuvanā）以母亲的名义摄政。[④]1329—1330 年，这位摄政者嫁给了一位名叫沙克拉达罗（Chakradhara）[⑤] 或沙克勒首罗（Chakreśvara）的贵族。他改名为格尔达跋达拿（Kṛitavardhana），并获得了新柯沙里的王号。[⑥]1334 年，他们生下一子，即哈奄乌禄（Hayam Wuruk），[⑦]他的外祖母于 1350 年去世，之后他成为国王。

卡查玛达是这一时期的重要人物。前面已谈到，当查耶纳卡拉国王由于古迪暴乱而逃跑后，正是卡查玛达接管了国王的财富。他起初是卡胡里潘的帕蒂（pati），即王国的宰相，后来任达哈（Daha）的帕蒂，1331 年则成为满者伯夷的帕蒂。[⑧] 他为把爪哇的霸权扩张到整个群岛而作了不懈的努力。[⑨] 正因如此，他于 1343 年发动了对巴厘岛的征讨。当时，由于 1284 年格尔达纳卡

① 《列王志》，第 128—129 页。

② 克罗姆：《印度化爪哇文化导论》，第 2 卷，第 245—284 页。M. E. 卢利乌斯·范古尔（M. E. Lulius van Goor）：《帕纳塔兰陵遗址简介》，Et. Asiat. EFEO，第 2 期，第 375 页。

③ 《爪哇史颂》，第 257 页。

④ 她的王号是特里布婆诺栋加德维·查耶毗温奴瓦达尼（Tribhuvanottungadevī Jayavishṇuvardhanī）。克罗姆：《印度化爪哇史》，第 383 页。《爪哇史颂》，第 257 页。

⑤ 《列王志》，第 129 页。

⑥ 克罗姆：《印度化爪哇史》，第 384 页。

⑦ 《列王志》，第 139 页。

⑧ 克罗姆：《印度化爪哇史》，第 387 页。

⑨ 同上书，第 390 页。

拉征讨巴厘的战果已经完全消失，该岛已获独立。卡查玛达的讨伐摧毁了当地的王室家族，[①]并使巴厘岛爪哇化了。后来，在哈奄乌禄统治时期，巴厘岛的爪哇化进一步加强了。

关于与中国的关系，《元史》[②]记载了 1332 年的爪哇使团，由僧伽利率领，看来，1325 年的使团也是由同一个人率领的。1350 年汪大渊[③]把爪哇描绘成一个繁荣富饶的国家。他说那里的人口稠密，民性淳和，称它“实甲东洋诸国”。

1350 年，年迈的罗阇巴尼之死结束了由其女摄政的时期。特里布婆那让位给她的儿子哈奄乌禄，后者的王号为罗查沙纳卡拉（Rājasanagara）。

① 同上书，第 391 页。《爪哇史颂》，第 37 页。
② 柔克义:《关系和贸易考》，第 447 页。
③ 同上书，TP，第 16 期（1915 年），第 236—237 页。

第十四章

印度化王国的终结：从 14 世纪中叶至葡萄牙人占领马六甲（1511 年）

14 世纪中期是外印度历史上的一个转折点。1347 年，缅族的东吁王国和苏门答腊的阿迪耶跋摩王国同时建立。16 世纪强大的缅族勃固王国的创建者就来自东吁王国。阿迪耶跋摩王国虽然仍以末罗游为名，但已迁至后来的米南卡保王国所在的地区。1353 年，法昂建立了寮族的南掌王国，频耶宇则重建了罕沙瓦底（勃固）。

哈奄乌禄（罗查沙纳卡拉）于 1350 年即位，他是满者伯夷最伟大的国王之一，他将满者伯夷的宗主权扩展到了极盛；巧合的是，拉玛铁菩提也在这一年登基，他是阿瑜陀耶的创建者，统一了暹罗人的国家和罗斛的国家（即素可泰和华富里）。阿瑜陀耶和满者伯夷分别成为外印度大陆和岛屿上的两极，外印度的大部分地区就此被划分为了两大势力范围。阿瑜陀耶和满者伯夷的属国名单里，甚至还包括马来半岛南部的部分地区。

值得注意的是，各个小国被陆续纳入这两个大国势力范围的过程，恰巧发生在蒙古人的王朝开始衰落的时候。蒙古人采取了相反的政策，鼓励建立许多小国，因为这些小国更容易被掌控。

1350 年前后诞生的国家有泰族的阿瑜陀耶和南掌王国，缅族的东吁和阿瓦王国，它们的历史不在本书的讨论范围内，本书重点讨论外印度的古代史。因此，本书只需关注印度支那和印度尼西亚的印度化王国，直到它们最终衰落。同时，本章还会简要介绍一下柬埔寨在 1430 年左右放弃吴哥时发生的情况，占婆在 1470 年被越南人征服时的情况，以及 1511 年葡萄牙人占领马六甲时马来西亚和群岛等地区发生的事件。

1. 柬埔寨：从 1350 年到 15 世纪中叶放弃吴哥

14 世纪中叶，[①] 这些古老的王国中，只有柬埔寨诸王仍居住在古都耶输陀罗补罗（吴哥）。但是他们在那里几乎再也无法平安度日了。早在 1352 年，阿瑜陀耶的建立者和第一位国王拉玛铁菩提就围攻了该城，[②] 当时的柬王是涅槃波陀（1346—1351 年）的儿子兰蓬罗阇（Lampong-rājā）。如果《阿瑜陀耶年谱》（Annals of Ayutthaya）可靠的话，翌年吴哥即被攻占，暹罗国王让他的一

---

① 关于柬埔寨编年史的各种修订本，请参阅赛代斯的《略论法国远东学院馆藏柬埔寨历史文献的分类》，BEFEO，第 18 期，第 9 辑，第 15 页。冯萨・沙尔贝芝・农（Vongsa Sarpéch Nong，1818 年）已由弗朗西斯・加尼埃（Francis Garnier）译出，《柬埔寨王家编年史》，JA（1871 年，10—12 月号），第 336 页。另见乔治・马伯乐的《高棉帝国》（金边，1904 年）和阿德玛・勒克莱尔的《柬埔寨史》（巴黎，1914 年）。有关中文的原始资料，见 J. P. 阿贝尔・雷穆萨的《亚洲新论文集》（巴黎，1829 年），第 1 卷，第 90—97 页。下文出现的年代，除了引自中文资料的之外，都是需要审定的。

② 威廉 A. R. 伍德：《暹罗史》（伦敦，1926 年），第 65 页。下文中，有关 1431 年柬埔寨人最终放弃首都之前吴哥曾两次被暹罗人占领的说法，是基于《阿瑜陀耶年谱》的。这些占领可能由于短暂的，所以几乎无法确定其存在，并带来了不少考据上的困难。L. P. 布里格斯在一篇题为《1430 年前暹罗对吴哥的进攻》的文章中（FEQ，第 8 期，1948 年，第 1—33 页）对此提出了质疑；他的论点即使不是定论，至少也有一定的可能性。

个儿子登上了吴哥王位，但这位王子不久就死去了。另外两位暹罗王子相继统治吴哥，直到 1357 年。那一年，兰蓬罗阇的一个在老挝避难的兄弟又夺回了都城，并在那里加冕为王，号称苏利耶跋娑·罗阇提罗阇（Sūryavaṃśa Rājādhirāja）。①

苏利耶跋娑奋力抵御暹罗新的入侵，保卫自己的国家。看来他北方的边界维持在了呵叻，西边的则维持在了巴真。可能就是他在 1370 年接受了中国明太祖命他臣服的诏书，并立即交纳了贡品。《明史》称他为忽尔那。② 他在位二十余年，他的侄子（即兰蓬罗阇之子）继承了他的王位，王号为婆罗摩罗摩（Paramarāma）。

1379 年，《明史》提到的一位新国王参答甘武者持达（Samdach Kambujādhirāja），③ 可能就是指婆罗摩罗摩，可是我们对他的情况一无所知。

1380 年左右，婆罗摩罗摩的兄弟达摩索卡罗阇提罗阇继位（Dhammāsokarājādhirāja），④《明史》在关于 1387 年的记载中提到过他，称为参烈宝毗邪甘菩者（Samdach Chao Ponhea Kambuja）。⑤

1393 年，暹罗王腊梅萱［Ramesuan，腊梅首罗（Rāmeśvara）］入侵柬埔寨，围困了首都。据暹罗编年史记载，他于翌年攻占柬都。⑥ 达摩索卡国王被杀，暹王的一个儿子因多罗阇（Indarāja）取而代之，但因多罗阇不久即遭暗害。⑦

---

① 加尼埃：《柬埔寨王家编年史》，第 341—342 页。勒克莱尔：《柬埔寨史》，第 195—207 页。

② 雷穆萨：《亚洲新论文集》，第 1 卷，第 91 页。

③ 同上书，第 92 页。

④ 加尼埃：《柬埔寨王家编年史》，第 343 页。勒克莱尔：《柬埔寨史》，第 211 页。

⑤ 雷穆萨：《亚洲新论文集》，第 1 卷，第 93 页。

⑥ 伍德：《暹罗史》，第 76 页。

⑦ 加尼埃：《柬埔寨王家编年史》，第 344 页。

1404年,《明史》提到过一位叫做参烈婆毗牙（Samdach Chao Ponhea）的国王，[①]但不知究竟是指哪一位。[②]1405年，中国朝廷宣布了参烈婆毗牙的死讯，其子参烈昭平牙[③][无疑即柬埔寨史料中的本夏牙（Chao Ponhea Yat）[④]]继承了王位。此人一登基就采用了苏利耶跋摩这一荣号。在他长达五十余年的统治期间，于1431年决定放弃都城，因为它的周围一马平川，易攻难守。他曾在巴桑［Basan，斯雷桑托（Srei Santhor）］短期居留，但洪水迫使他离开了那里。后来，他在“四臂河”一带定都，也就是今天的金边城的所在地。[⑤]

2. 占婆：从制蓬峨登基（1360年）到最终放弃毘阇耶（1471年）

乔治·马伯乐把《占婆史》中叙述制蓬峨（Chế Bồng Nga）统治的第九章题名为“巅峰”，这种说法容易使人对其统治的重要性产生完全不准确的认识。诚然，制蓬峨的统治时期充满了军事上的荣耀，但这种荣耀只能比作落日的最后一抹余晖。面对越南人的蓬勃活力和他们在几个世纪中形成的人口压力，制蓬峨重新征服大越的企图有些不合时宜，他的胜利注定只是过眼云烟。

---

① 雷穆萨:《亚洲新论文集》，第1卷，第95页。

② 勒克莱尔在《柬埔寨史》（第215页）中提到，在吴哥第二次被占领和本夏牙继位之前，曾有两位国王进行过统治。

③ 雷穆萨:《亚洲新论文集》，第1卷，第96页。

④ 加尼埃:《柬埔寨王家编年史》，第344页。马伯乐:《高棉帝国》，第56页。勒克莱尔:《柬埔寨史》，第216页。

⑤ 赛代斯:《金边的建立》，BEFEO，第13期，第6辑，第6页。

我们对制蓬峨的身世毫不了解，《明史》称他阿答阿者，而在占婆人的历史传说中，他似乎被称为比那索尔（Binasuor）。①制蓬峨的统治应该始于1360年左右。他首先利用了蒙古人的衰微，接着又与明太祖言和，后者于1369年承认他为占婆王。②1361—1390年，他不间断地对大越发动了一系列战役，③并连连获胜：1361年，劫掠了陀里港；1368年，在今日广南一个叫做"占洞"的地方击败了越南人；1371年，占婆军侵入东京三角洲并洗劫河内；1377年，在平定的昆阇耶（阇班）城下大败越军，越王陈睿宗被杀，随后占婆军再度入侵东京，并又一次劫掠了河内；1380年，占军劫掠了义安和清化；1384年又从陆路袭击了东京；1389年在东京再战又获胜利，使占人得以长驱直入今日的兴安省。"这时，一个下级军官的背叛打断了占人的胜利进军，并使安南逃过了一场可能使之丧失独立的侵略。"④制蓬峨被困在战船上，死于1390年2月，他的军队溃退了。

制蓬峨的一员将军撵走了他的儿子们，自己登上了王位。越南编年史称此人为罗皑（La Khai），平定的一块占文碑铭则称其为阇耶辛诃跋摩。⑤他把海云关以北的全部领土（相当于今日的广平、广治和承天省）都丢给了大越，这些国土原是其前王制蓬

① 艾蒂安·艾莫尼尔：《占婆的历史传说》，载《游历与探索》，第14卷，第32号（1890年）。

② 乔治·马伯乐：《占婆史》（巴黎，1928年），第203页。

③ 下文提到的一系列战役的参考文献都来自乔治·马伯乐的《占婆史》（巴黎，1928年，第204—206页，第209—217页）。——译者注

④ 同上书，第217页。

⑤ 路易斯·斐诺：《河内博物馆馆藏碑铭》，BEFEO，第15期，第2辑，第13—14页；斐诺对马伯乐《占婆史》的评论，载BEFEO，第28期，第291页。

峨夺回的。[①]

罗皚死于1400年，由其子敖克朗毗阇耶（Ngauk Klaung Vijaya）接任，起初他取毗罗婆陀罗跋摩（Vīrabhadravarman）为号，1432年加冕时又取王号因陀罗跋摩。[②]《明史》称他占巴的赖（Champādbirāja），越南编年史则称其为巴的吏（Ba Dich Lai）。

因陀罗跋摩的统治从一开始就时乖运蹇：1420年，为了避免与大越重开战端，他被迫割让了位于阿马拉瓦蒂地区北部的因陀罗补罗省，[③]即今日的广南，那里的婆多利神庙（美山）曾是古代占婆的心脏。1407年，因陀罗跋摩在中国的支持下收复该省，[④]当时，中国在镇压篡位的胡朝（1400—1407年）后，刚刚使大越重入中国版图。

占婆北部重获安全后，占王又向柬埔寨寻衅，当时的柬埔寨由最后一位吴哥国王本夏牙统治。1421年，他在边和（Bien-hoa）立下一块毗湿奴教的碑铭，[⑤]以纪念对高棉人的胜利。

1428年，随着越南的光复者黎利（Lê Lợi）即位，占婆与其北方邻国的关系恢复了和睦。[⑥]

据爪哇的一个传说，15世纪初，伊斯兰教由一位占婆公主传入爪哇，她是占王的妹妹。她嫁给了满者伯夷的一位国王。[⑦]然而，这个传说很难与占婆碑铭提供的最新证据相符，这些碑铭

---

① 马伯乐：《占婆史》，第220页。

② 斐诺：《河内博物馆馆藏碑铭》，第13—14页。

③ 马伯乐：《占婆史》，第221页。

④ 同上书，第224页。

⑤ 安托万·卡巴顿（Antoine Cabaton）：《边和的占婆碑铭》，BEFEO，第4期，第687页。

⑥ 马伯乐：《占婆史》，第226—227页。

⑦ 同上书，第228页。N. J. 克罗姆：《印度化爪哇史》，第452页和第463页。

仍完全属于婆罗门教。实际上，我们没有任何确凿的证据，足以说明在占人于 1471 年被赶出昆阇耶城之前，伊斯兰教就已经传入了占婆。

敖克朗毗阇耶（又名因陀罗跋摩六世）的统治时间较长，而且相对成功。当他的统治于 1441 年结束后，占婆迅速衰落。短短三十年间，占婆先后经历了五位国王，[①]还发生了不止一场的内战，以及越南皇帝黎仁宗和黎圣宗的入侵。1446 年，位于平定（阇班）的占婆都城昆阇耶首次被越军占领，[②]后又被占人夺回。1471 年，昆阇耶最终落入越南人之手，越军血腥屠城，六万人惨遭诛戮，三万余人沦为俘虏，其中包括占婆国王和五十位王室成员。[③]此后，占婆又苟延残喘了一段时间，但它的领土仅限于华列拉岬以南地区。今天占婆人的最后残余就在那里。[④]

3. 爪哇：从 1350 年哈奄乌禄（即罗查沙纳卡拉）即位至满者伯夷王国的终结（约 1520 年）

在爪哇，罗查沙纳卡拉（1350—1389 年）的长期统治标志着满者伯夷王国的鼎盛时期。他的统治以一场血腥的动乱开始，

① 他们是：贲该（即毗阇耶，1441—1446 年），因陀罗跋摩六世的侄子；贵来（1446—1449 年），因陀罗跋摩六世之子；贵由（1449—1458 年），贵来之弟；槃罗茶悦（汉籍称槃罗悦，1458—1460 年），为贲该之婿；槃拉茶全（汉籍称槃罗茶全，1460—1471 年），为槃罗茶悦之兄弟。参阅马伯乐的《占婆史》，第 230—239 页。

② 同上书，第 231 页。

③ 同上书，第 237—239 页。

④ 珍妮·卢巴（Jeanne Leuba）：《消失的王国：占人及其艺术》（巴黎，1923 年）。

这次事件的牺牲者是一位摩诃罗阇。1333年的一篇碑文[①]称他是巴查查兰（Pajajaran）王国的创始人，这个巽他人的王国直到16世纪初仍然占据着爪哇岛的西部。[②]1357年，摩诃罗阇和他的随从们来到满者伯夷，住在都城以北的甫拔特（Bubat），他准备把他的女儿许配给罗查沙纳卡拉。大君认为这桩婚姻是平等的结合，但罗查沙纳卡拉的宰相卡查玛达却坚持把国王的未婚妻作为属国奉献的公主来对待。争论演变成了武装冲突，巽他国王及其随从在这场斗争中丧生。[③]

从《爪哇史颂》中流传下来的满者伯夷属国的名单中，可以看出爪哇国势在罗查沙纳卡拉时代的扩张情况。[④]名单大致包括了后来成为荷属东印度群岛的所有地区（也许西里伯斯北部除外）和马来半岛的大部分地区，[⑤]但并未延伸到菲律宾群岛。

在巴厘，1384—1386年以韦查耶罗查沙（Vijayarājasa），又称勃烈文克尔（Bhre Wengker）的名义颁布的特许状[⑥]，似乎证明罗查沙纳卡拉的叔叔在巴厘行使了某种总督权，如果不是真正的君权的话。14世纪时，巴厘最初由于1343年的征服而出现的爪

---

① 茂物的巴杜图利斯寺（Batu Tulis）碑铭。关于这块目前已知最古老之一的碑铭，最新的研究成果来自R.Ng.普尔巴扎拉卡，见TBG，第59期（1921年），第380页。

② 约翰·德·巴罗斯（João de Barros）:《亚洲》（里斯本，1778—1788年），第4卷，第1册，第12章。

③ 《列王志》，J. L. A. 布兰德斯编（VBG，第62期，1920年），第157—158页。C. C. 伯格:《巽他诗歌》，BKI，第83期（1927年），第1页。克罗姆:《印度化爪哇史》，第402—404页。

④ 亨利·克恩译，《散论》，第8卷，第240—242页，第278—279页。

⑤ 在苏门答腊岛和马来半岛上的属地名单，与原室利佛逝的属地一致。

⑥ W. F. 斯塔特海姆:《巴厘的古文物》（新加拉惹，1929—1930年），第1卷，第191页。

哇化加强了，对于该岛的未来命运来说，这比 15 世纪时爪哇人的大规模移民更为重要。①

松巴哇（Sumbawa）岛上发现的一块这一时期的爪哇文碑铭，②是满者伯夷向群岛东部扩张的有力证据。据《爪哇史颂》记载，③与满者伯夷保持友好关系的国家有：暹迦瑜帝耶补罗（Syang-kāyodhyapura，暹罗的阿瑜陀耶王朝）、达磨那伽利（Dharmana-gari，洛坤）、摩卢摩（Marutma，莫塔马）、罗阇补罗（Rājapura，所指不明）、僧伽城（Singhanagarī，所指不明）、占婆、柬埔寨和耶槃那（大越）。

《明史》提供了有关罗查沙纳卡拉与中国关系的信息，④它记载了 1370—1381 年，八达那巴那务（Bhatara Prabhu，这是一个王室称号）的多次遣使。在谈到 1377 年和 1379 年的使团时，《明史》指出爪哇岛有东、西二王。西王叫勿劳波务（这是 Bhatara Prabhu 或 Bhra Prabhu 的另一种音译），东王叫勿院劳网结，⑤我认为他就是勃烈文克尔，即韦查耶罗查沙，方才介绍过他于 1384 年至 1386 年在巴厘的敕令铭文。如果《明史》提供的 1377 年至 1379 年的信息准确的话，那么，似乎很明显，将王国一分为二这件

---

① 克罗姆:《印度化爪哇史》，第 410 页。

② G. P. 鲁法埃尔:《巴达维亚协会董事会会议记录》（1910 年），第 110—113 页。F. H. 范·纳尔森:《桑巴瓦的印度化爪哇遗迹》，TKNAG（1938 年），第 90 页。

③ 同前书，第 279 页。

④ W. P. 格勒内维特:《马来群岛和马六甲简志》（巴达维亚，1876 年），第 35—36 页。《列王志》，第 164 页。

⑤ 格勒内维特在《简志》中将这个名字还原为“Bogindo Bongkit”，费琅（《苏门答腊的室利佛逝帝国》）则还原为“Bhra Wangye”，这两个名字都不符合已知的名字。费琅认为应该将该名字中的第二个字，即“院”字删去，此说比较合理。“网结”似乎是“Wengker”的旧译。

事对后来朝代的统治造成了巨大的不幸后果，此事大概发生在罗查沙纳卡拉统治时期，他可能把国家的部分统治权分给了他的叔父。

勃拉邦加（Prapancha）在这一时期创作的史诗《爪哇史颂》，[①] 让我们对罗查沙纳卡拉统治初期的内政管理情况有了一些了解：[②] 国王至高无上，由其父格尔达跋达拿和叔父韦查耶罗查沙辅佐；其下是等级森严的官员体系，一个由五位大臣组成的参议会高居其首。五位大臣，即玛帕提［mapatih，摩诃帕底（mahāpati）］中的灵魂人物是老臣卡查玛达，他为王朝效劳了半个世纪之后，于1364年从政治舞台上退出。他曾编撰过一部法典，而现在存世的只有该法典的改写本。[③]

从文学角度来看，除了前面已提到过的《爪哇史颂》的作者勃拉邦加之外，罗查沙纳卡拉的统治还因诗人坦图拉尔（Tantular）而倍添光彩。坦图拉尔是《阿周那的胜利》（Arjunavijaya）和《人寿终论》［Purushädasänta，即《苏达索玛》（Sutasoma）］的作者，[④] 其中，《人寿终论》对于我们了解湿婆－佛陀混合宗教甚为珍贵。

这一时期还建造了大量宗教建筑。在此唯一值得一提的是帕纳塔兰陵的中央庙宇，那里有体现《罗摩衍那》和《克里希那耶

---

① 由克恩编辑和翻译，载《散论》，第7卷和第8卷。西奥多·G. Th. 皮格奥德的新译注本题为《14世纪的爪哇》（海牙，1960—1963年）。参阅H. B. 萨加尔的《印度对爪哇和巴厘文学的影响》（加尔各答，1934年），第385页。

② 克罗姆：《印度化爪哇史》，第419—421页。关于其国都，请参阅W. F. 斯塔特海姆的《满者伯夷的王宫》，VKI，第7卷（海牙，1948年）。

③ 《列王志》，第196页。

④ H. B. 萨加尔：《印度对爪哇和巴厘文学的影响》，第230页，第318—322页。

那》中情节的浮雕。这座寺庙始建于1347年的摄政时期，在罗查沙纳卡拉统治期间竣工，是他最喜爱的神殿。

罗查沙纳卡拉死于1389年，他的继承者威格拉玛跋达拿（Vikramavardhana）既是其外甥，又是其女婿。满者伯夷从这个朝代起开始趋于衰微，这种衰落在他的继任者的统治时期大大加快了。满者伯夷衰败的主要原因，是马六甲作为一个贸易中心和伊斯兰教传播的策源地而快速发展。伊斯兰教首先由马六甲传入爪哇沿海，[①]接着很快便渗入内地。伊斯兰教在爪哇岛存在的最古老证据是勒朗（Leran）碑铭，[②]日期为1082年或1102年，但它纯系孤证。其后，有锦石（Gresik）的1419年的马利克·易卜拉欣（Malik Ibrahim）的墓志，[③]此人大概是新宗教的传播者。

满者伯夷衰落的另一个原因，是威格拉玛跋达拿与他的表兄弟威拉布弥（Vīrabhūmi，罗查沙纳卡拉的庶子）之间的斗争。威拉布弥像他的叔爷韦查耶罗查沙（勃烈文克尔）一样，被立为东爪哇的统治者。他们之间的内战开始于1401年，1406年以威

① 1413年，马欢随郑和远航，他在《瀛涯胜览》中将爪哇的居民分为三类：西方人（穆斯林），他们是来做生意的；中国人，他们遵循穆斯林的习俗；以及当地人［柔克义：《14世纪中国与东方群岛和印度洋沿岸的关系和贸易考》，TP，第16期（1915年），第242页］。

② J. P. 莫奎特：《爪哇语言、地理和民族学首届研讨会记录汇编》（威尔特弗雷登，1921年），第31页。保罗·拉韦斯：《爪哇勒朗的库法体碑铭》，TBG，第65期（1925年），第668页。

③ 伯特伦·施里克：《博南史书》（Het boek van Bonang）（乌得勒支，1916年），第28页。

拉布弥之死而告终。[①] 这场继承战争不仅导致了满者伯夷王国衰落，还间接导致了1402年马六甲王国的建立，这个新的政治和贸易中心的创始者拜里迷苏剌（Parameśvara），如果真的如下文所说，先是在这场悲剧中扮演了要角，后来又逃离爪哇、在单马锡避难。那么上述结论便是成立的。

满者伯夷的衰落还有一个原因：中国在永乐皇帝的统治下，尽力排挤爪哇对群岛和半岛的宗主权，这是郑和下西洋的原因之一。[②]

---

① 《列王志》，第177、180页。克罗姆：《印度化爪哇史》，第430—432页。据《明史》记载（格勒内维特：《马来群岛和马六甲简志》，第36页），1403年时，该国分裂为西王都马板（即杜马帕尔）和东王孛令达哈（Bhreng Daha或Putreng Daha）。奉永乐皇帝之命，郑和首次出使南洋时，于1406年抵达东王国，当时正值该国为西王所灭。西王还杀死了郑和的170名随从，但郑和接受了西王对此事的道歉（格勒内维特，同上书，第36—37页）。

根据这一记载，都马板（杜马帕尔）应该就是威格拉玛跋达拿，也可能是他的儿子，后者也拥有勃烈杜马帕尔的称号；而孛令达哈（Putreng Daha）则是指威拉布弥（克罗姆：《印度化爪哇史》，第431—432页）。《列王志》所提供的关于满者伯夷王室谱系的资料芜杂而含混，人们可以对其做出不同的解释，这增加了复原这一时期的历史的困难。因此，R. C. 玛兹穆德（《金洲》，第339—345页）提出了一个假设，认为1400年，威格拉玛跋达拿曾因妻子的缘故（她于1429年去世）而逊位，后于1415年左右复掌朝政，因为《明史》（格勒内维特：《马来群岛和马六甲简志》，第37页；伯希和：《郑和下西洋考补编》，TP，第31期，1935年，第301页）记载，这一年的满者伯夷王名叫扬惟西沙（Hyang Viśesha），这实际上是威格拉玛跋达拿的名字之一。他的统治似乎并不像人们所认为的那样仅仅持续到1429年，而是一直持续到了1436年，那一年，他的女儿勃烈达哈（Bhre Daha）继位，这是苏希达公主的别名。

② 关于郑和在1405—1433年的几次出使，见格勒内维特的《马来群岛和马六甲简志》，第41—45页；柔克义：《关系和贸易考》，第81—85页；J. J. L. 杜温达克（J. J. L. Duyvendak）：《马欢再考》，VKNAWAL，第32期，第3号（阿姆斯特丹，1933年）；伯希和：《15世纪初的中国航海壮举》，TP，第30期（1933年），第237页；山本达郎：《明朝郑和向南洋的远征》，《东洋学报》，第21期（1934年），第374—404页，第506—554页；伯希和：《郑和下西洋考补编》，第274页；杜温达克：《15世纪初中国海上远征的确切年代》，TP，第34期（1938年），第341页。

郑和的出使，导致许多原先向满者伯夷称臣纳贡的国家纷纷遣使中国。①

威格拉玛跋达拿的女儿苏希达（Suhitā）继承了王位，统治到了 1447 年，她的继承者是其兄弟勃烈杜马帕尔（Bhre Tumapel），又名格尔达威查耶（Kṛitavijaya，在位时间为 1447—1451 年）。②从这一时期开始，已经被本土仪式影响的印度宗教，似乎在伊斯兰教发展壮大之前就已经退避三舍了。它们撤入了高地山区，那里原是前印度化时期印度尼西亚宗教所在地的高地山区。据记载，1434 年至 1442 年在槟榔岗上建造了与印度教有关的宗教建筑，1449 年在威利斯山、1438 年和 1449 年在默巴布山（Merbabu）、1437—1457 年在拉武山（Lawu）也修建了类似的建筑。③

拉查沙跋达拿（Rājasavardhana，1451—1453 年）、补尔伐维西沙（Pūrvaviśesha，1456—1466 年）、辛诃威格拉玛跋达拿（Singhavi-kramavardhana，1466—1478 年）④等最后几位满者伯夷国王之间的谱系关系不详，其在位年代也有待核定。

1478 年，满者伯夷遭到了一次入侵，入侵起因目前尚有争议。⑤1486 年出现了一个新的王朝，即吉林德拉跋达纳（Girīnd-ravardhana）王朝，它的敕文显示，这个王朝的文化仍属印度文

① 克罗姆：《印度化爪哇史》，第 439 页。

② 《列王志》，第 177—190 页。克罗姆：《印度化爪哇史》，第 429—432 页，第 444—446 页。

③ N. J. 克罗姆：《印度化爪哇文化导论》（海牙，1923 年），第 325 页及其后诸页。W. F. 斯塔特海姆：《对槟榔岗的考察》，ABIA，第 11 期（1936 年），第 25—30 页。F. M. 施尼策：《爪哇的巨石建筑平台》，RAA，第 13 期（1939—1942 年），第 105—112 页。

④ 《列王志》，第 199 页。克罗姆：《印度化爪哇史》，第 448 页。

⑤ 克罗姆：《印度化爪哇史》，第 449—450 页。

化。[①] 爪哇最后一次遣使中国是在1499年。[②] 伊斯兰教进展迅速，有关婆罗门教在爪哇存在的最后一个确凿证据是1513—1515年的，[③] 即在葡萄牙人占领马六甲之后不久。

1513年到1528年，就找不到关于满者伯夷存在的证据了，但不能说，这个王国的剩余部分是在穆斯林的冲击下突然消失了，而应当说，在穆斯林掌握的港口殖民地日趋繁荣强盛的同时，满者伯夷的都城逐渐衰弱了。[④]

印度文化残存于东爪哇的某些地区，特别是在巴厘岛。因而，这个岛屿成为至今仍保存着印度化爪哇文学和宗教的精华的文化中心，而伊斯兰教很快就把这些文化特征从爪哇岛上抹掉了。巴厘岛之于印度尼西亚，就好比中国西藏之于佛教印度，都使其文化得以薪尽火传。

4. 苏门答腊：14世纪时摩诃罗阇旧王国的继承者

在苏门答腊的米南卡保地区，阿迪耶跋摩至少一直统治到了1375年，这是现有的关于他的最后一块碑铭的年代。[⑤] 在双溪朗沙（Sungei Langsat）的美丽塑像中被表现为湿婆–跋罗伐形象的，可能正是这位对密宗佛教时轮派极为虔诚的国王，上文对此已有提及。[⑥]

---

① 克罗姆：《印度化爪哇史》，第450—451页。
② 格勒内维特：《马来群岛和马六甲简志》，第39页。
③ 克罗姆：《印度化爪哇史》，第458页。
④ C. 霍伊卡斯：《以旧爪哇语书写的卡曼达基亚·尼蒂斯拉（Kamandakīya Nītisāra）等》，JGIS，第15期（1956年），第21页。
⑤ 亨利·克恩：《散论》，第6卷，第257—261页。
⑥ F. M. 施尼策：《印度化苏门答腊考古》（莱登，1937年），第8页，图版13—16。

他的瑜婆罗阇（即王储）是他的儿子阿南加跋摩（Anangavarman），我们不知道他是否确实继承了王位。[①]

对于苏门答腊岛的东海岸，从1350年（撰写《岛夷志略》的年代）到1370年（明太祖向海外派遣使者，要求对方朝贡的日期）这20年的史料缺乏，我们一无所知。

1371年，《明史》提到了三佛齐的国王马哈剌扎八剌卜（Mahārāja Prabhu），[②]其中心当时在占碑；并提到了1373年的怛麻沙那阿者，[③]1376年他被儿子麻那者巫里（（Mahārāja Maul…，摩诃罗阇毛利…）所接替。[④]

但，当时国家为三王所分，[⑤]另外两个国王是麻那哈宝林邦（Mahārāja Palembang，巨港摩诃罗阇）和僧伽烈宇兰，[⑥]他们分别于1374年和1375年向中国遣使。上文曾提到过，僧伽烈宇兰大概在1325年和1332年被满者伯夷宫廷作为爪哇使臣派往中国。

我们不知道这三位国王是如何瓜分原室利佛逝的领土的。但"巨港摩诃罗阇"这个称号本身就说明了该王的位置，而摩诃罗

① N. J. 克罗姆：VMKAWAL，第5集，第2卷（1916年），第338页。

② 格勒内维特：《马来群岛和马六甲简志》，第68页。费琅：《苏门答腊的室利佛逝帝国》，第24页。

③ 这个名字显然只是"摩诃罗阇"的简单音译，J. L. 摩恩斯（《室利佛逝、爪哇和迦陀诃》，TBG，第77期，1937年，第456页）将其还原为"Haji Dharmāśraya"，这两个词的倒置符合汉语语法。想必读者还记得："Dharmāśraya"指的是巴当哈里河上游地区，1286年从爪哇带来的不空羂索菩萨像就竖立在那里。

④ 格勒内维特：《马来群岛和马六甲简志》，第69页。费琅：《苏门答腊的室利佛逝帝国》，第25页。

⑤ 格勒内维特：《马来群岛和马六甲简志》，第69页。费琅："苏门答腊的室利佛逝帝国"，第25页。

⑥ 摩恩斯在《室利佛逝、爪哇和迦陀诃》一文（第457页）中认为，这个名字应该还原为"Sang Ādityavarman"，但从语音学角度来看，这种说法很难成立。

阇毛利……的称号则表明该王是末罗游的毛利跋摩德瓦的继承者，因而他是统治着占碑地区和巴当哈里河流域的国王。1376年，他得到中国皇帝恢复册封的称号："三佛齐王"，但据《明史》记载："时爪哇强，已威服三佛齐而役属之，闻天朝封为国王与己埒，则大怒，遣人诱朝使邀杀之"。

这里谈到的爪哇征服，显然是对一个表现出令人不安的独立倾向的属国发动的惩罚性远征。[①]《明史》继续写道：此后，"其国（三佛齐）益衰，贡使遂绝"。接着又说："时爪哇已破三佛齐，据其国，改其名曰旧港［穆西河（Musi）上的老港口，即巨港］。[②]三佛齐遂亡，国中大乱，爪哇亦不能尽有其地，华人流寓往往起而拒之。有梁道明者，广州南海县人，久居其国。闽、粤军民泛海从之者数千家，推道明为首，雄视一方。"

关于这个落入中国海盗之手的贫瘠穷困每况愈下的苏门答腊王国的历史，我就此住笔。我们已经看到，它以往的属国这份遗产已被暹罗和爪哇所尽数瓜分。一部年代为1358年，但实际上应该是15世纪的暹罗法律[③]提到阿瑜陀耶在南方的属国有：乌荣达那（Uyong Tanah，柔佛）、麻喇甲（Malākā）、末罗游和婆罗伐利（Varavāri）。1365年的《爪哇史颂》，则列出了另一份满者

① 克罗姆：《印度化爪哇史》，第412页。

② 关于这个名字的演变，参阅伯希和的《15世纪初的中国航海壮举》，第274页，372—379页。

③ 即王室特权法（The Palatine law，Koṭ Maṇḍirapāla），发表于D. B. 布拉德利（D. B. Bradley）编纂的《暹罗法律》第一卷（曼谷，1896年）和罗伯特·林格特编纂的版本的第一卷第58页（曼谷，1938年）。参阅G.E.杰里尼的《托勒密〈东亚地理〉初探》（伦敦，1909年），第531—532页，以及C. O. 布拉格登对克罗姆《印度化爪哇史》的评论，刊载于JRAS（1928年），第915页。

伯夷的属国名单。[1]

在马来半岛上的属地有：

彭亨、胡荣塔纳（Hujung Tanah，柔佛）、郎迦斯迦（Leng kasuka）、赛（赛武里）、吉兰丹、廷加诺（Tringgano）、纳索尔（Naśor，北大年？）、帕卡（在龙运以南）、穆瓦尔（Muwar，柔佛西北）、龙运（Dungun，丁加奴以南）、单马锡（新加坡）、桑扬胡琼（Sang Hyang Hujung，拉哈多角）、克朗（董里）、克达、哲雷（Jere，古奴哲赖，在吉打附近）、坎贾普（？）、尼兰（？）。

在苏门答腊的属地有：

占碑、巨港、卡里唐（Karitang，因德拉吉里以南）、特巴（即多巴，上占碑）、达磨奢罗耶（上巴当哈里）、坎迪斯（Kahwas，在达磨奢罗耶以北）、卡瓦斯（坎迪斯以西）、马南卡博、西亚克、勒坎（巴内以南的罗坎）、金宝、巴内、坎珀、哈鲁（坎珀以南）、曼达希林、图米杭、八儿剌克、巴拉特（亚齐西海岸）、拉瓦斯（帕拉克以南）、须文答剌、兰无里、巴坦（？）、楠榜、巴鲁斯。[2]

然而，室利佛逝贸易繁荣的真正继承者是阿拉伯人，他们垄断了香料贸易，并使自己成为马来小国的盟友和保护者。中国人在永乐年间进行了伟大的远洋航行后便回到本国，从此满足于对

---

① 克恩：《散论》，第7卷，第241页，278—279页。克罗姆：《印度化爪哇史》，第416—417页。对于仍在使用或容易辨认的地名，这里就不再多做解释了。

② 关于15世纪上半叶苏门答腊一些小国的历史，我们在《明史》，以及马欢的《瀛涯胜览》和费信的《星槎胜览》中找到了一些细节，这两部书都是在郑和下西洋之后所著（格勒内维特：《马来群岛和马六甲简志》，第77—101页；柔克义：《关系和贸易考》，第129—159页；伯希和：《15世纪初的中国航海壮举》，第275页，第290—294页）。

南方诸国名义上的政治宗主权。

随着阿拉伯人主宰了贸易，早先已在苏门答腊的八儿剌克（据马可·波罗）和须文答剌（据伊本·巴图塔）立足的伊斯兰教迅速在该岛传播。15世纪初，曾在1413年陪同郑和下西洋的中国穆斯林马欢在他的《瀛涯胜览》一书中记载，在阿鲁（哈鲁）和南浡里（兰布里）国已有伊斯兰教存在。① 苏门答腊北部取得了作为伊斯兰教传播中心的重要地位，这是由于13世纪，须文答剌的邻国巴塞已经取代吉打（位于半岛），成为该地区的贸易中心。②15世纪时，马六甲挤垮了巴塞，但马六甲陷落后，随着亚齐的崛起，苏门答腊再度成为穆斯林的贸易中心。③

5. 马六甲：从1403年建立到1511年被葡萄牙人占领

无论是马可·波罗、波代诺内的奥多里克，还是伊本·巴图

---

① 柔克义:《关系和贸易考》，第141页和第150页。

② 但不是作为政治中心，因为根据托梅·皮雷斯（Tomé Pires）的说法（《东苏门答腊》，阿曼多·科尔特桑编，伦敦，1944年，第1卷，第108页；第2卷，第248页），吉打王国一直保持着对锡矿区的统治权，直到它被满速沙征服（见下文，本书第402页）。但请参阅R. O. 温斯泰德的《14世纪时巴塞统治过吉打吗？》，JRASMB，第48期，第2辑（1940年），第150页。

③ R. O. 温斯泰德:《穆罕默德教在马来半岛和群岛的出现》，JRASSB，第77期（1917年12月），第171页。关于伊斯兰教在苏门答腊的传播，这位作者还说，伊斯兰教从亚齐传播到乌拉干（Ulakan），然后又传播到米南卡保。17世纪，兰蓬地区沿海的居民开始信奉伊斯兰教，18世纪，伊斯兰教传入内陆。16世纪中叶，一位来自巨港的传教者前往婆罗洲，在苏卡达纳和马丹传教。1606年，一位米南卡保的商人使西里伯斯的巴罗（Pallo）王改宗了伊斯兰教。

塔，乃至《爪哇史颂》（1365年）都未提到过马六甲。[①]以前，苏门答腊人可能曾在此地建立过殖民地，圣保罗山上还遗留着玛卡拉的石像。[②]但马六甲作为政治和贸易中心的历史只能追溯到15世纪的最初几年。

根据阿尔布开克（Albuquerque）的说法，这个国家的建立者是一个名叫拜里迷苏剌的人，他来自巨港，我们能确定他是一位满者伯夷公主的丈夫。[③]他可能是在哈奄乌禄死后（1389年）发动暴乱的，他利用了满者伯夷的衰落和此时的主少国疑。后来，他逃了到单马锡（新加坡），在巨港王国位于半岛上的所有属地中，单马锡离阿瑜陀耶王国最远。拜里迷苏剌杀死了当地的马来首领，后者以暹罗的名义，或更有可能是以暹罗的属国（彭亨或北大年）的名义进行统治。在单马锡统治了几年之后，拜里迷苏剌被阿瑜陀耶撵出了单马锡。他先逃到蔴坡（Muar），后又跑到巴丹，最后来到马六甲。宦官尹庆说他于1403年在那里称王。[④]

---

① C. O. 布拉格登：《马六甲的中世纪年表》《第十一届国际东方学家大会论文集》（巴黎，1897年），第2卷，第239—253页。费琅：《马六甲、末罗瑜和麻里予儿》，JA（1918年5—6月），第391—484页；JA（1918年7—8月），第51—154页。G. P. 鲁法埃尔：《公元1400年的马六甲贸易中心》，BKI，第77期（1921年），第1—174页，第359—604页。R. J. 威尔金森（R. J. Wilkinson）：《马六甲苏丹国》，JRASMB，第13期，第2辑（1935年），第22—67页。

② 《马六甲历史指南》（新加坡，1936年），第25页。

③ 克罗姆：《印度化爪哇史》，第436—437页。R. O. 温斯泰德：《马来亚的历史》（新加坡，1962年），第45页。P.V. 范・斯坦因・卡伦费尔斯：《马六甲的建立者》，JRASMB，第15期（1937年），第160页。关于其历史和大事年表，我采用了R. O. 温斯泰德的观点，见其《中世纪马六甲的马来人缔造者》，BSOAS，第12期（1948年），第728页，以及他的《马来亚的历史》。

④ 伯希和：《15世纪初的中国航海壮举》，第397页。《明史》中称他为拜里迷苏剌（同上书，第389页）；另一部16世纪的文献称他为西利八儿速拉（J. J. L. 杜温达克：《中国航海者的航向》，TP，1938年，第366页注释3）。

拜里迷苏剌的政策是依靠中国。1405 年，他的使团抵达中国，之后，大明皇帝册封其为“满剌加王”。1409 年，郑和到访马六甲之后，拜里迷苏剌本人于 1411 年携家眷前往中国。[①] 他为马六甲的繁荣奠定了基础，[②] 并于 1414 年再度去了中国。1419 年，他带全家又一次来到中国，[③] 寻求支持以对抗暹罗。马六甲与暹罗长期处于敌对状态，因为阿瑜陀耶王国打算乘满者伯夷王国衰落之机，取代它对马六甲的宗主权。拜里迷苏剌娶了巴塞国王的女儿。这位巴塞国王的王朝大概对巨港昔日在半岛上的领地尚怀奢望。拜里迷苏剌 72 岁时改奉伊斯兰教，[④] 此后，他改名为满加特・伊斯康德・沙（Megat Iskandar Shah）。[⑤]

1424 年，拜里迷苏剌之子室利摩诃罗阇继位，他在即位的当年就去了中国，于 1443 年携家眷再度前往中国，并一直向中国派遣使团，直到 1435 年。[⑥]1444 年，室利摩诃罗阇逝世，由其子罗阇・易卜拉欣接替，[⑦]《明史》称息力八密息瓦儿丢八沙[⑧]

① 伯希和：《15 世纪初的中国航海壮举》。关于中国与马六甲之间的使者往来，参阅维克多・珀塞尔（Victor Purcell）的《马六甲的中国殖民地》，JRASMB，第 20 期（1947 年），第 115—125 页。

② 这是《瀛涯胜览》中的记述（柔克义：《关系和贸易考》，第 114—117 页）。马六甲是一个能够控制海峡的货物集散港，就像当年的室利佛逝一样，这也是马六甲得以建立和兴盛的原因。请参阅保罗・惠特利的《黄金半岛》（吉隆坡，1961 年），第 7 章，第 306 页。

③ 伯希和：《15 世纪初的中国航海壮举》，第 397—398 页，451 页。

④ 克罗姆：《印度化爪哇史》，第 438—439 页。温斯泰德，《马来亚的历史》，第 49 页。

⑤ 《明史》称母干撒于的儿沙，大概系“母干撒干的儿沙”之误。R. O. 温斯泰德在一封信中认为，正是这一名字上的变化导致中国史料将同一个人物视为了两个不同的国王。

⑥ 伯希和：《15 世纪初的中国航海壮举》，第 398 页。《明史》称他为西里麻哈剌。

⑦ 温斯泰德：《马来亚的历史》，第 50 页。

⑧ 格勒内维特：《马来群岛和马六甲简志》，第 131 页。

（Śrī Parameśvaradeva Shah）。[①]

两年后，息力八密息瓦儿丢八沙在一场宫廷政变中丧生，他同父异母的兄弟罗阇卡西姆（Raja Kasim）登上了王位。卡西姆的母亲是个妃子，她是巴塞的一位泰米尔穆斯林商人的女儿。[②]罗阇卡西姆的王号为穆扎法尔沙（Muzaffar Shah），[③]在位13年，直至1459年。

卡西姆的儿子苏丹满速沙（Sultan Mansur Shah）[④]开拓疆土，特别是吞并了吉打王国的产锡地区，[⑤]但他也成了后宫阴谋的牺牲品。[⑥]1477年10月他死后，[⑦]其子阿拉乌丁·里亚特·沙阿（Ala' ud-din Riayat Shah）继位。后者于1488年死去，死因不详，其弟马哈茂德（Mahmud）继位，马哈茂德是马六甲的最后一位苏丹。[⑧]

马六甲一度成为能够抵御暹罗压力的重要的政治强国，成为一个伟大的贸易中心和伊斯兰教传播的强大策源地。正是这个时期，瓦斯科·达·伽马绕道好望角抵达古里佛（Calicut，1498年），开辟了一条参与香料贸易的新路线。当时，香料贸易正使阿

① 费琅：《马六甲、末罗瑜和麻里予儿》，第404页。
② 温斯泰德：《马来亚的历史》，第50页。
③ 即《明史》中的速鲁檀无答佛哪沙。关于他与阿瑜陀耶的争雄，参阅G. E. 马瑞森的《穆扎法尔沙统治期间暹罗与马六甲的战争》，JRASMB，第22期（1949年），第51—66页，以及第24期（1951年），第191页。
④ 这是《明史》中的称呼。
⑤《东苏门答腊》，第2卷，第248页。
⑥ 克罗姆：《印度化爪哇史》，第453页。温斯泰德：《马来亚的历史》，第55页。
⑦《马六甲苏丹满速沙的墓碑》，载《历史上的马来亚》，第1卷（1959年2月），第36页。
⑧ 克罗姆：《印度化爪哇史》，第453—454页。温斯泰德：《马来亚的历史》，第57—60页。《明史》称马哈茂德为马哈木沙。

拉伯人和威尼斯人大发其财。葡萄牙人很快就继续向东推进，寻找这些在欧洲备受追捧的奢侈品的原产地。1509 年 8 月 1 日，第一批葡萄牙船只在海军上将迪奥戈·洛佩斯·德·塞盖拉（Diogo Lopes de Sequeira）的指挥下进入马六甲。船队的几个水手在岸上受到了恶劣的对待，为了报复，两年之后，即 1510 年 11 月 25 日，果阿的征服者阿方索·德·阿尔布开克（Affonso de Albuquerque）来到马六甲。他利用了马六甲城里的动乱，于 1511 年 8 月 10 日占领了该城，这个日期标志着远东各国历史上一个新时期的开始。

结　论

在本书的叙述结束时，回顾一下构成本书主要内容的十四个世纪的历史，将有助于我们对那些最突出的历史事件的顺序以及它们之间的关系有一个更清楚的印象。正如我在《序言》中所指出的，我们可以一目了然地看到，本书专门论述这段历史的十二个章节（第三章至第十四章）大致对应于同样多个时代，这些时代的划分，所依据的都是与在印度，尤其是在中国发生的事件有关的那些关键日期。

东南亚第一批印度王国的历史始于公元 2 世纪。多亏了中国史家的记载，我们才得以知晓其中最古老、最著名的是扶南和林邑。扶南是位于湄公河下游流域的柬埔寨的前身，公元 2 世纪时，它征服的范围一直扩展到马来半岛，看来是建立了一个帝国，或是一个印度化小国的联盟，其统治者所用的称号为“山之王”。林邑，即古代占婆，其发祥地在顺化地区。它力图向北扩张，但却遇到了越南人向南推进的趋势，并遇到了中国的政治反对。这成为一出戏剧的序幕，在此后漫长的若干个世纪中，印度化的占婆人与受中国文明影响的越南人彼此对抗，上演了数不清的悲喜剧。（第三章）

公元 4 世纪中叶，沙摩陀罗笈多皇帝对恒河流域和南印度的征服，再次引起了大批人口东迁。这不仅导致了一个印度－斯基泰人坐上了扶南的王座，还导致了海外各国新一轮的印度化高潮，其中南印度，尤其是建志的拔罗婆人统治的地区似乎发挥了主要作用。碑铭显示，到公元5世纪时（4世纪之前几乎没有碑铭），婆罗洲和爪哇岛上已经出现了一些印度化的小王国；这些石刻资料，还使我们得以印证公元4世纪至6世纪的中国史籍中所载的有关扶南和林邑的材料。（第四章）

整个这一时期的标志是扶南的霸权。值得关注的是，扶南的称霸时期与中国历史上汉魏六朝的动荡年代大致同时。

公元6世纪下半叶，湄公河流域下游的扶南帝国崩溃。在其废墟上，高棉人，即柬埔寨人的王国建立了起来。与此同时，印度支那半岛西部出现了两个新兴势力：湄南河流域（这里是陀罗钵底王国的发祥地）的孟人和伊洛瓦底江流域的骠人。中国晋朝和陈朝的衰弱，有利于占族国王在海云关南北的海岸巩固他们的权力。随着中国史籍中一个名为诃陵的国家的出现，爪哇开始被载入史册。（第五章）

公元7世纪末，苏门答腊的室利佛逝（巨港）王国的诞生和迅速扩张，是扶南解体的一个间接后果，它标志着一个新纪元的开始。在柬埔寨，整个公元8世纪都处于混乱状态，分裂为上下两个地区。在占婆，中央政权撤退到了该国的南部。公元8世纪下半叶，在爪哇中部，一个信奉佛教的王朝骤然取代了信奉湿婆教的君主。这个新王朝恢复了“山之王”这个帝王称号，在全国各地兴建了许多伟大的佛教建筑物，并似乎在南方海域行使了某种霸权，其势力甚至一直延伸到柬埔寨。同一个时期，来自巽他群岛的一系列海上袭击，从北到南蹂躏了印度支那半岛的沿海各地。中国唐朝皇帝们开基立业后的那段混乱时期，正好是爪哇的夏连特拉王朝的鼎盛之时，在印度的波罗王朝和孟加拉的那烂陀大学的影响下，大乘佛教也正在外印度迅速传播。（第六章）

进入公元 9 世纪，信奉佛教的夏连特拉王朝在爪哇的势力逐渐衰落。这促成了高棉王国在公元 802 年的复兴，它摆脱了爪哇的宗主权，建立了吴哥王权，此后四个世纪中，吴哥一直是外印度占统治地位的强国之一。随着夏连特拉王朝的衰落，湿婆教在中爪哇复兴起来，湿婆教的信仰来自东爪哇，从前信奉湿婆教的那个王朝的王公们就蛰居在那里。然而，夏连特拉人并没有消失，他们在苏门答腊的室利佛逝建立了一个新的权力中心，他们在公元 9 世纪中叶将此地作为一个藩属进行管理，他们在那里的权势持续了好几个世纪。在公元 9 世纪的头 25 年中，缅甸历史上未来的两个主角——孟人的勃固王国和缅人的蒲甘王国，各自建立了自己的首都，前后仅相隔几年。（第七章）

在公元 9 世纪末叶和整个 10 世纪，吴哥文明蓬勃发展，占人王权的中心随着因陀罗补罗王朝的出现而在广南地区重建，由于完全掌握了海峡，室利佛逝的海上力量有了飞跃是的发展，这一切都与中国的唐末和五代的权威衰弱发生在同一时期。在公元 10 世纪末，随着宋朝的建立，中国再度能够对南方海域进行干涉，并参与解决了苏门答腊的夏连特拉王朝和马打兰王国的统治者们之间的那场争端。马打兰王国是在东爪哇建立的一个爪哇人政权。（第八章）

11 世纪的前 75 年，是一个人杰辈出、重大事件迭起的时期。在柬埔寨，苏利耶跋摩一世于 1002 年开基创业，将自己的统治权一直扩大到了湄南河，取代了原先占据着该河流域的孟人。他的统治与爱尔棱加的统治几乎处于同一时期，爱尔棱加将爪哇从室利佛逝的侵略政策所导致的兵荒马乱中拯救了出来，他在收复失地的基础上还开疆拓土，并且乘1025年左右注辇人袭击后室利佛逝的暂时衰弱，把昔日的对手困在苏门答腊，然后强迫他与自己结成联盟。11世纪中叶，当苏利耶跋摩一世和爱尔棱加即将退出历史舞台之际，蒲甘国王阿奴律陀则把他的征服推进到了伊洛瓦底江三角洲，并从那里带回了孟族文化和上座部佛教，使之牢固地扎根于自己的国家。（第九章）

11世纪末，中国宋朝的衰弱助长了高棉、占族和缅族统治者的雄心。在柬埔寨，吴哥窟的建造者苏利耶跋摩二世于1080年创立新朝，高棉的国势第一次达到了顶峰。但他的去世引起的动乱，把该国带到了毁灭的边缘，致使1177年吴哥被占人夺取。在缅甸，阿奴律陀的继承者发展壮大了他们的国家，并在首都兴建了大量建筑物。在印度尼西亚，苏门答腊的室利佛逝王国继续扮演着海上强国的角色，而爪哇的谏义里王国，即爱尔棱加所建之国的继承者，则奉行相对和平的政策。（第十章）

12世纪末叶，柬埔寨近乎奇迹般地复兴起来，在神庙的伟大建造者、信奉佛教的国王阇耶跋摩七世的统治下，国势再度进入极盛时期。它并吞占婆约20年，但也因这一丰功伟绩而导致民穷财匮，开始走向衰落。在缅甸，人们通过锡兰感受到了印度文化的影响。僧伽罗佛教在12世纪由波罗迦罗摩仆呼国王改革后在该岛复兴，并传入缅甸，并以此为中心向整个印度支那半岛散布开来。在印度尼西亚，末罗游（占碑）准备继承室利佛逝（巨港）的遗产，因为后者已开始出现衰老和瓦解的征兆。在爪哇，1222年新柯沙里王国接替了谏义里王国，它的崛起标志着印度文

化在印度尼西亚原生文化的复兴面前开始退却。（第十一章）

13 世纪，蒙古人的征服，以及宋朝皇帝的接替者忽必烈从 1260 年起试图在南洋各国建立霸权，这对这些国家产生了严重的影响。[①] 蒙古军事首领在占婆、缅甸和爪哇的征战，以及北京朝廷倾向于将这些古老的印度化国家"分而治之"的政策，导致 13 世纪上半叶以前一直在高棉人统治下的、湄南河中游的泰族人获得独立，并建立了暹罗人的素可泰王国。13 世纪最后 15 年，蒙古人摧毁了蒲甘（1287 年），蒲甘王国灭亡，泰族向缅甸扩张。在这些年里，泰族还在湄南河上游各支流取代了孟人，并在湄南河下游和湄公河流域取代了高棉人。与此同时，占人将海云关以北诸省拱手让给了越南人。在爪哇，1292 年爪哇人建立的满者伯夷王国，对苏门答腊的室利佛逝王国施加了压力，再加上素可泰在马来半岛的扩张，导致了摩诃罗阇的这个古老帝国的瓦解。穆斯林涌入印度本土，以及伊斯兰教在印度尼西亚的传播，在外印度敲响了印度文化的丧钟。尽管如此，从缅甸传入暹罗的僧伽罗佛教，还是在湄南河和湄公河沿岸地区取得了迅速的进展。（第十二章）

---

① "尽管 13 世纪印度文明在整个东南亚的衰落可能是由于蒙古人的冲击而加速的，但这并不是由他们直接造成的，因为在前一个世纪就已经出现了衰落的征兆。这种衰落的根本原因是越来越多的土著人采用了印度文明，他们将越来越多的原始习俗融入其中，而作为梵文文化守护者的高雅贵族也逐渐消亡了。印度教和大乘佛教，以王家和个人崇拜的特殊形式出现，是与大众关系甚微的宗教；这就解释了为何大众如此容易而迅速地接受了僧伽罗佛教。蒙古人的征服所造成的动荡只是成功地瓦解了旧的政治集团和旧的文化共同体，它们是：高棉帝国、占婆王国和缅甸王国。他们的分裂部分最终被重新组合，形成了新联合体：缅甸的阿瓦王国和勃固王国，泰族的阿瑜陀耶、兰那和南掌王国。"［赛代斯：《印度支那半岛诸民族》（巴黎，1962 年），第 128 页］

14 世纪上半叶，泰族巩固了他们在印度支那半岛的地位。他们已经是缅甸和湄南河上游（素可泰和兰那王国）的统治者，同时在湄公河上建立了老挝人的南掌王国，在湄南河下游的盆地建立了阿瑜陀耶王国。该王国很快就吞并了其北边的素可泰王国。柬埔寨受到了其前属国的威胁，多亏了昔日强盛的余威，它才得以将自己所保存的印度文化传给泰人。占婆日益屈服于来自北方越南人的压力。在南方，满者伯夷行使着无可争议的宗主权，因为室利佛逝已经寿终正寝。外印度的印度化时期进入了尾声。（第十三章）

14 世纪下半叶，蒙古王朝的衰落使得诸小国被纳入了两大强国的势力范围——阿瑜陀耶和满者伯夷。15 世纪中叶，高棉国王放弃了吴哥，1471 年，占人放弃了毘阇耶，标志着这两个古老的印度化王国在泰人和越南人的“向南推进”之下的最终衰亡。在印度尼西亚，伊斯兰教在 1520 年左右在爪哇取得了胜利，而印度文化在巴厘岛得到了庇护。自 15 世纪初开始便继承了苏门答腊诸王国商业权力的马六甲，则于 1511 年落入欧洲人之手。（第十四章）

从以上的概述可以看出，外印度受到了印度政治事件的影响，同时也受到了中国的政治事件的影响，同时也在几个世纪中接受了印度传来的伟大思潮。

尽管外印度总是上演着各式各样的变革和朝代更替，但这些变革并没有对世界历史产生任何显著的影响，而且除了艺术领域，该地区也没有过任何杰作可以用来丰富人类的精神遗产。

正是由于这种纯粹接受外来文化的特征，外印度理所当然地在很长一段时间内被人们忽视。只有在人们谈及这片土地被印度文化影响时，它才会被记入史书。如果没有印度，它的过去将几乎无人知晓，我们对它的过去的了解，不会多于我们对新几内亚或澳大利亚的过去的了解。

本书概述了其历史的这些国家，尽管它们的全部贵族头衔，甚至它们能在历史上占有一席之地，都应归功于印度，但缄口不谈外印度作为交换而给予印度的回报，那是不公平的。首先，该地区使印度人知道，他们曾是一个伟大的拓殖民族（这里是取该词最崇高的意义），尽管有种种的观念障碍和种族偏见似乎在妨碍他们扮演这种角色。印度文化的传播力和他们文明的活力，在他们移居的所有国家都绽放出了夺目的光彩，而印度人似乎从未完全意识到自己的文化和文明拥有这样的力量。

其次，外印度提供了一些珍贵的资料，对这些资料的研究必将推进人们对古代印度的认识。全面观察的结果告诉我们，在殖民地的习俗、信仰和语言中，往往保留了许多古老的特征，这些特征可以上溯到殖民化开始的时期，然而在母国它们早已荡然无存。外印度也不例外。“从东方着眼”① 的古代印度研究才刚刚开始，② 看来这有望取得丰硕的成果。

但是，研究东南亚的印度化国家——让我们再重申一遍，这些国家从来不是印度的政治藩属，而是它的文化殖民地——的重要性，首先在于观察印度文明对各种原始文明的影响。本书的目的只有一个，那就是提供印度文化渗入当地的历史和时间框架，

① 保罗·术斯语：出自《从东方着眼看印度：占婆的印度化宗教和当地宗教信仰》，BEFEO，第 33 期，第 367 页。

② 我们在 K.A. 尼拉坎塔·萨斯特里的《投山仙人》（TBG，第 76 期，1936 年，第 533 页）和 W. F. 斯塔特海姆的《莱佛士博物馆公报》（丛书 B，第 1 卷，1937 年，第 148 页）中，可以发现一些有价值的线索。

以及它与本土社会接触后产生的变化。我们仍然可以通过这些国家中残存的印度文化的重要性来衡量这种文化的渗透力，尽管除了暹罗之外，所有这些国家都已处在了欧洲人的统治之下，并且其中一大部分都改信了伊斯兰教。

除了在巴厘岛[①]和一些占族群体中，[②]印度古代的各种宗教信仰——湿婆教、毗湿奴教、使用梵文的上座部佛教和大乘佛教——均已消失，但并非没有留下痕迹。在金边和曼谷，一些血统非常混杂的婆罗门（他们是佛教徒，但是戴着假髻，佩着婆罗门的饰带），仍在主持一切宫廷大典，这种规矩就是从印度化时代继承下来的。[③]然而，这些遗留下来的典礼仪式只有宫廷感兴趣，与普通民众毫不相干。

在 12 世纪和 13 世纪，东南亚人民接受了从印度传来僧伽罗佛教的新思潮。毫无疑问，这种新的信仰进入了民间。在柬埔寨、暹罗、老挝和缅甸，通过佛教僧侣的教导，佛教的宇宙观和宇宙论，以及业报和轮回说在最卑贱的阶层都已深入人心。

如果不是因为伊斯兰教切断了印度尼西亚与印度婆罗门教的宗教联系，很难说在印度尼西亚会发生什么。人们常常认为，爪哇伊斯兰教的温和与宽容是爪哇人的性格使然。可是，就其渊源

---

① W. F. 斯塔特海姆:《印度对古代巴厘艺术的影响》（伦敦，1935 年）。K. C. 克鲁克（K. C. Crucq）:《对巴厘岛葬礼仪式知识的贡献》（桑特普尔特，1928 年）。P. 德 · 凯特 · 安杰利诺（P. De Kat Angelino）:《巴厘的母陀罗》（海牙，1923 年）。R. 戈里斯:《对古爪哇语和巴厘岛神学知识的贡献》（莱登，1926 年）。西尔万 · 莱维:《巴厘的梵文文献》（巴罗达，1933 年）。

② 安托万 · 卡巴顿:《占族新探》（巴黎，1901 年）。珍妮 · 卢巴:《消失的王国：占人及其艺术》（巴黎，1923 年）。

③ 阿德玛 · 勒克莱尔:《柬埔寨，世俗节日和宗教节日》（巴黎，1917 年）。H. G. 夸里奇 · 韦尔斯:《暹罗国的仪式》（伦敦，1931 年）。

而论，爪哇人与其他印度尼西亚人、苏门答腊的巴塔克人、婆罗洲的达雅克人，以及印度支那山地的山民并无本质区别，而这几种人并不以其温和宽容闻名。因此我们可以考虑，伊斯兰教在爪哇所呈现出的特殊面貌，更可能是因为印度宗教对该岛居民的性格产生了长达十多个世纪的影响。

来自古代印度的文学遗产比宗教遗产更为显眼。在整个印度化时期，《罗摩衍那》[①]《摩诃婆罗多》《诃利世系》和《往世书》这些著作，都是东南亚各国文学汲取灵感的主要（即使不是唯一）来源。在整个被印度化了的印度支那、马来亚和爪哇地区，这种史诗和传奇文学，再加上《本生经》中的佛教民间传说，仍然是古典戏剧、舞蹈、皮影戏和木偶戏的主要内容。在整个外印度，观众继续为罗摩和悉多的悲欢离合而哭泣，继续受到菩萨德行的感化。这些表演仍保留着最初的哑剧特征：手脚的姿势和动作，以及手的姿态构成了一种哑语，它能够暗示一个主题，描绘一种活动，或是表达一种情感，这与印度的舞蹈表演完全一样。

印度法律的影响同样深远。各种法论，尤其是其中最著名的《摩奴法典》，构成了一个框架，各印度化国家的地方习惯法就是在这个框架内形成的。它的作用和拉丁法对于建立在罗马帝国废墟上的蛮族社会的作用颇为相似。[②]

---

① W. F. 斯塔特海姆：《印度尼西亚的罗摩传说和罗摩浮雕》（慕尼黑，1925 年）。

② 罗伯特·林格特：《从碑铭看印度在法律方面对占婆和柬埔寨的影响》，JA，第 237 期（1949 年），第 273—290 页；《缅甸和暹罗法律观念的演变》，JSS，第 38 期（1950 年），第 9—31 页；《信奉上座部佛教的印度支那的法律观念》，BEFEO，第 44 期（1951 年），第 163—188 页。F. H. 范·纳尔森：《古爪哇语的〈阿斯塔达加维瓦拉〉（Ashtadaçawyawahāra）》，BKI，第 100 期（1941 年），第 357—376 页。

《政事论》，即关于政治和行政的论著，对培育外印度各国按等级制度组织的行政管理体制也做出了贡献。这种管理体制以国王为主导，国王的行为在理论上仍以《国王处世训》（rājanīti）的戒律为指导。

尽管印度移民无疑说的是古印度俗语（Prakrit）的各种方言或达罗毗荼语，但不论过去还是现在，以大量词汇丰富了当地各种语言的词汇的，仍是深奥的学术语言——梵语。但是，与人们通常所认为的不同，借用的词汇不仅是那些宗教和社会方面的词汇和抽象的术语，也有一些物质生活的技术词汇，以及一些用于语法的虚词。虚词是极其重要的，它们使本地的那些孤立的语言变得灵活起来，使它们能够表达那些要用有词形变化的语言才能表达的思想。

印度不仅丰富了本地的语言，使其更加灵活，而且更重要的是还使这些语言更加稳定，这多亏了印度文字的使用。时至今日，孟语、缅甸语、泰语、高棉语、占语、爪哇语和巴厘岛语的书写系统的共同起源仍然清晰可辨。

再来看看另一个知识领域，尽管各国官方几乎都采用格里高利历，但在日常生活中，印度的阴－阳历仍然很盛行。至于说纪元，无论是以公元前 543 年为元年的佛历，还是以公元 638 年为元年的“小历”，也都是来源于印度。

最后，在艺术领域，这种被人们自由地接受了的优秀文明的有益影响令人印象深刻。事实上，正如西尔万·莱维所说，[1]印度

---

① 《文明的印度》（巴黎，1938 年），第 28 页。关于雕塑，参阅多拉·戈尔丁（Dora Gordine）的《印度支那，暹罗和爪哇的雕塑》，JRAS（1942 年），第 132—138 页；R. O. 温斯泰德：《马来亚和苏门答腊的佛像》，IAL（1942 年），第 41 页。

“只有通过外国人的活动，或在异邦的土地上，才能产生其登峰造极之作……在建筑方面，我们必须到遥远的柬埔寨和爪哇，去寻找出自印度天才的两座奇观：吴哥窟和婆罗浮屠。”

移植到柬埔寨、爪哇和其他外印度国家的印度美学，是如何催生出高棉艺术、爪哇艺术和远东的其他印度化艺术的呢？这是摆在考古学家面前的最棘手问题之一。[①] 在研究这些艺术的共同的印度起源时，我们不能忘记，从公元初年前后印度化的开始，到已知的最早那批古迹（它们能追溯到的时期不会早于公元6世纪）之间，在已掌握的资料中，有一段长得异乎寻常的史料空白期。占婆、柬埔寨、爪哇的最古老建筑和雕塑拥有非常鲜明的特色，它们与印度本土的艺术差异显著。如果我们能掌握这段缺失的过渡阶段的建筑物，这些显著的特色和差异大概就不会使我们如此惊异了。就建筑学而言，这个过渡阶段的建筑物显然都是用易腐的轻质材料建造的。

本土文化基础对印度艺术的影响主要是形式上的、外在的。这就是为什么一开始它给人的印象如此强烈，而将外印度的造型艺术与印度结合起来的那些内在联系则没有那么引人瞩目。据我们所知，在印度没有任何建筑物能与吴哥城的巴戎寺或婆罗浮屠相提并论，连略逊一筹的都没有。然而，这些却都是印度人天才

---

① F. D. K. 博世：《关于印度化爪哇艺术起源的假说》，载《爪哇语言、地理和民族学首届研讨会记录汇编》（威尔特弗雷登，1921年）。该文的英译本载于《Rūpam》，第17期（1924年）。亨利・帕芒蒂埃：《印度和远东各种印度式建筑的共同起源》，Et. Asiat. EFEO，第199—251页。A. K. 库马拉斯瓦米：《印度和印度尼西亚艺术史》（伦敦，1927年），第6章。亨利・马沙尔：《印度和远东的比较建筑学》（巴黎，1944年）。H. G. 夸里奇・韦尔斯：《大印度的文化变迁》，JRAS（1948年），第2—32页；《东山文化的创造力和占族艺术的演变》，JRAS（1949年），第34—45页；《大印度的形成》（伦敦，1951年）。

的杰作，其深刻意义只有印度学者才能看出。[①]

宗教、文学和法律等其他领域里的情形也是如此。在外印度诸种文明的百花齐放之下，在它们表面上的独特性之下（其成因在第二章中已有详细说明），存在着印度人的天才所留下的印记，它使本书所研究的这些国家宛如同宗，并且使这些国家与受中国文化影响的地区形成了鲜明的对照。

---

① 保罗·穆斯:《婆罗浮屠》，BEFEO，第32—34期;《吴哥城的象征意义》，CRAIBL（1936年），第57—69页。赛代斯:《为了更好地了解吴哥》（巴黎，1947年）;《吴哥概况》（中国香港，1963年）。约翰娜·范·卢赫伊岑-德·列伍:《东南亚的建筑与南登加尔的窣堵波》，AA，第19期（1956年），第279页。

注释中所使用的刊名缩写

AA	Artibus Asiae,《亚洲艺术》
ABIA	Annual Bibliography of Indian Archaeology,《印度考古书目年鉴》
ARASB	Annual Report, Archaeological Survey of Burma,《缅甸考古调查年报》
ARASI	Annual Report, Archaeological Survey of India,《印度考古调查年报》
BCAI	Bulletin de la Commission Archéologique Indochinoise,《印度支那考古委员会公报》
BEFEO	Bulletin de l'Ecole Française d'Extrême-Orient,《法国远东学院学报》
BKI	Bijdragen tot de Taal-, Land-, en Volkenkunde van Nederlandsch-Indië, uitgegeven door het Koninklijk Instituut voor Taal-, Land-, en Volkenkunde van Nederlandsch-Indië,《荷属东印度语言、地理和民族学通报》, 皇家荷属东印度语言、地理和民族学研究院出版

BMFEA	Bulletin of the Museum of Far Eastern Antiquities,《远东博物院院刊》
BRM	Bulletin of the Raffles Museum,《莱佛士博物馆公报》
BSEI	Bulletin de la Sociöte des Etudes Indochinoises de Saigon,《西贡印度支那研究会会刊》
BSOAS	Bulletin of the School of Oriental and African Studies,《亚非研究学院学报》
Cahiers EFEO	Cahiers de I'Ecole Française d'Extrême-Orient,《法国远东学院手册》
CRAIBL	Comptes-Rendus de I' Académie des Inscriptions et Belles-Lettres,《碑铭和文献研究院报告集》
Et. Asiat. EFEO	Etudes asiatiques. Publications de I'Ecole Française d'Extrême-Orient (Paris, 1925), 2 vols.《亚洲研究》。法国远东学院出版物（巴黎，1925 年），2 卷
FEQ	Far Eastern Quarterly,《远东季刊》
IAL	Indian Art and Letters,《印度艺术与文学》
IHQ	Indian Historical Quarterly,《印度史季刊》
JA	Journal Asiatique,《亚洲学报》
JAOS	Journal of the American Oriental Society,《美洲东方学会会刊》
JAS	Journal of Asian Studies,《亚洲研究杂志》

JASB	Journal of the Asiatic Society of Bengal,《孟加拉亚洲学会会刊》
JBRS	Journal of the Burma Research Society,《缅甸研究学会会刊》
JFMSM	Journal of the Federated Malay States Museum,《马来亚联邦博物院院刊》
JGIS	Journal of the Greater India Society,《大印度学会会刊》
JRAI	Journal of the Royal Anthropological Institute,《皇家人类学研究院集刊》
JRAS	Journal of the Royal Asiatic Society,《皇家亚洲学会会刊》
JRASCB	Journal of the Ceylon Branch of the Royal Asiatic Society,《皇家亚洲学会锡兰分会会刊》
JRASMB	Journal of the Malayan Branch of the Royal Asiatic Society,《皇家亚洲学会马来亚分会会刊》
JRASSB	Journal of the Straits Branch of the Royal Asiatic Society,《皇家亚洲学会海峡分会会刊》
JSEAH	Journal of Southeast Asian History,《东南亚历史杂志》
JSS	Journal of the Siam Society,《暹罗学会会刊》
JSSS	Journal of the South Seas Society,《南洋学会会刊》

MKAWAL	Mededeelingen der Koninklijke Akademie van Wetenschappen, Afdeeling Letterkunde,《皇家艺术与科学院通报(文学院)》
Publ. EFEO	Publications de I'Ecole Française d'Extrême-Orient,《法国远东学院出版物》
RA	Revue archéologique,《考古杂志》
RAA	Revue des Arts Asiatiques,《亚洲艺术杂志》
TBG	Tijdschrift voor Indische Taal-, Land-, en Volkenkunde uitgegeven door het Bataviaasch Genootschap van K ü nsten en Wetenschappen,《印度尼西亚语言、地理和民族学集刊》,巴达维亚科学文化研究院出版
TKNAG	Tijdschrift van het Koninklijk Nederlandsch Aardrijkskundig Genootschap,《荷兰皇家地理研究院院刊》
TP	T'oung Pao,《通报》
VBG	Verhandelingen van het Bataviaasch Genootschap van Kunsten en Wetenschappen,《巴达维亚科学文化研究院学报》
VKI	Verhandlingen van het Koninklijk Instituut voor Taal-, Land-, en Volkenkunde van Nederlandsch-Indië,《皇家荷属东印度语言、地理和民族学研究院学报》

VMKAWAL	Verslagen en Mededeelingen der Koninklijke Akademie van Wetenschappen, Afdeeling Letterkunde,《皇家艺术与科学院文学院通报》
VKNAWAL	Verhandlingen der Koninklijke Nederlandse Akademie van Wetenschappen, Afdeeling Letterkunde,《皇家艺术与科学院文学院集刊》